中华文明研究译丛

谋利而印

11至17世纪福建建阳的商业出版者

[美]贾晋珠　著
邱葵 邹秀英 柳颖 刘倩　译
李国庆　校

海峡出版发行集团
THE STRAITS PUBLISHING & DISTRIBUTING GROUP
福建人民出版社

图书在版编目(CIP)数据

谋利而印 ：11 至 17 世纪福建建阳的商业出版者 /（美）贾晋珠著 ；邱葵等译.--2 版. --福州：福建人民出版社，2024.10

（中华文明研究译丛）

书名原文：Printing for Profit：The Commercial Publishers of Jianyang，Fujian(11th-17th Centuries)

ISBN 978-7-211-09282-6

Ⅰ.①谋… Ⅱ.①贾… ②邱… Ⅲ.①出版事业－文化史－研究－建阳－11 世纪-17 世纪 Ⅳ.①G239.29

中国国家版本馆 CIP 数据核字(2024)第 025370 号

中华文明研究译丛

谋利而印：11 至 17 世纪福建建阳的商业出版者

著　　者：［美］贾晋珠

译　　者：邱　葵　邹秀英　柳　颖　刘　倩

统　　校：李国庆

出版发行：福建人民出版社　　**电　　话**：0591-87533169(发行部)

网　　址：http://www.fjpph.com　　**电子邮箱**：fjpph7211@126.com

地　　址：福州市东水路 76 号　　**邮政编码**：350001

经　　销：福建新华发行（集团）有限责任公司

印　　刷：恒美印务（广州）有限公司

地　　址：广州市南沙经济技术开发区环市大道南路 334 号

开　　本：890 毫米×1240 毫米　1/32

印　　张：15

字　　数：356 千字

版　　次：2024 年 10 月第 2 版

印　　次：2024 年 10 月第 1 次印刷

书　　号：ISBN 978-7-211-09282-6

著作权合同登记号：图字 13-2019-020 号

定　　价：98.00 元

Lucille Chia

Printing for Profit

The Commercial Publishers of Jianyang，Fujian（11th-17th Centuries）

Harvard-Yenching Institute Monograph Series 56

Published by the Harvard University Asia Center
for the Harvard-Yenching Institute
Distributed by Harvard University Press
Cambridge（Massachusetts）and London，2002
根据哈佛大学出版社 2002 年版译出

谨以此书献给我的父亲母亲
并纪念龙彼得教授*

* 龙彼得（Piet van der Loon，1920—2002），荷兰人，著名汉学家，就学于欧洲汉学重镇莱顿大学，曾任牛津大学汉学讲座教授（1972—1987），专长为中国目录学、版本学，道教，明清小说戏曲和宗教仪式等研究。——译者注。

中译本前言

近几十年来，在中国印刷史和书籍文化研究的很多方面，中国、其他东亚地区及西方的学者都做出了贡献。面对如此丰富的成果，人们不禁会为这些多元化的探索而赞叹。这些研究之中，有些深入细致，有些尚属浅尝，但两者都在激励进一步的研究。就形式而言，有期刊文章、专著、会议论文、数据库、博客，而且既有纸本的也有电子的。就课题而论，涉及帝制时代士人的书籍文化，以印刷为媒介的信息传播，佛道寺观的刊刻活动，文字和图像在书籍和册页上的不同作用，书籍的各种用途（如阅读、聆听、浏览或吟诵），写本与印本的关系，官刻、私刻、坊刻与寺庙刻本的关系（尽管我们不能清晰地区分它们），闺阁之作的勃兴，中国与东亚汉字文化圈乃至与西方世界各地区在书籍文化上的异同，书籍贸易中的经济因素，中国各地的出版业，海外华人社区中文书籍的出版，以及网络出版等，真是琳琅满目，不胜枚举。

这类研究的激增何以会在近几十年出现？研究中国的学者早就关注中国书籍文化了，但颇具讽刺意味的是，尽管东亚印刷在世界上开启先河，却并没有像西方书籍文化那样被深究细探。究其原委，一是恰因中国的印刷起源很早，约在公元7世纪后期，当年的资料无论是印本还是写本，现存实物都很少。二是有数百年历史的中国传统版本学对文字记录的制作者和使用者的研究，重点并不在刻本和写本如何影响学习、信息如何传播、如何借助阅读获取知识、书籍如何定价之类现代学者所关注的课题上。所以，要收集足够的资料去探讨这些有趣的问题相当困难。不过，一旦开始交流各自的观点、阅读对方的研究，学者们便被激发起审视现有资料的兴趣，也更愿意提出问题，尽管目前未必能得到圆满答案。

本人的研究顺应了这个潮流，然而读者会很快意识到，我并没有发现什么前贤未见的新资料。为此我心有戚戚，并由衷感谢前辈们的研究成果和真知灼见。我所完成的，是努力重新研究已知的信息，并斗胆提出一些前贤并未涉及的问题——也许他们觉得从拥有的资料中不能得出圆满的答案。尽管提出了新问题，答案或许仍非圆满，但意在抛砖引玉。所以，某些读者或许会觉得，这本以 25 年前的研究为基础、15 年前出版的旧著的译本，内容已经过时，后来居上的研究成果对这些问题的探索更充分，答案也更明确、更有说服力。倘若如此的话，我也会为本书曾激发了同人探究中国书籍史的兴趣而感到欣慰。

最后，也是最重要的，我欲借此机会对那些不畏艰辛将此书译成中文的人士表示衷心感谢。他们是邹秀英、邱葵、柳颖、刘倩，以及全书的统校者李国庆。他们理解并向我展示了，把一本关于中国书籍文化的英文专著译成中文是多大的挑战！

贾晋珠

2018 年 1 月 8 日

致 谢

如同其他痴迷于中国书籍史的人一样，我发现研究中国书籍史虽能获得极大的满足感，却又深具挑战性，因为中国古书中关于自身的信息往往少之又少，不免令人失望。然而，过去50年内，越来越多研究中国历史、艺术史、文学、宗教和科学的学者开始致力于中国书籍与刻印的研究。由于他们坚持不懈地运用各种有创意的方法，从中文写本和印本中梳理出数据，我们如今方得以更多地了解中国书籍文化，并规划出深入探索的新路径。

撰写这本关于建阳商业出版者的书，使我有机会向许多上述学者学习，并颇受启发。他们中的一些人还对我的初稿及早年的论文提供了有益的建议。本书的诸多不足之处多缘于我的执拗，未能充分遵循这些建议；也缘于我个人知识有限，未能深入讨论众多议题。

首先，我要感谢我的博士导师韩明士教授（Dr. Robert Hymes），他教会了我社会历史学的研究方法，并对我的学位论文提出了诸多建议，这些建议在我将论文改编为书时仍然颇有裨益。

包筠雅（Cynthia Brokaw）从头至尾审阅了我的论文和书稿，更是贡献良多。是她的不懈支持和鼓励，以及她对中国书籍和刻印方面付出的努力和浓厚兴趣，坚定了我对研究中国书籍史所蕴含的价值和魅力的信心。

感谢龙彼得鞭辟入里的批评和建议，这些都源自他在中国文学，特别是有关建阳出版业方面渊博的知识积累。我题献此书以纪念他，希望没有辜负他的期望。

许多学者对我的书做了详尽恳切的评价。罗开云（Kathryn Lowry）和麦桂怡（Karin Myhre）慷慨地从自己的论文写作过程中挤出时间，为我的书出谋划策，并提供了各种有益的资料，在此欣然道谢。周绍明（Joseph McDermott）在阅读我的论文时提出了许多启发性的观点与不易解答的问题。解决这些问题对我是极大的挑战，从而帮助我重新思考了中国书籍史乃至中国历史的某些重要方面。谢谢绍明，在今后很长的一段时间里，我将继续思索这些问题。何复平（Mark Halperin）细读了书稿中的数章。他不仅深思并反驳了我的一些论据，还花时间和精力指出行文中的不妥之处，鼓励我更雅致地表达我的论点。柏文莉（Beverly Bossler）细读了文中关于宋代和元代的章节，提醒我不可忽视那些与书和刻印有关的更广泛的历史问题。研究欧洲中世纪的历史学家皮奥特·戈瑞其（Piotr Gorecki）是我在加州大学河滨分校的同事，他慷慨地花时间阅读了我的大部分书稿，提出许多尖锐的批评。我学会了逐一细究他的评论，包括那些孤零零但意义深刻的惊叹号。

我还要感谢那些对我的汉学研究给予巨大帮助的学者。艾思仁（Sören Edgren）在中国古籍方面知识渊博，感谢他百忙之中抽出时间通读了我的书稿，并对中国传统印本提出了许多有价值的思考。本书中大量援引了马兰安（Anne McLaren）的文章，可见我从她那里学到了很多关于明代文学的知识。每次前往哈佛燕京图书馆的特藏部，我都从中国古籍善本专家沈津那里受益良多。我要感谢普林斯顿大学葛思德图书馆特藏部的负责人何义壮（Martin Heijdra），他谙熟中国历史，并愿意和任何倾听者分享。书中关于福建竹纸生产那充分而有趣的论述，大部分该归功于唐立（Christian Daniels）。还要感谢潘吉星，和我分享中国传统造纸的知识，当时未能多提一些问题，希望留待下次见面之时。

我在中国进行研究时，许多学者无私地提供了很多帮助。建阳朱熹研究中心的方彦寿，教我查找和搜检书中提到的出版商家谱的方法。我还要感谢福建社会科学院历史研究所的导师狄宠德，从他那里我学到关于闽北历史和中国古籍善本的知识。从狄教授那里，我还粗浅学到了古籍修复及刻印的技艺。厦门大学历史系的侯真平，也毫不犹豫地向我提供了许多明代福建版刻的信息，我在另一项研究中用到了。

书中简洁流畅的行文大多归功于编辑约翰·耶莫（John Ziemer）的修润。像其他作者一样，我的书稿有幸经他仔细修润。正因为他，这本书没有变成最后的“麻沙本”。

我还要感谢美中学术交流委员会，支持我在中国期间的专题论文调研工作（1992—1993）；富布莱特项目支持我在台湾地区和日本的工作（1993—1994）。感谢东京斯波义信的帮助，让我凭借外国研究员的身份，得以使用东洋文库。1997年完成论文后，由于获得了哈佛燕京图书馆的旅行资助和普林斯顿大学图书馆的短期访问学者资助，我得以继续研究工作，在此也深表感谢。

最后，我要感谢许多图书馆，他们允许我复制馆藏的中文善本：内阁文库、台北“国家图书馆”、静嘉堂文库、日本国立国会图书馆、蓬左文库、天理图书馆、大英图书馆和斯图加特的符腾堡州立图书馆。

贾晋珠

目　录

图表目录 …………………………………………………… (001)
朝代时间表 …………………………………………………… (001)

第一部分

第一章　导言 …………………………………………………… (003)
目的与研究范围 …………………………………………… (003)
建阳与中国印刷史 ………………………………………… (007)
对主要材料的说明 ………………………………………… (018)
闽北地理 …………………………………………………… (023)

第二章　建阳雕版印本的外观 ……………………………… (032)
书籍制作所使用的材料 …………………………………… (033)
雕版刊刻 …………………………………………………… (046)
建阳雕版印本的设计 ……………………………………… (053)

第二部分

第三章　宋元时期建阳出版业的发展 ……………………… (085)
历史背景 …………………………………………………… (089)
建阳的出版商 ……………………………………………… (096)
刘氏、余氏、熊氏出版世家 ……………………………… (101)

第四章　宋元时期的建阳本 ………………………………… (122)
宋元建阳本的外观 ………………………………………… (122)

麻沙本 …………………………………………………………… (141)
建阳印本一览 ……………………………………………………… (157)
总结与一些反向结论 ……………………………………………… (177)

第三部分

第五章　明代的建阳出版业 ……………………………………… (187)
历史背景 ………………………………………………………… (188)
建阳的坊刻与官刻 ………………………………………………… (193)
勾画明代建阳出版业 ……………………………………………… (228)

第六章　明代的建阳本 …………………………………………… (247)
明代建阳本的外观 ………………………………………………… (247)
明代的建阳本概论 ………………………………………………… (277)
清代以后 ………………………………………………………… (309)
概括 ……………………………………………………………… (313)

第七章　结论 …………………………………………………… (317)

附录 ……………………………………………………………… (329)
附录 A　宋元时期建阳本选录 …………………………………… (331)
附录 B　建阳出版商列表 ………………………………………… (347)
附录 C 《建阳本书目》编纂说明……………………………………(374)

参考书目 ………………………………………………………… (387)

索引 ……………………………………………………………… (431)

译后记 …………………………………………………………… (455)

图表目录

表　　格

表 1　宋元明时期已知建阳刻坊的数量 ……………………… (097)
表 2　建宁地区刘氏世系表 ………………………………… (104)
　a　建宁地区刘氏世系简表 ……………………………… (104)
　b　刘氏西族北派世系简表 ……………………………… (104)
　c　西族南派世系简表 …………………………………… (105)
　d　东族世系简表 ………………………………………… (105)
表 3　潭溪书林余氏世系简表 ……………………………… (109)
表 4　熊氏西族世系简表 …………………………………… (116)
表 5　与私刻和坊刻科考资料相关的政府奏章、律令、条例
　　概要 ………………………………………………………… (148)
表 6　按刻本数量排列的建阳出版家族 …………………… (194)

图　　片

图 1　破损版片刷印的书叶示例 …………………………… (044)
图 2　断版印出的相邻两叶示例 …………………………… (045)
图 3　明嘉靖年间建宁府刊刻的一套经部书，每部卷首的
　　告示 ………………………………………………………… (048)
图 4　刻工姓名与所刻字数的记录 ………………………… (049)
图 5　上图下文版式的建阳本插图平话示例 ……………… (057)
图 6　中国雕版书籍中一叶的形态 ………………………… (059)

图 7　宋代巾箱本图例 …………………………………… (061)
图 8　有圈点的文本和圈点释义示例 ……………………… (065)
图 9　不同建阳本中的相似插画 ………………………… (073)
图 10 上图下文版式的明建阳刻本示例 ………………… (075)
图 11 明代日用手册 ……………………………………… (076)
图 12 元代和明代作品中的十二章纹 …………………… (077)
图 13 在三个不同文本中使用的同样图像 ……………… (079)
图 14 宋代建阳本上的出版商牌记 ……………………… (111)
图 15 宋建阳本，字体类似“瘦金体” ………………… (125)
图 16 宋建阳本，字体为颜体 …………………………… (126)
图 17 宋代建阳非坊刻本示例 …………………………… (128)
图 18 南宋至元代的两部通俗作品的建阳本 …………… (130)
图 19 元本医方 …………………………………………… (133)
图 20 元建阳所刻精本示例 ……………………………… (134)
图 21 元代建阳本医书 …………………………………… (135)
图 22 几种韵书的元刻建阳本 …………………………… (137)
图 23 明代建阳本风水书 ………………………………… (200)
图 24《群书考索》……………………………………… (208)
图 25《武夷志略》……………………………………… (210)
图 26 在南京从事出版业的建阳人的刻本 ……………… (221)
图 27《新刊剪灯余话》………………………………… (224)
图 28《古今韵会举要小补》…………………………… (227)
图 29 明初至晚明不同类别建阳本的数量对比 ………… (237)
图 30 受赵孟頫书体影响的建阳刻本 …………………… (249)
图 31 明代建阳本两种书法风格的例子 ………………… (250)
图 32《广韵》…………………………………………… (250)
图 33 明代建阳本中书体优美的例子 …………………… (252)

图 34 明代建阳本中书体平庸的例子 …………………… (253)
图 35 一叶用匠体的例子 ……………………………… (254)
图 36 一种刻本用不同书体的序和正文示例 ………… (255)
图 37 不同的建阳本《诗经》 …………………………… (258)
图 38 明嘉靖年间三种版本的《周易》中加了不同圈点
的序 …………………………………………………… (262)
图 39 明代建阳本“图”(插画、图表、图像)的示例
……………………………………………………… (263)
图 40“上图下文”版式的非小说类书籍 ……………… (266)
图 41《鼎锲全相唐三藏西游传》 ……………………… (267)
图 42《蔬果争奇》 ……………………………………… (268)
图 43 四种不同建阳本《三国志传》中的插画 ……… (269)
图 44 一部 16 世纪晚期建阳本的全页插画 ………… (270)
图 45 一书三坊示例 …………………………………… (271)
图 46 明建阳本内封面 ………………………………… (274)
图 47 明建阳本荷叶牌记示例 ………………………… (275)
图 48 用同一套书版所印作品上两个不同出版商的牌记
……………………………………………………… (275)
图 49 建阳出版商所刻书籍中的自画像 ……………… (276)
图 50 与《诗经》相关的书籍示例 …………………… (279)
图 51 商程指南示例 …………………………………… (286)
图 52 一部有大量插图的药典 ………………………… (290)
图 53 插图版公案故事 ………………………………… (304)

朝代时间表

北宋

皇帝（庙号）	在位时间
太祖	960—975
太宗	976—997
真宗	998—1022
仁宗	1023—1063
英宗	1064—1067
神宗	1068—1085
哲宗	1086—1100
徽宗	1101—1125
钦宗	1126

南宋

皇帝（庙号）	即位	年号	在位时间
高宗	1127	建炎	1127—1130
		绍兴	1131—1162
孝宗	1163	隆兴	1163—1164
		乾道	1165—1173
		淳熙	1174—1189
光宗	1190	绍熙	1190—1194
宁宗	1195	庆元	1195—1200
		嘉泰	1201—1204
		开禧	1205—1207
		嘉定	1208—1224

续表

皇帝（庙号）	即位	年号	在位时间
理宗	1225	宝庆	1225—1227
		绍定	1228—1233
		端平	1234—1236
		嘉熙	1237—1240
		淳祐	1241—1252
		宝祐	1253—1258
		开庆	1259
		景定	1260—1264
度宗	1265	咸淳	1265—1274
恭宗（帝）	1275	德祐	1275
端宗	1276	景炎	1267—1277
怀宗（帝昺）	1278	祥兴	1278

元

皇帝（庙号）	即位	年号	在位时间
太祖	1206		
太宗	1229		
定宗	1246		
宪宗	1251		
世祖	1260	中统	1260—1263
		至元	1264—1294
成宗	1295	元贞	1295—1296
		大德	1297—1307
武宗	1308	至大	1308—1311
仁宗	1312	皇庆	1312—1313

续表

皇帝（庙号）	即位	年号	在位时间
		延祐	1314—1320
英宗	1321	至治	1321—1323
泰定帝	1324	泰定	1324—1327
		致和	1328
明宗	1329	天历	1329
文宗	1330	至顺	1330—1332
惠宗（顺帝）	1333	元统	1333—1334
		至元	1335—1340
		至正	1341—1367

明

皇帝（庙号）	即位	年号	在位时间
太祖	1368	洪武	1368—1398
惠宗（帝）	1399	建文	1399—1402
成祖	1403	永乐	1403—1424
仁宗	1425	洪熙	1425
宣宗	1426	宣德	1426—1435
英宗	1436	正统	1436—1449
代宗（景帝）	1450	景泰	1450—1456
英宗	1457	天顺	1457—1464
宪宗	1465	成化	1465—1487
孝宗	1488	弘治	1488—1505
武宗	1506	正德	1506—1521
世宗	1522	嘉靖	1522—1566

续表

皇帝（庙号）	即位	年号	在位时间
穆宗	1567	隆庆	1567—1572
神宗	1573	万历	1573—1619
光宗	1620	泰昌	1620
熹宗	1621	天启	1621—1627
思宗（庄烈帝）	1628	崇祯	1628—1644

第一部分

第一章 导言

目的与研究范围

中国人印制书籍的历史已逾11个世纪，但是对于从事书籍贸易的人，我们却所知甚少，并且大都源自考察现存的古籍版本和历代学人的解题书目。可惜这些文献所提供的，多限于与书籍本身相关的书目信息[①]，其种类也多为各级官府的官刻、精善的私刻，以及寺院刻本如《大藏经》和《道藏》，并不能充分反映中国社会各阶层不同读者的阅读需求和兴趣，及其范围之广。要了解不同社会群体的阅读习惯、文化趣味和文化水准，我们绝不可忽视那些商业出版者的活动与产品，他们惟利是图，却能预见顾客的不同需求且有求必应。

本书将重点考察福建北部（即闽北）建阳地区刘氏、余氏和熊氏三大刻书世家。他们编撰、刻印及销售书籍的文化与商业活动，从北宋末至清初（即从11世纪中期至17世纪末），绵延六百余年。建阳[②]地区的出版商在中国书籍史上的地位也许不甚光彩，

① 在此列出几部有名的相关著作：叶德辉《书林清话》，收录于《长泽规矩也著作集》中关于中国书籍的文章，钱存训《纸和印刷》，以及张秀民《中国印刷史》。——原注。下同，除非另有说明。

② 麻沙和书坊是福建北部两个主要的印刷中心，都位于建宁府的建阳县。宋元时期，建宁府其他地区的一些书坊、书院以及私家刻印也很活跃，如建安和位于武夷山区的崇安。传统上将闽北地区的刻印本称为建阳本或建刊本，甚至贬称为“麻沙本”。笔者则采用“建阳本”来指称所有在此地区刻印的书籍。

却极其显著。随着出版业在宋朝的兴盛，以繁荣的造纸业著称的该地区，迅速成为全国最重要的出版中心之一。建阳本纸张低廉，版印模糊——建阳出版商从一开始就背负了有失公正的恶名——但却风行全国，甚至远销日本和朝鲜。建阳本的种类繁多，既包括经史，也兼有医书、日用类书、笔记、蒙学课本、别集、戏曲歌谣集、历史演义。由于建阳出版业在文化、历史、地域方面的广泛影响，本书的研究成果对从整体上了解传统中国的书籍史应不无裨益。

选择建阳出版业作为本书的研究重点，还有如下原因。其一，建阳书商刻印的书籍数量巨大，在现存的官私藏书，以及解题目录著录的善本古籍中，都占有相当大的比例。[①] 其二，得益于当前对地方史、族谱和相关资料的研究热潮，福建的许多新获文献有待学者去详细解读，图书馆和档案馆中也有尚未编目的文献，这些也都有重要的历史价值。研究者对闽北的关注度虽然不如对福建沿海地区高，但也不乏有分量的研究成果，诸如对闽南方言的研究，对明代闽北与闽南沿海地区农业经济的比较研究，以及清代及民国时期闽北茶叶贸易的研究等。[②]此外，由于建阳地区是南宋道学重镇之一，许多关于道学家的研究，比如在那里生活和讲学四十余载的朱熹（1130—1200），皆涉及闽北历史。对本研究最为重要的是，几位刻书世家后裔的家谱近期被发现，且得到了整理与描述。通过排比梳理这些文献所提供的信息，我们

---

① 笔者估计建阳本大约占了自宋至明所有已知的中国印本总数的七分之一。

② 罗杰瑞（Jerry Lee Norman）：《福建的建阳方言》“*The Kienyang Dialect of Fukien*”；罗友枝（Evelyn Sakakida Rawski）：《中国南方的农业变化与农民经济》“*Agricultural Change and the Peasant Economy of South China*”；以及罗伯特·加德拉（Robert Gardella）：《收获山峦：福建与中国茶叶贸易，1757—1937》“*Harvesting Mountains*：*Fujian and the China Tea Trade*，*1757—1937*”。

开始理解，为何一个传统上被视为难于治理、常常被朝廷忽视的偏僻山区，会发展成为中华帝国最为重要、最为长久的出版中心之一。在此基础上，我们或许能进而理解，为何其他偏远地区（如福建西部的长汀四堡，以及安徽的徽州）也会跻身中华帝国晚期的出版中心。①

本书分三部七章。第一部分为本章（导言）和第二章，讨论我们为何要研究、以及如何研究中国书籍社会史。导言解释本书之研究目的和范围，略述全书所要研究的问题，介绍所依据的主要原始文献种类，以及闽北地区的地理概况。第二章探讨建阳坊刻本的外观形态。为了理解中国人过去如何读书、如何鉴赏书籍，以及商业刻印者如何改进印刷技术和营销举措，我们必须首先审视这些书籍本身，留意书籍所用的纸、墨、字体、版式与插图等影响读者感知和接受的因素。过去对这些知识的关注主要限于版本学家，但是如同第二章所揭示的那样，它们对于理解印刷品的文化效用是必不可少的。第二部分探讨宋元时期的建阳出版业。第三章叙述建阳出版业在这两个朝代的迅速崛起与发展。首先简述该地区在这一时期的历史概况，然后聚焦于闽北地区的出版商。第四章讨论印本本身。首先考察其外观形态，然后检视使建阳声名深受其累的劣质麻沙本，最后对该地区刻印的书籍做一总体调查。第三部分考察明代的建阳本及其刻印史。第五章探讨

---

① 这两个地区中，只有长汀四堡成为系统性调查的对象，并有望为中国传统书籍史提供重要信息。见包筠雅：《中华帝国晚期的商业出版：福建四堡的邹氏与马氏族商》"Commercial Publishing in Late Imperial China：The Zou and Ma Family Businesses of Sibao，Fujian"。尽管徽州出版业的某些方面已经被考察，例如米盖拉（Bussotti Michela）的《徽派版画：16世纪末至17世纪上半叶中国插图本研究》"*Gravures de Hui：Études du livre illustré chinois de la fin du XVIe siècle à la première moitié du XVIIe siècle*"，但至今未见全面的研究。

闽北地区与沉寂一百多年后才在16世纪初的明中期重新兴旺起来的建阳出版业相关的一些情况，以及明代最为活跃的出版家族。第六章通过对比早期刻印活动，考察明代建阳刻本的丰富，并以此为坚实基础来思索一些问题，如出版商作为撰者或编者的贡献，坊刻本的不同类型读者，以及华中与华南主要图书贸易中心的出版商之间的联系。最后一章是全书总结和对进一步研究的建议。本书研究的重点是建阳地区的商业出版，因而私家、寺观、各级官府（省、州、县）所刻之书虽有涉及但不做详论，因为它们中的学术或通俗作品在反映当时的阅读风气方面，都比不上商业出版者[①]所刻之书。

但是，中国版本学家对官刻、私刻、坊刻的传统划分看似明晰，实则牵强，常常不切实际。比如，中华帝国从中央到地方的各级官府机构和书院、寺观、私宅，与以刻印为主业的书坊一样，都将刻书作为赢利的一种方法。笔者所说的“商业出版者”指的就是最后一类，即非官方或寺观开设、资助的私营书坊，其所刻之书通常带有某种标记，表明是为上市销售而刻印的，如书牌上刻的广告词之类。这类刊记通常足以将商业出版者与官府、寺观区分开来。相对而言，区分私刻与坊刻要困难一些。方法之一是解读序跋里可能列出的刻书缘起。这些缘起通常都相当明确：或为尽孝而刻印祖先之作，以资纪念并广付流传；或为行善而刻印家传珍本秘籍，以嘉惠学林并造福世间（后者常为商业书坊所援）。虽然此类

① 对本书所用术语“刻印者”与“出版商”的说明：如果某人或某机构既雕刻书版也遴选、编订并推销所生产的书籍，其人其机构就不仅是刻印者，而且还是出版商。本研究中涉及的商业刻印者多属此类。不过，有时候刻印者是为私人或政府机构工作，后者才握有制作与发售权，因而更适合被认定为出版商。尽管对出版商与刻印者做了如此区分，笔者在本书中还是会宽松待之，两词不时互换，以避免单调乏味。

动机并不妨碍刻印者因售卖所刻之书而获利，但私家刻书并非以随时刻印、销售大量品种繁多的印刷物为业。遗憾的是，因为大量汉文刻本已亡佚，我们并不能以署有某人或某堂名[①]的刻本数量来确定是否属于“商业”刻坊。例如，某个明代建阳刻本的外观、内容、牌记和其他标志都明确显示它是一个坊刻本，但由于仅此一种，仍不足为凭。更为棘手的是，是否应将在宋代建阳出版业中极为重要的家塾视作商业刻印组织。笔者在第三章和第四章中有所论及，因为它们印制了大量与其他书坊同类型的书籍。[②] 简言之，并无绝对明确的区分坊刻与私刻的方法。本书在研究某些定位模糊的建阳刻印者时使用了上述标准，尽量给予合理的区分。

建阳与中国印刷史

在任何时代，印刷的潜能要变成如伊丽莎白·爱森斯坦（Elizabeth Eisenstein，1923—2016）所说的“变革的媒介”，都有赖于该社会书写文化的发展高度、文化水准的多元与广度、书面与口头文化的互动、特定的印刷技术，以及参与和主导印刷品的生产与传播之人的身份等因素。所以，尽管印刷所产生的影响在中国和欧洲一样巨大，但二者的历史却截

---

① “堂名”常使研究产生困惑。传统中国的商业出版者将他们的印刷坊称作“（书）堂”“斋”“宅”“书院”“精舍”“楼”等等。在确定该书由哪类刻印者生产时，最好依据其他相关证据。

② 潘铭燊（Ming-sun Poon，《宋代的书籍与印刷》“*Books and Printing in Sung China*”，第 147—149 页）把由私人刻印者转变为商业刻印者的家塾算作坊刻，因而严格限定了中国宋代“私刻”的数量。

然不同。①

首先，中国至迟从8世纪早期就已经开始以雕版而非活字作为主要印刷方式，直到19世纪末期活字和石印大量普及之前，雕版一直是印刷方式的首选。雕版印刷在中国印刷史上长期占有主导地位，不仅因为木板更易于雕刻汉字等技术层面的因素，也

---

① 西方的书籍社会史研究在过去的40年间已经获得长足进展，不宜在此详细回顾。即便是一个像样的书目调查，就能把这个注释膨胀成几页纸长。罗伯特·达恩顿（Robert Darnton）的三篇在《拉莫莱特之吻》 "*The Kiss of Lamourette*" 一书中重刊的文章（收录于《印刷的词语》"The Printed Word"一章），仍然是这一领域直到20世纪80年代中期还非常有用的讨论。两个更近的调查是《选目》"Select Bibliography"，收入古列尔莫·卡瓦罗和罗杰·夏特里埃（Guglielmo Cavallo and Roger Chartier）所著的《西方阅读史》"*A History of Reading in the West*"，第443—471页；以及乔纳森·罗斯（Jonathan Rose）的《书籍的历史：修订与增订版》"*The History of Books: Revised and Enlarged*"。许多研究对形成本书观点颇有帮助，包括卢西恩·费夫贺和亨瑞·简·马尔坦（Lucien Febvre and Henri-Jean Martin）的《印刷书的诞生》"*The Coming of the Book: The Impact of Printing 1450—1800*"；伊丽莎白·爱森斯坦的《作为变革动因的印刷机》"*The Printing Press as an Agent of Change*"和《早期现代欧洲的印刷革命》"*The Printing Revolution in Early Modern Europe*"；罗杰·夏特里埃的《印刷文化》"*The Culture of Print*"；米里亚姆·阿谢尔·克里斯曼（Miriam Usher Chrisman）的《世俗文化与学术文化：1480至1599年斯特拉斯堡的书籍与社会变迁》"*Lay Culture, Learned Culture: Books and Social Change in Strasbourg, 1480—1599*；鲁道夫·希尔施（Rudolf Hirsch）的《1450至1550年的印刷、销售与阅读》"*Printing, Selling and Reading 1450—1550*"；亨瑞·简·马尔坦的《17世纪法国的印刷、权力与民众》"*Print, Power, and People in 17th-Century France*"；玛格丽特·斯普福德（Margaret Spufford）的《小书和欢乐的历史：17世纪英格兰的通俗小说及其读者》"*Small Books and Pleasant Histories: Popular Fiction and its Readership in Seventeenth-Century England*"。其他一些作品将会在本书中依次引用。

出于商业印刷重视经济与效益的需要。的确，在宋代官方开始探寻印刷的潜能之前，印刷的宗教用途和商业用途早就得以开发。雕版印刷最早用于复制佛教经文与佛像。[①] 此外，在四川和扬子江流域等地，因雕版印刷的自然资源（如纸、墨、刷子以及版片）非常易于获取，印刷技术在早期就已具有相当水平。这从那里印制的家用黄历、字书、简易蒙学课本及星象、占卜、风水等印刷品中可以得到印证。[②]这些因素有助于理解建阳出版业在11世纪的崛起和随后的发展。闽北山区雕版印刷所需的自然资源丰富，加之劳动力低廉，所以几个世纪以来当地的书籍印制成本远低于全国其他主要出版中心。

中国与西方印刷业发展的第二个不同之处，在于社会不同群体开始普遍使用印刷媒介的顺序，其目的也常常各不相同。比如，印刷术对士绅精英阶层的形成和各种思想与哲学运动的巨大影响，是其发明两百余年后的北宋才开始的，较之同时期西欧发生的变化慢了很多。然而，影响一旦开始，人们的学习、记忆、阅读和书写方式的改变，以及文本能以更易于保存和复制的形式进行表述和校订，就开始影响学习的各个领域，这与印刷术在西欧文艺复兴时期中的影响并无二致。相反，对于教育程度较低的群体，如街头小贩、商铺店主、某类工匠、部分农民、大部分妇

---

① 关于一些对中国最早使用印刷术的有趣的推理性观察，请见司马虚（Michel Strickmann）的《法之印：一种礼器及印刷的起源》“*The Seal of the Law*: *A Ritual Implement and the Origins of Printing*”；巴瑞特（Timothy Barrett）的《〈奉道科〉与中国7世纪的纸上印刷》“‘*The Feng-tao k’o and Printing on Paper in 7th-Century China*”以及《印刷的兴起与传播：宗教因素的一种新阐释》“*The Rise and Spread of Printing*: *A New Account of Religious Factors*”。

② 见钱存训：《纸和印刷》，第146—159页。因为保存下来的实物非常少，我们无法断言它们的数量究竟有多大，传播的范围究竟有多广。不过有迹象表明，唐末通俗作品的印刷水平距宋代印本还有一定距离。另一方面，一些佛教经典如868年的《金刚经》的刻印，已经非常精良了。

女等，印刷文字的影响是一个更复杂的话题。虽然上述早于学术性书籍出现的唐五代时期的印刷品证明，这种影响应该发生得更早，但其他种类的读物，如插图小说和日用类书，显然出现稍晚，大概不会早于南宋。如前所述，建阳商业出版业的悠久历史为我们提供了一个考察从抄写到刻印这一转变过程中的不同顺序的机会。

宋代建阳出版业兴起的早期历史，详细反映出官方与商业出版之间复杂的互动。官方在印刷活动中的积极作为对印刷文字的影响，远远大于任何仅掌握审查措施的政府。这在北宋尤为明显，从皇帝到官员都重视书本知识的学习，并将其作为治理的一个根本途径。史无前例的国家工程所编纂刻印的经史典籍、辞书、医书和类书，为学者提供了极大的便利。书坊和私人刻书家也因这些官刻而受益，获得了新的标准文本或此前难得的珍稀版本。确切说来，如果没有宋代官方在出版印刷方面的努力，建阳出版业的发展应该不会达到如此高的程度。

这些刻本的传播反过来激发了学者重审、校勘旧籍文本的热情。[①] 商业出版的飞速发展提高了学者们获悉彼此的印行著作、并进一步修订的机会，从而鼓励了这些活动。而在帝制中国，官方与民间在利用印刷术上存在持续冲突也从中得到例证。具体而言，官方的目的在于维护经典文本的标准和权威，并不致力于广泛传播，而学者与商业刻印者则出于或好或坏的动机，力图修改文本，并大规模地刻印和传播。宋代的官刻本，尤其是中央政府机构所刻的监本，一向备受尊崇。具有讽刺意味的是，众多坊刻本虽然是直接或间接以监本为底本的，却成功颠覆了官方希望保存标准文本的努力，最终产生了更多由翻刻而导致的错讹。如同

---

① 车淑珊（Susan Cherniack）的《中国宋代的书籍文化与文本传播》“Book Culture and Textual Transmission in Sung China”对这些事件有详细记载。

宋代官府所发现的那样，建阳出版商们是这些不法之徒中最糟糕的一群，尤其是他们刻印的声名狼藉的麻沙本，经常将校勘精良的足本翻刻成了廉价的删节本。

中国知识精英大多对商业刻印者嗤之以鼻，这是中国与西欧的另一大区别。例如文艺复兴时期众多人文主义出版家，如艾默尔巴赫（Amerbachs）、阿尔杜斯·马努提乌斯（Aldus Manutius）、约斯特·巴德（Joost Baade）[①]，都是当时最负盛名的思想家的朋友，其本人也都是各有专攻的学者。商业刻印在中国不被视为高尚之业，主要是因为从业者所为意在谋利。同时它又被视为雕虫小技，还是宜留给匠人和粗人去从事。朱熹是一个著名的例外。他曾仔细地监督了一些经书和他本人著作的刻印。有一位朋友评论说，那类工作不值得一个学者去费力，他颇不以为然。[②] 几百年后的明末清初，文人如冯梦龙（1574—1646）、陈继儒（1558—1639）和李渔（1611—1680）等人已很少讳言自己的文化活动了。即便如此，对于他们涉足商业出版活动有多深，我们也只能推测出一个大概。

传统中国对商业刻印的这种鄙视，导致了相关主题的研究资源较之欧洲少之又少。我们对那些出版者本身所知甚少。比如，我们没有类似于可以重现克里斯托弗·普朗坦（Christopher Plantin）的安特卫普印刷厂几乎每天的商业活动的账本或经营记录，证实克伦伯格（Cromberger ）在塞维利亚（Seveille）的印刷活动的丰富公证文书，威尼斯的阿尔杜斯·马努提乌斯（Aldus

---

① 关于上述和其他刻印者的简介以及主要参考资料，请参见卢西恩·费夫贺和亨瑞·简·马尔坦的《印刷书的诞生》。

② 参见陈荣捷：《朱熹》“*Chu Hsi*：*New Studies*”，第77—81页。朱熹曾在建宁府的许多地方生活过很长时间，因此被当地称为半个乡贤。

Manutius）的大量来往通信，或者艾默尔巴赫家族的通信集[1]那样的材料。刘弘毅是马努提乌斯的同时代人，15 世纪末 16 世纪初最杰出的建阳书坊主之一，但我们对他的了解，除了世人所知的 45 部刻印作品外，就只有族谱中的零星记载：如一幅出自数代以后的画家凭想象所绘的肖像，外加一篇像赞，而且记录在世系表中的名字还有误。余象斗是普朗坦的同时代人，16 世纪末至 17 世纪初最有名也最声名狼藉的建阳书坊主，在牌记和序言里对自己的出版物极力称赞。他至少在两部刻本的牌记里罗列了自己的出版物，甚至还在好几部书里插入了自己的肖像。[2] 然而除此之外，族谱中有关他的条目短得可怜，只有其父其子的名字。显然，就连这些出版商本人及其亲友，也以不着笔墨的方式默认世人对所操之业的鄙视。族谱、像赞或方志中涉及一位书坊主时，

---

① 关于普朗坦，见列侬·沃伊特（Leon Vöet）的《黄金罗盘：普朗坦出版社在安特卫普印刷与出版活动的历史与评价》“*The Golden Compasses*：*A History and Evaluation of the Printing and Publishing Activities of the Officina Plantiniana at Antwerp*”。关于克伦伯格，见克莱夫·葛瑞芬（Clive Griffin）的《塞维利亚的克伦伯格：一个印刷与商业王朝的历史》“*The Crombergers of Seville*：*The History of a Printing and Merchant Dynasty*”；关于马努提乌斯，见马丁·劳瑞（Martin Lowry）的《阿尔杜斯·马努提乌斯的世界》“*The World of Aldus Manutius*”；关于艾默尔巴赫家族，见阿尔福德·哈特曼和鲁道夫·詹尼（Alfred Hartmann and Rudolf Jenny）的《艾默尔巴赫的信件》“*Die Amerbachkorrespondenz*”。不可否认，大量关于西方个人出版商和出版家族的研究，以及许多尚待研究的资料，都事涉 18 世纪以后的近代时期。关于中国出版史，几个先驱性的研究有望让我们更为详细地勾勒出过去约四个世纪的图卷。例如，魏爱莲（Ellen Widmer）的《杭州与苏州的还读斋：17 世纪出版业的研究》“The Huanduzhai of Hangzhou and Suzhou：A Study in Seventeenth-Century Publishing”。芮哲非（Christopher A. Reed）的《谷腾堡在上海：中国印刷资本业的发展（1876—1937）》“Gutenberg in Shanghai：Chinese Print Capitalism，1876—1937”是关于 19 及 20 世纪上海的印刷与出版业的；包筠雅编撰的《绘制书籍贸易的地图：中华帝国晚期印刷文化的拓展》“Mapping the Book Trade：The Expansion of Print Culture in Late Imperial China”是关于 19 世纪和 20 世纪初出版、印刷以及销售行业幸存资料的一个初步调查。

② 关于刘弘毅和余象斗，将会在第五章讨论。图 49b 是余象斗肖像中的一幅。

几乎都不提其出版活动。[①]

这种“不着笔墨”也延伸至书籍的刊刻、印刷、销售等商业活动。我们几乎得不到任何关于书籍的印数和定价的数据。纵观整个中国雕版书籍史，这类信息可以用寥寥数页来总结，而其中鲜有涉及建阳商业刻印者的。[②] 即使在推销其刻印作品的广告词中，商业出版者们也几乎从不谈及个人情况，以至于我们对他们的刊刻动机、选择出版某部书的理由以及商业运作手段等，几近一无所知。我们罕能通过确切的线索知晓他们与著者、编校者、书贩以及读者的关系。尽管如此，这些默默无闻的人物却在学术精英文化和非学术大众文化信息的书写、编撰、刊印、传播中十分重要，且经常在达恩顿所谓“交流环”[③] 的数个环节上同时扮演多个角色。因此，要理解中国书籍史，对他们的研究不可或缺。就研究建阳出版商而言，幸有存世的二千多种印本供我们搜罗信息。

关于印本与写本如何在外观和形态上逐渐产生差异，并最终各成一家，这在中国和欧洲也说法不一。在欧洲，虽然有一些早期印本忠实地模拟写本，但探索金属活字版潜力的冲动很快就导致了与写本外观迥异的印本的产生。相反，大多数雕版印本属于摹刻，即忠实地将手写或手绘原本墨印到版面，然后将版面逐字

---

① 值得注意的是，这些资料普遍倾向于避免牵涉到钱的问题，并且没有任何信息明确指出一个人的收入来源于其官职、土地、教书、刻印还是其他活动。

② 沈津最近题为《明代坊刻图书之流通与价格》的文章揭示了许多明末书籍的价格，其中包括一些来自于建阳的。不过，这些数字是有疑问的，因为有些与我们所知的明代这类书籍的价格出入很大，或许大部分是为日本买家设定的。

③ 罗伯特·达恩顿的《什么是书籍史》“What Is the History of the Book”，收录于《拉莫莱特之吻》一书第111—113页。这篇文章确实有助于构建西方书籍史研究的初步框架，但是对中华帝国晚期出版商的考察表明，在研究非西方的印刷文化时我们必须调整达恩顿的模式。

镂空而成，所以手写原本与最终印本之间必然有显而易见的联系。因而在中国，评判写本和印本可共用一套审美标准。无论是印本还是写本，纸精字美都属上品。众多坊刻本被嗤之以鼻的原因之一，就是字体潦草，印刷粗率，纸张低劣。外观粗鄙，编校草率，是人们对建阳本的普遍印象。

然而，一些由商业出版者引入或推广的书籍形态的变化，最终被勉强却广泛地接受。比如，匠体字虽被视为是丑陋的，但在明代晚期却极为常见，尤其在建阳所产的坊刻本里。使用匠体字不仅加快了刻版的速度，而且刻出来的字更清晰可辨。匠体字日益广泛的应用，是一项由迅速扩大的书籍市场驱动的雕版印刷技术革新。

在中国，写本与印本的持续互相影响也意味着手写文字与印刷文字通常能轻易地转换，即便在印刷术普及之后也不例外。读书人可能会亲自大段抄写一本稀见书上的内容，或者雇用抄手来抄写。这些抄手人数众多，且很可能也为当地印刷铺所雇用。一部经名家批注过的写本或印本价值会倍增，而施以批注且有可能升级为次经典的新刻本很快就会上市。有鉴于此，建阳书坊大多会标榜其刻本是汇集了著名学者批注的新版本，但实际上常常只是个营销噱头。不管怎样，经由读者摘抄，这些最新版本极有可能变成“交流环”中的又一个环节。

中国雕版与欧洲活字印本的另一主要区别在于插图方法。在欧洲 16 世纪末期，木刻版画绝大部分已被能够更精细地展示光线和阴影的铜版蚀刻画取代。① 但是，中国书籍书叶上的木刻版

---

① 见威廉·艾文斯（William Ivins）的《印刷与视觉传达》“*Prints and Visual Communication*”，第 47、49—50 页。金属版和木版插图的区别实际上比这里讨论的更为复杂。深入讨论请看第二章。

画与文字不可分离，因为它们通常刻在同一块版上。[①] 因而中国书籍里的插图受到木刻技术的限制。当然，这并不意味着中国未产生具有高度艺术成就的木刻版画，只是相对简单的线描可以很容易由一个技术一般的刻工照着旧书复刻。换言之，一部平庸的坊刻本里的插图可以被轻易、高效而廉价地复制出来，无须多少技艺和独创，却能流传久远。一张 9 世纪（其初次刊刻年代或许更早）的年历中的版画，700 年后还能以几乎一模一样的形式出现。这种连续性是欧洲书籍所不可比拟的。而且，这些绘画、图表和地图出现在各类书籍里，包括经籍、史书、医书、类书、小说类作品，这意味着它们拥有数个世纪以来中国社会各阶层的广大读者。这些论点，将在后文考察建阳本及其几乎以假乱真的插图（以及文本）时用图片直观地展现。

写本与印刷品之间的复杂关系，还引发了印刷文化何时在中国真正成为“主流”的问题。官方出版和商业出版在 12 世纪初的宋代甚至更早时就已初现端倪，这一点毫无疑问。但也有不少学者认为，到 16 世纪中后期的明代，印刷术的使用才真正在文人阶层和低学识阶层普及。他们这样推论的前提是，一直到 16 世纪中后期之后，印本才取代写本占据了私家藏书和官方藏书的主体地位；另有证据表明，直到晚明书籍生产成本和书籍价格才明显降低，许多作者观察到的书籍缺乏状况也得到改善。[②] 虽然我们缺乏足够的信息来证实或证伪这种论断，本书对宋代至明末

---

① 高端书籍则未必如此，如带有特殊全叶图版的图册。有两本讨论明清时期中国书籍插图的近著：柯律格（Craig Clunas）的《明代的图像与视觉性》“*Pictures and Visuality in Early Modern China*”；以及何谷理（Robert E. Hegel）的《阅读中华帝国晚期插图本小说》“*Reading Illustrated Fiction in Late Imperial China*”。

② 参见井上进的《藏书与读书》「蔵書と読書」和《书肆·书贾·文人》「書肆·書賈·文人」以及周绍明的《中华帝国晚期印刷业的崛起》“The Ascendance of the Imprint in Late Imperial Chinese Culture”。

建阳出版业所做的研究却表明，这一问题之复杂，绝非一个简单的“是”或“不是”就能解答。即使修正书籍随时间湮灭而导致的变量误差，现存的明代建阳印本数量仍远超前代。不过，考虑到以下因素，确定出版业蓬勃兴起的具体时间可能未必有用。这些因素是：宋元时期刊本的种类并不比晚明少很多；印刷品的影响并不与其数量呈简单的正比；藏书目录著录的书籍并不能反映藏书者自己或其他读者的真正阅读趣味。

因为本研究重点在建阳的商业出版者，对读者群体及其阅读习惯，只能基于考察的刻本自身提供的线索做有限地探讨。许多学者已经指出，读者群体与阅读反应这一令人着迷的话题，实际上充满了很多令人生疑的假设，如有些人认定的存在“潜在读者”[①] 这一假设。当我们面对数量巨大的建阳坊刻本时，的确会忍不住去猜测这些书的受众是谁，他们如何阅读、观赏和品味这些书籍。我们当然不可能确切知道，面对一本特定的书时，单个读者和狭义上有着共同知识背景与文化价值的社会经济读者群体会有怎样的真实反应。但是我们应该能提供一些有充分根据的合理判断，以丰富我们对出版商作用的了解。

比如，12 世纪后期，仅仅在建阳就有 6 种不同版本的苏轼诗集。据此我们可以得出意料之中的结论：尽管读者的具体反应因人而异，苏轼显然是一位极受欢迎的诗人。且由于苏轼的诗文集在元明两朝被不断刻印，我们可以认定这种流行在他死后还长盛不衰。更有趣的是，自宋代以来，苏轼的作品还出现在各种各样的写作手册和文学选本当中，表明他不仅受一般诗词爱好者的欢迎，也特别受到文坛新秀的推崇，视之为文章典范。

---

① 仅举一个批评“潜在读者”的例子，乔纳森·罗斯的《重新阅读〈英语普通读者〉》“Rereading the *English Common Reader*”。关于中国书籍的读者和受众的著作最近在不断增加，本研究中会随时引用相关论述。

在检视坊刻本以寻找其潜在读者群体及他们的阅读实践信息时，我们必须倍加谨慎，不要轻易相信出版商所声称的读者对象。例如，最晚至16世纪中期，类似于“通俗演义”“愚夫愚妇”“天下之人”“四民”之类的辞令已经出现在坊刻本的题名、牌记和序言之中了。这类作品的出版商显然将目标受众定为广大的“普通民众”，而不是受过良好教育的士人阶层。但本书第三部分将会说明，即使只是随意检视，我们也能发现这些印本的风格、评注以及所需的阅读水平是多种多样的。我们必须仔细阅读其文本，审视其插图及版式，虑及印本以外的其他证据，来推断构成某部书真正受众的究竟是哪些人。

至此，我们简略地讨论了在估量雕版印刷对中国社会的影响时必须要考察的一些问题，并对比了近代早期西欧的情况，以说明虽然可以从卷帙浩繁的西方书籍史研究成果中汲取灵感①，但我们却是在探索一个长时期未经开发的新领域。这种忽略并不意味着研究中国的学者过去对此主题不感兴趣，而是由于相关资源似乎特别纷繁扞格。不过，最近学者们开始着手解决这些问题了。② 他们及本书的研究表明，我们所提出的问题与研究西方时不同，各种文献资源有其特定局限，这导致了结论的不同。

---

① 过去的二十年中，对非西欧地区书籍史的研究已经开始出现，其中包括印刷术的使用史。参见乔纳森·罗斯的《书籍的历史：修订与增订版》。彼得·科尔尼基(Peter Kornicki)的《书籍在日本：从起始到19世纪的文化史》“*The Book in Japan: A Cultural History from the Beginnings to the Nineteenth Century*”追溯了一个与中国极为相异的日本书籍史，尽管中国对日本有着深远的影响。

② 参见姜士彬(David Johnson)的《中华帝国晚期的通俗文化》“*Popular Culture in Late Imperial China*”。其中几篇文章对中国书籍社会史方面的研究贡献良多。学术杂志《晚期中华帝国》“*Late Imperial China*”1996年第17卷第1期刊登的全都是关于印刷文化的文章。关于中华帝国晚期书籍与印刷近著的概述，请参见包筠雅的《论书籍在中国的历史》“On the History of the Book in China”。

对主要材料的说明

具有讽刺意味的是，由于中国的书籍印刷比欧洲早了七个世纪，中国这一部分的早期历史更难研究。许多相关材料已烟消云散，而且与欧洲在谷腾堡发明印刷机之后两百多年的发展不同，宋代商业出版开始崛起时，由印刷文本引发的巨大变革并没有引起时人的关注和重视。所以，虽然宋代士人完全清楚印刷在复制、传播和改变文本方面的巨大能量，但在提及这一主题时，他们大多只会议论文本的改变，并抱怨印刷术的滥用。此外，上文已经指出，大多数学者认为印刷的技术和经济层面不值一顾。这些最有可能留下思想记录之人的失语，使我们在很大程度上失去了一个潜在且极其宝贵的材料来源。因此，在寻找那个时代的存世材料并从中撷取研究中国书籍社会史的有用信息上，学者所要面对的挑战与研究近代早期欧洲时是截然不同的。我们拥有各种综合文献，包括地方志、族谱、出版商同时代人的作品、少量官方文书、一些不经意记录下写手和刻工名字的刻本，以及几世纪以来学者和藏书家们编纂的、专门介绍这些刻本的解题目录和书志。

对本研究最为重要的材料就是印本本身。在从事这项研究的过程中，笔者编辑了一个含有两千余部建阳刻本的目录。[①] 除了清点不同种类和版本的数量，以及出版商和刊印时间，我们也可以通过彻底检视每部书自身的外在特征来获得非常有用的信息，如偶尔留下的写手和刻工的姓名；如副文本，包括广告性质内容

---

① 这个书目并不完整，但笔者估计它已包括了几乎所有的宋代建阳本（约95%），以及绝大多数（超过90%）的元明建阳本。这一数据库编辑过程的详细情况，可参见本书附录C。

（书坊的牌记和刊语）、序跋、凡例、版面设计以及字体风格（这些问题的具体讨论请看第二章）。即便缺乏前文所述的其他文献资源，我们仍然能够从印本本身挖取到关于建阳出版业的几乎一切信息。

在编辑该目录时，如果某本书不易得到，或者已经佚失，解题目录就成了必要的替代品。它们可提供的信息，包括书坊牌记或刊语的内容、序跋的片段、部分版本比对，以及从藏书家的藏书印或题识中推断出的某一刻本的递藏或翻刻源流。这些解题目录的编著者秉承了中国目录学的悠久传统，在展现价值的同时也暴露了此学问的局限。比如，某个著者可能会复述另一个目录学家没有证据支持的价值判断，或者断定某本书就是"建本"却并不给出详细的理由。这些鉴定通常出于著者历经岁月而练就的鉴别力，但是由于没有令人满意的解释，笔者仍对此保留意见。

本研究采用的另一组材料是十八部族谱[①]，来自建阳地区的家族[②]。其中的四部族谱（刘氏家族两部，熊氏与余氏家族各一部）与本研究尤其相关，因为他们是本书重点考察的几个出版世家，许多带有这些姓氏的男性在宋元时期从事出版业，不少明代出版商的名字都能在这些族谱的世系表[③]里找到。另外，一些人的名字不见载于族谱，但在建阳刻本上被署为出版者、编辑者或

① 关于这些族谱，请见本书参考书目的第二部分。

② 在本研究中，"族"这个术语被翻译为"descent group"，意指这个群体居住在同一个地理区域、拥有同一个姓氏，并声称是一个或几个关系密切的祖先的后人。这种刻意模糊的描述更合适，因为族谱中最早的那部分几乎不可能被证实，且没有任何假定为同一族群的成员进行过团体活动的信息。为了避免频繁使用这一术语而造成的单调乏味，笔者有时也用"家族"来指称相同的主体。如族谱表中设定的那样，"房"和"派"被用来指称一个氏族的支系以及子支系。

③ 第三章提供的刘氏、余氏和熊氏三个出版家族的系谱图是基于他们族谱的"世系"做出的。

校勘者，其字辈跟族谱上的男性相同，这些线索说明出版业通常是一种家族行业。还有，虽然有些在印本的牌记或序言里出现的出版商的名字在族谱里是找不到的，最近的研究者却成功将一名出版商与族谱里的一个名字挂上了钩，这是通过书坊名、父亲或祖父名、相关日期，以及序言和同时代人著作里提及的信息，综合推理出的结果。[①] 我们已经注意到，这些族谱有时也令人沮丧，因为里面几乎找不到关于这些人刻印活动的任何只言片语。即使他们中的一人有幸被族谱记载，其生平简介里也只会提及他的忠孝、对学术的热爱、仕途的成功、官宦生涯（哪怕是区区小官）、在地方上的名望，以及其他符合受过教育的士绅身份的品德。几乎只有在他本人亲自参与编纂和刻印一部新修族谱时，才会提到其刻印活动。[②]

在笔者检视过的另外十四部族谱里，身份能被明确认定的出版商虽然为数甚少，却大多出自宋、元、明时期在全国和本地都声望卓著的闽北家族。[③] 比如，从朱熹的长子朱塾分出的几支，其族谱一直延续到晚清。另一部族谱是蔡氏家族的，成员中有一些宋元时期的杰出道学家，如蔡元定（1135—1198）及其三子：

---

① 例如，著名的刘氏翠岩精舍始于元初的刘君佐，一直经营到明代中期（有年代记载的印刷品最晚是1588年的）。方彦寿在他的刘氏族谱的研究中（《建阳刘氏刻书考》[上]，第207页），可信地展示了被称为元末“刘氏”的刘恒甫最有可能继承了翠岩精舍的出版业，因为在族谱中，他被称为刘钧，字衡甫，系刘君佐的次子。参见第三章的图表2b。

② 在中国，于族谱中讳言家族成员的出版活动并不是普遍现象。例如，四堡男性参与编撰、刻印以及售卖书籍的活动在族谱中就有清晰记载。见包筠雅的《中华帝国晚期的商业出版：福建四堡的邹氏与马氏族商》。

③ 除笔者研究过的族谱外，有些出版商可能会被记载在其他家族的支系族谱之中。笔者在建阳时，几位了解内情的人告诉笔者，许多族谱已经在“文革”时期被销毁了，还多是被他们家族成员自己销毁的。尽管如此，闽北地区应当还有族谱保存在族人手中，尚未被学者发现。

蔡渊、蔡沆、蔡沈。宋代著名学者兼出版商廖莹中（？—1725）[①]家族的族谱也非常有用，廖莹中刻印的一些经部书备受赞誉。检视这十八部族谱所得到的信息表明，这些家族之间的联姻极其常见，而这种姻亲关系为出版商所属的社会与知识阶层提供了有力佐证。

此外，这些族谱也确实包含了该家族的社会、政治和经济状况信息。足够完整的信息有助于比较一族里的各房、一房里的各派在财富、学术和仕途方面的状况。再者，族谱里的序言、行状、墓志以及家传，通常都包含其他文献资源中少见的信息。比如，从北宋开始，建阳地区大兴家塾（也称书院）。这些家塾对建阳出版业的蓬勃发展起到了非常重要的作用（见第三章），但其他文献却很少提及。族谱中的记述文章提供了有关家塾的建立、赠地记录和日常活动的可贵信息。因此，族谱虽然在其他方面所能给予的信息量少得令人沮丧，但在更切近地观察建阳出版商及其家庭和亲友这一点上，比任何其他材料都有效。

本研究所用的方志资源包括福建省志，建宁及周边地区府志，以及建宁府各县县志，尤其是建阳、建安、欧宁、浦城、松溪、政和以及寿宁[②]的。这些方志里的大部分内容都并非与出版业直接相关，而是提供了这些地区的地理和历史概貌。在方志里能找到的内容包括县学和州学的各种史实，书院及其藏书，登科录，与出版商沾亲带故或有社会和商业往来之人的小传。至于商业出版者自己，宋代或元代没有发现一个，明代的也寥寥无几。就是在这屈指可数的几位中，熊宗立（1409—1482）被描述为二

① 廖莹中实际上在与建宁府接壤的邵武军居住并执业。他的后人移居到建阳，其家族仍然保存着他们的族谱。

② 这些是明代建宁府所辖的县，其数量和边界自宋代到民国都不断变化，但是建宁府的边界基本上没有变化。

十余部医书的撰者和编纂者，而不是出版者。刘龙田是16世纪晚期建阳最多产的出版商，他能在“贤良录”里被带上一笔，极有可能是因为其进士长子在朝为官，为父亲向朝廷讨得了封诰。[①]尽管不愿意承认自己也使用了其制品，历代建阳县志的编纂者都很清楚该地区活跃的出版业。他们在方志中注明官学藏书中哪些是建阳本，颇为自豪地提及四方商贾云集崇化（书坊）市集的盛况，而且把书籍列为本地特产。[②]

本研究所用的最庞杂的材料当属文集，包括出版商同时代人的和对建阳刻本、出版业、闽北地区有过评论的后人的。在与出版业相关的详细信息如书价、印数以及销售方式方面，这些材料也基本失语。虽然不胜枚举的建阳本记载其编辑者或校勘者曾在该地区居住或做官，他们却几乎从不在自己的文集里提及这些活动，只有朱熹是例外。如前所述，他直言不讳自己印书，既有补俸禄不足之利，也收广布学术之功。通常即使明知建阳本已经无处不在，学者还是不断谴责其粗制滥造。典型者如北宋末期叶梦得对用软木做雕版的劣质建阳本所做的著名评论。他的观点在宋、元、明三代都得到认同。错讹百出的建阳刻本，或所谓麻沙本，成为各种笔记中的笑料。不过从其他文集里还是能看出，随着时代变迁，士人对待印刷文本的态度有所改变。比如，宋代学者普遍抱怨，印刷之便使书籍易得，故近人多读书而不求甚解。到了元明时期，这种抱怨逐渐消失，印刷文本的优点更为人赞

---

① 关于熊氏，见万历二十九年（1601）《建阳县志》，卷八第17页a。关于刘氏，见康熙四十二年（1703）《建阳县志》，卷六第69页a。

② 关于藏书，参见明弘治十七年（1504）修订的景泰四年（1453）《建阳县志》的“典籍”部分；嘉靖三十二年（1553）县志，卷五第19页b至第20页a；万历《建阳县志》，卷二第18页a—b；康熙《建阳县志》，卷八第1页a至第13页b。关于书籍市场，参见嘉靖《建阳县志》，卷三第6页a。关于当地特产，参见嘉靖《建阳县志》，卷四第33页a。

许。所以，文集中还是有一些信息可用，但需要大量翻检才偶有所获。

具体提到建阳出版业的官方文献非常少。宋代除了一般法令外，偶尔也有地方官员的奏折和通告涉及建阳出版商的违法活动，这也导致当时人们普遍对麻沙本评价不佳。元代除了《元典章》外，几乎一片空白。明代也基本如此，官府对待坊刻书籍的态度以及因应措施的论述，更可能在文集中找到。[①] 官方文献的总体缺乏，一定程度上反映国家无奈地默认了对管控出版业已无能为力，因为随着坊刻与私刻的蓬勃发展，管控也越来越困难了。

闽北地理

闽北指的是福建西北部一带，大部分位于今南平地区 27288 平方公里的辖境内。晚清时地占建宁府、邵武府以及延平府[②]部分地区。海拔较低但崎岖不平的武夷山脉向西绵延，为闽北与江西的边界，北边的仙霞岭与浙江交界。

与福建其他地区一样，闽北属于亚热带。山谷的平均气温在 12 月至 1 月为 13 摄氏度，7 月为 28 摄氏度。这里也是全省最潮湿的地方，年平均降雨量为 1700 毫米，其中 60％发生在 3 月至 7 月。[③] 由于气温与降雨量不同，无霜期的天数也因地而异，山谷

---

① 关于元代与明代的政府禁令，参见王利器：《元明清三代禁毁小说戏曲史料》，第 3—18 页。

② 邵武在宋代是一个“军”，在明代被提升为“府”。自宋以来，建宁与邵武的边界基本上没有改变。延平（南剑）的边界自宋至元有些改变。这三个地区在元代都被称为“路”。

③ 实际上，各处的年降雨量因地而异，从 1600 毫米到 2700 毫米不等，所以平均值并无太大意义。参见《建阳县志》，1994 年版，第 90—92 页。

地区有 290 天左右。

闽北地区约有 90%为丘陵或山地，间有狭窄的河谷。大部分土壤是红色和黄色的灰化土，由原始岩石在潮湿的亚热带环境里经化学与机械降解形成。天长日久，许多无机质渗透出来，变成不可溶解的碱金属氢氧化物，使土壤呈现这种独特的颜色。许多有机成分同样渗透了出来。因而这样的土壤呈酸性，腐殖质含量低，并不肥沃。即便如此，土壤上还是种植了稻米、麦子、水果、蔬菜、茶叶和桐树。这种土壤也孕育了一片覆盖闽北一半以上地区的针叶林，主要有杉树、松树和竹子①，闽北因而成为中国最重要的木材保护区之一②。

闽北地处密集的水路网络之交点。该地区的主要河流是建溪，虽属支流，但与闽江一样宽阔。除春天解冻时外，闽北的河流通常都不深。不过，一场暴雨却完全有可能将一条平静的小溪变成一道不可逾越的洪流。加上众多急流险滩和明洲暗礁，航行其中危险万分。据胡三省（1230—1302）记载，“自建溪顺流东下福州，水路萦纡几数百里，而水势湍疾，轻舟朝发夕至”③。想必也只有如胡三省笔下的“轻舟”那样吃水浅的船只或小筏子，才可能成功完成这一航程。在 17 世纪的著作《天工开物》（原序署 1637 年）里，宋应星描述了两种船，一种叫清流船，另一种叫梢篷船，穿梭往来于闽北地区的光泽和崇安的小河与福州的洪塘海堤之间。清流船主要用于运送商人及其货物，稍大一点的梢

---

① 斯坦利·丹尼斯·理查德森（Stanley Dennis Richardson）：《共产主义中国的林业》“*Forestry in Communist China*”，第 3—5、27 页。

② 在现代建阳县，山区的森林覆盖率为 69.6%，整个地区为 56.8%。见杨水心、黄寿恩：《建阳造纸古今谈》，第 13 页。

③ 见《资治通鉴》胡三省注，卷二七五第 12 页 b 至第 13 页 a；引用自薛爱华（Edwards Schafer）：《闽国：10 世纪的中国南方王国》“*The Empire of Min：A South China Kingdom of the Tenth Century*”，第 10—11 页的 66 号注释。胡的出发点不清楚，也许是建安（今建瓯）或延平（南平）。

篷船设有卧舱，供官员及其家眷出行。[①] 两种船的船底用的都是杉木，频频被明石暗礁损坏。因为有这样的自然危险和水陆匪患，船工们都不愿走夜船，大多在就近的城镇歇脚。所以顺水下行所需的时间通常比胡三省的乐观估计要长。逆流上行则要顶着中国所有江河中最为湍急的水流，完全是另一番体验，即便在可以借助桨橹或篷帆的河段，也要慢很多。在蒸汽船出现以前，通过急流险滩需要纤夫在岸上牵拉，这使他们更容易成为盗匪袭击的目标。无论如何，这种行程都非常缓慢，从福州到延平差不多要 6 天。[②] 闽北的所有河流最终都汇入闽江。在帝制时代，闽北的物产，如大米、茶叶、纸张、木材和竹子（后两种东西通常顺河水漂流而下），以及江南的货物，都被运到沿海地区，用于交换盐、鱼、布匹、金属制品、水果，以及诸如香料和香木之类的舶来品。

闽北的水路直到 20 世纪都还是该地区的主要交通路线。府治和县治所在地，以及许多较大的城镇和村庄，都坐落在一条河边，或两条甚至更多河流的交汇处。比如，麻沙在麻阳溪（建溪的一条支流）畔，在建阳县城上游西边约 52 公里处。书坊位于麻沙西南一条更小的支流边，距建阳也差不多 52 公里。从南平

① 宋应星：《天工开物》卷二，第 36 页 a；转引自孙任以都（E-tu Zen Sun）、孙守全（Shiou-chuan Sun）翻译的《天工开物：中国 17 世纪的科学技术》“*T'ien-kung k'ai-wu*: *Chinese Technology in the Seventeenth Century*”，第 179 页。

② 关于从邵武至福州的水路行程，见哈利·阿尔弗森·弗兰克（Harry Alverson Franck）：《百年前的中国：美国作家笔下的南国纪行》“*Roving Through Southern China*”，第 164—175 页。裨益知（Willard Livingstone Beard）记载了从福州至延平的 6 天，见《福州至建宁的“高速列车”》“The Foochow-Kienning Twentieth Century Limited”，第 15 页。另一段溯流而上的旅程细节，见小爱德华·布里斯（Edward Bliss Jr.）：《邵武四十年：美国传教士医生福益华在华之旅，1892—1932》“*Beyond the Stone Arches*: *An American Missionary Doctor in China*, *1892—1932*”，第 4—10 页。

城沿建溪一路向北，依次可以经过建安（今建瓯）、建阳和崇安（今武夷山市）。建溪在建安分出一条支流，名松溪，向东北流向松溪县城，或沿着另一小溪到政和。经由浦城溪则可直抵浦城，该溪在建安和建阳之间汇入建溪。直到今天，闽北地区最重要的道路仍然忠实地跟随着这些水路蜿蜒曲折。

从福建北部进入浙江，至少自北宋起就广为使用的最重要的一条线路是从浦城北上，由水路转陆路，过仙霞关入浙江。此后仍是水陆交替，经过江山和衢州，最后到达杭州。[①] 这条路到江南路程最短，最为直接，但狭窄陡峭，翻山越岭。而且与从闽北出发北上的其他线路不同，明代以前这条路上没有任何官府驿站。

另一条主要行船的线路，也从浦城出发，入浙江处州，最后到达沿海的温州。事实上，在整个帝制时代，温州很可能就是许多闽北物产的进出口集散地。一位现代学者认为，许多最终到达日本和朝鲜的建阳本极有可能是从温州装船出海的。[②] 另一位学者有力地证明，宋元时期兴旺的闽北和江西窑口的陶瓷是通过这条线路运输到温州（或福建北部的一个港口），而不是位于福建南部沿海的泉州。[③] 一位 19 世纪的英国旅行者也注意到，福建沿海地区的海盐是先运到温州再运到浦城的。[④] 所有这些都表明，福建北部的陆上旅行和运输大宗货物溯闽江而上都异常艰难。

---

① 从闽北地区至江南和福建其他地区的水陆两条路线，其地图和对这些主要资料的评论，见苏基朗（Billy Kee-long So）：《宋代泉州及其内陆交通之研究》，第 185—241 页。明代以后有关商路的书籍对这些路线提供了详细信息，包括每隔几十里就会有的驿镇名称。如万历年间（1573—1620）刘龙田乔山精舍翻刻的建阳本《商程一览》（参见图 51）。本文中描述的路线，见陶承庆：《商程一览》，卷一第 2 页 a—b；卷二第 54 页 a，第 56 页 a—b。

② 庐田孝昭：《明刊本在闽本的位置》「明刊本における閩本の位置」，第 102 页。

③ 陈擎光：《元代福建北部及其邻近地区所输出的陶瓷器》，第 24—26 页。

④ 庄延龄（Edward Harper Parker）：《从福州至温州：一次跨越福建中部地区的旅行》“A Journey from Foochow to Wenchow Through Central Fukien”，第 89 页。

第三条线路从汉代开始就为人所知了。起始于邵武的光泽，经武夷山的杉关入江西，先经陆路到建昌，后走水路到抚州及更远的南昌，再沿赣江而下到达广东；或先到鄱阳湖，再经长江到达南京。这条从光泽出发的线路相对来讲容易一些，因为其陆路比较平坦，水道也不难行驶。不过，与其他线路不同，这不是一条重要的商道，可能由于其路程长且绕，起点又是邵武而非人口更密集的建宁地区商业中心。

第四条也是极其重要的一条线路是经崇安过武夷山分水关入江西，到达第一个重要的驿镇河口（今铅山）①。从河口往西，有一条水路穿过贵溪进入鄱阳湖，然后向南经赣江到南昌，最后到达广东。从河口往东的线路是走信江，经上饶到玉山，换陆路到浙江常山，再走易于航行的大江或运河到达杭州或宁波。这条线路上的铺递所、关卡和官府巡逻站，证明了其重要性。王世懋（1536—1588）在 1580 年左右曾游历福建，对那里的道路并未留下什么印象，但也注意到了闽北地区两个山口之间繁忙的商业运输情况：

> 凡福之绸丝，漳之纱绢，泉之蓝，福、延之铁，福、漳之橘，福、兴之荔枝，泉、漳之糖，顺昌之纸，无日不走分水岭及浦城小关，下吴越如流水。②

这些线路揭示了闽北地区的几个重要特点。首先，地处内陆，但经济贸易活动既面向崇山峻岭以外的江南，又面向福州沿

---

① 在清代以及民国早期，河口是极其繁荣的红茶贸易中心，四方商贾云集，大型旅馆、茶行以及仓库鳞次栉比。庐田孝昭的《明刊本在闽本的位置》（第 99 页）记载了民国初期或更早就存在的天后庙，以及为贵州、徽州和吉安（江西）商客服务的会馆。在罗伯特·福琼（Robert Fortune）的《两访中国茶乡》"*Two Visits to the Tea Countries of China*"中可见关于河口的部分（第 2 册第 160—161、223—224 页）。他从宁波经武夷山到浦城的整个旅程记录见第 8 至第 17 章。

② 王世懋：《闽部疏》，第 205 页。

海地区。闽北是汉族移民南下定居的首个福建地区。早在公元2世纪末的东汉时期，就有移民沿着上述线路翻山而至。[①] 在福建海上贸易兴盛之前，闽北的水陆通道是福建沿海与内陆贸易往来的主要途径，其重要性即便在福建沿海经济发达之后依然存在。[②] 第二，这些贸易网络一直很活跃，即便该地区在经济、文化和政治等方面都如一潭死水。外地商贩来此采购当地的茶叶、木材、纸张和书籍。由于书籍相对而言是较小宗的商品，书业贸易采用的大概是与大宗出口物相同的路径。第三，社会动乱与商品都极为容易在福建与江西或浙江的边界上流动。[③] 商路上熙来攘往的既有叛军、盗匪、茶盐走私贩、采茶工和矿工等流动工，也有数量在明末开始显著增加的棚民。利弊且不去论，这些商路使得福建西北部不再与世隔绝。

在农业方面，建宁地区虽然大部分为山地，但一直被视为帝国的稻米出口地区。早自北宋起，此地就开始种植各类专为贫瘠土壤而改良过的早稻品种，水田旱地皆有。[④] 直到晚近，建宁人仍习惯每年只种一季稻。其原因不明，但绝不是气候因素，因为

---

① 毕汉思（Hans Bielenstein）：《唐末以前福建的开发》"The Chinese Colonization of Fukien Until the End of the T'ang"，第113—116页。该文中的一系列地图显示了早期定居者基本是沿着本文描绘的路线拓展的。参见柯胡（Hugh R. Clark）：《社区、贸易和网络：3至13世纪的闽南》"*Community, Trade, and Networks: Southern Fujian Province from the Third to the Thirteenth Century*"，第7—18页。

② 柯胡：《社区、贸易和网络：3至13世纪的闽南》，第252—254页。

③ 参见贾晋珠：《争议地带：宋代福建—江西—浙江边界地区》"Debatable Land: The Fujian-Jiangxi-Zhejiang Border Region During the Song"。

④ 从北宋起，建宁地区就栽培各种早稻和晚稻了。一位建安人在任汝州（河南）鲁山县令时曾将早稻从建安引进到那里。（见何炳棣：《中国历史上的早稻》"Early Ripening Rice in Chinese History"，第208页。）自明以来，闽北地区的各种方志列出了许多种稻谷，包括适合柔软泥土的"烂泥早"，适合贫瘠土地的"赤谷禾"，以及适合贫瘠土地和山地的"瘦田倒（稻）"。（参见万历《建阳县志》卷三，第26页a—b。）

此地的无霜期是允许种两季的，另一季通常种冬小麦。[①]

闽北地区另一个重要的农产品茶叶，自唐代以来就在丘陵和山坡上种植了。[②] 茶树栽培始于建安，其北苑贡茶在10世纪初成为举世皆知的名茶。唐、宋、元三代，此地生产的茶叶备受推崇，并由政府专卖。[③] 元代时，茶叶也开始成为武夷山的主要物产。在明代，闽北的茶叶持续在地区经济中扮演着主要角色，但是直到清代中期才获得了国际性声誉和经济上的重要地位。[④]

在林业产品中，针叶木材，尤其是杉木和松木，构成了最重要的外销产品，其中杉木备受造船业和建筑业欢迎。[⑤] 闽北地区没有沿海地带时有发生的滥伐森林记录。[⑥] 显然，晚至明末，一小部分人（其中一些来自闽北以外的地区）已经买下了大片森

---

① 罗友枝（《中国南方的农业变革与农民经济》，第37—38页）提出，也许这种种植方式的兴起是因为地租是按稻谷而不是小麦的收成计算的。根据1994年《建阳县志》，第201页，双季稻的种植始于1949年，1980年以后收成很好。

② 陆羽在他的《茶经》（约成书于公元780年）中提到闽北的茶叶，颇为赞赏，但没有提供细节。

③ 对清代之前闽北茶叶生产与贸易的概观，参见迈克尔·罗宾斯（Michael Robbins）的《福建内陆茶业：五代至鸦片战争时期》"The Inland Fukien Tea Industry: Five Dynasties to the Opium War"；以及罗伯特·加德拉的《清代与民国时期的福建茶业和贸易：传统商品出口的发展后果》"Fukien's Tea Industry and Trade in Ch'ing and Republican China: The Developmental Consequences of a Traditional Commodity Export"，第25—67页。（该资料没有收录进加德拉最近关于闽北茶叶贸易的书中。）更多细节参见本书第三章。

④ 参见加德拉的《收获山峦》。

⑤ 张彬村（《中国的海上贸易：以16世纪的福建为例》"Chinese Maritime Trade: The Case of 16th Century Fuchien"，第109页）指出，16世纪的中国，杉木在福建是非常受欢迎的建房木材。

⑥ 张彬村（同上，第108—109页）提到明末清初漳州府龙岩县和宁洋县的滥伐森林现象，以至于商人（大多数为漳州和泉州的）不得不到更远的内地寻找新的木材供应。

林。闽北另一重要物产竹子的情形与木材大致相同。[①]

闽北山区有不少银矿和铁矿。采银从唐代就开始了。[②] 到了15世纪末，崇安、建阳、政和及寿宁都有银矿在运营。建安、瓯宁、浦城、松溪和政和则经营着铁矿。[③] 实际开采量一直不是太大，大部分白银都直接进了国库。事实上，明末闽北地区要从沿海输入白银，部分被用于缴纳赋税。许多矿工和铸工来自省外的江西或浙江。这些矿工有着悠久的起义抗争传统，如南宋初年范汝为领导的起义（1130—1132），明代叶宗留起义（1142—1148）则由闽浙边界上仙霞山的矿工发起。[④]

最后，闽北地区的方言种类之多，是该地区与外界有着长期而复杂之交往的又一个证据。比如，虽然大部分地区属于闽西方言区，浦城方言却是独一无二的，至多只能粗略地称之为“华南”方言。[⑤] 邵武的闽西方言不同于建阳、建瓯、崇安及其他地区，明显受赣方言和客家方言影响，考虑到邵武临近江西，两地道路通过杉关紧密相连，便不足为奇。其他闽西方言，如建宁地区的，互相之间也有很大差异，而这些差异不仅反映了与外界交往程度的高低，也展现出区域内陆路与水路分布的不均衡。

本章的介绍尽管很粗略，也清楚表明了闽北地区的地理特点。虽然在行政上隶属福建已逾千年，但一直与江南维系着极为

---

① 关于竹子，参见本书第二章；以及贾晋珠题为《谋利而印》“Printing for Profit”的论文。

② 参见薛爱华：《闽国》，第63页。

③ 《八闽通志》卷一二四，第506—507页。参见朱维幹：《福建史稿》下册，第57—63页。

④ 关于范汝为，见贾晋珠《争议地带：宋代福建—江西—浙江边界地区》，及朱维幹：《福建史稿》上册，第309—329页；关于叶宗留，见《福建史稿》下册，第129—131页。

⑤ 罗杰瑞《汉语概说》第228—243页有对于福建方言的介绍。他认为闽方言以东西来划分要比以往以南北来划分好。

重要的经济、社会和文化联系。这是一个相对偏僻的地区，经过艰难地跋山涉水才能到达，却在整个中华帝国晚期与外界保持着无数的联系。除了南宋和元代，该地区的文化和经济都波澜不兴，却长期维持着中国最为重要的出版中心之一的地位。在很多方面，建阳出版业其实是闽北地理与历史悖论的镜像。通过以下六章对该地区出版业的探讨，我们将更好地理解该地区的全貌。

第二章 建阳雕版印本的外观

研究雕版印本刊行和使用的历史，绝不能疏于检视印本的外部形态、制作材料和工艺。了解印本的外部特征对于解决以下问题至关重要：刻印者如何制作印本；读物材质对读者体验的影响；读者如何赏玩、阅读、句读、浏览手中之书。可是，上述信息往往只有版本学家才感兴趣，并被归类于书志和书目的条目之中，用以鉴定某个特殊的版本。即使与之相关的术语在讨论中国书籍史时不可或缺，许多中国研究学者却较为陌生(原因以下会谈到)。不过，本章的目的不在于重复文献所披露的详细信息①，而是探讨与建阳印本直接相关的技术问题，如纸张、印墨、版片、刊刻；以及印本外观的诸多方面，如行款、字体、圈点和插图等。此类信息大多来自对刻本本身的检视，这种检视是中国传统图书鉴定（即版本学）的基本训练，但得来的信息没有其他古代或现代史料佐证，因而无法用于研究中国书籍和印刷的社会经济史，本章将以建阳本为案例来弥补这一工作。

正如本研究所示，中国图书生产技术和刻本款式及外观的改进，可用来揭示整个帝国晚期图书市场与读者群的变化。了解这些变化反过来能帮助我们理解当时商业出版者的经营模式，并进而理解他们及其顾客如何介入所在时代的文化、社会和经济潮流。更明确地说，以下主要基于建阳图书贸易史的讨论旨在证

---

① 中国的雕版印刷工艺已经被相当深入全面地研究过，成果主要在中、日、英著作中。相关研究的最完整书目（截至20世纪80年代初）收录在钱存训《纸和印刷》一书第389—450页，以及钱著的一个增补目录，即《中国印刷史简目》中。

明：比起宋以后寥寥无几的造纸、雕版或印刷术的革新，图书贸易的迫切需求更多地导致了图书生产和外观上的一系列变化。实际上，有证据显示，技术革新远没有对这种变化起决定作用，其本身反倒是商业和文化潮流驱动的结果。

有鉴于此，本章明确分为两个部分。第一部分讨论图书生产使用的材料和工艺。这在任何时期的中国各地都大同小异，许多方面在 11 世纪中期甚至达到了发展顶峰。所以，本部分关于建阳刻本的论述大多也适用于中国其他地方的书籍，历史的连续性比变化更明显。第二部分讨论中国雕版印刷书叶的特点，着重于建阳刻本的常见款式。我们不仅要考察雕版印刷的基本特征如何影响文字和图像的形态和款式，也要考察商业书坊如何特别设计和修改印刷书叶的形态和款式以适应其需求。此外，除了简要描述一些相关的历史发展情形，我们还将提出若干有关书籍刊印、销售和阅读的问题，并在之后的章节中讨论。

书籍制作所使用的材料

纸

据相对晚近的资料记载，如 1886 年郭柏苍的《闽产录异》，自北宋初期以来，几乎所有建阳刻本使用的都是竹纸。[①] 虽然明代之前的文献没有提到过闽北地区以竹制纸，晚唐和宋代的一些作品却都谈及广东、江苏和浙江的竹纸。[②] 造纸术很可能是于晚

---

① 郭柏苍：《闽产录异》卷一，第 17 页 b。

② 唐宋提及竹纸的参考文献，参见钱存训：《纸和印刷》，第 60—61 页；以及潘吉星：《中国造纸技术史稿》，第 89—92 页。

唐或五代时期被引入福建的，并成为一些盛产竹子的山区的重要产业。[①] 尽管此前人们可能已经用大麻、黄麻、苎麻和藤条及桑树、楮树的外皮造纸了，这些材料在闽北却主要用来制作其他商品，如衣物、卧具和蚊帐这类竹子不能做的东西。而且这些作物不是当地大量自然生长的土产，需要更多人工管理才能获得纸浆，因而在中国南方大多数地区，竹子逐渐成为造纸的主要原料。[②] 事实上，即使是高档的桑皮纸一般也不完全用桑树皮制成，而是加入了竹子或稻草。[③] "竹"纸有时也同样是用竹子和稻草混合的纸浆制成的，一些建阳印本中的稻壳就是明证。[④]

用中国传统方法制作的竹纸有一种间于黄、褐之间的色调，多半由于纸浆中木质素的残余。[⑤] 很可能因为这一点，加之帝制中国时代所制竹纸大多低劣（容易撕破，表面粗糙），竹纸印本不为藏书家青睐。他们更偏爱由其他材料制作的白

---

① 叶德辉（《书林清话》卷二第 13 页 a，卷六第 19 页 b）提到北宋从事造纸业的建安余氏。第一处评论提到北宋书法家米芾的墨轴带有"勤有"的印记。"勤有堂"是元代由余志安掌管的著名书坊的名称。余氏家族可能早在那时就已经开始从事造纸或印刷业了。经断代研究，勤有堂现存最早的刻本可追溯到 1180 年。

② 在笔者所检视过的大约 840 件建阳本中，只有 10 件所用纸张是乳白色，可能由含有部分楮树皮的纸浆制成。

③ 宋应星：《天工开物》卷二，第十三节"杀青"，第 73 页 a。

④ 草纸（稻纸）在闽北地方志中被列为一种常见土产（见弘治六年［1493］《建宁府志》卷十，第 7 页 b）。尽管制作草纸纸浆比采用别的材料省力得多，但是与竹子和其他材料的纸浆相比，生产出来的纸要薄脆得多，并具有更高的吸水性。因此，草纸纸浆在中国通常与其他纸浆混用，目的主要在于降低成本。

⑤ 如果没有现代的化学漂白技术，竹纸不可能像以楮皮或青檀皮为主要原料、传统上产于安徽宣城地区的宣纸那么白。竹纤维里的大量木质素不仅使纸张由最初的黄色转为深褐色，而且在时光推移中加速了褪色过程。这也意味着，像宣纸那样通过阳光曝晒来自然漂白的工艺对其毫无作用，甚至可能适得其反，因为木质素会在光学作用下转为更黑的化合物。对用这些竹纸刷印的印本而言，任何传统上有益于保护书籍的烘干晾晒方法都不适用。详情参见贾晋珠题为《谋利而印》的博士论文。

色或淡黄色的纸张。[①] 有一种产于福建内陆（包括闽北地区）的印刷用竹纸，被称为玉扣纸或书（籍）纸。其质量因地而异，原因为造纸工艺及所用竹子品种不同。[②] 这种纸一般很薄（大约 0.05 至 0.08 毫米），颜色间于淡黄与中度褐黄[③]。纸面纤维和其他物质的密度及纸张本身的脆度因书而异，甚至因叶而异。许多劣质印本不仅书叶极薄，厚度也明显不均，边栏外几乎不留空。[④] 纸张过薄刷印不易[⑤]，刷子在纸背上用力时要极其小心，太重会撕破纸张，太轻或版面已磨损，则印出的书叶墨色就不够黑。这种纸还有另外一个问题：随着时间的流逝，由于含有大量木质素，加上其他化学变化，纸质会越来越硬脆易

---

① 我们在此所论特指印刷用纸的美学标准：较为光滑的（不掺杂“稻壳”的）白色、米白色或浅黄色纸张有柔韧性，而且吸墨性好，不洇。尽管竹纸也能按这种标准生产，但由于这种材料在生产过程中质量控制较低，普遍对其存在偏见。相比之下，由楮皮、桑皮或青檀皮所制的昂贵纸浆可能会被更细心地处理。许多明清地方志是由竹纸印刷的。因此，学者们在克服偏见、意识到这类著作在历史研究方面的价值上花费了一定时间。

② 郭柏苍（《闽产录异》卷一，第 17 页 a 至第 18 页 b）谈论了集中在福建内陆生产的被称为“扣纸”的纸张。书纸在闽北地方志中常被例行提到（如嘉靖《建阳县志》卷四，第 33 页 a）。少有资料提及福建人在造纸时是否特别偏爱某种（些）竹子。《八闽通志》卷二十五第 536 页提到苦竹常被用于造纸。郭氏在《闽产录异》（卷一，第 17 页 a）中说，福建的四个造纸地区经常使用篁竹、麻竹、绵竹以及枧竹。唐立见告，这个地区的现代造纸者喜欢用毛（茅）竹造纸，可能是因为与其他种类的竹子相比，其核心层纤维素物质在竹干中占更大的比重。

③ 用来描述竹纸颜色的术语包括深（淡）茶黄与褐黄色。见李清志：《古书版本鉴定研究》，图表 2 至图表 3，第 142—148 页。

④ 中国手工造纸常用的方法中，倾斜式或平板式的模具被用于捞取贮槽内的纸浆。这种模具是由用线或动物毛发系在一起的竹片制成。那些由竹片在纸张上造成的凹痕被称为直纹，而那些由线或毛发造成的凹痕被称为横纹。关于造纸的概括性讨论、图片以及“平板式”的模具，见达尔德·亨特（Dard Hunter）的《造纸：一门古老工艺的历史与技术》“Papermaking: The History and Technique of an Ancient Craft”，第 77—94 页。

⑤ 传统中国书籍的纸张要比西方的薄得多。这可能是因为纸张只印一面，然后被折成两半的缘故。因此，即使在很便宜的印本中，如果透过其中半叶纸看到了另一半叶纸的内容，也无伤大雅。

碎。许多书的折叠强度下降明显，读者翻叶触碰最多的折叶处有整体或部分开裂现象。

为了节约成本，人们有时使用以竹子与其他材料一起制作的“混料纸”来印书。这类纸的质量尤其难以控制，在元末明初（14 世纪末至 15 世纪初）这一纸张短缺时期，本书研究的建阳刻本质量明显恶化，原因可能在此。[①] 上述时期的建阳本，常常受到的另一种恶评是墨印不黑而偏灰。尽管导致这个问题的主要原因是印墨较差（下文会谈到），不同品质纸张的吸墨能力不同也是一个因素。同样的墨，在低劣竹纸上印出的图文比印在好纸上的显得暗淡无光。[②]

尽管制作竹纸的一般工艺与用其他材料造纸的工艺相似，在宋代，要掌握造出质量满意的竹纸的技术似乎需要花些时间。比如，苏易简（957—996）就观察到，一封写在竹纸上的信，除了收信人没有人敢打开它，因为再叠回去纸就碎了。蔡襄（1012—1067）做泉州知府时，禁止属下使用质量低劣的竹纸。[③] 到了 11 世纪末或 12 世纪初，制造竹纸的技术大幅度提升，竹纸的使用范围也更广泛。比如苏轼（1037—1101）记载，与前人不同，他的同辈已使用竹子造纸了。宋嘉泰时期（1201—1204），浙江会

---

① 采用混料式纸张的建阳本有《世医得效方》二十卷（至正五年［1345］刻本，藏美国国会图书馆，索书号 VG146.66 W42），以及《白先生杂著指玄编》八卷（元版，藏日本内阁文库，别 63 函 5 号）。

② 除特殊用纸外，西方纸张所用的胶质物在中国并未广泛使用。不过中国人将动物胶和植物胶之类的成分加入墨中，来防止墨汁肆意流动扩散，以起到在纸张中加入胶质的同样目的。

③ 苏易简：《文房四谱》卷四，第 10 页 a。苏氏的记载也是宋代关于江浙地区竹纸制造的最早文献（卷四，第 7 页 a）。蔡襄：《蔡襄集》卷三四《文房四说》，第 632 页。

稽的方志也提到竹纸渐受欢迎，并记载了当时该地区生产的三种适合书法和官方文件用的优质竹纸。事实上，著名书法家米芾（1051—1107）曾写到，他在五十岁时开始使用会稽出产的竹纸。①

虽然闽北的竹纸已经广泛用于当地刻本，现存的宋代文献却都没有提及。这一现象表明，闽北的竹纸可能不如会稽或福建其他地方生产的，被认为不适合用于书画和印刷精美书籍。② 但是包括方志、类书和游记在内的许多明代文献，常常提到闽北地区

---

① 苏轼：《东坡志林》，第 43 页；《会稽志》卷十七，第 42 页 a；米芾：《书史》，第 21 页。张秀民（《中国印刷史》，第 226 页）称米芾是第一位谈及福州纸张的历史人物，但是笔者尚不能查找到这份参考文献。

② 蔡襄提及了产自安徽绩溪以及福州、古田和惠州的纸张，却没有谈及闽北地区的。见《蔡襄集》卷三四《文房四说》，第 628 页。12 世纪晚期的福州地方志《三山志》（卷四一，第 8083 页），也提到了当地产的竹纸，它们被用来印刷一些包括《毗卢藏》（刻印于 1112—1172 年）在内的著名作品。总之，在各种明以前的资料中，对某一特定地区土特产的描述用处有限，因为它们往往只是罗列出贡品以及这一地区著名或声名狼藉的特产。所以，一本元代编撰的类书只提及建宁的麻沙和崇化书籍、北苑的贡茶、红绿锦（另一种贡品）、纸被（似以楮皮制成），以及著名的黑釉兔毫盏。参见《事文类聚翰墨全书》乙集卷十下，第 19 页 b（泰定元年［1324］吴氏友于堂版，台北“国家图书馆”善本特藏第 07932 号）。但是纸张、稻米、木材这些非常重要、却没那么有趣的建宁物产并没有被提到。普通而便宜的闽北竹纸似乎有着很长的历史。清代的郭柏苍（《闽产录异》卷一，第 17 页 b）声称，在过去的两百年里（当时建阳书坊产业已经不存在了），来自吴中（苏州附近的太湖地区）的买家曾经每年提前订购下一年的产品，不留一点给福建人自己。最近，杭州的一位书商追忆在第二次世界大战前，他曾到福建内陆的三明和宁化二地（皆在建宁南部）买便宜纸张。当被问到为什么不去其他福建纸张产地时，他答道因为他碰巧在这两地有关系，可以购买到所需要的纸张数量，然后用火车运到杭州（中国，对杨宝善的访谈，1999 年 7 月 8 日）。找到并购买纸张（或其他任何一种大宗商品）往往要靠机缘，而这些机会与可用性、价格、商业关系等息息相关，这在中国千百年来都是如此。

和福建其他地方的竹纸生产。[①] 万历年间，王世懋在谈到造纸时只是一带而过，似乎表明这已是寻常之事，不值得细加描述了。[②]

事实上，不管哪个朝代，极少有人有足够的兴趣记录下造纸的工艺细节。一个著名的例外是宋应星的《天工开物》，该书提供了对明代造纸最完整的叙述。宋应星的描述与清代杨钟羲以及20世纪早期另两位记录者的描述非常相似。这说明中国的造纸方法在三百年或更长的时间内没有什么变化。[③] 但使用竹子纸浆生产能满足不同用途的各种纸张，需要在特定工序上有所变化。除了书画用纸，其他品级的纸用于制作书籍、佛经、日历、纸币、包装、爆竹和衣服衬里，主要供当地消费。这些不同的纸一般都各有专名，且因地而异。[④]

对宋以来许多建阳本用纸的检视，再次肯定了上述推论，即制造优质竹纸的技术在11世纪末已臻于完善了。事实表明，宋

---

① 这些地方志包括：嘉靖《建阳县志》，卷四第33页a—b记载作为地方特产的纸张和书籍，卷四第55页a—b列出了23种竹子；万历《建阳县志》，卷三第29页b至第30页a列出了多种竹子，卷三第35页a记述了不同种类的纸制品；道光十二年(1832)《建阳县志》，卷四第192—193页记载竹子，第196页记载纸制品；弘治《建宁府志》，卷十第5页b列出了27种竹子，卷十第7页a—b记载纸张和纸制品；《八闽通志》，卷二十五第534页记载纸张和纸制品，第536页记载竹子。最后，参见沃尔夫冈·施雷德（Wolfgang Schlieder）编著的《中国竹纸的制造：18世纪的相册》"*Chinesische Bambuspapier Herstellung: Ein Bilderalbum aus den 18. Jahrhundert*"，这部著作翻印了清代中期有关中国南方竹纸制造的详尽彩绘。

② 王世懋：《闽部疏》，第204、205页。

③ 宋应星：《天工开物》卷二，第十三节"杀青"，崇祯十年（1637）本；杨钟羲：《雪桥诗话续集》卷五，第315—316页。参见两部现代著作，达尔德·亨特的《造纸：一门古老工艺的历史与技术》，尤其是第77—94页和第203—216页，以及莫古礼（Floyd Alonzo McClure）的《中国手工造纸》"*Chinese Handmade Paper*"。莫古礼的这本著作及亨特的另一本《中国和日本的古老造纸工艺》"*Old Papermaking in China and Japan*"中贴有颇具参考价值的纸张样本。对传统竹纸制造技术的评论参见贾晋珠的论文《谋利而印》。

④ 这些纸张应用都在地方志的"产物"门罗列出来。参见本章以及莫古礼《中国手工造纸》中关于纸张样本的描述。

刻本所用竹纸比许多后世刻本更不易变色。那又是什么原因导致后来的建阳刻本使用那些粗糙、薄脆、易变色的纸张呢？时间导致的劣化很大程度上是由保存环境造成的，而宋刻本很可能受到了后世图书管理者和藏书家最妥善的保管。不过这个解释的说服力还不够充分。建阳的大部分元代和明初刻本，以及一部分明代中晚期刻本，其纸张也变色了。那些损坏最严重的书籍也是在编辑、校勘、刻印上最草率的书籍。这说明，使用偷工减料制出的廉价劣质纸张是一种故意行为。明代中期嘉靖朝（1522—1566）图书市场的蓬勃发展可能进一步鼓励了这种做法，出版商以廉价产品来占据市场份额也可能是动机之一。唐立最近对明清福建地区造纸的研究认同了这一结论。《天工开物》所描述的工序，明确交代了制浆和造纸该有的过程。[①] 劣质竹纸的泛滥表明，调整或简化工艺是商业需要的结果。

明代士人对造纸的关注点反映了他们对于商业出版的扩张及刻本质量下降的有趣态度。自万历朝到明末，出现了一系列关于文房四宝（笔、墨、纸、砚）的专著。比起宋元时期的同类作品，晚明的作品洋溢着更多艺术鉴赏家和爱好者的精神，其作者可能密切监督了自己种类繁多的书画用纸的制造。比如，有一种特殊的书法形式要求墨迹在纸上有轻微的晕染，从而产生“泼墨”效果，这种效果只有用一种涂过适量明矾的纸才可以达到。[②] 然而

---

① 唐立在其《16至17世纪福建的竹纸制造技术——对〈天工开物〉中详述的造纸技术的时代考证》「16～17世紀福建の竹紙製造技術—『天工開物』に詳述された—製紙技術の時代考証」中指出，在明代中晚期，对纸张的需求增长巨大，这给节省造纸过程中所有环节的开支造成了压力。

② 对晚明艺术鉴赏著作的综合讨论，参见柯律格：《长物：早期现代中国的物质文化与社会状况》“*Superfluous Things: Material Culture and Social Status in Early Modern China*”，第一章。关于制作书画用纸的著作，参见伊丽（Elisabetta Corsi）：《学者与造纸者：纸张与纸张制造——根据屠隆关于纸张的记录》“Scholars and Paper-Makers: Paper and Paper-Manufacture According to Tu Long's Notes on Paper”。伊丽的文章中提到了泼墨效果，参见第88页第79号注释。感谢宋汉理（Harriet Zurndorfer）引起笔者对这篇文章的关注。

这种一丝不苟的专注从未用于刻印用纸，原因也许在于印刷一般被认为是一种技术而非艺术，故对用纸的要求不高甚至无所谓。尽管《天工开物》的描述较详细，但没有特定原料制造不同品级纸张的讨论。在下文中我们会看到，士人对书籍制作的其他技术，如用墨、字体、插图，一样缺乏兴趣甚至鄙视。比如那些提到建阳本的士人，对其纸张和其他部分百般挑剔。[①] 尽管这种态度前朝就有，明代士人和渴望加入这一阶层的人更强烈地标榜上述高级艺术仅属于本阶层所有，并以此与商业出版这类“低级”形式进一步拉开距离。下文谈及的书籍制作的其他方面，也反映出类似的被商业和文化潮流支配的发展现象，然而技术因素的影响并不明确。

墨

与用纸相似，刻印用墨的质量也低于书画用墨。尽管制作优质墨锭的方法和制墨名家的姓名都有详细记载[②]，有关廉价墨的制作我们却几乎一无所知。据《天工开物》记载，在竹窑内燃烧松木所产生的烟炱可分为多个品级：“若近头一二节，只刮取为烟子，货卖刷印书文家，仍取研细用之。”[③] 至少产于建阳和邻县的墨是用此法制作的。[④] 印书用墨只需足够黑，入纸不洇，并不需像绘画用墨那样必须满足审美要求（如“要产生有表现力的线

---

① 参见谢肇淛《五杂组》，卷十二第 16 页 a，卷十三第 21 页 a—b；胡应麟《少室山房笔丛》（甲部）提到，对印刷而言，福建纸最次，甚至劣于顺昌的。此处胡氏所谓“福建”纸，指的可能是建阳纸，因为顺昌也位于福建境内，且恰恰位于建阳南部。

② 相关简介参见钱存训：《纸和印刷》，第 240—251 页，以及张秀民：《中国印刷史》，第 38、222—224、333—334、536—538 页，这些信息几乎都与书画用墨有关，而不是刻印用墨。

③ 宋应星：《天工开物》卷下，第十六节“丹青”，第 44 页 a。见孙任以都、孙守全译：《天工开物：中国 17 世纪的科学技术》，第 287 页。

④ 在许多地方志中，“墨”被列为建阳及建宁府其他县的特产，如弘治《建宁府志》卷十，第 7 页 a，以及嘉靖《建阳县志》卷四，第 33 页 b。印刷用墨最可能来自松烟泥，比由各种油（桐、芝麻等）制作的油烟墨要便宜。这种烟泥也产自建阳，由其制出的墨带有单调的暗黑色。

条——‘入骨’”[①]）。因此，印书用墨的成分简单很多。对此，18 世纪和 20 世纪初的两份记载甚为相似：研细过滤后，将烟灰与牛皮胶以十比一的比例混合，再加入水和酒制成墨泥。为了去除其难闻的气味并提高品质，墨泥必须装瓮存放至少三个夏天。到用的时候，混以足够的水搅拌来制出墨汁，再过滤。[②]

以一般中国雕版书的标准来看，这种墨可以满足印书需要了。唯一明显的缺点是墨色暗淡无光——是灰黑而不是纯黑，这在许多建阳坊刻本中可以见到，原因可能是为了降低成本而在墨泥中兑入了过多的水。

雕版版片

传统的中国雕版版片由厚木板（沿着树芯纵切而成）制成，这样能比横截树芯切割获得面积更大的板材，同时也易于避开多树结的部分。[③] 这些原始的木板会先被搁置数年，直到它们尽可能地干燥、收缩、成形。[④] 最终再把它们刨平、上油并抛光。

一般来说，雕版用材首选质地均匀细密、相对坚硬的树木[⑤]，版材选择取决于要刻印何种素材（文字或图像），但木材的易获

---

① 于非闇：《中国画颜色的研究》“*Chinese Painting Colors: Studies of Their Preparation and Application in Traditional and Modern Times*”，第 38 页。

② 杜赫德（Jean-Baptiste Du Halde）：《中华帝国全志》“*The General History of China*”，第 2 卷第 437 页。卢前：《书林别话》，第 9 页。与书画用墨相反，笔者发现对印刷用墨的讨论在任何时期都非常少。

③ 对木版与镌刻技术的简述，见钱存训：《纸和印刷》，第 196—201 页。

④ 实际过程因地而异。在今天的金陵刻经处（南京）和江苏广陵古籍刻印社（扬州），来自安徽的棠梨木板被放入沸水中炖煮，以除去其中的糖分与其他物质，然后晾干。晾晒的理想环境是远离光与热的凉爽通风之处，这个步骤是干燥处理过程中非常紧要的一步。雕刻好的木版应该储存在与此相同的条件下，直立放置，而且在每片相邻的木版之间应该有一点空隙，以便于空气流通。直立式的储存令水气与热量均匀地穿过两块雕版版片表面。同时，与平放相比，这种方式更不容易遭受机械磨损。

⑤ 相对坚硬的木材可以刻出更细的线条、印刷更多次，是雕版用材的上选，但是太硬的木材，如枫树或桦树，切割起来十分困难和费时，在实用和经济两方面都不适应大量生产书籍的需要。

取度和价格影响更大。在中国，常用于制作雕版版片的木材包括樟木、梓木、黄杨木、皂荚木以及梨木、枣木等果木。由于梓木被广泛用作雕版版片，“梓”字获得了第二个含义“刻印”，并出现在大量刊刻序跋之中。与此类似，“梨”字也常常在一些建阳刻本的序跋中出现，表示刻印之意。梨木质地相对坚硬，是常用的雕版选材。现存最早的建阳雕版版片刊刻于19世纪末和20世纪初，就是梨木制成的。当地传说梨木在古代就广泛用于雕版，这一说法虽言之有理，但尚查无实据。[①]

西方论述中国印刷史多有误会[②]，认为建阳雕版用的是质地较软的榕树。这其实不大可能，因为榕树并不生长于位置偏北的建阳。许多建阳印本字迹模糊的缘故，很可能是一块雕版版片印刷次数过多而磨损太甚，或者是连续印了两三百次后没有让它有数小时或一天的“休息”。得不到“休息”的版片因水墨的浸渍而膨胀，而反复刷印也使印在纸上的墨迹更浅。这是坊刻本普遍存在的问题，皆因出版商追求的是尽多刷印、尽快印出。这一点在有关古籍善本和刻印的传统文献中几乎从未提及，大概是因为版本目录学家所青睐的纸墨优良的精刻本不会出现上述问题。[③]

---

① 无论如何，许多通常用于雕版的木材在地方志中经常出现。如嘉靖《建阳县志》列樟木、皂荚和黄杨于卷四第56页a至第58页b，条目“梨”在卷四第39页a，条目“枣”在卷四第42页a。

② 参见吴光清：《明代的印刷术与出版商》“Ming Printing and Printers”，第233页；以及杜希德（Denis Crispin Twitchett）：《中国中古时期的印刷与出版》“*Printing and Publishing in Medieval China*”，第46页。

③ 笔者从江苏广陵古籍刻印社的书籍生产部门了解到这个问题。但是笔者见过的两份相关参考文献，主要涉及的是木活字而不是雕版。第一份是金简的《武英殿聚珍版程式》（乾隆四十一年［1776］活字本），第31页a：“如遇溽暑天气，刷书时木子渗墨微涨，即略为停手，将版盘风晾片刻，再为刷印。”第二份是翟金生给自己题为《泥版试印初编》（道光二十四年［1844］本）的著作所作的序言。其中谈到了他的泥活字相对木活字的优越性，在印刷了仅仅200份后，木活字印本就开始变模糊，而泥活字印本在印了10万份后仍然很清晰（引自张秀民：《张秀民印刷史论文集》，第200页）。

一块木质版片能印出多少字画清晰的书叶，取决于木材的坚硬度、吸水性、气候和出版商的标准。两家现代印书机构表示，梨木版片能刷印 2000 到 3000 次而不需要小修小补。[①] 再者，即使使用的是新雕版片，要印得清晰也需要耐心和仔细。我们常常看到，一部劣质印本在同一张书叶上仅有部分字画干净清晰，另一部分逐渐浅淡模糊，这不是版片本身有问题就是刷印有问题，也可能两者兼而有之。[②] 出版商或急于用廉价印本抢在竞争对手之前上市，或无力负担修补旧版、重雕新版的费用，往往会无视这些问题而继续印刷，直到字迹不可辨认为止。图 1 显示的是破损版片印出的一叶，其中阳刻的字迹变得粗肥，阴刻的字迹则有些细窄。[③]

现存的许多元明建阳刻本就是用那些经过无数次刷印而残损开裂、且未经修复的版片刷印的晚期印本，有的版片则原本就已

---

① 这个 2000 到 3000 份印件的数字是由广陵古籍刻印社和金陵刻经处提供的，比钱存训在《纸和印刷》第 201 页提供的数字更低。钱氏在书中指出最初可以印刷 15000 份，在稍作修补后，可以再印 10000 份。不过他没有说明那是什么木材的雕版版片。实际上，相对应的“印次”数目要小得多，在 20 到 200 份之间。由于雕版版片可以很容易地按需印刷，因此不必耗费墨、纸和劳力来生产在一定时段内供过于求的印本，那样做并不经济。典型例子如寺庙雕经文时，就是按照施主的请求来印刷一份或多份的。最后，尽管书版一旦雕成似乎就可以永久保存了，实际上它们经常遭受虫咬鼠噬、水淹火灾、湿度和气温变化导致的损坏，以及人为损毁。因此，木雕版在刷印过多而寿终正寝之前多数已经坏了。在现今的北京荣宝斋，一副雕版版片在 30 至 50 年内需要多次修补，并替换其中 10%—20%的部分。

② 印制一张书叶，需先用软刷给版片上墨，覆上纸，再用棕刷摩擦纸的背面。在此过程中需要注意的事项有：第一，避免墨汁过多，那会导致墨汁堆积在版片的凹处，且会涂污应该留白的部分；第二，摩擦过度会损坏纸张与版片，尤其是已经磨损或雕刻粗率的版片。另一方面，与西方的机器压印方式相比，中国雕版印刷的手工性质让其在质量监控上更为灵活宽松。

③ 有时候很难区别一张破损的书叶是在新版片上印坏了还是刷印自已磨损的书版。可依据上述特点进行判断。另一个来自磨损版片的样本见图 7a。

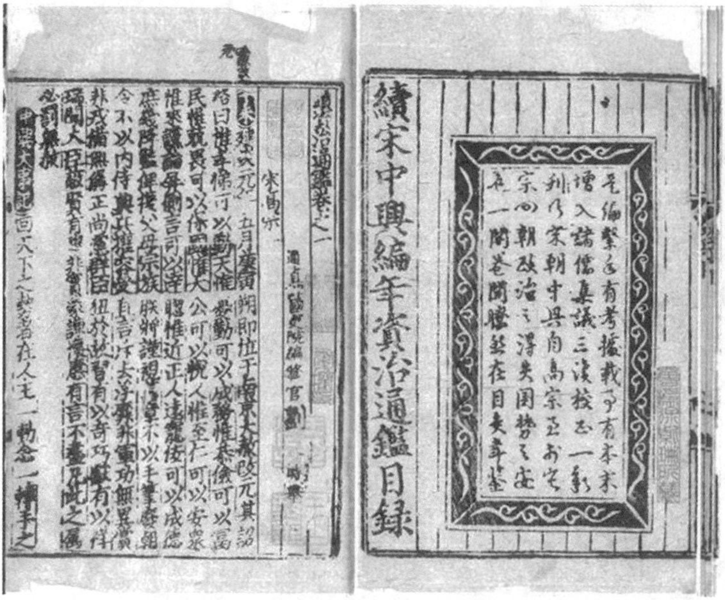

图 1　破损版片刷印的书叶示例
《续宋中兴编年资治通鉴》　元　陈氏余庆堂刻本

开裂而未拼接好。[①] 图 2 显示的就是断版印出的书叶。雕版版片有时以或买或借的形式，从一个出版商转到另一个出版商手中，甚至辗转千里。如自明中期开始，若干建阳出版商在金陵（南京）以及江南其他大城镇开业，很可能会不顾交通困难，在福建与江南各地之间转运版片。检视印本可以发现，破损的版片往往都未加修复，比如《鲁班经》的版片。一位现代学者的研究证明，同一套版片先被一家苏州出版商用过，后又被一家建阳出版商用

① 在理想状况下，如果将两片或多片木板用胶、钉子或榫头组合成一块书版，那些接缝在印张上应该是看不到的。之所以需要拼版，一种可能是这张书叶异乎寻常地大，另一种可能是原版破裂缺损，补一片新版比重雕一整块版要相对容易一些。

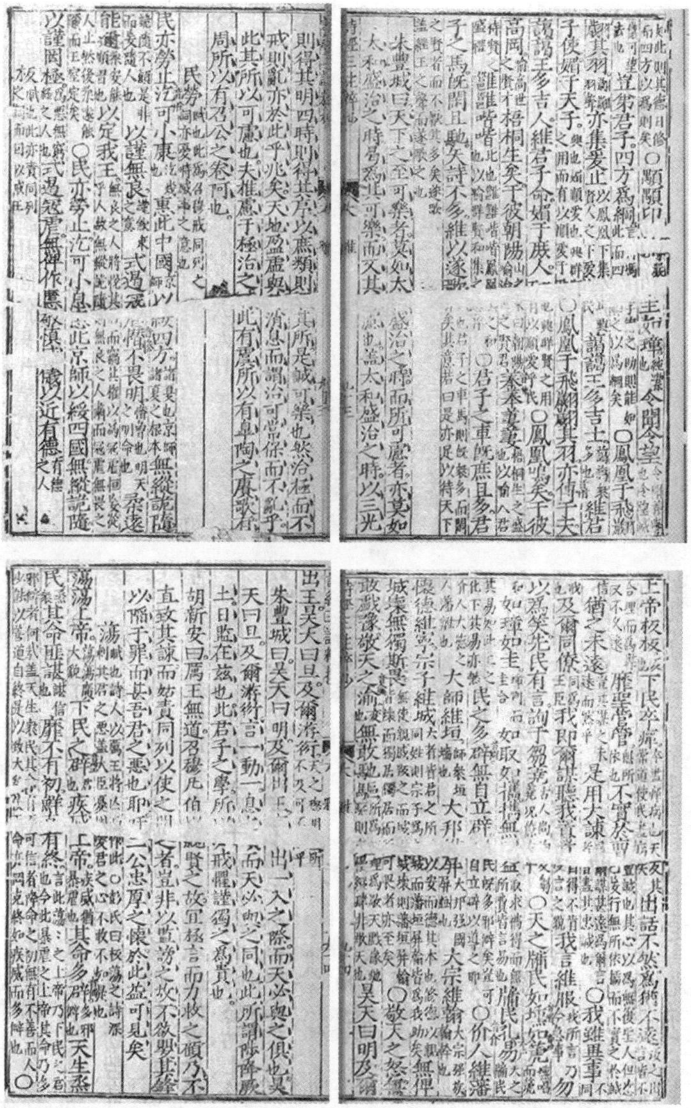

图 2　断版印出的相邻两叶示例。断裂处显示两叶的文字都是由上而下雕刻的。

《诗经三注粹抄》　万历十八年（1590）　余氏萃庆堂刻本

过，因而认定它是从苏州运到建阳的。[①] 另一个有明确记载的例子是宋代大型类书《册府元龟》。崇祯十五年（1642），建阳知县曾监刻该书。离任之时，该知县将书版带回江西新昌老家，其中大部分毁于顺治十七年（1660）的一场大火。[②]

火厄无时不在威胁着书版的安全。嘉靖二十九年（1500）的一场大火横扫书坊，烧毁了许多书的版片。[③] 此外，元明之交与明清之交，朝代更替带来的混乱和破坏也导致了许多版片的遗失。这可能就是建阳出版业在明初出现明显而短暂的衰退、最终在清初消亡的原因。再如，康熙《建阳县志》记录了 237 部由建阳作者编著、并在建阳刻印的书籍，其中 157 部的版片或遗失、或损毁。[④]

雕版刊刻

制作中国雕版印本，对工艺要求最高的环节当属镌刻文字和图像。因此，用于描述这个过程的许多词，如刊、刻、雕、镌、

---

① 参见鲁克思（Klaas Ruitenbeek）的博士论文：《鲁班经：15 世纪中国木匠的宝典》"The *Lu Ban jing*：A Fifteenth-Century Chinese Carpenter's Manual"，第 141—142 页，以及第 13—15 号插图。其实并不确定这套版片是否曾辗转于两地，因为版片中带有书坊牌记的那一部分可以被轻易挖改，每个出版商可以在同一地点印刷属于自己的"版本"。

② 这些版片后来被修复，并被用作 1960 年影印本的底本。见陈垣为该影印本写的前言。此书除崇祯印本外，以康熙十一年（1672）重修本存世最多，由那位知县的后代黄九锡在其家族的五绣堂印。

③ 《福建版本志》，见《福建通志》，第 3 页 a—b，1922 年版。本书第五章将进一步讨论。

④ 康熙《建阳县志》卷八《艺文志》，第 1 页 a 至第 8 页 b。

锲、锓、铭，被用来指代整个雕版印刷了。[①] 这也名副其实，因为一旦一套书版刊刻好了，其形式也就固定不变了。这与可在框架中移动的活字排印不同。书版刊刻完成后可以随时印刷，因而对于雕版印刷品而言，判断版本和年代更应从书版的刊刻时间而非其印刷时间入手。因此，图书馆目录和古籍善本书目中所说的“宋刊本”，指的是由宋代刊刻的书版印成的书籍。如果没有明确记载的修补时间、增添内容（包括收藏者的印章），或纸张作为证据，很难断定一个印本是何时用该书版刷印的。事实上，如上所述，许多现存的中国古书是早期书版的后印本。[②]

雕版刊刻是一门至少需要两到三年才能充分掌握的手艺[③]，却不像篆刻那样受到士人的尊崇。几乎所有提及刻工的文字都是指责他们粗心大意、不负责任、迹近犯罪。例如，洪迈（1123—1202）曾于1175—1180年间知建宁府，他的巨作《夷坚志》至少有部分在建宁刊刻。他讲过一些关于刻工的故事。有人窜改了医书上的处方，挨了雷劈；有人受某官员胁迫，制作了用来造假钞的印版。[④] 在一些印本中，刻工在版心下方留下了他们的姓名。这主要是为了确认谁对本叶的质量负责。嘉靖时建宁府主持刊刻

---

① 这些术语是在宋代开始流行的。在唐五代时期，“印（刷）”这一术语似乎更为常见。清末金属活字印刷开始流行后，“印刷”重新成为出版业常用术语。其他有关雕版印刷书籍的术语，参见长泽规矩也：《刊本的种类及其称呼》，收录于《长泽规矩也著作集》第2卷，第25—26页。有趣的是，欧洲早期活字印刷术刚刚出现之后，“雕书”（亦即雕刻金属字模）一词也被用来指生产书籍。在活字印书的所有步骤中，雕刻字模同样对技艺要求最高。

② 这对判定一部现存著作的印刷时间与地点造成了额外干扰。对此没有现成的解决方法，只能对每一部书都仔细查考以后，再判断相近的印刷年代与地点。

③ 这一信息源自当前在金陵刻经处及江苏广陵古籍刻印社工作的刻工们。

④ 车淑珊在《中国宋代的书籍文化与文本传播》一文中引用了此故事（见第5页以及注释1）。关于造假的故事，见杨联陞：《南宋会子纸形状考》“The Form of the Paper Note Hui-tzu of the Southern Sung Dynasty”，第365—373页；以及艾思仁：《南宋杭州的印刷》“Southern Song Printing at Hangzhou”，第46—51页。

的一套经部书，就在每部卷首加了如图 3 所示的告示，明确要求书坊主留名以便追责，并列数了一些粗制滥造、错讹百出的坊刻本，其中不少正是出自建宁地区。①

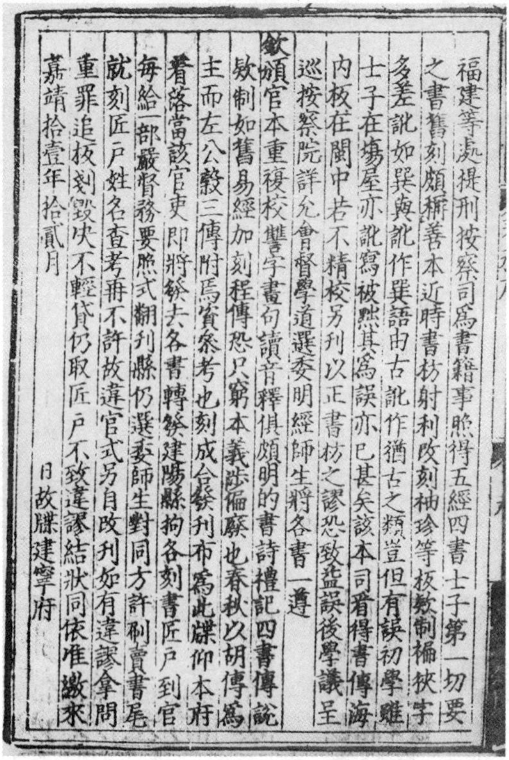
福建等處提刑按察司爲書籍事照得五經四書士子第一切要
之書舊刻頗稱善本近時書坊射利改刻袖珍等板款制褊狹字
多差訛如巽與訛作巽語由古訛作猶古之類豈但有誤初學雖
士子在場屋亦訛寫被黜其爲誤亦已甚矣該本司看得書傳海
內板在閩中若不精校另刊以正書坊之謬恐致益誤後學議呈
巡按察院詳允會督學道選委明經師生將各書一遵
欽頒官本重複校讐字畫句讀音釋俱頗明的書詩禮記四書傳說
款制如舊易經加刻程傳恐只窮本義莫偏廢也春秋以胡傳爲
主而左公穀三傳附焉資參考也刻成合發刊布爲此牒仰本府
着落當該官吏即將發去各書轉發建陽縣拘各刻書匠戶到官
每給一部嚴督務要照式翻刊縣仍選委師生對同方許刷賣書尾
就刻匠戶姓名查考再不許故違官式另自改刊如有違謬拿問
重罪追板劈毀決不輕貸仍取匠戶不致違謬結狀同依准繳來
嘉靖拾壹年拾貳月　日故牒建寧府

图 3　明嘉靖年间（1522—1566）建宁府刊刻的一套经部书，每部卷首的告示，强烈谴责了坊刻本并要求将书坊主姓名、堂号等刊于书尾。

① 除去训诫刻工草率马虎的部分，这个告示读来颇似商业出版者的广告，后者也常常批评竞争对手的产品粗制滥造。

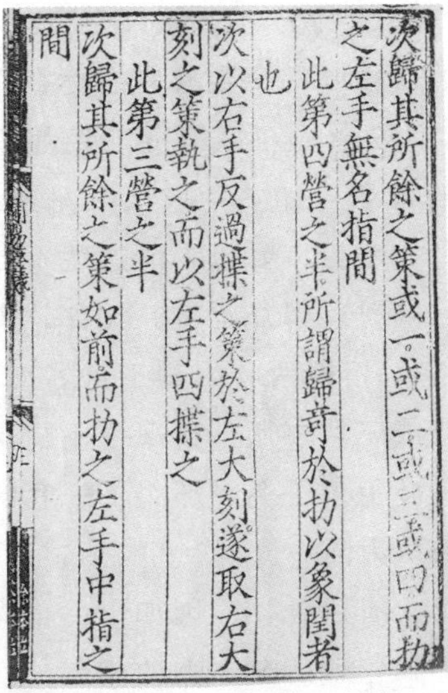

次歸其所餘之策或一或二或三或四而扐
之左手無名指間
此第四營之半所謂歸奇於扐以象閏者
也
次以右手反過揲之策於左大刻遂取右大
刻之策執之而以左手四揲之
此第三營之半
次歸其所餘之策如前而扐之左手中指之
間

(a)

图 4　刻工姓名与所刻字数的记录

（左 a）《周易经传传义》中书叶版心下方刊有刻工姓名。该刻工余本立负责雕刻四叶（1—4），即连续两块书版的正反面，这是一种惯例。明嘉靖年间（1522—1566）建宁府刊行。

（下 b）南宋《春秋经传集解》余仁仲万卷堂刻本（台北“国家图书馆”古籍特藏，书号 00580）

師伐宋圍緡。公以楚師伐齊取穀凡師能左右之
曰以。寘桓公子雍於穀易牙奉之以
爲魯援 楚申公叔侯戍之
桓公之子七人爲七大夫於楚

春秋經傳集解卷之六
經傳計六千三百九十四字
注計五千三百九十二字
音義計二千六百四十二字

春秋經傳集解僖公下第七
杜氏　盡三十三年
經二十有七年春杞子來朝。夏六月庚寅齊侯昭卒。秋八月乙未
葬齊孝公。乙巳公子遂帥師入杞
。冬楚人陳侯蔡侯鄭伯許男圍宋
。十有二月甲戌公會諸侯
盟于宋
傳二十七年春杞桓公來朝用夷禮故曰子　公卑杞
杞不共也。夏齊孝公卒有齊怨

(b)

刻工将姓名镌于版心（图 4a）[1] 的另一个原因是方便统计。刻工是按所刻字数来计算薪酬的，一叶的字数有时会标在每叶刻工名字的旁边，某一部分的总字数会标在该部分的结尾处（图 4b）。刻工通常不会刻上完整的姓名，如“叶成茂”只刻“叶”“成茂”“叶成”“茂”，或自称“叶五”。要想弄清这些不同的称谓是否指同一个人，颇费周章，有时还得靠运气。比如，书版的正反面通常都由同一个刻工刻字，相连两叶的刻工留名应一致。而同一刻工负责文字连续的两块或三块书版的情况也不少见。于是，如果“叶成茂”恰好在前一叶上留了名，那么下一叶的“叶五”、第三叶的“叶茂”，可以确认为同一人。

印本所载的刻工姓名对学者大有用处，原因如下：首先，如果一部书的刻工姓名与另一部已知年代的刻本上的相同，就能帮助确定前者的成书时间。其次，与此类似，如果一部书的刻工姓名与另一已知刻印地点的刻本上的相同，就可推定前者的刊刻地。[2] 最后，因为刻版是整个刻印过程中最耗时的步骤，通过了解一部书有多少刻工合作，就可以估算出制作这部书至少需要花费的时间。比如上文提到的建宁府刊刻的那套经部书，每部有110 多名刻工合作。如果每名刻工一天能刻 100 字[3]，完成一部200 叶、每叶 300 字的书至少需要大约 6 天。当然，实际上所需的时间要比这长得多，因为有证据显示，并不是所有刻工都能同

---

① 请注意图 4a 中的刻工余本立负责雕刻了四叶（1—4），也就是连续两块版的双面。一个刻工雕刻几块连续的书版是很常见的工作安排。

② 由于刻工也可能成群结伙出外工作，这种判定方式并非绝对可靠。艾思仁简述过用刻工名字考证版本会遇到的问题，见其《南宋杭州的印刷》一文，第 49—54 页。

③ 尽管 100 是一个值得怀疑的整数，但是根据笔者在金陵刻经处和江苏广陵古籍刻印社对刻工的观察，证实了这个估算数字的误差范围在 10%上下。最好的刻工每50 分钟能雕刻 10 个字，并修饰 3 个字。于是 10 小时工作制下一天能雕刻 100 个字左右。

时工作，而且文本中的错误也需要纠正。

一般而言，镌有刻工姓名的往往是中央或地方官府及寺庙道观（有时与私人施主或官府机构合作）刊行的大部头作品，如《大藏经》和《道藏》。一些私家刊刻的珍善之本上也会留有记录。考察两部现代文献所载的产自建宁地区的宋元刻本（见附录A），第2、7、14、27、32、33、39、41、49、64、73、79号所列之书记录了刻工的姓名。这些书多由官府或具有官方性质的权威机构主持刊行，或者由一个蔡氏家族特别刊行。[①] 如《周易本义》（附录A，第2号），以咸淳年间（1265—1274）的建宁知府吴革为刻印者。另一位咸淳年间的建宁知府吴坚至少刊行了包括《张子语录》[②] 在内的两部书。《育德堂奏议》（第41号）很可能也是由建宁知府主持刊刻的，因为该书将嘉定年间（1208—1224）的另一位建宁知府列为著者，并记录了多名刻工的名字。这些刻工也参与了刊刻建安府学刊行、由一位福建路官员作注的《陶靖节先生诗注》（第73号）。由书中刻工的姓名推断，该版本很可能是1265年的建宁翻刻本。[③] 公元1180年，洪迈知建宁府，其《夷坚志》（第64号）的前四卷在建安由府衙或府学主持刊刻。[④]

---

① 这两部文献是北京图书馆编的《中国版刻图录》和日本静嘉堂文库的《静嘉堂文库宋元版图录》。两书都著录了丰富多样的宋元建阳本，同时还提供版框尺寸之类的细节信息。至于蔡氏刻书世家为何有在刻本上记录刻工姓名的嗜好，笔者仍未能找到一个合理的解释。近期王肇文编的《古籍宋元刊工姓名索引》得出了在那段时期，只有少数建阳本记录刻工姓名的结论。就明代建阳本而言，李国庆编纂的《明代刊工姓名索引》亦显示了几乎相同的情况（尽管两者对各自所涉时期的刻工收录并不完备，但已有的数据足以支持上述结论）。

② 请参见图17a以及本书第四章对吴坚刻本的进一步讨论。已知为吴坚所刻的五部书（现存四部）都有一模一样的牌记。艾思仁等编撰的《美国收藏中国古籍善本》"Chinese Rare Books in American Collections"，第72—73页的第14条展示了《邵子观物》。这部书的四边被切去很多，并重新装潢过，所以看不到任何刻工的姓名。

③ 见《中国版刻图录》图196的注释。

④ 见本书第三章的进一步讨论。

附录A中其他录有刻工姓名的书，有两种（第27、33号）是由蔡氏刻印的；另一部书（第39号）不记刻印者，但是著录了校正者蔡文子。蔡氏自南宋起就以刻书闻名，特别是所刊书籍均会记录刻工姓名。

建阳这样的大型出版中心会有多少刻工在此工作呢？我们找不到宋元时期的数据。但是从嘉靖朝建宁府刊刻的整套经部书可看出，16世纪中叶的任一时期均有数百刻工聚于建阳，以求在官府、书坊或私家找到事做。由于出版商或私刻者不太可能一次雇佣近百刻工，按件计酬应是常态。

就建阳坊刻本而言，我们在研究刻工时遇到两个主要问题：其一，不管哪个时期，只有极少数刻本记有刻工姓名，要了解一些细节，如有多少刻工、花了多长时间刻成某部书，便十分困难。不记刻工（或印工）姓名的原因可能有如下几个：首先，该书质量不高，出版商不要求刻工和印工对他们的工作负责。第二，书坊多是自给自足，规模不大，业主可能认为没有必要记录刻工的姓名（尽管有时会标明每叶或每卷字数，如图4b）。第三，许多刻工是出版商的亲戚或邻里男女，知根知底。[①] 第一种可能性虽不能排除，但不足以解释为何不同质量的坊刻本均有缺失刻工姓名的现象。第二种和第三种都有可能。分析建阳地区任一刻本中的刻工名单可以发现，许多人与建阳出版商们同姓，很可能有亲属关系。遗憾的是，这一关联无法证实，因为在笔者所见的建阳族谱中几乎都没有他们的名字。这一缺失也反映了族谱编纂者的态度：这些刻工可能是族内较为穷困且缺乏教育的人，不值

① 有关建阳女性刻工的证据极其罕见。在一部万历三十四年（1606）刊刻的韵书的序跋中有一条确证。作者说："建阳故书肆妇人女子咸工剞劂。"见李维桢：《韵会小补再叙》，《古今韵会举要小补》第8页b。许多图书馆的善本部都藏有此书，包括美国国会图书馆、普林斯顿大学葛思德东方图书馆以及台北"国家图书馆"。

得入谱。[①] 此外，以刻字为业的人往往四海为家，甚至远走国外，很可能没有落叶归根。所以即使在家谱中有过他们的记载，也不会持续很久。[②]

综上所述，在木版上雕刻字画的技艺在一千多年的中国图书制作史中没有多大变化。雕版刊刻是决定印本外观品质的重要步骤，就所花费的劳力和原料而言，也是最昂贵的步骤。雕版印刷直到帝国晚期仍为主流，说明这是一种经济灵活、适应各朝各代的商业图书生产模式。在明代，两种衍生形式得到普及，即套色印刷和“匠体”字的使用（见第六章）。前者是雕版印刷潜力的延伸，后者提高了刻字的效率，使一叶可容纳更多文字而不显得过分拥挤或难以阅读。事实上，这些雕版刊刻上的技术改革大多是对明代中晚期书籍市场迅速扩大带来的压力的回应。后文中我们会继续讨论雕版印本外观上的一些重要变化和传承，包括两个与雕版刊刻密切相关的话题：字体和插图的发展。

建阳雕版印本的设计

对于雕版印本，传统的版本鉴定和目录学致力于著录书籍本身的可视性外观，包括版框尺寸、半叶行数字数、字体、正文及辅文的编排、各种阅读辅助如耳题和圈点，以及图像（指图画、

---

① 刻工以刻字为生，并不意味着就是文人。很多刻工以不同的方式在书版上粗陋地刻下名字，据此判断，他们最多也只能算是半个文人。有这样一则轶事：一位文盲刻工得到的薪水是几部成书，他为了买药，草草就将其卖了。见卜正民（Timothy Brook）：《中国18世纪的审查制度：从书籍贸易谈起》“Censorship in Eighteenth-Century China: A View from the Book Trade”，第182页。

② 刻工普遍无名，但仍有例外。能够被记下全名的刻工往往是业内的大师，通常能自己绘制图像，自己镌刻。在这部元代历史题材“平话”的书叶上（图5a），刻工黄淑安的名字刻在图版右侧标题的正下方（不清楚他是既刻了图版又刻了文字，还是仅仅刻了图版）。刘素明，晚明时期的建阳本地人，著名刻工，详见本书第五章。

地图、图形和表格等)。[①] 然而这些因素没有被用来构建麦肯锡(D. F. Mckenzie)所谓的广义目录学,即“文本社会学”——将文本作为“记录形式”来研究“其转换的过程,包括其生成和被接受的过程”[②]。尽管我们不应当不加思索和毫无保留地照搬研究西方书籍所用的概念,诸如页面布置、活字排版、拼版及副文本等[③],但它们仍能帮助我们建立中国的文本社会学。下文无意全面阐述雕版设计,而是描述上述特征在一本中国书(如建阳刻本)中是如何呈现的。本章还将以出版商的视角,将“文本看作一个复杂的含义构成,这含义囊括了某一特定的历史背景中该构

---

① 研究中国古籍版本基本特征的著作不少。最具权威性的著作是长泽规矩也的论文集《和汉书的印刷及其历史》(后被作为《长泽规矩也著作集》第2卷重印)。中文近著有曹之的《中国古籍版本学》。魏隐儒、王金雨所著的《古籍版本鉴定丛谈》,虽简短却信息丰富。李清志的《古书版本鉴定研究》则提供了大量对台北“国家图书馆”所藏善本的分析,非常有用。更多书目请见钱存训:《纸和印刷》,第20—21页。

② 见麦肯锡:《目录学与文本社会学》“Bibliography and the Sociology of Texts”,收录于首届潘尼兹讲座(Panizzi Lectures)论文集《作为表现形式的书籍》“The Book as an Expressive Form”,第4页。另见其论文《排版学及其意义:以威廉·康格里夫为例》“Typography and Meaning: The Case of William Congreve”。

③ 这些术语的含义众说纷纭,莫衷一是。“Page layout”指的是文本的空间安排(每行字数、每页行数、版外空白、行首空格、活字的整理和拼版)。“Typography”从广义上来说,指代书籍设计的各种要素,如字体的种类与风格、版面设计、正文和正文前置内容及后附资料的组织安排、标题等。这一术语为英国印刷商与图文设计师约瑟夫·莫克森(Joseph Moxon)的《印刷艺术上的机械运用》“*Mechanick Exercises on the Whole Art of Printing*”和麦肯锡的《排版学及其意义》所采用。“Mise en page”一词与“typography”指代几乎相同,但可能更强调阅读实践而非书籍设计。伊莎贝尔·乔尔(Isabella Chol)和琼·哈尔法(Jean Khalfa)所著研究印刷品的《书的空间》“*Les Espaces du livre*”、罗杰·劳费尔(Roger Laufer)所著研究写本的《古籍的视觉空间》“*L'Espace visuel du livre ancien*”中都讨论过这个词。至于“paratext”,意义更广泛,吉拉尔·热奈特(Gérard Genette)在《副文本:诠释之门》“*Paratexts: Thresholds of Interpretation*”(第3页)中用其指代经由书籍设计师和生产商的斡旋,将作者本意与读者反馈连接起来的纽带。这些概念经过必要的修改,可以帮助讨论中国印本。

成的形式体现与物质外表的所有细节”①。讨论中将介绍一些基本术语，检视不同时期建阳刻本的文字和插图的排列，思考当时的刻印者为何会采取那样的版式设计。后续章节讨论不同历史时期的建阳出版业时，还会回顾这些问题，并将讨论范围拓宽，既考虑读者，也兼顾刻印者。

底稿和印本：不间断的联系

雕版书籍的组成部分反映着中国印本与底稿之间的持续联系。理解这种联系能帮助我们更准确地评估印刷怎样影响文本和图像的表现与接受，避免将底稿上已存在的版式元素都归功于印刷革新。比如，在正文之后加夹注的做法，远在印刷术发明之前，就已存在于典籍的写本之中了。② 手稿文本的圈点也是如此，有的还是朱墨两色，由手稿的抄录者或校正者（而非读者）添加。事实上，这种双色圈点直到明代才出现在印本之中。③ 由于存世

---

① 麦肯锡：《排版学及其意义》，第 89 页。

② 见钱存训：《纸和印刷》，第 44 页图 1062。此图展示了“《论语》现存的最早版本”（断代为 716 年）；夹注用小字以双行的形式书写在正文之后，正文则以单行书写。这种排列有可能源自其他著作的早期印本。据我们所知，最早在 10 世纪中叶，开封和成都就已开始印刷儒家经典。参见托马斯・弗朗西斯・卡特（Thomas Francis Carter）：《中国印刷术的发明及其西传》“*The Invention of Printing in China and Its Spread Westward*”，第 67—81 页。

③ 有关唐代双色圈点使用，参见陆大伟（David Rolston）：《如何阅读中国小说》“*How to Read the Chinese Novel*”，第 47 页；以及梅维恒（Victor Mair）：《唐代变文：佛教对中国白话小说及戏曲产生的贡献之研究》“*T'ang Transformation Texts: A Study of the Buddhist Contribution to the Rise of Vernacular Fiction and Drama in China*”，第 138 页。有趣的是，在 15—16 世纪的西欧，一种类似的“页面转黑”的情况也出现了，多色手稿被主色调为单调黑色的早期印刷品所取代。见保罗・森格尔（Paul Saenger）、迈克尔・海因莱因（Michael Heinlein）：《欧洲古印本的描述及其对 15 世纪阅读习惯分析的影响》“*Incunable Description and Its Implication for the Analysis of Fifteenth-Century Reading Habits*”，第 253 页以后。

的非宗教类作品的手稿数量极少，仅有断简残编，难以为上述论点提供更多证据，但是我们应当避免曲解印刷术对中国书籍外观的影响。

相对而言，研究印本中某个特征的功用及其演化、发展更为有用。例如，上图下文的版式，即在文字的上方附相关插图，从唐代起就被用于手抄或印制的佛教作品上了。现存的实物包括祈祷文、佛教版画、护身符及佛经。[①] 随着非宗教类印刷物在宋代以后的蓬勃发展，上图下文的版式也被用于其他类型的作品，如儒家经典、日用类书和历史小说（也称平话）。现存的几部平话均出自建阳，最早的可追溯到元代（图 5a，5b）。到了明代，无论读者的知识水平如何，几乎所有书籍均采用了上图下文的版式。

中国的雕版是将手抄底稿覆在版上来刻出字画的，这使底稿与印本之间的联系比起西方用活字排印要密切得多，后者印本中的文字和图像可能与底稿大相径庭，这种不同随着时间的推移会更大。然而，在雕版印刷中，借用底稿的版面形式是顺理成章的。反过来，随着印刷术的普及，原先为流通而制作的抄本会以印本的形式“固定”下来，典型例子是两部御制巨作《永乐大典》（修纂于 1403—1408 年）和《四库全书》（修纂于 1773—1782 年）。

---

① 见周芜《中国版画史图录》。其中图 6—10 是“上图下文”版式的祈祷文；图 23 为一册杭州“天竺寺有求必应咒文”（断代为 1232 年）；图 20 是一卷名为《佛国禅师文殊图赞》的绚丽夺目的佛经（断代为 1210 年）。艾思仁在《南宋杭州的印刷》一文的第 34 页与图 12—13 里分别讨论和展示了这部佛经。一幅收录于敦煌手稿（斯坦因敦煌收藏品 6983 号）中的彩绘图在“国际敦煌项目”网站（http://idp.bl.uk/bookbinding/chooser-frameset.html）中可以找到。尽管严格说来，现存的插图变文没有一个是上图下文的，梅维恒却论证过插图与变文的紧密联系。梅维恒在《唐代变文：佛教对中国白话小说及戏曲产生的贡献之研究》第 17—27 页列出了其视为变文的目录。

图 5　上图下文版式的建阳本插图平话示例
(右 a)《新刊全相秦并六国平话》　元至治间（1321—1323）　虞氏务本堂刻本
(下 b)《全相平话三国志》　元至治间（1321—1323）　虞氏务本堂刻本

(a)

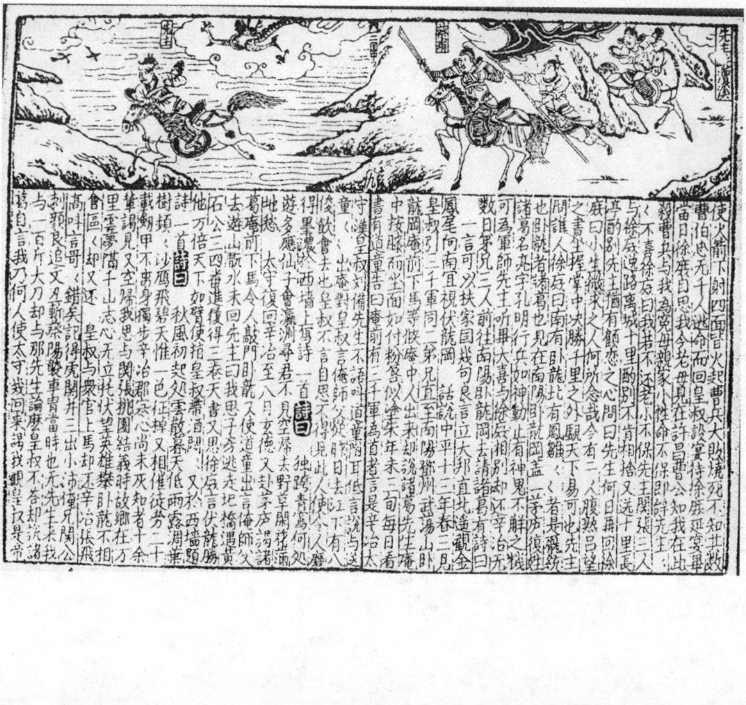

(b)

印本与写本之间的密切联系使这样的观点长盛不衰：印本以近真迹者为佳。实际上，因为印本的字是用刀具在木版上刻成的，不可避免地带有凝滞的刻锋，不管怎样精细，也只能尽量接近写本上圆润流畅的毛笔墨迹。因此，不同于西方的排印本，中国从未发展出一套脱离手稿审美的刻本评判标准。尽管一些刻书专用的字体逐渐形成，但总被认为未达到手写体的标准。[①] 印刷字体如何发展，出版商怎样使用这些字体，下文和后面的章节将会谈到这些问题。

检视建阳本的外观

尺寸 中国雕版书籍历时千余年，书叶或页（半叶）的外形却相对稳定（见图 6）。[②] 书叶的尺寸可能各不相同，通常按由单边或双边圈定的版框计算，并取决于正文文字的大小、每叶或每半叶的行数和每行的字数。大致而言，宋明时期的“一般”建阳刻本，其版框高约 20 厘米，宽约 13 至 14 厘米。[③] 中字本每半叶 10 行，每行正文为 15 至 20 字。大字本半叶少于 10 行，每行少

---

① 正如戴仁（Jean-Pierre Drège）在《写本时代的中国图书》“*Les Bibliothèques en Chine au temps des manuscrits*”一书中所描述的那样，写本的保存与传播在出版业发展之后仍在继续，与之前的活动情形相比几乎没有什么改变。实际上，写本的生产不仅一直延续到明清，其与印刷出版的相互影响也令一些士人更深地感知使用印刷术的文化局限，这与商业出版者的观点迥异。当然，孤本手稿与为传播（或出版）而精抄的写本在文本上并不易区分。但是，尤其在晚明和清代，许多著名小说如《金瓶梅》和《石头记》，在被刻印之前都以抄本的形式流传了一段时间。这种情况的存在，可能是作者或一些手稿的读者，出于不想失去独享的优越感等原因，而不愿意看到这种作品被刻印。

② 全书这种概括性总结只适用于非宗教性印刷品。

③ 传统上，一部中国刻本上的文本范围以半叶（页）计。上述尺寸的误差值为 0.4 厘米左右，是为书版版框尺寸变化的平均幅度。

于 15 字。小字本则半叶有 14 至 15 行，每行 25 至 30 字。[①] 即使是小字本，字迹也相当清晰可辨。[②] 这种尺寸的书都很容易被一手握住阅读。宋以后的现存建阳刻本大多数都符合上述尺寸和行款规格。[③]

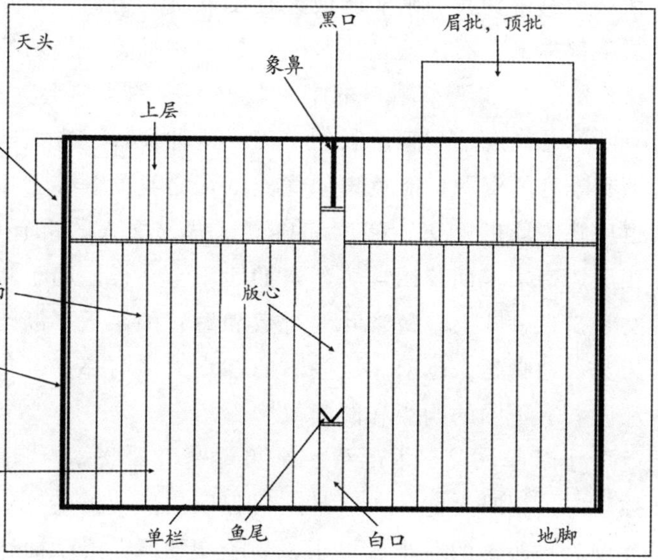

图 6　中国雕版书籍中一叶的形态

---

① 魏隐儒、王金雨所著《古籍版本鉴定丛谈》第 51 页提供了该规范。字数指的都是正文。小注往往以正文一半宽度的字体出现，排为双行。对各种文本考察后发现，每半叶行数是每行字数的一半，是普遍的审美标准。参见何谷理《阅读中华帝国晚期插图本小说》第 78—97 页对此的讨论。

② 例如，半叶高 20 厘米、宽 13 厘米，15 行，每行 30 字，版心宽 1 厘米，于是每行将会是（13－0.5）＝12.5/15＝0.83 厘米宽。假设两边都有一个 0.1 厘米的大间隔，那么每个字将有 0.83－0.2＝0.63 厘米宽。因为行首经常有一个大约 1 厘米高的空白部分，并且假设各字之间有一个 0.1 厘米宽的间隔，这就意味着每个字能有［20－1－30（0.1）］/30＝0.53 厘米高。因此，即使是评注文字也会有 0.5 厘米×0.3 厘米大小，不难辨读。

③ 附录 A 中列出了 86 种符合这种规格的宋元建本。何谷理《阅读中华帝国晚期插图本小说》第 83—84、87、88—95 页的图表 3.2—3.4 提供了宋元明三代刻本的行款，可供比较。

即使没有亲见一部书，往往也能从字体和版框的尺寸推测出其品质。中国古书中大字本很少见，可称为大字本的多是官刻或私刻，而非坊刻。各级官方机构主持刊刻的善本，如北宋国子监的大字本，以及明代的写本《永乐大典》，都彰显了官刻本的气派。在这类书中，我们确实能最大程度欣赏到留白的功用：让每一个黑字都神采奕奕。这是那些文字挤成一堆、形如灰块的版本所不具备的。一部纸墨精良的书，版框上下的留白会大大加宽，使得一叶的总高度达到整块版的一倍。这种豪阔一方面暗示了刊刻者拥有丰富的资源，能负担如优质纸张之类的奢侈费用；另一方面也反映了能够购买、阅读和典藏这些书之人的富有和优雅。与此相反，南宋末期开始，坊刻本如建阳本一样，趋于将越来越多的文字挤在一叶上，每半叶的行数和每行的字数不断增加，以至于天头、地脚越来越窄。这些书的客户大多与那些豪华本的拥有者和读者有不同的购买和阅读习惯。

就尺寸而言，大字本的另一个极端是“口袋本”，即巾箱本或曰袖珍本。据时人记载，这是宋代建阳出版业的特产。这类书的尺寸仅为一般书的一半或更小，易于“掌握”或“袖纳”。[①] 虽然内容受体积所限，这种便携式的小书亦大有用途。有的被夹带进考场用以作弊（图 7a），有的成为旅途中的日用参考或消遣（图 7b）。[②] 实际上，这类书越来越受欢迎，到了明代中期，几乎每一种书，不论是正经学术还是通俗读物，都有袖珍版。

---

① 张秀民在《中国印刷史》第 161—162 页提到了一本尺寸为 3.5 寸高、2 寸宽（11.7 厘米×6.7 厘米）的书。他还提及宋代更小尺寸的袖珍本，其中之一为 8 厘米高、4 厘米宽。

② 宋代作家戴埴在其著作《鼠璞》的第 27 页中提到，制作这类袖珍本的本意是为了方便阅读。此外，历代中国书籍鉴赏家已经意识到，巾箱本在制作质量上优劣不一。见孙从添《藏书纪要》“鉴别”部分，第 3 页 a，孙氏将 10 世纪中叶四川刻印的早期袖珍本“十三经”列为上品。另见叶德辉《书林清话》卷二“巾箱本之始”条，第 2 页 a 至第 3 页 a，叶氏提出在印刷的巾箱本出现之前，就已有抄写的巾箱本了。

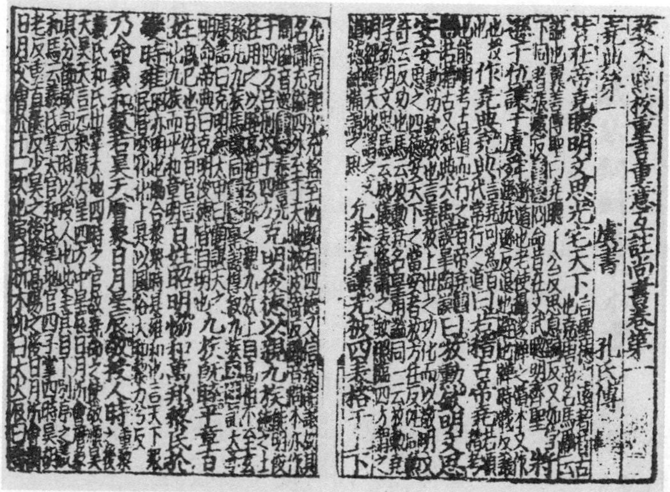

(a)

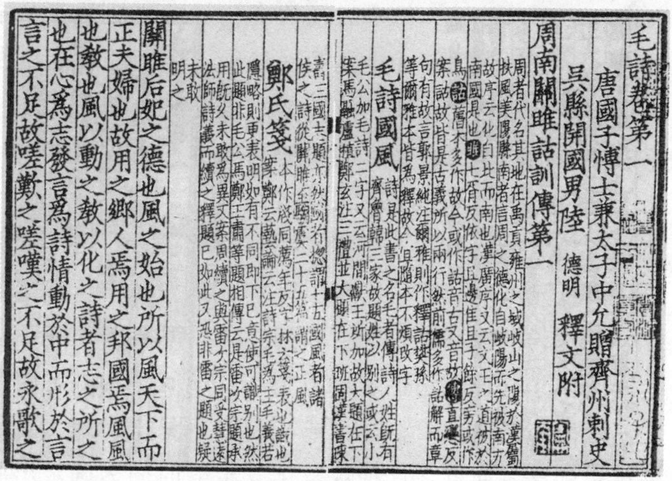

(b)

图 7　宋代巾箱本图例

（上 a）《婺本点校重言重意互注尚书》　南宋　高 10.2 厘米，宽 6.9 厘米

（下 b）《毛诗》　南宋　高 14.3 厘米，宽 10.2 厘米

建阳刻本的构成　一般而言，一部传统的中国雕版印刷书籍会包含下列组成部分[1]：

1. 卷首，包括封面、前言（序或叙、题、引、说及其他类似文本）、凡例或例言、附录或介绍性内容（杂录、地图、族谱、人物表、编者表、书目或引用文献之类）、目录或总目、刊印者的刊语和牌记（有时放在卷尾）。

2. 正文，包括基本和辅助文字、表格、图表、图解、画像和地图。

3. 卷末，包括刊后记（跋、后题、后序）等。

以下对各组成部分的功用分别论述，并用图例来帮助说明。我们采用历时演进而不是共时描述的方式，来展示以建阳书坊为代表的出版商，如何在不同时期重新设计和组织内容，以满足图书市场之需求。某一特定时期的变化将在之后的章节中充分展开讨论。不过目前的简述也能明确显示，中国雕版书籍在外观上的变化和传承是由文化和经济因素而非技术因素驱动的。

文本　一个值得注意的趋势是文本形式与时俱进，逐渐规范化。每一行字数相同，间距均匀。正文的字体大，夹注的字体小，但是字距一样。尽管许多宋刻本（如图 4b）在这方面不一致，大量元刻本及几乎所有明刻本都是如此。这种实践使版面设计、校对、计数及支付印工和刻工的薪酬更为便捷，显然能提高生产效率。这种方法也缩短了刊刻其他版本的准备时间，因为即使新版内容有增减，在过录或校阅时也易于发现。对于研究中国书籍史的学者而言，这种规范化发生的时间为确定出版业发展的阶段提供了有用线索。

我们已经注意到，尤其是书坊，倾向于在一张书叶内塞入尽可能多的文字，远超写本一叶的正常容量，加上整套圈点及字体

---

① 陆大伟在《如何阅读中国小说》第 65—66 页给一部中国小说的“汇注版范本”列了一个相似的表。

更小的短注长批，穿插环隔，使得书叶漆黑一片，更加不便阅读。许多廉价坊刻本中的圈点和注释显然没有经过仔细和审慎的编校，更像是某个盗版或删节本的残迹。不过无论何时，总有读者相信，带有圈点的文本要比他们自己施以句读的更有权威性。出版商为何要变本加厉地出产这种粗制滥造的盗版书是个复杂的问题，我们将在后面的章节中讨论。下文将着重描述圈点和辅助文字在印本中以何种形式出现。

毋庸置疑，圈点在印刷术发明之前早已存在[①]，但随着刻本数量的增加，各种圈点符号才获得了规范含义。在宋代，顿号“、”在行文中一般用来分隔语句；如果与文字并行，则表示强调。小空心圆圈“。”用来分隔语句，大的“○”则用来分隔同一篇中的段落，或隔开正文与夹注。文字右侧的短纵线表示引用语，长纵线表示强调或其他功能。如果文字置于长方形、圆形或椭圆形的框内，则表示其为专有名词，或表示一个新段落的开始。我们还可以进一步发现，阴刻的文字也常作为段落的起点标志（如图 1，4b，5a 和 5b)。然而重要的不仅是刻本的制作者（如出版商、作者、编纂者）或读者，是否以及如何给文本加圈点，还有这些圈点的习惯如何影响了阅读行为。如在《春秋经传集解》（如图 4b）这样一部圈点不多的宋建阳刊本中[②]，空心圆圈用以分隔来源于不同文献的短注，而不是分隔某一段落中的语句。尽管正文只是偶尔用空心圆圈来分隔，实际上已经被注释分隔、句读了。这让人质疑圈点的作用。为什么更长的批注没有被

---

① 梅维恒（《唐代变文：佛教对中国白话小说及戏曲产生的贡献之研究》第 138 页）引用了一件敦煌写本《妙法莲华经》第八章（斯坦因敦煌收藏品 2577 号）上的注，反映了校勘者对何者要加、何者不加圈点的考虑，这同样适用于印刷文本。

② 尽管圈点在宋刊本中已经出现，建阳本却很少使用。有关宋刊本中使用圈点的例证，可见叶德辉：《书林清话》卷二，第 4 页 a 至第 5 页 a；以及张秀民：《中国印刷史》，第 169—170 页。张秀民书中列举了多种在宋刊本中出现的中国传统圈点符号。

句读呢？这些辅助文字初读起来确实不难理解，但有时其中会夹杂来自其他文献的引用语，使得批注像正文一样不易解读。而且，因为大多数研读“四书五经”的人自儿时起已将大部分内容牢记在心了，很可能更注重读批注而不是正文，所以批注更需要圈点来使之清楚易读。最后，宋元时文本的圈点一般比明代中晚期的更少更简单。明代中晚期的部分文本过度使用各种圈点符号，干扰了畅读。不过这论断也可能以偏概全了，下面将给出理由。

圈点堪称文本中最为简洁的评注，在中国刻本中还有各种形式的文字评注。它们可能出现于正文之前、之后、中间或正文文字之侧，有些还位于版框之上。[①] 这些评注长短不一，从对某个字或词的发音和含义的短注，到对引言或典故出处的注解，再到对于正文长篇的释义和评论。日积月累，评注越来越多，造成正文或评注之间无法看清辨识，一叶上的评注就会被分列在两个或更多眉栏里（图 8a），或者干脆移到卷尾[②]。实际上到了明代，阅读一部汉籍的通批（也作评点）本，已经变成一件颇为复杂的事。不少出版商和编者认为有必要解释书中通用的编纂体例，于是产生了卷首的凡例或例言（图 8b）。通过对评注与正文之间，以及各评注之间的位置安排、不同大小字体的使用而建立文本的主次轻重关系，再于之后的版本中重新编排，在原作的基础上形成了层层叠加的评注，同时也反映出在不同时期被解读的方式。

---

① 陆大伟《如何阅读中国小说》第一章《传统中国小说批评》“Traditional Chinese Fiction Criticism”对中国传统文本中的评点有非常有用而翔实的介绍。关于不同注释方式的讨论，见该书第 53—57 页。由于中文评注术语没有标准英文翻译，笔者在此采用陆大伟的译文：“眉批”或“顶批”指版框上方的评注，“旁批”指正文末或一侧的评注。

② 尽管部分学者反对将中英文术语对等化，“卷”还是可以理解为类似于章的书籍组成部分。

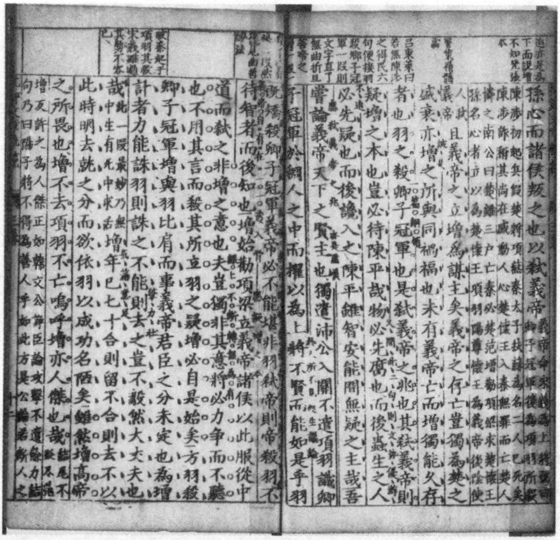

(a)

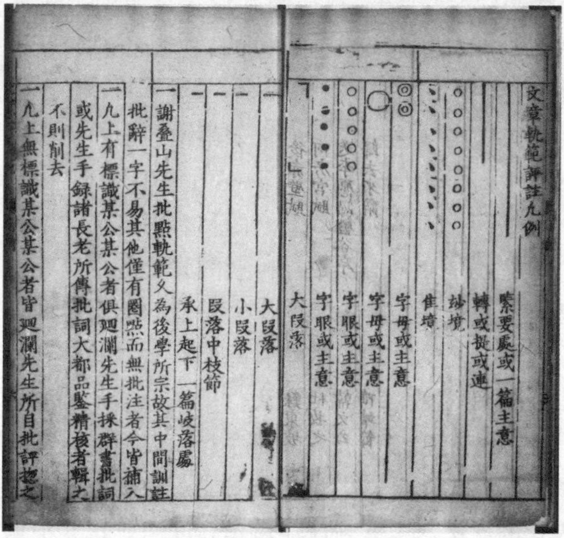

文章軌範評註凡例
緊要處或一篇主意
轉或提或連
妙境
佳境
字母或主意
字母或主意
字眼或主意
字眼或主意
大段落
大段落
小段落
段落中枝節
承上起下一篇峻落處
一謝疊山先生批點軌範久為後學所宗故其中間訓註批辭一字不易其他僅有圈點而無批注者今皆補入
一凡上有標識某公某公者俱迴瀾先生手採群書批詞或先生手録諸長老所傳批詞大都品鑒精核者輯之不則削去
一凡上無標識某公某公者皆迴瀾先生所自批評總之

(b)

图 8　有圈点的文本和圈点释义示例

《新回澜先生集百家评注文章轨范》　万历三十六年（1608）　刘龙田乔山堂刻本（内阁文库藏，360 函 7 号）

我们也可追溯评注的演化及其与时俱进而被更多种类著作引用的情况。虽然传统上最初只给经史作训诂和笺释，但到了宋代，这些辅文也出现在其他作品中了。出版商怎样给一本书加评注取决于几个因素。第一，这部作品是否传统上就包含评注？例如经部书几乎从未以不加注疏的形式（白文）刊行过。第二，就一部特定的书而言，其面向的读者或受众需要什么评注？所以，出版商可能会在一部为学童准备的故事集中加入关于地名、人名或其他词的简注，在一部学术著作中则加入详细的注和疏。第三，评注（以及圈点）在竞争激烈的书籍市场中常常是“卖点”。顾客可能会视书中的评注和圈点（不论质量好坏）为附加价值，因为一般认为评注应当出自当时的大家手笔。评注和详尽的圈点也能成为作品的独有特征，这会随着时代和阅读环境（或读者）的演化而嬗变。比如，讲史“平话”在元代建阳是以插图本形式出版的，既没有圈点也没有评注（图 5a，5b）。到了晚明，产自建阳的同一形式小说就开始包含圈点和评注了。到 16 世纪中期，这种评点本大行其道，既有质量低劣的建阳本，也有产自南京或苏州的全叶插图精刻本。显然，明代的出版商们相信，某一类话本值得施以评注和圈点。另一方面，晚明时期刊行的各种精刻本戏曲和杂剧集，常常有一整套评注和圈点，有些还是套色的。而同时期的廉价版本则圈点极少。经济因素自然是造成这种差异的一个原因，但同样重要的是两类刻本的使用场合不同。精刻本用于闲暇时阅读，文本的微妙含义在评点和整叶或半叶插图的帮助下更易于领会。廉价本则可能是用于旅途中消遣的。最后，读者希望书中的评注和圈点能提高文化品位，辅导科举考试。于是，一个文本的圈点和评注，“从一个为私人使用的非常个人化的层次，延展到评注写作高度职业化并根据市场需求趋于多样化的层次”①。

① 陆大伟：《如何阅读中国小说》，第 43 页。尽管陆大伟的评论特指文学作品，事实上广泛适用于各种类型的印刷文本。

在雕版印刷史上，作为刻印者和读者的辅助工具，刻本版式中的一些成分一直没有很大变化。书叶中心空白处（版心，如图 6）给出的信息，帮助我们了解印本书叶是如何刷印和装订的。如上所述，版心下方可能镌有印工和刻工的名字，有时还有刻坊的简名；而每叶字数印在版心上方。版心中间则印有卷数和叶码，常常还有该卷或该部分作品的简题。

其他一些惯例则更多地服务于出版商而不是读者，其功能主要是便于把书叶装订成书。比如，每一卷的叶码都从头开始，而不是接着上一卷继续往下排。另外，大多数书籍有目录，有时还详细列出每卷篇目的要旨，却从不提供对应的叶码。这一缺失表明，不同的卷是分配给不同工匠刊刻的。对出版商而言，没有叶码便可以轻而易举地在其特定“版”中增删卷篇。最后，尽管传统中国书籍有上述诸多辅助性文本，却一直没有索引（现代中国书籍有索引的也不多）。

版心的外观可帮助鉴定建阳刻本的时代。多数宋代刻本有单鱼尾或双鱼尾，用来帮助准确地对折书叶，但除了建阳本之外，只有极少数刻本的版心上下有黑粗线（如图 6）。由于众多黑口本出于建阳，这就成了鉴别宋代建阳刻本的一个标志。实际上，许多刻本没有明确出处，却因此被藏书家贴上了建阳黑口本的标签。不过，用黑口结合其他证据，确实可以判定一个宋元刻本是否出自建阳地区。[①] 在宋元时期，建阳刻本中的“象鼻”相对较细（约 1 毫米宽），明本中的“象鼻”要宽得多。但这些细节与读者有什么关系呢？也许只有藏书家才会注意到所有这些细节，然而这种认识十分主观，甚至只要随意一翻，凭版心、字体和叶

---

① 李清志著《古书版本鉴定研究》第 92—108 页，图表 1 与图表 2 为宋元时期中国不同地区刊本的列表，从中可以看出当时绝大多数建阳本为黑口本，与其他地区白口本居多的情形相反。到了明代中期，黑口已被广泛使用，就不能再作为判断产地的依据了。有趣的是，宋代建阳地区刊印的白口本绝大多数可能并不是商业出版物，即不是官刻就是私刻本。这些刊本的版心底部往往镌有刻工姓名。

面的其他特征，就能辨认出不论优劣的建阳本来。这种高辨识度对于出版商而言是有价值的。

另一个在诸多宋元建阳刻本中常见、明代却已稀见的特征是“耳子”，或称“书耳”。它位于版框外，功能类似于现代书籍中位于书页上端书眉中的书名。尽管没有确凿证据，但耳子有时被认为是建阳书商的发明，大约是招徕客户的一种手段。[①] 图 4b 所示的耳子位于线装书内侧，版心却在书的外侧。但最初耳子在蝴蝶装和包背装中是位于外侧的，当书被重新装订为线装形式，版心和书耳的位置就对换了。[②]

字体风格的发展和不同字体在刻本不同部分的使用，反映了出版商们不断变化的策略。因此，可以正文使用的独特字体来确定一部中国刻本的年代。[③] 在宋代，优质的建阳本广泛采用两种楷体字，赋予其特有的神采，使之与被鄙视的麻沙本区别开来。[④] 反之，低劣坊刻本的粗鄙字体也一望可知。南宋晚期和元代，字体明显更趋于经济实用，而非追求赏心悦目（图 5）。到 15 世纪晚期，全国各地的坊刻本都采用了所谓“匠体”，因其使书写上版和雕刻更为快捷。

有多种方法来确定一部书的刻印者或出版商，如以明显的花

---

① 见肖东发：《建阳余氏刻书考略》下，第 239 页。尽管这一论断未经证实，宋代建阳本确实经常带耳子。建阳本耳子中刻卷次的实例见明代早期刻本《纂图互注扬子法言》，藏台北“国家图书馆”古籍特藏，书号 05408。

② 有关中国传统书籍装订形式的描述与图解，可参考的文献很多，包括马庭理（Edward Martinique）的《中国传统书籍的装订术：发展与技术研究》“*Chinese Traditional Bookbinding: A Study of Its Evolution and Techniques*”；国际敦煌项目官方网站：http://idp.bl.uk/IDP/bookbinding/chooser-frameset.html. 正如该网站中所介绍的那样，唐代或更早以前的写本中就已应用了现在认为与印刷书相关的多种传统书籍装订方式。

③ 对于后代学者而言，字体风格当然是给一种刻本断代的最有用证据。

④ 图 7a 与图 7b 中的两个巾箱本可做对比示例。这些字体风格会在本书第四章与第六章中进一步讨论。

边框做成的牌记，或封面叶。[①] 在建阳本中，出版商的牌记可能出现在前言或目录之末，也可能在卷末，还可能在某些卷或所有卷的卷尾。有些牌记非常简单，特别是南宋出版物中的，仅一两行，标明坊铺名或出版商个人名字，以及雕版制作的年代。[②] 但是到了元代和明代，在牌记或广告性质更明显的通告（告白）中，出版商会解释刊行某作品的缘起，随着出版业的竞争愈趋激烈，更会自我吹嘘并贬低对手。

出版商的信息还可以在副文本的其他两处找到：一是他们可能将自己的名字或坊铺的名字，跟编著者和校勘者并列在第一卷的开头（卷端），有时可能每一卷都有。二是出版商的贡献会在特定版本的前言中提到，少数写在刊后语中，尽管几乎总是一笔带过，如“某某发现并校刊了此书，以广其传”。[③] 刻本中对出版商的记述通常都很简短，除了在牌记和广告中，大多是顺带的。即使在牌记和广告中，关于出版商的信息也极其有限，多为广告性质的陈词滥调。即使是已形成群体的建阳商业出版者，仍然是躲在影子里的人。但雕版印刷的特性需要出版商参与编辑、设计和刻印工作，所以实际上通过仔细检视以上环节，就会尽可能了

---

① 严格来说，“colophon”这个英文术语仅指（用花边框做成的）牌记内的文本。关于“封面叶”，见艾思仁的《作为中国图书史研究资料的中国书籍》“The Chinese Book as a Source for the History of the Book in China”。关于有可能由刻印者、出版商或是书商添加的封面叶，现存清代中期之前的样本不足，因其作为书籍的首叶往往容易被撕掉或是损毁。

② 关于宋代建阳出版商的牌记，见图 14a—14d。其他建阳出版商的牌记和识语，参见潘铭燊：《中国宋代的出版商牌记》“The Printer's Colophon in Sung China”，第 40—41、46 页。钱存训的《纸和印刷》第 376 页重印了其中一部分牌记。有关被翻译为“printer's colophon”或“printer's mark”的中文术语的简要讨论，参见钱著第 39 页；以及叶德辉：《书林清话》卷六，第 9 页 a 至第 10 页 b。潘铭燊（第 49 页）认为，其他地区出版商（如杭州）因顾客集中于本地，会提供自己的地址，建阳出版商则不会这么做，因为其顾客遍布全国。

③ 前言的撰写者可能是作者（自序）、编者、刻印者本人（这种情况相当罕见），与前三者中任何一方有交往的朋友，抑或是一些有名的学者或官员。最后一种情形多有伪造的可能。

解他们。下面四章将采用这种研究办法。

最后，商业出版者也有可能不愿意在某种书上暴露他们的姓名，如用于考试作弊的巾箱本，明目张胆地剽窃前人的粗制滥造本，或官府所禁之书。再有就是刻印者的书版来路可疑，令其宁可在牌记的位置留下一个难看的空白，也不愿留下自己的姓名。对于这类书，有无出版商的名号是无助于提高销量的。

图 自宋代开始，在中国印刷品中就能找到称为“图”的部分，包括插画、地图、图解和表格等。[①] 有时占据整叶，有时仅占一叶的局部，通常和文字一起雕刻在同一块版上。因此，一叶精心设计的版面上文本和图是交织在一起的，且比西方早期的印刷品要紧密得多。后者的插图要么是木面木刻，要么是木口木刻，要么是金属雕刻或蚀刻的，尽管和用活字在框架内排版而成的文本一起印刷，却互不相干。

木刻是图的媒介，图像主要由黑色线条构成，缺乏明暗层次。[②] 尽管高明的刻工能刻出非常精妙的线条，这种实属文字刻

① 尽管从唐代开始佛教印刷品上就有很多图了，但是我们却很难评估“图”在宋代以前非佛教印刷品中流行的程度，主要因其数量非常稀少。关于帝国晚期的绣像小说，参见何谷理的《阅读中华帝国晚期插图本小说》，尤其是第四章。

② 在西方艺术语汇中，“woodcut”（木面木刻）指的是使用刀与圆凿等工具在较软的木料的纵断面上进行雕刻，而“wood-engraving”（木口木刻）则是使用雕刻刀（錾刀）等原本由金工使用的工具，在更硬的木料的横断面上进行雕刻。一般而言，木面木刻的特点有线条质朴粗犷，黑白线条勾勒的人物凌厉生硬、不够柔和，以及图案的形或面通常由黑色线条表示。与此相反，木口木刻则以具有白色线条的设计见长，能够运用精致的白色线条，表现出更加细腻的色调渐变效果。毫无疑问，木刻匠人的审美考量与其文化、技术传统，以及个人的技艺水平，都是我们需要考虑的因素。中国雕版印刷需要刻印大量文字，因而技术水平与经济因素成为选择木版作为刻印材料的决定性因素。反过来说，这也意味着在同一块木版上的“图”也仍会使用木面木刻。有趣的是，托马斯·比威克（Thomas Bewick）在18世纪末的英格兰复兴木口木刻艺术之时，使用光滑的“中国”纸并获得了比最优质的英国书纸还好得多的效果。而比威克得到的中国纸最初来自于中国茶叶的包装。毫无疑问，这种纸肯定不是符合中国标准的优质纸，可能由竹子制作而成。于是，木口木刻艺术家开始习惯于使用中国、印度与日本的纸张来达到最佳的印样与效果；参见威廉·艾文斯：《印刷与视觉传达》，第102—104页，及图49。

法的线描法导致印本中的图像自成一格，从而发展出一套有别于以其他材料为媒介（如绘画和陶器）的表现“语言”。工匠中的高手既能设计又能镌刻木版，大多数刻工只会操刀。因此在实践中，写样上版的写手和镌版的刻工各有专攻，如何将纸上的文字和图像转化成一套标准化的线性系统，以利于程式化地操作，两者之间一定存在某种共识。比起一人身兼写样、绘图和镌刻之任，这种分工合作很难在技术和艺术上有创新机会。由于雕版制图的技术性局限，书坊难以复制出能入鉴藏家法眼的图画，后者一般选择对此视而不见，在其著作里也甚少有关插图的长篇大论。不过，各种作品里相对简单的示例性图版和图解，以及在更“俗”的作品里的插图，却相当受欢迎。

尽管图像质量参差不齐，坊刻本中的图总体而言相对简单，显然没有以艺术高度来自我要求。这使得图像能轻易从一部作品复制到另一部作品中去。[①] 比如两部南宋建阳本《尚书图》和《毛诗举要图》，有着相似的插图（图 9a，9b）。事实上，尽管元代和明代的出版商声称他们仔细校勘过正文和批点，并增加了注释，所用的图却是原封不动从宋版中照搬来的。这显示了他们对于图像实用功能的追求。又如，出版商不使用实际描摹乐器的精细图片，而是用简化的、为读者所熟知的示意图，来提高其认知度。与之类似，《书集传附音释》中的天子大辂图（图 9c）和两种《荀子》版本中的（图 9d—e）一模一样，表明同样的图可以

① 在图像复制的过程中，将个人劳动与继之而来的流水作业加以区分并非罕见。一位 17 世纪的法国印刷商发明了蚀刻法，威廉·艾文斯的评论（《印刷与视觉传达》，第 76 页）十分中肯：“为一个带有普通用途的工具下一个更加实用性的定义会是件困难的事情。在此定义中，对事物个性的准确表现并不那么重要，而是被精简成一种更为经济整洁的表现程式。”

被插放在完全不同的书中。[①]

图 9c—e 所示书叶使用的是上图下文版式，这是由出版商发明并广泛应用的。在正文上方附连续插画的小说作品，至迟始于元代的建阳，到了明代就风行天下了（图 10a，10b）。医书、蒙学读物、命相手册、日用类书、杂剧戏文和其他以上图下文版式出现的作品在明代的普及，说明这类书在被阅读的同时也被浏览观赏。而且，对那些意在正文的读者来说，偶尔浏览一下插画，也是对阅读下面拥挤枯燥文字的一种调剂。

在一张拥挤的书叶上，各个栏目里的插图也有调剂作用（图 11a，11b）。而且到了明代，在许多非学术的通俗作品中，同一叶上不同栏目之间的联系非常微小或几乎不存在。在第六章中我们可以看到，在书叶中将文字和图案元素杂陈罗列，是出版商的常用策略，以使其刻本更引人注目、生动有趣，也让潜在顾客相信物有所值。

柯律格指出，用于诠释文字或传递某种信息的图，应当与同样出现在书本里并更受重视的画区分开来。[②] 图先于印刷而存在，一般被认为理所当然要有，所以除作为卖点外，出版商大多不会在书名中提起。许多建阳坊刻本就是如此，包括经典、字书、史书、家礼、兵法、医书、阴阳书、历书、日用类书和别集等。上图下文版式的小说、戏本和曲本则是特例，其书名往往以“全

---

① 图 9c 中的《尚书》应刻于元代，可能是宁波本（明［州］本）的建阳翻刻本。图 9d 中第一部《纂图互注荀子》是元末明初建阳翻宋本，图 9e 中的第二部则可能是明代早期江南某地的刻本。另一幅类似图像是金代《孔子祖庭广记》中的，见周芜：《中国版画史图录》，第 102 页，图 83。

② 参见柯律格：《中华帝国晚期的书籍交易、收藏与知识传播》“The Book Trade, Book Collection and the Dissemination of Knowledge in Late Imperial China”，第 5—6 页；及其《明代的图像与视觉性》，第 104—111 页。

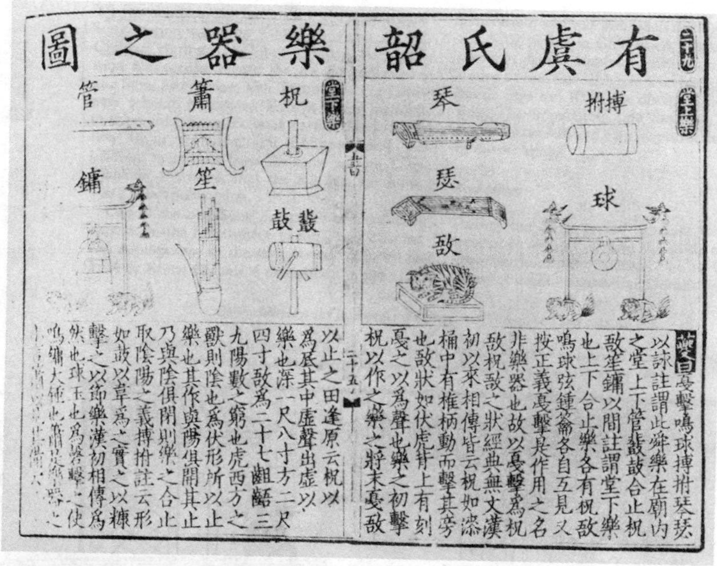

(a)

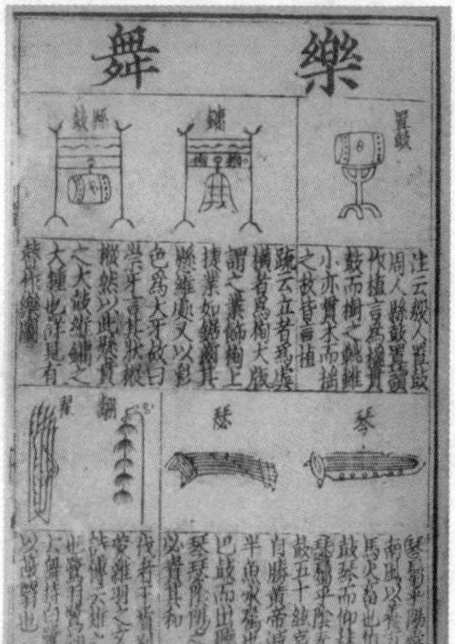

(b)

图 9　第一组　两部不同的宋代建阳本中的相似插画
(上 a)《尚书图》　南宋绍熙间（1190—1194）　余氏刻本
(左 b)《毛诗举要图》　南宋（静嘉堂文库）

(c)

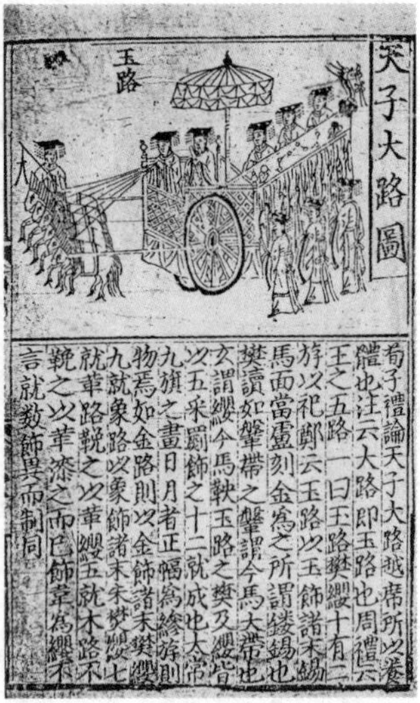

(d)

图 9　第二组　元代和明代刻本中相似的大辂图

(上左 c)《重刊明本书集传附音释》　元代

(上右 d)《纂图互注荀子》　南宋建阳刻本的明初重修本

(右 e)《纂图互注荀子》　明初刻本

(e)

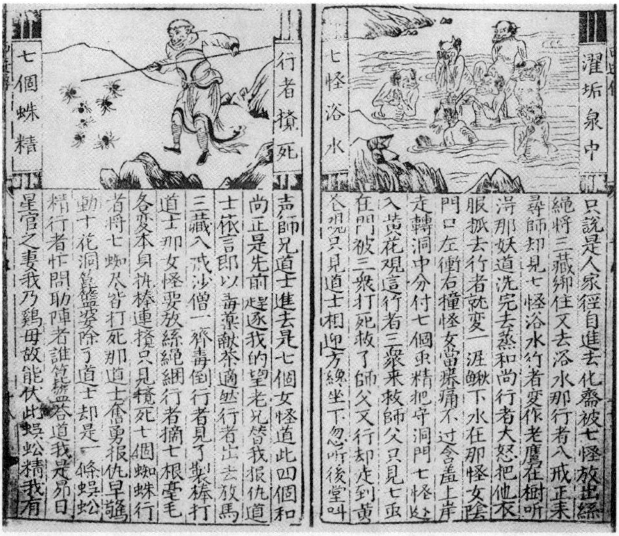

(a)

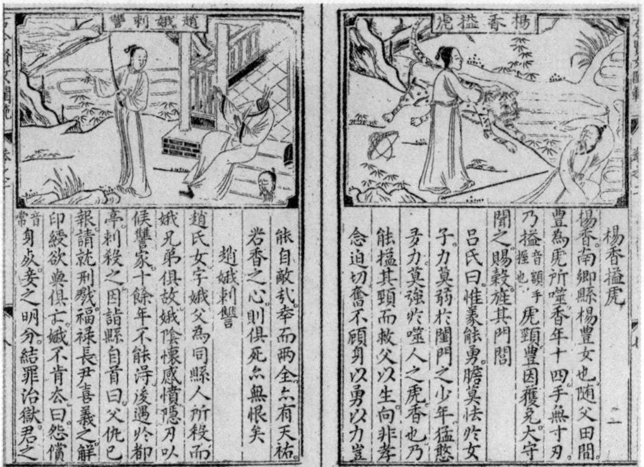

(b)

图 10　上图下文版式的明建阳刻本示例

（上 a）《鼎锲全相唐三藏西游传》（又见图 41）　明刘莲台刻本

（下 b）《闺范》　明万历间（1573—1619）　郑云斋宝善堂刻本

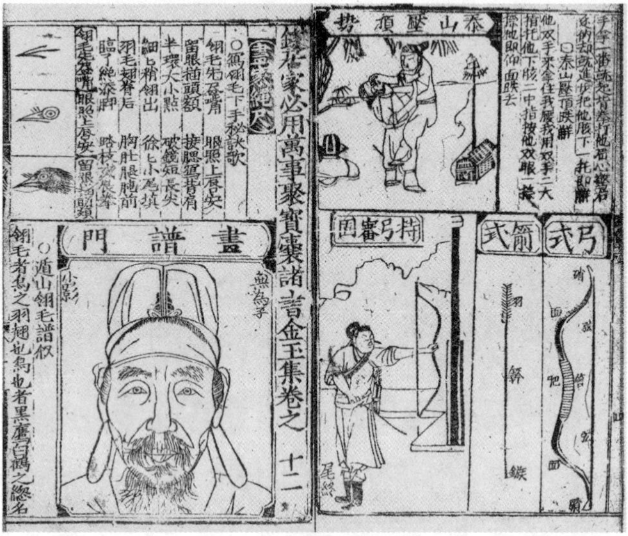

(a)

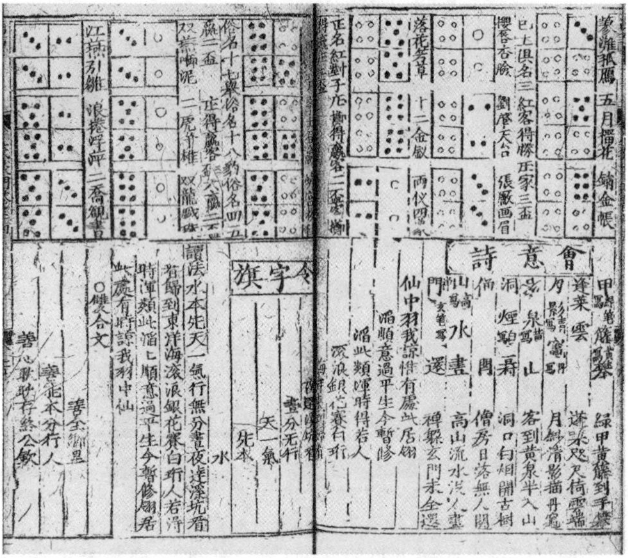

(b)

图 11 《新刊四民便用不求人博览全书》 晚明 熊氏刻本

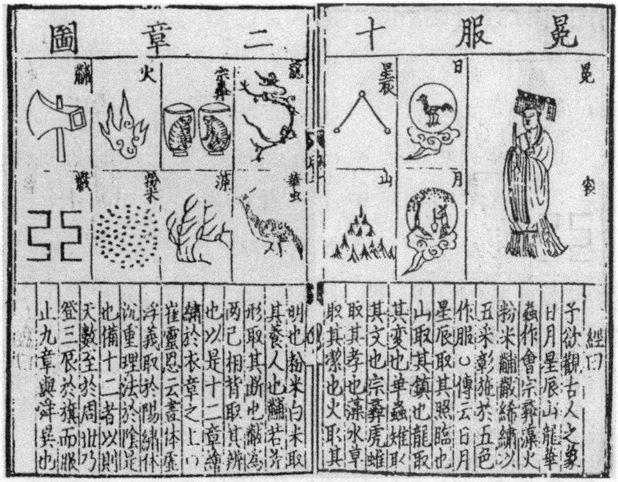

(a)

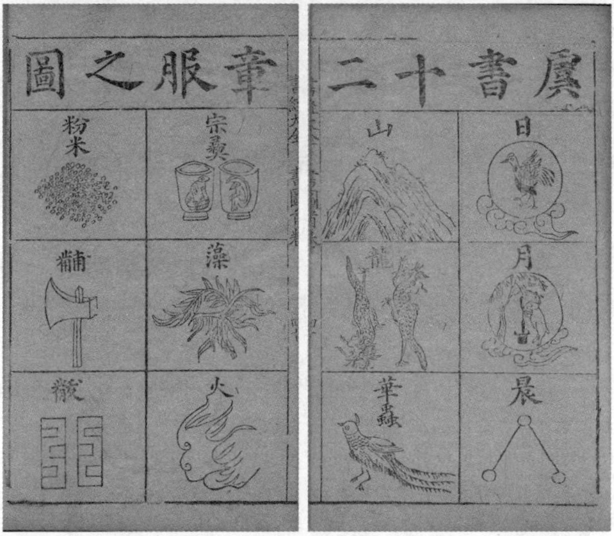

(b)

图 12　元代和明代作品中的十二章纹（可与公元 877 年的历书图相比较，见钱存训：《纸和印刷》，第 153 页，图 1113）

（上 a）《事林广记》　元至顺间（1330—1333）　椿庄书院刻本

（下 b）《书经大全》　明万历间（1573—1619）　余氏刻本

像”[①] 标榜。能达到较高审美水准的建阳刻本插图寥寥无几。无论何时，出版商似乎总是为了省钱省力，而直接将几乎完全一样的插图从一部作品复制到另一部作品。

事实上，一些实物或想象物的图像，早在唐代的印刷品中就有，在之后几个世纪的刻本中还一直出现。比如，中国的十二章纹，曾出现在公元 877 年一本私刻的历书中[②]，在 14 世纪 30 年代的元代类书（图 12a）、明万历间的《书经大全》笺注中（图 12b）也可看到。而且，这种图和辅文混在一起的方式，显示出它们是和相关正文一起被刻在一整面（叶）上的，这也是雕版印刷品的一个特点。最后，同样的图像可用于不同作品中，如作为辅助记忆道具的手掌图案，就同时出现在算书（图 13a）、堪舆书（图 13b）、韵书（图 13c）中。可见，印刷的力量不仅限于传播完全复制的图像，还延伸到输送那些含义可被轻易调整或曲解的图像。[③]

某些图像仅有象征作用，这可以从它们在书上的位置，以及细节的增删取舍中看出来。比如一位 16 世纪的画家绘了一幅“山堂先生真像”，即章如愚（庆元二年［1196］进士）的画像，置于章氏所编的《群书考索》[④] 卷首，其“真”可以想见。而该

---

① “全象”亦作“全相”，其含义相同。前者用于明代建阳的绘图小说与杂剧中，后者用于元代建阳的“平话”以及明代其他地区的绘图本。元至治年间所刻《全相平话三国志》的封面被大量著作翻刻，如张秀民《中国印刷史》的卷首和周芜《中国版画史图录》的图 311.6。对建阳讲史“平话”的深入讨论，见本书第三章至第四章。

② 参见钱存训：《纸和印刷》，第 153 页，图 1113。

③ 毫无疑问，这一现象不仅存在于中国的雕版印刷业中。在 15—16 世纪的欧洲，常备的木面木刻图像会被反复使用于同一本书，或是同一家出版商的不同书籍中，甚至会被其主人借给其他出版商使用。见大卫·布兰德（David Bland）：《书的插图》“*The Illustration of Books*”，第 49—51 页。活字版文字与木刻图像能同时印刷，这成为 16 世纪晚期结合图像与文字最为经济实用的方式。

④ 参见《群书考索》，刘弘毅慎独斋（1508—1518）刻本，台北“国家图书馆”古籍特藏，书号 07892。

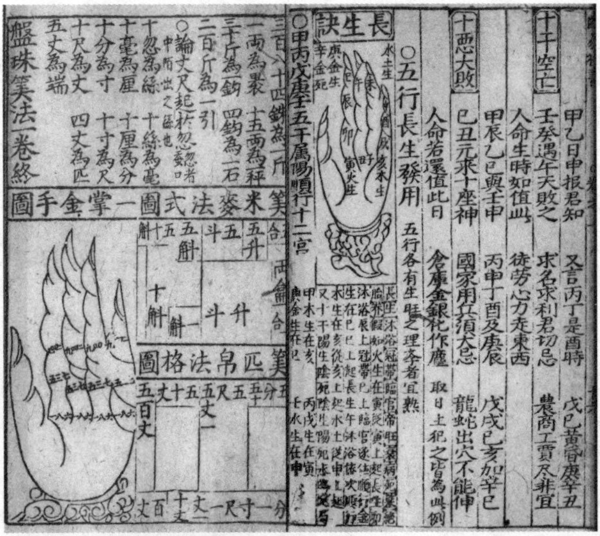

(a)　(b)

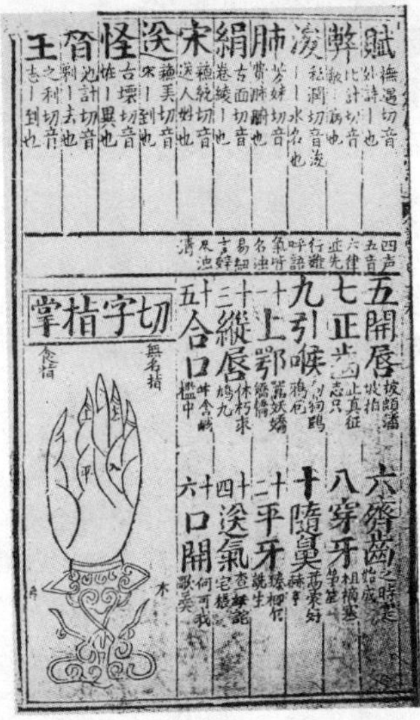

(c)

图 13　在三个不同文本中使用的同样图像

(左上 a)《盘珠算法士民利用》　明万历间（1573—1619）　熊台南刻本（内阁文库，子 56 函 5 号）

(右上 b)《断易神书》　明万历间　刘龙田乔山堂刻本（内阁文库，305 函 284 号）

(左 c)《韵海篇正宗》　明万历二十六年（1598）　余象斗三台馆刻本

画家所作的宋代道学家朱熹、程颐等人的画像，应该更为近似。朱熹因脸上有七颗肉痣，很好辨认，可是在同一书坊印的两部刻本中，两张画像上的肉痣位置却是相反的。[①] 这些图像仅需达到象征性的纪念目的，而不需要神情毕肖。[②]

在中国书籍中，如何使用图不仅取决于雕版印刷的特性，也取决于图对文字的从属性质。即读者阅读中国书籍的文字，未必要靠画像或图表理解文义。某些图越简单、越程式化，越能有效地阐释文本。因此，大多数书中的图都不像宗教画像或年画之类的印刷物，既没有“神性”，也没有引人冥想和禅修的潜力。[③] 雕版书插图的这一特质并不意味着人们只看文字，不看或不“读”画像和图表，也不意味着某些图超越了同类的局限性（第六章将会继续探讨），但它确实解释了制图者的意图和加之于图的局限。

研究书籍史的学者应从各个方面来解读一本书的所有组成部分：整部作品的文字、圈点和评注、序跋、书坊牌记、插图注解、图像、图像与正文间的空白，以及这一切是怎样布置和互相关联的。只有这样综合解读，才能理解一本书的本质。在此章中，我

---

① 在儒学启蒙读物《小学正蒙》（内阁文库所藏复制品，298 函 231 号）中，有朱熹和程颐二人的画像。另一幅朱熹画像则在《朱文公家礼正衡》（内阁文库，经 13 函 7 号）中。这两部著作均于明万历间由建阳余明吾刊刻。

② 以此类推，族谱中的祖先像也是画家凭想象描绘的，其主要目的在于能被收入行状和（或）像赞。在笔者仔细考察过的建阳族谱里，游氏族谱中一幅 12 世纪男子的画像与陈氏族谱中一幅 15 世纪男子的画像一模一样。这两人头戴道冠，很明显都是道教徒，这是两幅插图中最引人注目的特征，也是其为人所铭记的主要原因。参见《陈氏宗谱》第 2 册《镇抚将军仕濂公像》，第 30 页 b；及《广平游氏宗谱》卷二《文清龙图阁九言公像》，第 6 页 b。

③ 有关中世纪与近代欧洲对具有繁复视觉效果的泥金装饰写本与视觉效果更为简单“还原”的雕版印本之间的对比讨论，可参见桑德拉·辛德曼（Sandra L. Hindman）所编《印刷手写文字：书籍的社会史，1450—1520》“*Printing the Written Word：The Social History of Books，Circa 1450-1520*”一书中由迈克尔·卡米尔（Michael Camille）所撰的《阅读印制的图像》“Reading the Printed Image”，第 266—274 页。

们已经对中国雕版印本开始了这样的解读。

如上所述，最受推崇的中国雕版书展现了与精致手稿相同的特征：纸白墨黑，字体漂亮。因为书版是通过描摹手写文字或手绘图像而刻制的，和原作保持一致比较容易，跟活字印刷相比，不需要为了便于制作而强行改变书本形式。因此，字体或行款如果发生变化，多是由非技术原因导致的，比如经济压力使出版商必须更快地印制出更多印本；阅读和使用文字的知性途径得以改变；观赏图像的审美水平不断提高。在本章中，经济因素更为明显。之后的四章会探讨不同历史背景中的其他因素。

讽刺的是，如果说能让某篇文字广为流传、数量倍增是印刷文本最重要的功能之一，在中国帝制时代，最精善的书往往是由那些并不怎么在意这一功能的人刊刻的，如中央或地方官府和宗教机构资助刊刻的《大藏经》或《道藏》。他们主要关注的是保存一个文字正确、校勘精当的珍贵版本，可以勒之于石（如石经），抑或锓之于版。[①] 也可以认为从石到木代表了技术变化，并非以保存为目的。这种精刻版本有时确会激发技术革新，如改进活字印刷的技术，然而比起已有的制作方式，那可能更加费钱费力。

与之相反，商业刻印者意在出售尽可能多的印本以谋利，往往偷工减料，压缩版面。通过在每一叶、每一行挤入尽量多的字，再用更小的字加入评点和夹注，他们成功地制作了许多中国历史上极难辨读的书。同时，我们也不能苟下结论，认为商业出版者对印刷本的改进毫无贡献。是好是坏姑且不论，阅读和观赏文字、图像方式的变化，以及由此导致的人们对于印刷品的看法和反应的变化，很大一部分要归功于这些人。

---

① 正如何复平提醒笔者的那样，有时“国家与宗教权威会使书籍充满强烈的防范异端邪说意味”，因此“生产汗牛充栋的文本令主办者功绩斐然”。但是在将雕版印刷的发明与宗教文献的传播相联系时，有一个不可忽视的例外，即与非宗教商业出版相比，复制该类文本的动机似乎对印刷品的发展贡献更少。

第二部分

第三章　宋元时期建阳出版业的发展

洪迈在所撰志怪小说集《夷坚志》中讲述了这样一个故事：一名年轻女子突然间变得又聋又哑，她的舅舅在观音菩萨像前虔诚膜拜。一个月后，这名女子听力恢复，重新开口说话。为了使这一奇迹广为传播，这位舅舅印了一张巨幅观音画像，“镂板以广其传”。另一个故事是一名男子失去了独生子，去寺庙拜佛。寺里的和尚给了他一张观音像，告诉他只需将此像刻印，广为散发，就会有奇效。作为这一德行的回报，其妻在长子死后正好一年的那天，生下了第二个儿子。后来，夫妻俩又得到了两个儿子。这两个故事是印刷术在中国广泛使用的两例证明。洪迈编撰《夷坚志》时，印刷术在中国已经有四百多年的历史了。然而，宋朝与其他朝代的不同并不在于印刷小册子或神像，而是其书籍印刷的巨大发展。《夷坚志》一书是在洪迈尚未完稿、每成一集便在全国各地付刻的情况下出版的，由此可见当时该书受欢迎的程度。该书南宋淳熙七年（1180）建阳本的序言里提到过此前的蜀本、杭州临安本以及疑似乾道二年（1166）在建阳刻印的福建本。[①]

---

① 这两个故事分别是“王百娘”和“徐熙载祷子”，取自《夷坚志·夷坚支志丁》卷一，第1页b至第2页a。对此书的概述与简论，见韩森（Valerie Hansen）：《变迁之神：南宋时期的民间信仰》“*Changing Gods in Medieval China, 1127—1276*”，第409—410页。洪迈本人可能是从旨在传播这些故事的小册子中闻知此事的。《乙志》卷首序言里提及《夷坚志》一书的刻印地点。该序言尾页书影可参见静嘉堂文库：《静嘉堂文库宋元版图录》第2册，第176页，第84号条目图2。

宋代兴起的广泛的刻书风气，由官府和宗教机构肇端，后来书坊书肆也加入进来。[①] 这一切对于当时中国文化的诸多方面产生了极为深刻的影响，而对这些影响的深入探讨现在才初见端倪。[②] 在这一时期，各种各样的书籍都被刊刻，经部、史部的典籍，字书、类书等参考工具书，更是官刻和坊刻书籍首选。相比官刻，坊刻的刻书范围更广，包括别集、笔记，以及绝不可能在官刻本中出现的各种科举应试参考资料。坊刻本以更为广泛的题材范围和更为低廉的价格对当时的文化生活产生了巨大影响，且不亚于任何官刻文献。人们在诸多领域形成的新习惯，如阅读、写作、校勘、以印刷媒体传输信息及传播作者的思想和声望（更不消说考试舞弊）等，都与坊刻书籍的流行有着直接关系。

坊刻业的兴盛起源于11世纪的北宋，到南宋时得到了空前发展。据一位学者的估计，北宋时全国大约有三十个坊刻中心，到南宋时剧增至两百余个。[③] 虽然还没有一个简单易行、清楚无误的方法来衡量全国各个地区在坊刻业中的相对重要性，但有一

---

① 关于中华帝国时期不同类别出版商的讨论，见本书第一章。

② 关于宋（元）印刷史，有不少很有帮助的著作。潘铭燊1979年的博士论文《宋代的书籍与印刷》含有非常丰富的相关资料，其中包括一份已知宋刻本的联合书目。在全面讨论中国印刷史的著作中，张秀民所著《中国印刷史》对宋元时期印刷史讨论得最为详尽（第53—228、280—333页）。叶德辉的《书林清话》仍然是有关中国传统刻书的必读书。西德尼·福斯迪克（S. O. Fosdick）将弗鲁格（Konstantin Konstantinovich Flug）1959年所著有关宋代印刷史一书的部分译成英文，题为《宋代中国的书籍出版》"Chinese Book Publishing During the Sung Dynasty（A. D. 960—1279）"。车淑珊的论文《中国宋代的书籍文化与文本传播》是一项丰富且有新意的研究。李弘祺所撰论文《宋代书籍与书痴：书籍的收藏与欣赏》"Books and Bookworms in Song China：Book Collection and the Appreciation of Books"对该主题做了综述。而对元代印刷史的研究还相对薄弱。除了以上提及的研究成果外，吴光清1950年的论文《辽、金、元及西夏的印刷》"Chinese Printing Under Four Alien Dynasties"仍值得参考。

③ 张秀民：《中国印刷史》，第59页。

点是确定的，即有五个地区出版的坊刻本数量远远高于全国其他地区。以巨大优势列于五个地区之首的，毫无意外是宋代最富庶、人口最多的两浙路（今浙江及江苏南部）。[①] 杭州在北宋中期时就已经确立了官方、宗教及坊肆刻书中心的重要地位。到南宋时，随着杭州变为行都，其中心地位的重要性得到进一步加强和巩固。[②] 福建取代京畿路（北宋国都开封府的所在地）排在第二位。其后依次为京畿路、繁华富庶的四川成都府路和江南西路（今江西及江苏、湖南、安徽的部分地区）。在福建，好几处重要的出版中心分布在沿海地区或靠近沿海地区的城镇，如莆田，晋江—泉州，龙溪—漳州，以及最为重要的福州（福建路的治所）。然而，到南宋中期时，福建西北部的建宁府[③]出版业异军突起，尤其是麻沙镇和稍晚的书坊镇[④]（二者都在建阳县）、建安县，以及崇安县和浦城县的出版业发展，使得福建其他地区都相形见绌。

这个与江西和浙江接壤的偏僻山区，是偷运官盐与茶叶的走

---

① 潘铭燊在《宋代的书籍与印刷》（第 8—27 页）中给出了几种估计地方上官刻、私刻和坊刻本发行数量的方法，比如以每一路出版的已知刻印书籍总和（第 11 页，表 1），或以刻书量最大的三个中心区域所拥有的印刷中心数量（两浙路、福建路、成都府路，见第 25—27 页，地图 2—4）计算。他也指出，由于有效数据有限，难以获得可靠的书籍发行数量。

② 关于宋代杭州的出版业，可参考上注潘铭燊论文，尤其是第 17—20、156—162 页；艾思仁的论文《南宋杭州的印刷》；以及一之濑雄一的论文《关于南宋临安书铺的考察》「南宋臨安の書舗に関する一考察」。

③ 北宋初期时，该地区称为建州，988 年改称建宁军。1162 年，地方行政升级为建宁府。元代时，称建宁路，明清时重又改称建宁府。从南宋开始，建宁府行政管辖区域并无太多变动。为方便起见，笔者将该地区统称为“建宁府”。关于该区域的简史和行政区划，可参考任一府志，如嘉靖二十年（1541）《建宁府志》卷一，第 1 页 a 至第 11 页 b。

④ 基于这些出版商在其出版著作和家族史中对自己的介绍，麻沙的出版业在宋代时已经蓬勃发展，但是直到元代，书坊（或书林）才被提及。

私犯、土匪、强盗和乞丐的天堂。受命到此地任职的官员们普遍认为，此地非常难于治理，当地人暴戾成性，既迷信又叛逆。除了备受赞扬的建安北苑贡茶，中央政府几乎从不过问此地发生的一切。那么，建阳地区何以会成为全国最大的商业出版中心之一呢？为何在士人文化及其赖以生存的教育和仕进已不再被重视的元代，其图书出版业却持续繁盛，甚至势头更强呢？建阳出版业在明初经过了长时期低迷，在明中期又达到了前所未有的繁荣，但是为什么在清初却突然萧条了呢？找出这些问题的答案至关重要，不仅有助于理解建阳书籍贸易何以如此长盛不衰、影响深远，更有助于理解这种书籍文化何以能跨越一千一百年的历史长河，克服众多方言引起的语言隔阂，而深入到不同文化水平的读者群中去。

本章讨论的是宋元时期建阳商业出版的兴起和飞速发展。在这约 250 年间，出现了一些建本中的最佳刻本，许多在明代得以进一步发展的商业印刷举措在这个时期也已经初现端倪。笔者把宋代和元代放在一起来考察，主要是因为存在一些非常重要的连贯性，诸如在两个朝代都非常活跃的刻书世家，以及他们所刻印的书籍种类。尽管宋元易代之际的闽北地区动荡不堪，史料表明，建阳的图书贸易却没有受到明显影响。另一方面，从南宋到元代，建阳出版业虽然没有遭受什么剧变，政局与文化的风云变幻却引发、促进了一些意义重大的革新。这种既有变化又有连续性的特点，使我们有必要将宋元两代的建阳出版业放在同一章中考察。与此相反，建阳出版业在明初经历了长久的衰退，到 16 世纪恢复之时，已经面目全非了。

我们首先简要描述一下宋元时期的闽北地区，重点放在影响图书贸易的因素。随后集中探讨与商业性书坊、家塾、书院有关的建阳出版商。虽然这些人物对传播其所处时代的学术与通俗文化发挥过巨大作用，我们对他们的知识和社会背景以及在文人圈的地位却知之甚少。这一节将利用现有资料来勾勒一些建阳出版商的社会史，尤其是在出版业活跃了几个世纪的刘氏、余氏、熊氏三大家族。对那些州、路官署，官学等官方资助的刻书机构则不会多花笔墨，因其所刻印之书籍并不能反映不断演进的建阳出版业的特点。

历史背景

从唐末到北宋初，闽北地区曾被多个割据政权统治，包括闽国（941—946）和南唐（946—975）。[①] 其中，建都金陵（今南京）的南唐，以其江南文化对福建西北部地区产生了持久的影响。显然，这片地区相对安宁，少有动荡，所以从晚唐开始，贯穿整个北宋，一批批移民从江西、浙江甚至较之更远的北方，来到这里安家立业。[②]

事实上，在唐宋政权更迭的这段权力真空时期，无论哪一个外来政权声称对闽北地区拥有管辖权，实际的统治者却是出身当地豪族的各路军阀。与此同时，这些集团中至少有一部分通过教

---

① 虽然975年宋灭南唐，但是一直到978年，福建才成为北宋王朝治下的一个路级行政区域。十国时期闽北地区的历史非常模糊。有些史料对此有所提及，如1922年版《福建通纪》，卷四至卷七；薛爱华的《闽国》；田中整治的《吴越与闽之关系——以闽国内乱为中心》「呉越と〔ビン〕と關系—〔ビン〕国の内乱を中心として」；柯胡：《中国南疆的巩固：699—1126年泉州的发展》“The Consolidation of the South China Frontier：The Development of Ch'üan-Chou，699—1126”，第130—176页。

② 建宁府的户口曾有过短暂的增长，从980年的90492户增加到1080年的186566户，1102年又增加到196566户。数字来自多种宋代资料，在梁方仲所著《中国历代户口、田地、田赋统计》第135、147、165页可轻松查到。隋唐时期的户口数无法拿来比较，因为这一区域的地界随着其地名的改称（如建安郡、建州）也变化多次。10—11世纪时由于大批移民的涌入，该地人口急剧增长，但到了12世纪末期时，增长减慢，甚至与前期持平。

育和仕进的方式建立起了强大的权力基础。现有的对这一时期闽北社会的研究还不足以使我们确定，出自同一家族的地方豪强是否在宋代就开始输出大量学者和官员了。然而史料表明，地方军阀与朝廷命官之间的确存在着矛盾和冲突。南宋时，地方豪强的势力仍然强大，有时与官府同盟，有时又与叛军和走私犯为伍。[①]或许正是地方豪强的这种高度自治性，才使得朝廷将闽北视为难以治理之地。[②]

除了这里出产的两样东西——茶叶和稻米，朝廷以及福建路大体上都对闽北不闻不问。朝廷对声名卓著的闽北茶叶的垄断从唐代就开始了，到宋代臻于顶峰。[③] 这种茶叶中最上等的是贡品，在御茶园种植，在贡焙局加工成茶饼。光是这些御茶园就雇佣好几千采茶工，他们大部分都来自武夷山以北的江西。[④] 事实上，民间茶焙远远多于官焙。这些私焙大多加工采自茶农或寺院自家栽培的茶叶。虽然宋代闽北的茶叶产量与江南或四川等地相比并不算高[⑤]，

---

① 12世纪末期时，朱熹甚至建议，地方官员应该寻求当地豪绅的帮助，利用他们与私盐商贩的关系，在广东东部弄到粮食，再翻山越岭运输过来。见朱熹：《晦庵先生朱文公文集》卷二五《与建宁诸司论赈济劄子》，第4页a至第5页a；转引自万志英（Richard von Glahn）：《社区与福利：朱熹理论与实践中的社仓》“Community and Welfare：Chu Hsi's Community Granary in Theory and Practice”，第226页。

② 有关宋代这一地区的政治与社会状况，参见贾晋珠的《争议地带：宋代福建—江西—浙江边界地区》。

③ 见迈克尔·罗宾斯的《福建内陆茶业：五代至鸦片战争时期》以及罗伯特·加德拉的《清代至民国时期的福建茶业和贸易：传统商品出口的发展后果》。

④ 季节采茶工的流动方式是韩元吉提出的。淳熙年间（1174—1189）他任建宁知府时，曾经建议当地的田主们说服采茶工留下来，成为他们的佃户来耕作处女地，而不是每年都解散回家。见韩元吉：《南涧甲乙稿》卷十八《建宁府劝农文》《又劝农文》，第360页（部分英译见罗宾斯：《福建内陆茶业：五代至鸦片战争时期》，第131页）。还可参见王仲荦：《从茶叶经济发展历史看中国封建社会的一个特征》，第36页；被引于加德拉：《清代至民国时期的福建茶业和贸易：传统商品出口的发展后果》，第39页。

⑤ 据加德拉估计，1023年福建的茶税只占全国总数的2.74%。见加德拉：《清代至民国时期的福建茶业和贸易：传统商品出口的发展后果》，第43页。

但官府对福建茶叶销售的垄断从未放松，主要出于朝廷的偏爱及其在北部边境贸易中的重要性。由于这种铁腕控制，茶叶走私应运而生，蓬勃发展。从事这种非法贸易的人包括盗匪、农民、采茶工、寺院、土豪以及茶商。值得注意的是，北宋政权垮台前后发生在闽北或波及闽北的诸多农民起义，如 1128 年叶浓领导的，多招纳采茶工和茶叶走私犯为对象。[①] 官府对闽北地区茶叶的垄断持续到元代，但其重要性有所减弱，在 1329—1330 年则被废止。[②] 虽然宋元时期茶叶贸易对闽北地区的全面影响很难评估，但有一点很重要，即茶叶贸易使闽北和周边地区在经济、社会和政治上联系了起来。许多茶商、采茶工、茶叶走私犯来自福建其他地区或江西，带来了那些地区各种合法以及非法的商业手段，也带来了社会的动荡不安。

另一个官府高度关注且易导致社会动荡不安的闽北产品是稻米。正如本书第一章所提及的那样，闽北历史上大部分时期属稻米输出地区。建宁地区出产的稻米会被征运至沿海地区，尤其是福州周边地区，以减轻那里的短缺。即使建宁地区本身没有盈余，也得如此办理。[③] 由此引发的痛苦和不安成为严重问题，在饥荒年份尤为突出，颇令地方官员和豪绅头痛。该地区的运输不畅又使问题加剧。即使有足够的救济粮赈灾，糟糕的路况也意味

---

① 王仲荦：《从茶叶经济发展历史看中国封建社会的一个特征》，第 38 页；马端临：《文献通考·征榷考》卷五，第 22 页 b。

② 加德拉：《清代至民国时期的福建茶业和贸易：传统商品出口的发展后果》，第 55—56 页。

③ 万志英《社区与福利：朱熹理论与实践中的社仓》一文从不同出处的文献资料中收集了宋代建宁地区的稻米生产变迁情况。据张彬村的研究（《中国的海上贸易：以 16 世纪的福建为例》，第 160 页），沿闽江而下将大米运到福州地区以解其饥荒的做法一直延续到明代。而且，闽北的水稻种植户不得不将稻米卖到沿海地区，以换取诸如食盐和白银等缴税用的必需品。即使他们自己整日红薯果腹，也必须如此。

着偏僻地区得不到任何救助。因为水路发达，用船沿闽江将稻米从建宁运至福州，的确比从陆路由闽北地区的城镇运到乡村要容易得多。[①] 地方乡绅为了应对稻米短缺，开办了各种社区义庄[②]和家族义庄[③]。两类义庄的成功都离不开地方乡绅的参与，然而到1219 年时，建宁的社区义庄似乎已经全部倒闭。[④] 相反，一些家族义庄一直持续到元代，到明代时又重新开张，这证明"社区"的概念相对狭隘，控制它们的家族才有长久的生命力。

佛教寺院是闽北地区另一股有着重大影响的力量。寺院位居最大的田主之列，大概也是除官府之外拥有茶园最多者。然而，无论其经济实力如何，福建的佛教势力并没有被视为一股知识文化力量，在闽北地区尤其如此。[⑤] 如果就目前所知的建阳刻本来看，寺院很少甚至根本就没有参与刻书。在建阳图书贸易已经如火如荼的宋代，福建刻了两部《大藏经》，却都是在福州刻的。[⑥] 另一方面，寺院可能也刻印了一些零散经册、宗教画像，就像洪迈在故事中提到的那样，不过这种印刷品的生命比较短暂，其发行渠道与建阳刻本截然不同。

北宋之前，福建北部在文化和政治上都是一潭死水。在该地区涌现出大批科考得意之人后，这一情况才有所改变。北宋时

---

① 见万志英：《社区与福利：朱熹理论与实践中的社仓》，第 226 页。

② 见万志英：《社区与福利：朱熹理论与实践中的社仓》，第 234—236 页。

③ 据李弘祺的研究（《11 至 15 世纪福建建阳的新儒学教育》"Neo-Confucian Education in Chien-yang，Fuchien，1000—1400"，第 981 页），这些家族义庄与理学的发展尤其是朱熹的社会哲学有关。他提到的两家义庄分别由刘氏和熊氏家族于 13 世纪兴办。

④ 见万志英：《社区与福利：朱熹理论与实践中的社仓》，第 243 页。

⑤ 见李弘祺：《11 至 15 世纪福建建阳的新儒学教育》，第 961—964 页。

⑥ 《崇宁大藏》和《毗卢大藏》分别由东禅院和开元寺刊刻于 1080—1112 年间和 1112—1172 年间。见张秀民：《中国印刷史》，第 153 页。

期，建州出了809名进士，位居全国之首，并在南宋保持了同样的优势。[1] 这一略显突兀的成功，可能与从北方移民至此的家族中有在朝为官的成员有关。取得功名者与仕途得意、家族渊源可考的闽北人有一些共同特征。他们的族谱都声称其祖先曾做过朝廷的文武重臣，晚唐或者五代时期来到这里，并决定在此定居，以躲避北方的政治动荡。大部分家族都声称祖籍在陕西或河南。[2] 另一些家族则在家谱中记载，其始祖或始祖的第一代直系后裔在跨过山峦进入福建定居前，曾在江西暂驻过。不论这些自述的真实性如何，有一点是清楚的，那就是到了南宋，他们越来越积极争取仕进，或是像朱熹及其弟子一样，通过在学林独树一帜，来得到领袖乡里的合法性。[3] 要达到这个目的，必须在科举考试中成功；要科举成功，就要大力投资教育。到1080年左右，建州的每个县都至少有一所官学[4]，很多家族给本家子弟设立了私塾，一些殷实之家甚至还不止一所。12世纪末期，朱熹及其弟子将这一地区发展成道学重镇，建阳的文化与经济水平达到了前所未有的高度。从这个角度看，建阳刻书业的发展应该是建阳地区整体

---

① 贾志扬（John W. Chaffee）:《宋代教育的棘闱：科举的社会史》“*The Thorny Gates of Learning in Sung China: A Social History of Examinations*”，第149、197页。

② 笔者查阅过的16部家谱中，有12部声称其祖先发源地为陕西或河南。

③ 北宋时这方面的情况不是很清楚。可能当时这些人和那些来自异乡的人一样，更看重建立全国性的社会关系网络，而不是地区性的人际交往。但我们缺乏足够的资料证实这种推测。据李弘祺的观点（《11至15世纪福建建阳的新儒学教育》，第954—961页），北宋时，建阳学者虽然在科举考试方面成绩骄人，但是无论在政治上还是学术思想上，并没有对全国产生什么影响。究其原因，可能是他们趋向于与改革派结盟，包括范仲淹和后来的王安石。但是，我们仍然缺乏足够的资料来确定这一观点。

④ 见贾志扬:《宋代教育的棘闱：科举的社会史》，第136页。不过，至少在南宋时，一些官学被忽略了。部分原因可能是当地的望族后裔们太专注于自己的家塾。朱熹在一篇有名的文章中曾经暗示，建阳本几乎售遍全国，但建阳县学却没有足够的教科书，须得依赖豪绅的捐赠，这颇具讽刺意味。见《朱子大全·文集》卷七八《建宁府建阳县学藏书记》，第17页a。

发展过程中自然而然的一部分。

有数种因素促成了建阳成为宋代的主要刻书中心。该地区具有生产雕版书籍所需的绝大部分自然资源。林木茂密的山区提供了版片和印墨所需的材料。山区大量生长的各类竹子，又可用来造纸。该地生产的各种纸张中，有一种远近闻名、适于印书的纸叫“书籍纸”，又称“玉扣纸”。[①]

刻书业很有可能是从印制诸如日历、年历、符咒和冥钱等日常用品发端，同时与之并存发展而来。刻书业毫无疑问保持了这一特性。虽然这方面的文献佐证远少于有关书籍刻印方面的，但我们并不能因此就认为这种可能性不存在。比如在四川就出现过这种情况：据宋代类书《册府元龟》记载，835 年有私家（非法）刻印的黄历因先于官刻而被禁。[②] 到 883 年，前岭南节度副使柳玭注意到，四川市面上出售的书籍“多阴阳杂记、占梦相宅、九宫五纬之流，又有字书小学，率雕板印纸，浸染不可尽晓”[③]。显然，雕版印刷术在学术和政治上的应用，较之宗教与世俗文化晚了一个多世纪。到了 953 年，宋朝建立前夕，经部书籍才首度刊刻。自此以后，官刻和坊刻都得以飞速发展。

其他几个因素也导致了建阳图书贸易在宋代的迅速发展。地方士绅对教育与科举功名的高度重视对其影响巨大。正是由于这个原因，在宋代乃至元代，经史类书籍在建阳所刻印的书籍中占了很大比重。建刻本的质量似乎从一开始就参差不齐。叶梦得曾说：“蜀与福建多以柔木刻之，取其易成而速售，故不能工。福建本几遍天下，正以其易成故也。”[④]

---

① 关于雕版印刷所需材料，参见本书第二章。

② 王钦若等编：《册府元龟》卷一六〇，第 9 页 a—b（中华书局影印本，第 2 册第 1192 页）。

③ 柳玭：《柳氏家训序》，载《爱日斋丛钞》卷一。

④ 叶梦得：《石林燕语》卷八，第 7 页 a。

“福建本几遍天下”的另一重要原因在于交通条件。沿着当时已经探明的常用贸易路线，麻沙本能轻松沿水路从麻沙或书坊运到建阳，然后向北运到崇安或浦城甚至更远，或者南下运到福州。外地的商人也可以沿着同样的路线，来购买廉价的书籍、纸张以及其他闽北土产。因此，像闽北这么偏僻的地区能成为如此重要的刻书中心，表面上似乎很难理解，但只要记住这个地区并非处处都与世隔绝，就能解开这个谜底。

大部分建阳刻本来自家塾和书坊，这表明当时地方官府对刻印书籍还没有多大兴趣。[①] 这明显不同于两浙路和江南西路，甚至福建其他地区，尤其是福州。在那些地区，地方和区域各级官府对印刷出版活动都投入了相当大的精力。建阳的大多数地方官员对刻书印书持迟疑观望态度，可能是因为不想背负建刻本粗制滥造的骂名。建刻本质量低劣这一成见也影响了该地区出产的竹纸的声誉。在宋代，徽州、潭州、南昌，以及金华和绍兴等地区有资格向朝廷及各级官府提供纸张，以满足印书、发布文告、记录公文以及印刷纸币等方面的巨大需求。[②] 这些地区生产的纸张能达到官府用纸的各项指标，而闽北地区出产的竹纸却不能。但是，因祸得福，官府的忽视，再加上对印刷物品的监管漫不经心，客观上使建阳图书贸易得以按用户日益增长的各项需求自由发展。到了明中期，州、县两级官府都希望好好利用建阳地区拥有的印刷资源，但是为时已晚，那时的商业印刷已经发展到了难以控制的程度。

---

① 在建宁地区，存世官刻宋本大约 14 种，元代官刻本（县学或地方官府刻）却只有 2 种（见本书表 B. 4，第 352—353 页）。数目之少，足以说明官府对该地区拥有的刻印资源几乎毫无兴趣。

② 详见李弘祺：《宋代书籍与书痴：书籍的收藏与欣赏》，第 199 页。

建阳的出版商

建阳刻书业的规模可以清楚地从已知出版商的数量上反映出来。我们已经知道，南宋时闽北的私刻或坊刻大约有 50 家，元代有 60 家左右。相比之下，已知的南宋杭州出版商只有 20 名左右，元代则剧减，只剩下 4 家。以这些数字作为大概的依据——虽不中，亦不远——我们可以得出结论，南宋时期的建阳出版业规模似乎相当于甚至超过行都，并且持续到元代。①

不过，要下更精确的结论就不那么容易了，因为上述对出版者数量的统计并没有考虑各家的刻印数量是不均的。比如，绝大部分闽北书坊一家所刻不到 5 种。而且，部分书坊互相之间有社会关系或学术渊源。② 同姓的坊主可能同时受本族家塾赞助，所以业务上紧密合作。其他书坊可能互借或互赠过书版。基于对中国家族式实业的经营方式的了解，书版属于一种重要

① 据张秀民的统计（《中国印刷史》，第 88—91 页），宋代闽北有 37 家刻坊，除其中 2 家外，35 家都在南宋；元代有 45 家（第 290—291 页）。杭州南宋时有 20 家（第 70—71 页），元代只有 4 家（第 289 页）。顾志兴认为，宋代杭州的刻坊有 18 家，元代 4 家（《浙江出版史研究——中唐五代两宋时期》，第 106—156 页；《浙江出版史研究——元明清时期》，第 62—67 页）。张、顾二人给出的元代杭州刻坊数之低，令人质疑，尤其是元代杭州仍然持续进行刻书活动。但他们都没有解释何以会有如此剧减。关于南宋的刻坊，艾思仁认为有 18 家（见《南宋杭州的印刷》，第 4 页），一之濑雄一认为只有 12 家（见《关于南宋临安书铺的考察》）。在这些研究里，杭州的刻坊数量相对闽北地区少很多，但我们不必对此太过认真，因为这些研究都没有包括那些自称为书院、精舍或家塾的刻坊，大概是判断它们不属于坊刻的范围。此外，张秀民在统计闽北地区的数字时，前后并不一致。笔者的统计是把所有这些刻坊都包括在内。

② 这似乎是中国书籍贸易研究方面的一个常见难题。比如，艾思仁在确定南宋时杭州的陈姓刻坊主或书肆坊主之间是否有亲戚关系时，就遇到过类似的困难。见艾思仁：《南宋杭州的印刷》，第 36 页前后及所附参考书目 A。

的可分割遗产。[①] 所以，50 个不同的名号并不一定等同于 50 家单独经营的书坊。

表 1 列出了宋元时期建阳地区的书坊数量。[②] 附录 B 的表格较大，列出了已知书坊的堂号。[③] 表 B.1 列出书坊和刻书私宅，表 B.2 列出那些附属于家塾的刻坊。表 B.3 列出书院和精舍所属刻坊。表 B.4 列出各种官方赞助的刻坊，如建宁知府、建阳县令以及各级官学。

表 1　宋元明时期已知建阳刻坊的数量

经营时期	刻坊	家塾	书院/精舍	总计
宋	34	10	3	47
元	40	1	8	50
宋—元	6		1	7
元—明	6		4	10
宋—元—明	2		1	3

如表 B.1 的刻印者名号所示，单凭这种信息常常很难确定哪个是出版商，哪个是一次性主持并资助某部作品刻印的个人。而且，很多名称极易引起误解。比如，并非所有冠以“书院”者都是名副其实的书院；号称“精舍”的至少有 1 家（如刘氏翠岩精舍，表 B.3，102 号）始于元代，但在明代就成为地道的营利性

① 虽然我们没有资料证实建阳刻坊之间也有这种做法，但是对后来其他地区坊刻业主的研究证明，这种做法的确存在。参见包筠雅：《中华帝国晚期的商业印刷》，第 60 页。

② 张秀民在《中国印刷史》（第 88—91、290—291 页）给出的宋元时期建阳刻坊名单中，只要地点不同，就算作不同的刻坊，如“建安刘氏南涧书堂”和“麻沙刘氏南涧书堂”被算作两家。笔者将其合并处理，理由是建阳地区的刻印者们对地名并不那么在意。其刻本有多处表明，同一刻坊可能用了两个稍微不同的堂号。在本书表 B.1—B.4 列出的刻坊中，每坊名下都至少有一部刻印作品。

③ 不同历史时期的建阳刻坊完整名单可见附表 B.1—B.5。

书坊了。不过，已知的10家宋代“家塾”刻印者中，至少有9家在其族谱中有记载。至于带有“书堂”“宅”“斋”这一类名称的，既有可能指营利性出版商，也有可能指一次性或偶尔为出版而出资相助的个人、家塾或书院（虽然这种可能性很小）。坊刻和私刻的传统界限有时确是极为模糊的。

以“书院”指称刻坊所带来的问题，会从多方面反映出来。表B.3列出了12家“书院”和1家“书堂”，其中有8家在地方志或族谱中有记载（101号，103—104号，106—108号，110—111号）。有几家书院是著名的学术机构，由与朱熹及其弟子有紧密联系的豪门望族开办，如刘氏家族的屏山书院、云庄书院和化龙书院；熊氏家族的鳌峰书院。[①] 其余几家可能并非通常意义上的书院。[②] 还有名称与通常意义相悖的：一所文献记载明确的书院，如熊禾的武夷书院，在其刻本的牌记里却称自己为“书堂”（110号），而书堂通常专指家塾附属印刷坊。同样，很难确定同文堂（表B.1，41号）是否就是朱熹于乾道年间（1165—1173）在建阳设立的大名鼎鼎的同文书院。[③] 建阳地区的刻书活动与书院的文化角色之关系将在下面加以考察。

表1中的数据表明，宋代刻坊中约有五分之一明显由家塾赞助经营。我们无从知道其刻印的书籍是只供家塾使用，还是也向外界销售。不过，南宋初期建宁府大约有四千人参加三年一次的

---

① 见李弘祺：《11至15世纪福建建阳的新儒学教育》，第975—980页。还可参见万安玲（Linda Walton）：《南宋的书院与社会》“*Academies and Society in Southern Sung China*”，第38页前后。

② 见李弘祺：《精舍与书院》。

③ 见道光十二年（1832）《建阳县志》卷五，第225页。既然同文堂（41号）应该位于建安，与位于建阳县的同名书院（107号）可能并没有任何关系。关于同文书院，可参考熊禾为其重建而作的纪念文章《重建建阳书坊同文书院疏》，《熊勿轩先生文集》卷四，第57—58页。该文是提到书坊（相对于麻沙）与建阳出版业关系的最早参考资料之一。

州试，而到 1186 年时应试者已有约一万人，应试用书的需求量应该是非常巨大的。[①] 家塾刻坊运作市场化显然会带来巨大收益。此外，一些名称中并没有明确的“家塾”字样的刻坊可能早就或多或少开始履行这一职能，或至少开始如此运作。这一现象一直延续到元代。比如，余志安是当时最有名的建阳出版商之一，其勤有堂（表 B.1，65 号）所刻之书有不少既标识“刊于勤有堂”，也标识“余志安刊于家塾”的字样。[②]

于是，我们有理由认为，建阳刻书业的很大一部分源于家塾的附属书坊。即使商业化了，这些家塾书坊仍在继续刻印同类书籍，如“五经”，“四书”及其注疏，史籍，医书以及诗文集。一个巨大而又可靠的当地市场为建阳书籍贸易的扩展提供了基础。这一扩展的进程虽然很难精确记述，但看来只用了不到 75 年的时间，因为现存最早的建阳本是刻于 1057 年的司马迁《史记》，而到 1127 年北宋灭亡前夕，叶梦得已经开始批评建阳刻本的质量了。

对不同类型的建阳刻本的调查显示，家塾刻书与非家塾刻书在数量上并无太大差别。然而，到了元代，自标为“家塾”的刻坊全都销声匿迹（见表 1），而此时建阳的书籍已经稳定行销全国各地了。家塾刻书在元代的消失，也许是因为取消了科举考试制度。即使在 1313 年科举考试恢复后，汉族考生分配到的名额仍然非常少。不过，正如下文所述，元代经部典籍继续得以刻印，在出版书籍总量中所占比例与宋代大抵相同。

同样值得注意的是，多家在宋元时期已成规模的刻坊一直延续了二百多年，其中包括几个最有名的刻书世家：刘氏（表 B.1，

① 南宋早期的数字，见胡寅：《斐然集》卷二一，第 12 页 b 至第 13 页 a；1186 年的数字可参见《宋会要辑稿·选举二二》，第 6 页 b。

② 可参见严粲：《严氏诗缉》，著录于王重民：《中国善本书提要》，第 11 页 b 至第 12 页 a。

36 号；表 B.3，102 号）、杨氏（表 B.1，57 号）、余氏（67 号）。而且，家谱和牌记等资料表明，出版商的后裔有可能继承祖业，却改变名号。比如，以刻印医书著称的熊氏卫生堂（表 B.1，55 号），延续到明代的熊宗立及其后代时，演变为更著名的种德堂（56 号）了。

建阳书坊既是一种家族产业，也是一种家族商业。至少有部分刻工与坊主是同族的。比如，建阳本上留下姓名的 22 名刘姓、余姓或熊姓刻工当中，有 6 名可初步确定为坊主的家族成员。[①] 使用家族成员为坊主减少了可观的劳务成本，再加上使用当地产的廉价纸张和印墨，让建阳本成为全国最廉价的书。关于这种家族企业经营规模的信息几乎没有，也无从假定存在一个典型的规模大小。据刘氏族谱记载，刘氏日新堂（表 B.1，36 号）雇有 16 人从事书籍的刻印，另有 16 人专管校勘和校对。[②] 日新堂是名气最大、产量最高的书坊之一，所以其规模可能远远大于其他书坊。

还有迹象表明，书坊之间即使不在雕版刊刻方面，也会在编辑校勘方面合作。比如，黄善夫家塾与刘元起家塾（表 B.2，95—96 号）所刻印的《后汉书》，两种版本序跋几乎完全相同，只是版式稍有差别。[③] 鉴于出版商之间的社会与学术联系，这种

---

① 见王肇文的《古籍宋元刊工姓名索引》。以上提到的数字可能并不令人印象深刻，但刊有刻工名字的宋元刻本确实异乎寻常地稀少，而这罕见的几种均为官刻或私刻。虽然在被写进族谱的标准上并无一定之规，但在笔者所阅的 16 部闽北族谱中，几乎所有人都有着良好的教育与经济文化背景。鉴于其卑微的社会地位，刻工的名字是否会出现在族谱中，基本看运气。即使有，也通常是与家族中那些名望不那么高的成员一起，在族谱中的世系表上被一笔带过。当然，刻工与坊主也可能分属不同后裔支派，或者彼此并无亲缘关系。宋元间也存在女性刻工，但并不知道是否有人来自建阳。参见杨绳信：《从〈碛砂藏〉刻印看宋元印刷工人的几个问题》。本书第二章的注释也提及晚明建阳的女性刻工。

② 《刘氏族谱》卷四，第 12—13 页。那些刊刻过程中更有学术含量的工作，如编辑、勘误、校阅、写样，有可能并不仅由刻坊主的同族承担。

③ 书目信息可见叶德辉：《书林清话》卷三，第 20 页 a—b；傅增湘：《藏园群书经眼录》，第 195、196 页。黄善夫家塾版与刘元起家塾版书影可分别参见《中国版刻图录》，第 177—178、181—182 页。

合作行为并非罕见。如下文所述，无论是坊肆还是官府的刻印者，其学术与政治立场及忠贞度都深受道学影响。共同的学术兴趣使他们专注于刻印经部和史部典籍以及一些子部书。宋代日渐兴盛的科举文化形成了另一股更强大的凝聚力，显然吸引了众多建阳读书人的全部精力。其中一些人把这种精力转向编刻应试书籍。

大部分早期出版者似乎都居住在建阳县的麻沙镇或周边地区。在稍迟的南宋后期和元代，刻书坊铺在崇化里的书坊（书林）镇随处可见。麻沙和书坊两地都在县城的上游，与许多书院相距不远。因此，很多表 B.1—B.3 所列的出版者及其明代后继者都标榜自己来自“麻沙”或“崇化之书坊/书林”。有一些则声称自己故里或名下的坊肆位于“潭城、潭阳或潭邑”，而这三个都是建阳的旧称。还有一些更具体地标明自己来自“崇川”（崇化里的一条河）或“云衢”（靠近位于崇化里的一座同名小桥）。另有一些则笼统地称自己的书坊所在地为建宁府、建安（建宁府治所）、富沙（建宁的旧称）或芝城（建安的别称）。也有一些只粗略给出了省份和地区的简称，如“闽建”、“闽沙”或“闽中”。不过，族谱与刻本上的记载表明，尽管这些地名有模糊性，但出版商们大部分都出自建阳。地方志记述书院时通常至少都会提及其所在县下一级的区域。偶尔会有更详细的所在地信息，如依某座山或傍某条河。

刘氏、余氏、熊氏出版世家

对那些只知其名或其名下书坊的出版商，我们又了解多少呢？建阳出版业人物中，闻名全国或本地的寥寥可数。其中，只有两人有过功名或官职（刘通判，27 号；刘君佐，102 号）。[①] 他们中的绝大多数人确实没有出现在地方志中，在族谱中有记载的人物也为数不多。[②] 且如前所述，即使他们的名字出现在族谱中，其刻书活动也经常被略而不提，除非所编印的就是该族谱本身。不过，根据已有的族谱资料还是能判断出，从事出版业的通常出自族中不那么显达的支派。

比如，据现存的建宁地区刘氏各家族谱[③]记载，宋代的 11 名、元代的 9 名出版商中，分别有 6 名和 2 名声称他们是一位名叫“刘翱”的祖先的后裔（表 2a，2b）。[④] 宋元时期较为杰出的一

---

① 二人都声称自己是进士。笔者没有将熊禾和刘应李引入讨论，因为二人并非以刻书家著称，而是以学者、道学拥护者及闽北各书院的创立者而闻名，属于族中不以刻书为业的支派。

② 本书第一章已经讨论过通过族谱来找到或鉴别出书坊主的困难。笔者查阅过的两部刘氏族谱是提及书坊主名字最多的：宋代的 11 名中有 6 名被提到，元代的 9 名中有 5 名被提到。元代的余志安（表 B.1，65 号）是其族谱中记载最确切的一名书坊主。熊禾（表 B.3，110 号）可以在《潭阳熊氏宗谱》中查到。除此之外，笔者在所查阅的族谱中没有查到任何其他书坊主的记载。可能有诸多原因，如他们根本就未被记载，或者载于另一名下，或者因属于另一支派而记载在其他族谱中。

③ 见《刘氏族谱》以及《京兆刘氏贞房宗谱》。《刘氏族谱》有十二册，前十册为麻沙元、利二房的世系表，后二册题为《建州刘氏忠贤传》，多为生平小传、各种刻本的序、“记”（如为某一书院的建立而作）等。《京兆刘氏贞房宗谱》相对来说没有那么齐全，只有五册存世。第一册汇集该房旧版宗谱的序和“记”，大部分文章形式与《刘氏族谱》中的相同，其余四册为贞房世系表。表 2a 中建宁地区刘氏后裔各族派及各房之间的关系，是基于这两部族谱里的“记”提供的信息勾画的。表 2b 里更详细的西族北派世系表则主要基于贞房宗谱里的世系表。

④ 宋代来自刘翱族派的 6 名书坊主为：刘立之（刘将士宅，表 B.1，21 号），刘麟（23 号），刘叔刚（26 号），刘旦（刘通判宅的书坊主，27 号），刘仲吉（30 号）以及刘仲立（31 号）。他们的名字能在表 2b 中的西族北派世系简表中查到，名字前加了 * 号。刘日新（24 号）是表 B.1 中另外 3 名刘姓刻书家之一。他有可能来自西族南派（表 2c）或东族（表 2d），因为他唯一一部知见刻本里有刘炳所作之序，序中称刘日新为其亲戚。没有足够的信息确定最后两名刘姓刻书家刘诚甫和刘元起（表 B.1，19 号；表 B.2，96 号）是否与刘氏家族其他成员有关。元代来自刘翱族派的书坊主为刘君佐及其儿子、翠岩精舍的刘钧（衡甫）（表 B.3，102 号）两人。

些刘姓人物，如朱熹的弟子、道学家和官员刘爚[①]，类书编纂者刘应李[②]，以及朱熹的岳父刘勉之[③]，都声称是刘翱弟弟的后代（表 2c）。[④] 朱熹的监护人和导师刘子翚、刘子羽，也声称其祖先可追溯至刘翱的另一个弟弟（表 2d）。[⑤] 由于现存刘氏族谱只有两部，我们只能对刘氏家族每一分支的后裔在经济、政治、学术上的成功进行对比猜测。基于主要来自族谱和地方志的资料，我们能看出，闽北地区能在全国进士数量上占有如此大的优势，刘氏家族功不可没。成就最辉煌的当属“西族南派”（表 2c）。该派后裔在 1172—1274 年间，至少连续三代成功地为朝廷输送了一批又一批进士。

---

① 见《宋史》卷四〇一，第 12170—12173 页；昌彼得、王德毅等编：《宋人传记资料索引》第 5 册，第 3914 页。刘爚的生平可见于多种方志，如道光《建阳县志》卷十一，第 424—425 页。

② 刘应李与刘文化龙书院（表 B.3，103 号）和熊禾武夷书堂（110 号）都有关系。

③ 《宋史》卷四五九，第 13462—13463 页。

④ 刘氏家族中一些出自更显赫族派的成员亦从事小规模的刻书活动。他们所刊刻的为数不多的作品主要是自家族谱，或各自名望显赫的祖先的著作。这些作品通常是与书院合作或在其主办下刻印的。见方彦寿的两篇论文：《闽北刘氏等十四位刻书家生平考略》，第 223—230 页；《闽北十四位刻书家生平考略》，第 211—212 页。最早和稍晚一些的族谱可能是伪造的。因为尚未找到唐代关于刘翱及其两个弟弟的任何资料（几种明清版本的建阳地方志中倒有刘翱的小传，如道光《建阳县志》，第 499 页）。据称这三兄弟都身居军政要职——896 年刘翱曾知建州。刘氏家族为躲避北方的政治动荡，从陕西京兆迁出并定居闽北。自宋以来刘氏书坊主有时以京兆为郡望。表 2a—d 所示刘氏族裔的多个分支间是否真有关联，尚不清楚。但重要的是，他们愿意声称彼此从宋至少到晚明都存在亲属关系。例如，在 1301 年编成的麻沙西族北派族谱的序里，母族为麻沙刘氏的熊禾明确声称，麻沙刘氏与五夫里东族刘氏同宗，他们的祖先在晚唐时迁居福建。万历九年（1581），麻沙、五夫里、马伏三族重修族谱，其卷一“京兆刘氏贞房宗谱”内的《刘氏族谱系序》是现存最近的三族合修刘氏谱序。清代刘氏谱序则由麻沙或书坊刘氏分支重修。

⑤ 分别见于《宋史》卷四三四，12871—12872 页；卷三七〇，第 11504—11508 页。各种方志里也有关于二人几乎完全相同的生平介绍，如嘉靖《建宁府志》对刘子翚（卷十八，第 6 页 b 至第 7 页 a）和刘子羽（卷十八，第 36 页 b 至第 39 页 a）的介绍。

表 2a 建宁地区刘氏世系简表

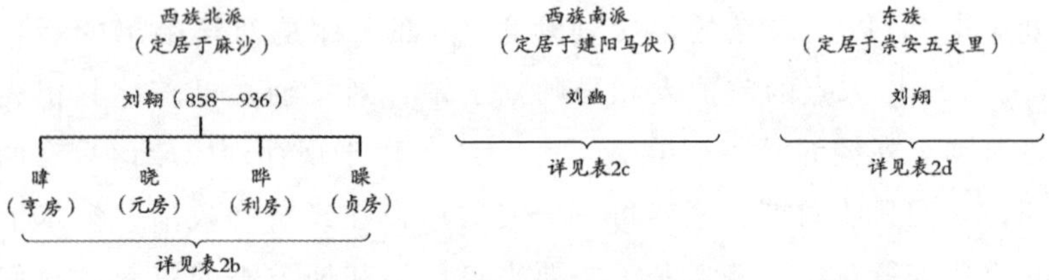

表 2b 刘氏西族北派世系简表

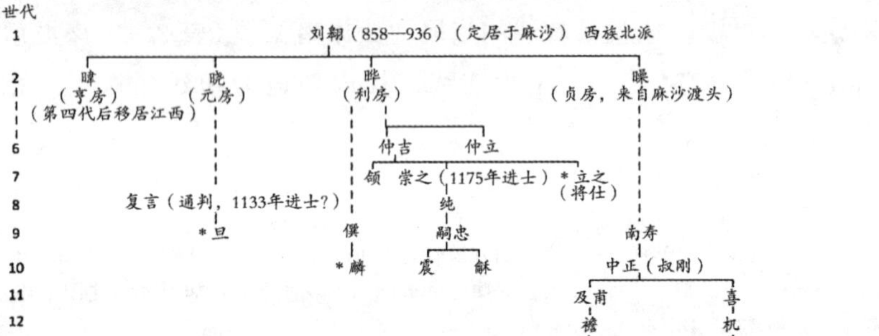

表 2b 注：

1. 姓名前有 * 号者表示此人与出版业有一定关系。

2. 现存的刘氏宗谱和西族北派族谱都没有提及日新堂主人刘锦文（字书简）。见嘉靖《建阳县志》卷十二人物小传，第 18 页 b 至第 19 页 a，但名字误作“刘文锦”。

表 2c　西族南派世系简表（定居于建阳马伏）

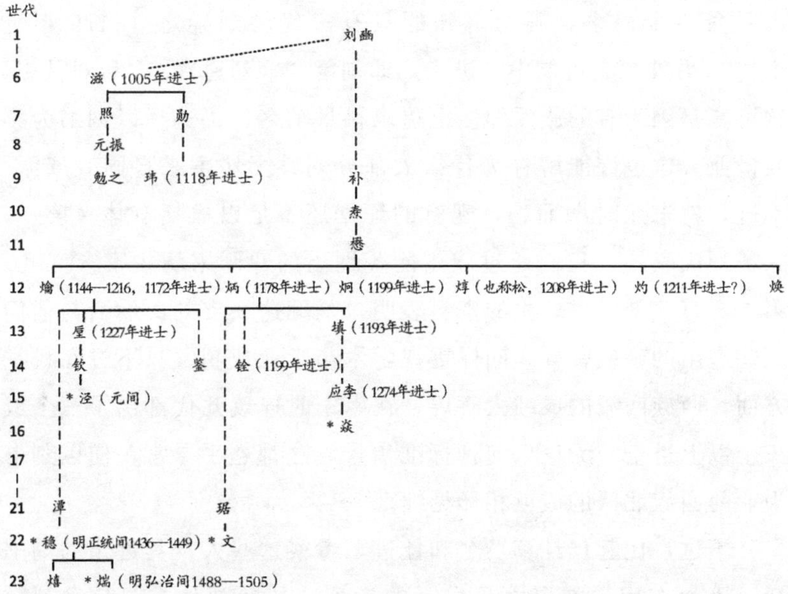

表 2d　东族世系简表（定居于崇安五夫里）

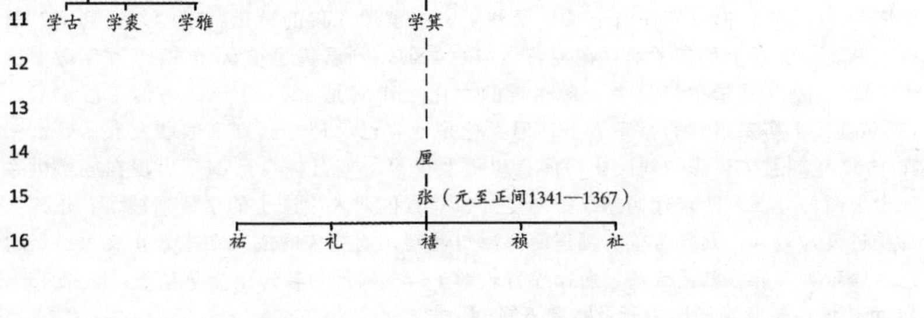

相比之下，刘翱这一支所出的进士与朝廷官员比另外两支刘氏后裔要少得多，确切可知的只有宋代的刘崇之（1175 年进士）。[1] 另外两名可能中了进士，即刘复言（刘通判）[2] 和刘君佐。这可能是因为有的族派即使也追求科举功名，仍选择以刻书为家族世业。这也许能解释为什么大部分刘姓书坊主来自同一族派。不过，就宋元时期而言，现有的证据还不足以概括全体。第一，除了刘氏家族，我们通过族谱能鉴别出的建阳书坊主寥寥无几。第二，有关刘氏书坊主的资料表明，刘翱这一支刘氏后裔与他们那些杰出的亲戚一样，同样重视学术与学业成功。只不过在科举方面，西族南派的成绩太辉煌，在南宋时连续几代都出了三个或三个以上进士。无论以何种标准衡量，这都超乎寻常，使以刻书为业的西族北派的成就相形见绌。

不过，比起仅计算功名和仕进，考察这些人及其近亲的刻书活动更为有用。刘崇之是朱熹的学生，其父刘仲吉，其兄刘立之，其叔父刘仲立（表 2b），三人皆是出版商。他们所刻印的现存四部典籍，其内容和刻印质量都表明他们拥有出版此类佳作的经济实力和主观意愿。有三部是鸿篇巨制：《新唐书》、《后汉书》以及一百五十卷的北宋诗文总集《皇朝文鉴》。第四部作品是北

---

① 见道光《建阳县志》卷十，第 360 页；《八闽通志》卷四九，第 130 页。

② 《刘氏族谱》第二册将刘复言列为 1133 年进士，但那年并没有举行科考，可能应是 1132 年，但没有任何记录显示刘复言中了那一科的进士。以“刘通判宅”著称的刻坊，实际上是其子刘旦在经营。与之类似，刘君佐也被认为在 1270 年考中进士，而 1270 年并未举行科考，最相近的大比之年应是 1271 年。这一信息被记载在《京兆刘氏贞房宗谱》的世系表上，但无论是他自己，还是其姻亲兼朋友熊禾，都未在 1301 年刘君佐重修的刘氏族谱序言里提及此事。刘君佐自己倒是出现在族谱世系和生平两部分。可能宋代的记录把刘复言和刘君佐两人中进士的事情遗漏了。这两人都受过良好教育，刘复言曾官福建南部漳州通判，刘君佐的成就在本章正文里已经讨论。熊禾为《麻沙刘氏族谱》所作序言收录于所撰《熊勿轩先生文集》卷二，第 15—17 页，该序与刘氏族谱中所录略有不同。

宋广受推崇的著名诗人黄庭坚的别集。该家族与朱熹的关系，也通过朱熹本人为刘仲吉所写的一篇像赞反映出来。不过，无论是这篇像赞，还是周必大所写的墓志铭，都没有提及刘仲吉的刻书活动。

刘复言的字出现在由其子刘旦经营的书坊名号中，即“刘通判宅”。该坊刻印的现存三部著作中，一部为道家经典《道德经》，一部为插图本法家经典《扬子法言》，一部为刘旦亲自校勘的插图本儒家经典《荀子》。刘旦的生平资料很少，只有族谱世系表里提及他与妻子死后都葬于佛寺附近。

有关刘君佐的信息略多一些。他是另一位书坊主刘中正（表2b）的玄孙，翠岩精舍（表B.3，102号）的第一代主人。该书坊的刻书活动一直持续到16世纪晚期。根据族谱记载，他曾经考取进士，在广东南恩路做过官。[①] 虽然并不清楚他仕于宋还是元，或者两朝都做过官，不过基于他自己于1301年修订的族谱序言，我们可以断定，与多数闽北士人一样，刘君佐也在元朝灭亡南宋后抽身引退了。在序言中，他解释说，每逢族谱修订完毕付刻后，刘氏后裔各房都会得到一部各自保存。然而，由于书版已经毁于1276年元军对闽北地区的首次入侵，他只好自告奋勇担当起刻印一部新修族谱的重任。[②] 可能其刻书生涯就是起于修订族谱。由于麻沙屡遭兵燹，他迁居至书林（即书坊），从而被尊崇为书林刘氏这一支，及后来元明时期众多刘姓书坊主的始祖（见表2b）。

除了刘氏族谱，还有另外5部作品可能是刘君佐于1294年到

---

① 见《京兆刘氏贞房宗谱》第二册，“像图”；及“西族”卷三，“邦立公派……”，第1页a至第2页b。

② 见《刘氏族谱》第一册《刘氏重修族谱序》，第4页a—b，建阳县图书馆藏本。

1328年在翠岩精舍刊刻的。[①] 其中两部作品是增加了朱熹注解的经部典籍的重刻本。第一部是《程朱二先生周易传义》，刻于1314年，即朱熹注解被宣布为科举考试官方标准后的第一年。第二部是刻于1327年的《诗集传》，刊印精工，包括一系列旧《诗》序，一幅地图，一张《诗经》人物关系表，一篇书志以及一些新注。该书的编撰者是元代著名道学家胡一桂（即胡廷芳），曾在武夷山的洪源书院与熊禾、刘应李一起讲学论道（见下文）。[②] 因此，刘君佐极有可能和他们一样也是道学的追随者。

此外，该本的序言揭示了元代这类作品的流行状况。该序声称，曾经风行一时的坊刻“大成”版《诗经》（即包含一切传、笺、注、疏、图、表等）如今很难再找到，这一新版本旨在填补这一空白。作者在序文结束时提到，该序作于“翠岩刘氏家塾”。序文中并没有暗示“大成”版的稀缺也许是由于元朝统治南方的前几十年里大众无此需求，其总体语调与南宋时的同类作品也无甚差异。究其原因，可能是元代时，道学在建阳地区的影响仍余晖未尽，经由那些自南宋灭亡后从仕途引退的学者们虔诚的讲学、撰述以及刻书活动而薪火相传下去。对他们来说，通过重修族谱、校勘并贡献自己对经典的注解与评论，使他们的道德、学术、社会传统得以保存和流传的任务，因朝代更迭造成的破坏和新政权的冷漠而更显紧迫。显然，闽北的元朝官员如同他们的大多数前任一样，没有很好地利用这一地区所拥有的出版印刷资源。

---

① 1328年本录有刘君佐于上一年所作的一篇序。方彦寿（《建阳刘氏刻书考（上）》，第205—206页）认为，如果刘君佐真如族谱中“像图”所述，进士及第时仍然很年轻，那他的生卒年有可能就是1250—1328年。

② 亦见于熊禾的两篇文章，均题为《送胡廷芳序》，《熊勿轩先生文集》卷一，第8—10页。

表 3　潭溪书林余氏世系简表

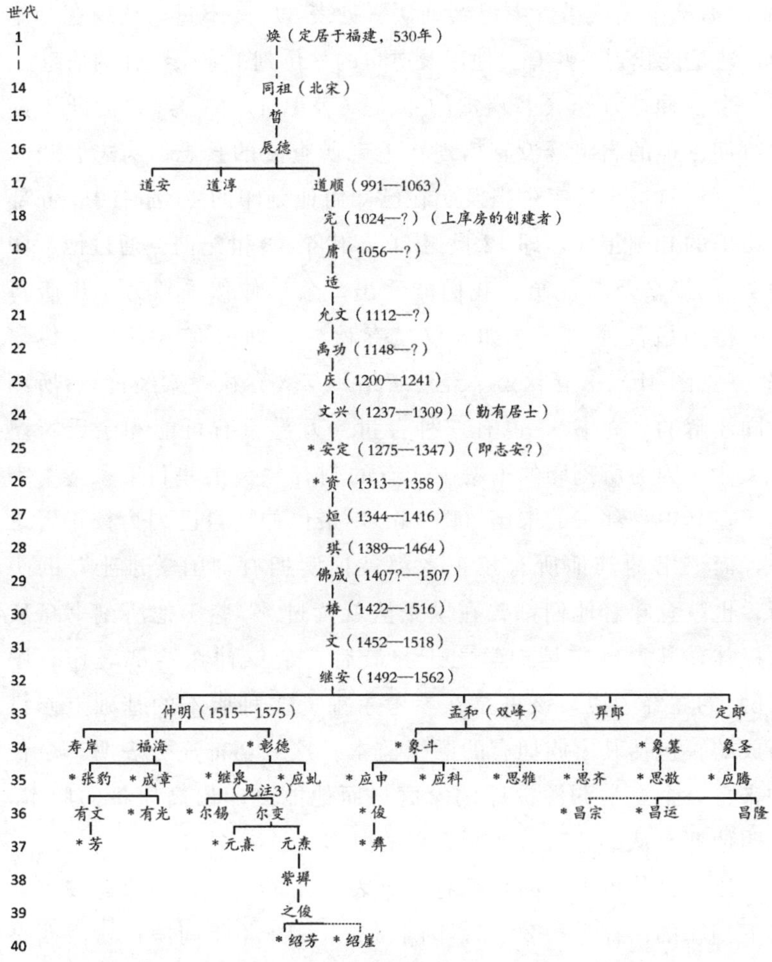

表 3 注：

1. 与出版业有关的家族成员，姓名前加 * 号标注。未加 * 号者也曾活跃于出版业，但这些信息来自所刻之书，族谱里并未记录他们的姓名。

2. 虚线 ┈┈ 表示猜测，无据可考。

3. 某些情况下，笔者是基于刻本信息重现世系表的，这可能与族谱有所出入。例如，第 34 代的余彰德与余泗泉为同一人，族谱将彰德误作泗泉之父。笔者推断彰德子或名继泉（应良）。

至于已知其名的8位宋元余姓书坊主，只有余志安一位能在《潭西书林余氏族谱》中得到确认（见表3）。[1] 不过，从现存刻本中，还是能找到一些有关他以及更早的一位刻书家余仁仲的信息。

余仁仲是万卷（书）堂的主人（表B.1，61号），活跃于南宋时期。他的名字既没有出现在笔者所查阅的县志、府志、州志中，也没有被余氏宗谱提及。在已知由他刻印的14部书中，6部有明确的刊刻年代，即12世纪80年代至13世纪前。通过他刻印的11部经籍及其注疏，我们能看出，余仁仲似乎致力于出版每部经籍的最佳注本。比如，仅《春秋》系列就有《春秋经传集解》（见图4b）、《春秋公羊经传解诂》与《春秋穀梁经传》。所刻不同注解的《尚书》，也有三种存世。万卷堂有可能和余氏家塾有关联，因为所刻印的书籍中，有的刻有“余仁仲刊于家塾”字样。在其中一部书的末尾（图14a），余仁仲把自己列为校正者之一，而该书的其他所有校正者都被证实拥有“国学进士”的头衔，也就意味着他们都曾在国子监就读过。[2] 鉴于他所刻书籍质量极佳，其人也应是饱学之士。最后，余仁仲在这部著作（图14b）的注释中说，该书是在参考了前人多种版本的基础上修订而成的，包括其家族拥有的国子监本。这一切都充分表明，余仁仲来自一个家学渊源深厚的家庭，而他能刻印出高质量的版本，说明他拥有从事这项事业所必需的财富。

比余仁仲更多产的是勤有堂（表B.1，65号）的余志安，其名下刻印的书存世约29部，刻于1314—1344年间。在《潭西书

---

① 闽北余氏一系的始祖尚不清楚。虽然《潭西书林余氏族谱》（见表3）记载一位名叫余焕的祖先于530年定居福建，余象斗却声称，第14代祖先余同祖曾是北宋官员，祖居河南新安县，之所以移居福建崇化，是因为阴阳先生推测这是一块风水宝地。余象斗的这一说法记载于他的一部堪舆学著作《地理统一全书》中。本书第五章第二节引用其说。

② 见贾志扬：《宋代教育的棘闱：科举的社会史》，第103页。

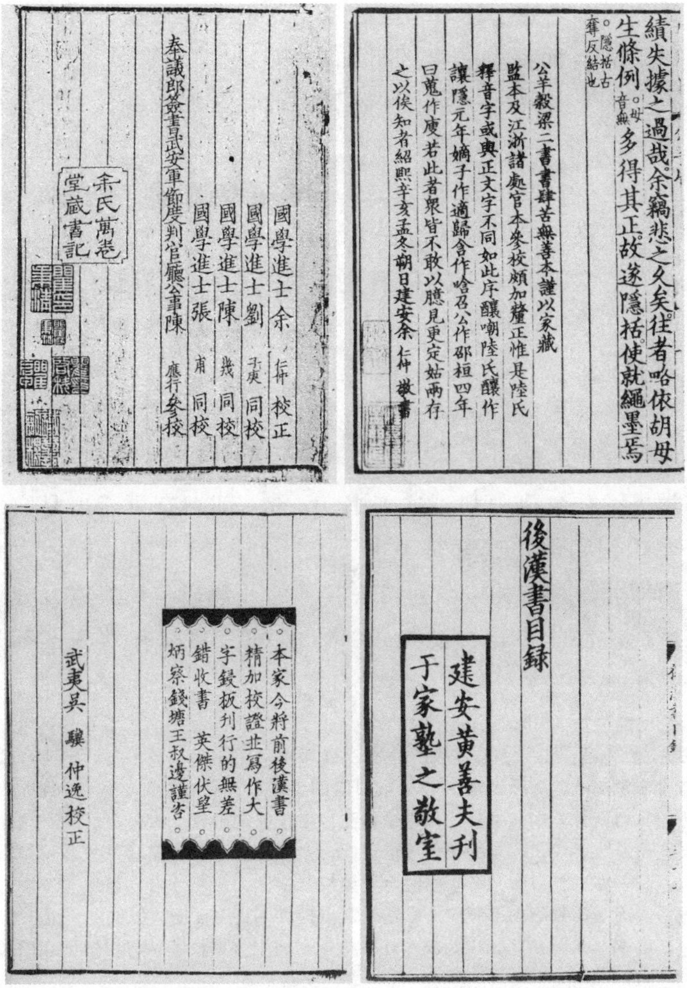
(a)

國學進士余 仁仲 校正
國學進士劉 子庚 同校
國學進士陳 幾 同校
國學進士張 甫 同校
奉議郎簽書武安軍節度判官廳公事陳 應行 參校
余氏萬卷堂藏書記

(b)

續失據之過哉。余竊悲之久矣。往者略依胡母
生條例。多得其正。故遂隱括。使就繩墨焉
公羊穀梁二書書肆苦無善本謹以家藏
監本及江浙諸處官本參校頗加釐正惟是陸氏
釋音字或與正文字不同如此序釀嘲陸氏釀作
讓隱元年嫡子作適歸含作唅召公作邵桓四年
曰蒐作廋若此者衆皆不敢以臆見更定姑兩存
之以俟知者紹熙辛亥孟冬朔日建安余仁仲敬書

(c)

武夷吳 驥 仲逸 校正
本家今將前後漢書
精加校證並寫作大
字鋟板刊行的無差
錯收書 英傑伏望
炳察錢塘王叔邊謹咨

(d)

後漢書目錄
建安黃善夫刊于家塾之敬室

图 14　宋代建阳本上的出版商牌记

(左上 a)《春秋穀梁传集解》　南宋绍熙间（1190—1194）　余仁仲万卷堂刻本

(右上 b)《春秋公羊经传解诂》　南宋绍熙二年（1191）　余仁仲万卷堂刻本

(左下 c)《后汉书注》　南宋初王叔边刻本

(右下 d)《后汉书》　宋黄善夫家塾刻本

林余氏族谱》中找不到余志安的名字，但一位当代学者已经有力地证明了他与世系表中第 25 世的余安定（1275—1347）系同一人（表 3）。[①] 如果这一考证准确无误的话，那么明代书坊主中至少有 13 人是余志安的后裔。[②] 在族谱的世系表上，关于余安定的信息只有生卒日期、妻子姓氏以及其坟墓所在处。有关余志安刻书事业的信息，仍应是从他刊印的各种刻本中获得的。

在勤有堂刻本中，有 11 种是经籍及注疏的新版本。另外 2 种是“四书”集注，其刊印反映了道学看重的这些著作在 13 世纪成为学术主流。[③] 其中一部著作名为《四书通》，元代学者胡炳文撰。该书与众不同，因为元代由官方委托建阳书坊刻印的本子，迄今所知仅此一部。这一信息来自该书的跋，跋文中陈述道，江浙儒学提举委令建阳刊刻这部书。[④] 另一部书有可能也是官府或私人委托刻印的，这就是上图下文、刊刻精美的《古列女传》。还有两部著作是有关法律和司法实务的《唐律疏议》以及建阳人宋慈所撰法医学专论《洗冤录》[⑤]。另外三部勤有堂刻本都是医

① 见肖东发：《建阳余氏刻书考略（上）》，第 239—240 页。肖东发的主要观点是：（1）“勤有居士”是余安定父亲的号。建阳书坊主用父亲或祖父的字或号来作堂名是当时非常流行的一种做法；（2）余安定的生卒年与勤有堂刻本的信息相符；（3）刘君佐的翠岩精舍刻本《书蔡氏传辑录纂注》由余安定编校，因为上面刻有“建安后学余安定编校”字样；（4）据余氏族谱记载，余安定之子余资编辑并校雠了勤有堂本《唐律疏议》，在书上留有“考亭书院余资编校”字样。余资与朱熹创建的考亭书院之间的关系，为余氏家族刻书倾向道学这一观点提供了更多证据。

② 13 名是最低估计，因为至少还有 5 位书坊主（编校者）与族谱记载的辈分名相同。

③ 见魏希德：《科举规范的构成：道学和南宋科举文化》“*The Composition of Examination Standards: Daoxue and Southern Song Dynasty Examination Culture*”，第 3 章第 249 页前后。

④ 中国国家图书馆善本部存，第 3370 号和第 7303 号（残缺本）。

⑤ 宋慈在 1247 年的序里提到了该书的书版，但该版未有印本存世。现存最早的版本是勤有堂本，被翻刻入清代的一套丛书中。见马伯良（Brian E. McKnight）的英译本：《洗冤录：13 世纪中国的法医学》“*The Washing Away of Wrongs: Forensic Medicine in Thirteenth-Century China*”，第 30 页。

书，其中一部是宋代大型官方方剂集萃《太平惠民和剂局方》，是宋官刻本的复刻本。此外三部诗文集中，有两部分别是李白和杜甫诗集的复刻本，第三部是诗集《麟溪集》——该书值得一提，因为它表明建阳出版商十分乐意刊刻当代文人的作品。余志安的版本似乎在该诗文集于至正年间（1341—1367）编定几年后就出现了。[①] 又一部当代作品是苏天爵所撰《国朝名臣事略》，这是一部有关元朝早期官员和将领的集传。勤有堂本刻于1341年，与原本间隔了6年。[②] 最后应该指出，勤有堂所刻书并非每一种都质量上乘。比如，一本宋代道家著作《白先生杂著指玄篇》，因其拙劣的字体、插图和拥挤的版面而多为行家所不屑。[③]

由于无法确定其他余姓出版商是否与余志安同属一支，我们无从得知他们是否与他有关系，或是否相互关联。不过，所有的余氏出版商都把自己列为“建安余氏”。[④] 无论相互关联与否，所刻印的书籍中却有线索表明，他们相互合作，或者说相互剽窃。其他建阳出版商也有类似的关系。比如，一部《尚书》朱熹注解本，既有1318年勤有堂原刻本，也有余氏双桂堂几乎毫无二致的翻刻本。另外，1312年勤有堂刻印了唐代诗人杜甫的诗集注解

---

① 叶昌炽认为，该文集编纂于元至正年间中期，而余志安的活跃期一直持续至约1350年。见叶昌炽、潘祖荫：《滂喜斋藏书记》卷三，第39页b至第40页a。

② 有关勤有堂本（第185号）书影及说明，可见《静嘉堂文库宋元版图录》第1册，第101—102页。苏天爵所编的另一部著作题为《国朝文类》，是大型元代总集，由刘君佐的翠岩精舍于1341年刊刻。见吴光清：《辽、金、元及西夏的印刷》，第474页。

③ 从其变化的颜色、粗糙的纸张、不堪的品相来判断，该书的日本内阁文库本（别63函5号）有可能是明初印刷的。不过，如上文所述，即使是早期印本也能看出刊刻方面的平庸之处。

④ 前文已论述过，虽然严格来说，建安是指建宁的州府所在地建安县，但从南宋到明代，几乎所有声称“来自建安”的刻书家其实都是来自建阳县的某个地方，通常是麻沙或书坊。

本《集千家注分类杜工部诗》，但原书版显然被转移到了叶日增的广勤堂。叶氏进而采取了种种手法抹去原书版上所有关于勤有堂的标识，代之以广勤堂。这些手法包括在目录后加一个内有“三峰书堂”四字的钟形牌记，和一个内有“广勤堂”三字的鼎形牌记。几页后，甚至有“广勤堂新刊”的刊记！当然，广勤堂的确也增加了两卷内容，其中包括一份年谱。然而，这些补充部分与原版的字体相比，逊色不少。书版有可能是余志安的儿子余资转让给广勤堂的，因为余资之妻姓叶。① 第三个例子是元代科举应试材料集《三场文选》的真正编印者到底是谁，颇为扑朔迷离。该书有两张题名页，一张称虞氏务本（书）堂（斋）为该书前几集的刊刻者，另一张则称余氏勤德堂为其他诸集的刊刻者。版本题记显示，该应试文选汇编的各部分刻印于1335—1341年之间。② 合理的解释是，有可能这两家书堂达成了共识，认为刻印一部销路良好的大部头作品，合作比竞争更节省成本。③

关于熊氏家族的坊刻业，从其刻印的书籍来看，应该起源于元代（表B.1，52—56号）。熊氏出版商中无一人将其名字刊载于刻本中，但那些与“卫生堂”相关的人物极有可能就是明代“种德堂”主人的祖先。而且，熊氏家族成员的某些社会形态与

---

① 由于广勤堂刻本的刊刻时间是1362年，书版有可能是1358年余资死后转入叶日增之手的。这一刻本有多部存世。台北“故宫博物院”同时藏有勤有堂的原刻本和广勤堂的翻刻本。

② 见《静嘉堂文库宋元版图录》第2册，第251号条目。有关勤德堂可能是从务本（书）斋（堂）得到书版的推测，见《静嘉堂文库宋元版图录》第1册，第131页。但从各集的识语来看，这两家刻书堂也有可能同时合作。其中一篇刊语的时间为1341年，署名虞壄文，而虞壄文可能就是务本斋的主人。

③ 包筠雅在与笔者的个人通信中曾经指出，在福建南部的四堡地区，根据正式合同，书版的原主人有权将书版出租、转售或遗赠给另一家刻坊主，再由新主人代之以自己的堂名。同样的做法在建阳刻坊主中也可能存在，尤其要考虑到他们之间有着宗亲或姻亲关系。

刘氏家族的出版商非常相似。首先，宋代熊氏所出的 11 名进士中，似乎没有任何人出自西族让房，而明代所有有据可考的出版商都是从该房繁衍而来的（见表 4）。[①] 有迹可查的一些熊氏后人，包括熊克（表 B. 1，51 号）、熊禾（表 B. 3，110 号）、熊节以及熊刚大，家境出身都比明代的熊氏出版商更显赫。[②] 其二，与刘氏家族相似，熊氏家族有一大批成员与道学运动紧密相关，曾经师从朱熹或其他一些出身闽北或在当地任职的道学倡导者，如黄榦（1152—1221）、蔡元定和真德秀（1178—1235）。

熊氏东族的熊克为 1157 年或 1160 年进士[③]，因撰有《中兴小历》一书而闻名。该书记载了宋高宗在位时（1127—1162）发生的历史事件。熊克也有刊刻四部著作的业绩，包括其父所著《宣和北苑贡茶录》，这是有关备受推崇的宋代名茶的十多部著作中的一种。[④] 熊克应该只是熊禾及其所属支派的远房亲戚，与熊氏

---

① 一直到 12 世纪后期，几乎所有建阳熊氏后裔都声称崇泰里是他们的家乡。但当时他们已经分为东西两族及其各房。在建阳县治西北 15 公里处的崇泰里（今莒口镇），有一所名叫熊屯的村庄，人们通常认为熊氏家族开基祖先从江西南昌移居闽北后就是在此定居的。在 12 世纪和 13 世纪，有好几支熊氏后裔分支搬离了崇泰里。例如，以刻书为业的分支在明代移居到书林（书坊），其他分支迁至更远的南京和广东。关于熊氏家族史，可参见熊仁霖：《世系核实》，《鹤台先生熊山文选》卷一六，第 3 页 a 至第 5 页 a。

② 现存的《潭阳熊氏宗谱》记载了建阳地区熊氏西族各房的世系，但均未提及有任何人在宋代中过进士，而这种人物最应被族谱记载。因此可以推断，中进士者与明代以刻书为业之人的祖先（上溯至宋元）或许并非同一族派。地方志中，只有一名来自西族让房的男性后裔有生平记载（见道光《建阳县志》卷一三，第 492 页）。

③ 第一个年份见《八闽通志》卷四九，第 129 页。第二个年份见道光《建阳县志》卷一〇，第 360 页。熊克的生平可见《宋史》卷四四五，第 13143—13144 页；及一些地方志，如道光《建阳县志》卷一一，第 412—413 页。

④ 幸存的宋代茶叶著作（书籍、文章）的惨淡记录令我们意识到，不能因为未曾见过某部书的存世本，就想当然地认为这部书从未出版过。类似的 18 部著作之所以为今人知晓，或是因为其序文得以流传，或是因为其他存世作品对其有所提及。其中有 12 部作品与建阳县的北苑贡茶相关，且至少有 10 部是闽北地区刻印的宋本。然而存世的却只有 2 部，一部是宋刻原本，另一部是该本的翻刻本，收录于 1273 年刊行的丛书《百川学海》里。

表 4　熊氏西族世系简表

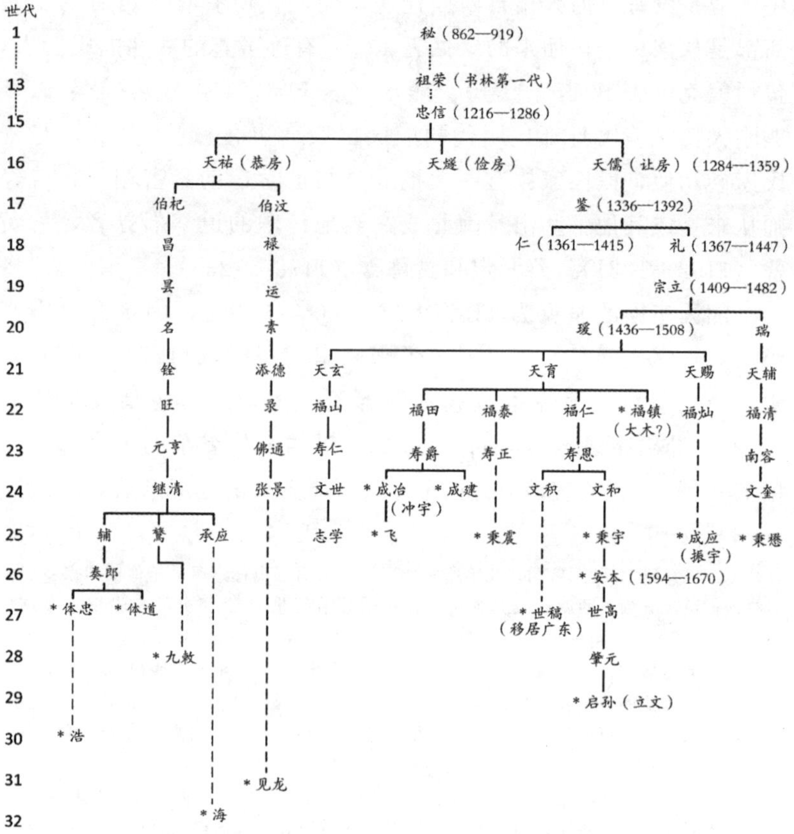

表 4 注：

1. 姓名前有＊号表示此人与出版业有一定联系。

2. 该表纠正了方彦寿《建阳熊氏刻书述略》中的一些疏误（见《古籍整理与研究》，1991 年第 6 期，第 202 页）。

家族那些刻书堂主的亲属关系可能更远，因为那些人都属于西族一支。虽然西族族谱频繁地提到熊禾，并且收录了他所写的“记”，却从未提及熊克。

熊节，1199年进士，师从朱熹；熊刚大，1214年进士，师从黄榦，并且本人也在建安书院讲学。[①] 二人因合作编撰《新编音点性理群书句解》而为世人所知。[②] 该书现存最早的版本是元代坊刻本，从风格上看，十有八九是建阳本。[③] 这再次印证了道学在元代持续产生巨大影响，并从士人阶层渗透到了建阳地区的出版业。

熊禾（1247—1312），号勿轩，1274年进士。[④] 如同他的姻亲刘应李（表2c）和翠岩精舍的刘君佐一样，熊禾也在南宋灭亡后引退，回归闽北故里，积极投身于讲学与著书立说活动。他与刘应李一起，在风景如画、汇集了宋元时期众多书院和精舍的武夷山创办了洪源书堂（表B.3，110号）。二人皆为那一代道学家中的杰出人物，参与了对经部典籍和四书注解的编辑或新编工作。这些书最后很有可能由与他们有关的一家书院刊刻，但我们可考的却只有为数不多的几种，其中之一便是《仪礼经传通解》。熊禾在前言里描述了该版本的来龙去脉：此前版本的书版毁于南宋末年的战乱，留存下来的一部坊刻本并非善本，于是他亲自改

---

① 二人生平可参见道光《建阳县志》卷一三，第481页。

② 有关这一著作的讨论，见魏希德：《科举规范的构成：道学和南宋科举文化》，第196—199页。

③ 台北“国家图书馆”藏有这一版本的三部副本（第05546至05548号），但并没有注明出版者。由于它们的尺寸大小与陆心源的《仪顾堂题跋》（卷六，第14页a—b）和《天一阁书目》（卷三，第2页a）这类著作里描述的宋本十分相近，所以它们或许是更早版本的翻刻本，亦或仅是被误作宋刻本编进了书目。

④ 道光《建阳县志》卷一〇，第362页；卷一一，第433—434页。《八闽通志》卷四九，第134页；卷六五，第536页。

正了其中一些讹误，并将文本重新编辑，刻印成书。①

洪源书院刻本中有一部《周易》启蒙读物，有熊禾与刘应李（表 2c）的远房堂兄刘泾合写的序言。熊禾曾致力于修复并扩大其家族拥有的鳌峰书院（表 B.3，111 号）。鳌峰书院历史悠久，声名卓著，但在宋末时几乎已经被毁坏殆尽。② 所刻印的元刻本已知只有《易经》插图注解本一种，程颐、朱熹原注，熊禾增注。该书题名为《勿轩易学启蒙图传通义》。③ 这一又长又拗口的题名很好地体现了这一地区出版的坊刻本的特色。不过，引人注目的是题名中“启蒙”二字，这明确提示此书类似于入门读物或蒙学课本。在元代，无论是书院还是书肆，都开始热衷于刻印出版这样的读物。

现存的建阳书院本和精舍本都主要刻于元代，而不是宋代。虽然宋刻本和书版有可能已经损毁，但从像熊禾一样的出版商的活动来看，他们将保留并传承宋代闽北地区辉煌学术传统的重任责无旁贷地担负起来。④ 家塾数量的减少也许反映了在训练学生准备科举考试方面的作用有所降低，但是这一地区的书院和精舍

---

① 见《刊〈仪礼经传通解〉疏》，《熊勿轩先生文集》卷四，第 56—57 页。熊禾在不同著述中都流露了对建阳出版业的矛盾心情。他曾称建宁（而不是建阳）为“图书之府”，另一方面又认为，真正的“书林”应该是考亭书院及类似的其他书院（见《建同文书院上梁文》，《熊勿轩先生文集》卷四，第 64—65 页）。这至少说明，这些书院对出版业的参与程度，比现存的出版物数量所反映出的要高得多。

② 万历《建阳县志》卷二，第 46 页 b 至第 48 页 a；道光《建阳县志》卷一，第 151—152 页。

③ 见丁丙：《善本书室藏书志》卷一，第 13 页 a；以及陆心源：《皕宋楼藏书志》卷三，第 9 页 b 至第 12 页 a。二者都提到了出自原刻本的一部抄本（有可能正是存于中国国家图书馆善本部的第 6289 号）。鳌峰书院刊刻的明万历年间刻本至少有三部，其中两部有可能是元本的翻刻本。

④ 劳延煊在《元代初期的南方学者与教育制度初探》“Southern Chinese Scholars and Educational Institutions in Early Yuan: Some Preliminary Remarks”一文中认为，总的来说，元代时中国南方的书院比宋代时更积极地参与出版业，且成为藏书之所。见其文第 118 页。

(大多由朱熹及其后继者开办）并未关闭，甚至在官方很少过问的情况下反而得到了繁荣发展。[①] 具有讽刺意味的是，朱熹关于教育不应该只是狭隘地为科举考试培养人才的思想，到了元代，通过刘君佐、刘应李、刘泾以及熊禾这些学者的努力，才在建阳的民间书院里得到真正的贯彻实行。

元代与书院及精舍没有正式关系的建阳出版商中，有两种很明显的趋势。第一，他们继续出版其前辈在宋代大量刊刻的书籍，包括经史典籍，重点放在那些符合道学义理的著作上。然而，所出版的其他种类的书籍表明，他们开始致力于创造一个多元化的图书市场。通俗读物，诸如医药方剂集、家庭日用参考手册、插图本平话等，日渐成为他们的出版重点。[②] 如此扩大出版种类，原因之一是学术书籍需求量的减少，因为元代科考录取的希望实在是太渺茫了。

科考录取希望渺茫这一因素，也可能在宋代就已经改变了刻书世家后裔的职业选择。建阳地区的男子不同程度地参与出版业活动，这可以被视为南宋时已经普遍存在的一个重要社会现象的缩影，即受过良好教育的士子人数远远超出科考录取份额和官职缺额。这种现象似乎在建宁府尤为突出，应该与整个宋代该地区在输送科举考试人才上的巨大成功不无关系，虽不出人意料，但多少有点讽刺。[③] 这些科举应试高手认为，他们拥有足够的学识才华，足以应付刻印不同种类的学术著作。具备（或声称自己具

---

① 见万安玲：《南宋的书院与社会》，第 38 页前后及第 105—106 页。

② 类似书籍在南宋时也许就已经开始出版了，但在提到的这三种类别中，存世的只有医方集。暂且可以认为，从宋至元，此类书籍的流行程度和重要程度日渐上升，这可以从两代刻本各自的存世量反映出来。

③ 这一社会现象在本地及全国的深远影响已经成为众多研究的课题。笔者在此只提两项英文研究。第一项为韩明士的《官宦与乡绅：宋代江西抚州精英研究》“*Statesmen and Gentlemen*：*The Elite in Fu-chou*，*Chiang-hsi in the Northern and Southern Sung*”。第二项为贾志扬的《宋代教育的棘闱：科举的社会史》。

备）渊博的学识是必要的，因为刻印一部学术著作并非仅仅需要精湛而机械的刻工技术，还对知识、学术水平有一系列要求，包括找寻可靠的底本、仔细校勘，使最后的成书既无原版的错误，又保持原版文本的多样性，以供读者自己鉴别。这些考量因素在书的序跋、甚至牌记里都或多或少有所提及。现存宋元时期的建阳本大多质量优良，说明其刊印者足以自称饱学之士。对那些到最后也无一人登科及第、显赫官场的家族来说，编书、校书、印书等活动确实为其后裔提供了另一条途径，使他们同样能合情合理地跻身于"士绅"之列。此外，宋代家塾刻本盛极一时，说明家族中的刻书堂主或其他成员应该也是授业解惑的教书先生。

另一方面，从科举考场夹带用的袖珍本，到与科考相关的大型文献集成，这批人无所不印，说明他们拥有极为敏锐的商业意识。这些建阳人，无论是自愿退出了科考这条毫无定数的漫长曲折之路，还是屡试不中，他们在出版业的工作，或自己著书立说，或编校刻印他人著作，都为其提供了一条利用多年求学生涯积累的学识来体面地谋生的途径。袁采（约1140—约1195）在所著《袁氏世范》（首刻于1179年）一书中建议道："其不能习进士业者，上可以事笔札，代笺简之役，次可以习点读，为童蒙之师。"[①] 虽然袁采并没有明确提及可以把出版业作为科举失败的另一种选择，但通过建阳出版业人士刻印的书籍，可以看出他们实际上在为所有读者明句读、解疑惑，甚至借用考场夹带用的巾箱本，"陪同"举子进科举考场，以不光彩的手段暗助一臂之力。

然而，元代对科举应试材料的需求大为降低，建阳出版商如

---

① 见《袁氏世范》卷中《处己》篇"子弟当习儒业"条。伊沛霞（Patricia Buckley Ebrey）的《中国宋代的家族与财产：袁采对社会生活的训诫》"*Family and Property in Sung China: Yuan Ts'ai's Precepts for Social Life*"一书第267—268页有引此文。

果还是坚持刻印宋代的同一套老书，建阳出版业必然会走向衰退。对教师的需求应该也已经大为降低，这可以从参与刻书的家塾数量剧减得到佐证：宋代有十所家塾参与刻书，到元代只剩下一所（表1）。因此，刻书世家的后裔们或不得不使其出版物多样化，或被迫改行从事新的盈利丰厚的工作，如专业写作和行医。[①]这一因素反过来又解释了为什么建阳刻本中医书和通俗小说数量增加。下章将对此具体分析。

值得注意的是，史料最多的刘氏、余氏、熊氏三大家族到了明代，其后裔中凡从事商业出版、族谱里有直接或间接记载的男性，都是从宋元时期以刻书为业的族派衍生下来的。他们中有的是出版界著名的专业写作与编辑者，有的以高超的医术而著称。由此可以看出，到明中期，族中的某房或某派转而以图书贸易或其他体面的工作为专门营生，显然已经不足为奇了。但族谱对此的失语表明，他们身为刻印者的谋利欲望与心向士绅地位的精神追求之间的矛盾仍在持续。

① 韩明士在《不类士人？宋元时期的医生》“Not Quite Gentlemen? Doctors in Sung and Yuan”一文中认为，对元代江西抚州府的精英家族来说，受过良好教育的男子成为传统所推崇的士大夫官员和教师的机会大幅度减少，从事医道已经成为一条重要出路。

第四章　宋元时期的建阳本

本章将考察宋元时期的印本本身。首先考察印本的外观及其反映的有关宋元时期出版业的情况。第二节着重考察麻沙本，即人们对品劣价廉的建阳本的俗称。具有讽刺意味的是，绝大多数存世的宋元建阳本实际上并非麻沙本，而是所有雕版书籍中的最佳刻本，有关备受批评的麻沙本的信息只能从当时的官方记录或民间记载中间接挖掘出来。最后，我们将按书籍的种类，分别讨论一些宋元时期的建阳刻本。

宋元建阳本的外观

流传下来的宋代建阳本总数在 190 种左右[①]，其中多数极易被识别出来，因为出版商记录了他的名字或其刻坊名号及出版地点。基于这些刻本的独特外观特征，就有可能鉴别来自同一地区的其他刻本。图 4b 和图 14—17 是南宋建阳本的两个示例，其印刷质量显示，人们对该地区生产劣质书籍的指责有失公允。相

---

① 关于建阳本的统计数据，见附件 C。表 C.1 简要概括了宋元明时期建阳本的总数。表 C.2 则按四部分类法罗列宋元明时期的建阳本。几乎所有宋代建阳本都是 12 世纪晚期以后的版本，只有以下两种被定为北宋本：《伊川击壤集》二十卷（1066 年），由蔡子文东塾之敬堂刻印（表 B.2，90 号）；《史记索隐》三十卷（1057 年），由建邑王氏世翰堂刻印（表 B.1，45 号）。关于此二书的参考文献，见罗伟国、胡平编：《古籍版本题记索引》，第 251 页 a—b 及第 494 页 a。第三种《元氏长庆集》通过间接证据被定为北宋本，现存的宋蜀刻本有建安刘麟于 1124 年撰写的序言。刘麟曾在更早时刊行过此著作，但于何处刊刻不得而知；见傅增湘：《藏园群书经眼录》，第 1080—1081 页。见附件 C 关于中国刻本的准确断代存在多重困难的讨论。

反，图18中的两本通俗著作虽然轻易就能被识别出是建阳本，但其版面设计却逊色许多。[①] 到13世纪末期时，建本的质量、用途及其制作者的身份千差万别，而这些差别都反映在了版本的外观上。在这一部分，我们将考察一系列刻本，并较前几章更为详尽地探讨当时读者是如何看待建本的。

如第二章所述，特定的书法风格能帮助断定一个版本的刻印年代和地点。建阳本常用的两种书法字体可参见图15和图16。图15展示是一种优雅纤细的书体，近代研究认为堪比宋徽宗（1100—1126在位）的“瘦金体”。[②] 图16展示了浑厚刚劲的“颜体”[③]，是由唐代最具影响力的三大书法家之一颜真卿的书法作品发展而来的[④]。虽然版本学家一致认为，宋代建阳本独具一格的字体使之极易被鉴别，但对如何描述这些字体风格却没有共识。[⑤] 造成分歧的原因之一是，他们都是泛泛而谈，而无一指涉具体的实例。另一原因是鉴定字体风格时不可避免会带有主观性。由于刻本中的字体或多或少会与某个、甚至某几个书法家的字体相似，将其简单地划为某种书体，比如颜体，甚至是数种风格的综

① 在纸张和墨中也有刻书家留下的印记。高质量的建阳本使用乳白色的纸张，与墨产生了一种黑亮的效果，只是如今品质有点下降。用于印刷较低质量书籍的纸张最初清晰地呈现黄褐色，但在其后的岁月里褪色明显，其墨色一般会更淡。不过，这种比较仍须谨慎：因为现存的低质量刻本很可能是在磨损的书版上用普通纸张刷印的后印本，其前印本可能质量更好。

② 见《中国版刻图录》，图159、160、164、165以及相关注释。李清志（《古书版本鉴定研究》，第53—54页）指出依据宋徽宗现存的手迹（同上，第282页），“瘦金体”并非一个准确的描述，笔者同意此观点。实际上，图14c王叔边的刻本广告提供了更清晰的瘦金体样本。

③ 图4b是另一个“颜体”的样本。

④ 另外两个唐代书法家是欧阳询与柳公权。关于颜、欧以及柳的风格，见李清志：《古书版本鉴定研究》，第278—281页；或见大多数关于中国书法的标准著作。

⑤ 例如，魏隐儒和王金雨（《古籍版本鉴定丛谈》，第22页）指出建阳本以柳体和瘦金体为特征；钱存训（《纸和印刷》，第224页）观察到颜体与柳体的影响；张秀民（《中国印刷史》，第159页）认为柳体是建阳本的特点。

合体，不仅难于施行且无甚用处。在本章讨论中，笔者将尽量指涉具体的例子，而不是将刻本的字体风格绝对划为某一类著名书体。

如图 15 中的字体，虽然看上去与瘦金体相似，但也可以被归为“欧体”，即唐代大书法家欧阳询所创立的书体。也可被视为更为粗壮刚劲的颜体的前身，如图 16 的刻本所示。版本学家通常将这些竖笔粗横笔细、字体饱满的书写风格与宋代建阳本联系在一起。另一显著特征是横笔从左到右向上提时会越变越粗，停笔时笔锋一顿，向下形成一个小小的弯钩，就像平常见到的平钩那样。这些在颜体中已经存在的用笔风格，通过刻工的刀法得到夸大和彰显。然而，粗笔与细笔的这种强烈反差意味着只有大字才能够极具效果地以这种风格雕刻出来。那些评点笺注之类的小字，虽然也抄写和雕刻得很漂亮，风格却没有如此明显。总的来说，建阳的出版商们似乎在刻意为他们的刻本营造一种风格，使其明显区别于全国其他地区刻印的书籍。这些南宋时期刻印的建阳本精品已经作为典范，为后来的刻本或官府、书志以及近现代出版机构的影印本所推崇。当然，这并非意味着那些最精美的版本里没有任何欺诈性的商业痕迹。比如，正如潘铭燊指出的那样，建安出版商魏仲举（表 B.2，97 号）刻印的柳宗元（773—819）文集和韩愈（768—824）文集（约刻于 1200 年）里竟然有“虚构书目”，即列出了一些子虚乌有的作品。[①]

虽然书法字体美观漂亮，然而相对拥挤的版式使叶面的美观性大打折扣。[②] 其主要原因是加入了训诂和注释，正文偶尔也被加

① 潘铭燊：《宋代的书籍与印刷》，第 175 页。另一方面，这些著作被认为是宋代建阳本中最精美的上乘之作，成为现代商业出版社影印本的底本。

② 在不被版面设计干扰的情况下，一个判断书法质量的非正规方法是看书叶的背面空白。由于许多中国传统书籍的纸张（尤其是建阳本）既薄又大，与训诂和注释中较小的文字相比，正文中较黑的文字会更清晰地透到背面，足以据此评估鉴定。

(a)

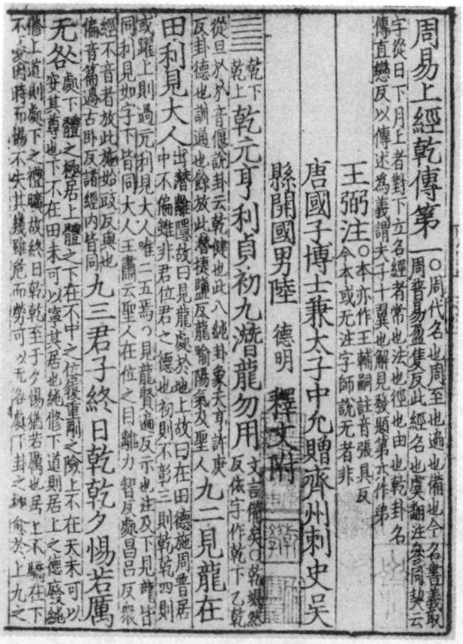

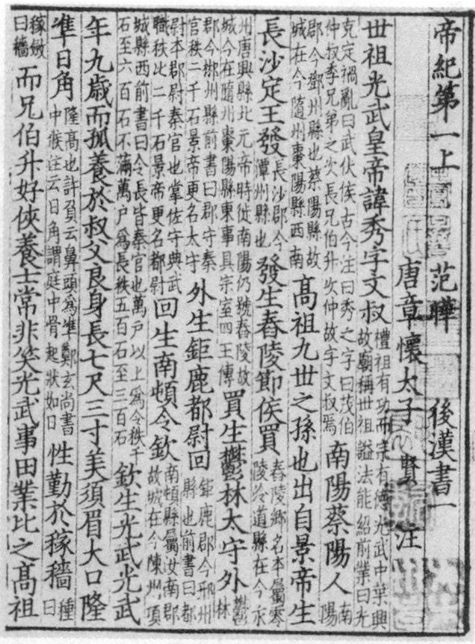

(b)

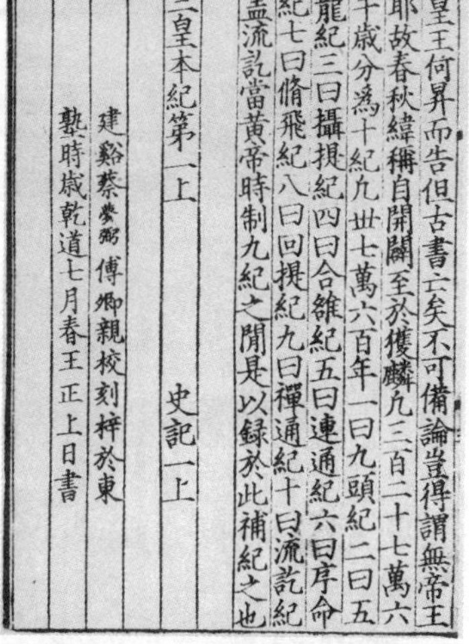

(c)

图 15　宋建阳本，字体类似宋徽宗的“瘦金体”

（左上 a）《周易注》　南宋初期刻本

（右上 b）《后汉书注》　南宋初期王叔边刻本

（左 c）《史记集解索隐》　南宋乾道七年（1171）蔡梦弼刻本

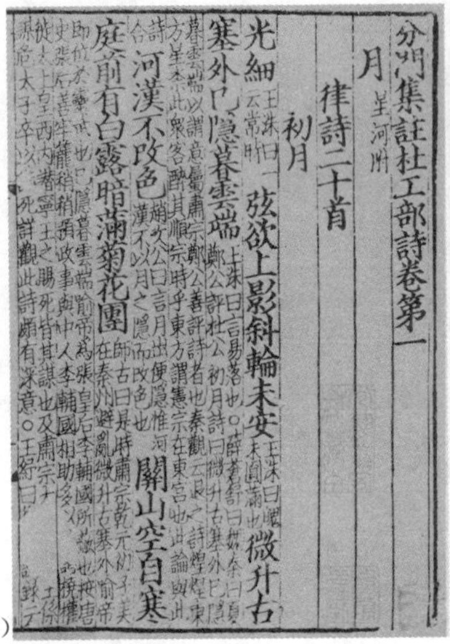
分門集註杜工部詩卷第一
月 星河附
律詩二十首
初月
光細弦欲上影斜輪未安微升古塞外已隱暮雲端河漢不改色關山空自寒庭前有白露暗滿菊花團

(a)

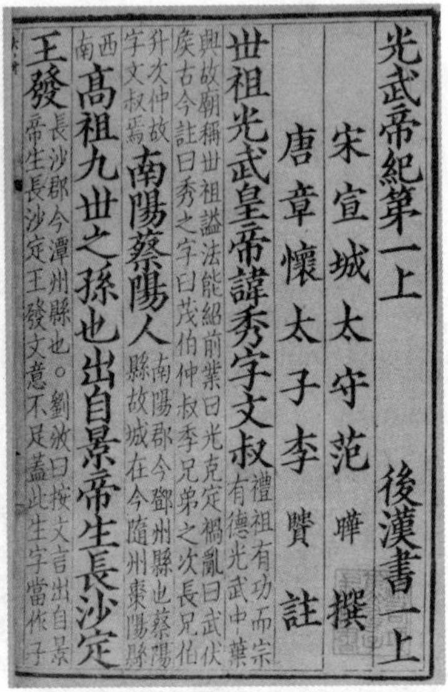
光武帝紀第一上　後漢書一上
宋宣城太守范　曄　撰
唐章懷太子李　賢　註
世祖光武皇帝諱秀字文叔禮祖有功而宗有德光武中興故廟稱世祖謚法能紹前業曰光克定禍亂曰武伏侯古今註曰秀之字曰茂伯仲叔季兄弟之次長兄伯升次仲故字文叔焉南陽蔡陽人南陽郡今鄧州縣也蔡陽縣故城在今隨州棗陽縣西南高祖九世之孫也出自景帝生長沙定王發長沙郡今潭州縣也。劉攽曰按文言出自景帝生長沙定王發文意不足蓋此生字當作子

(b)

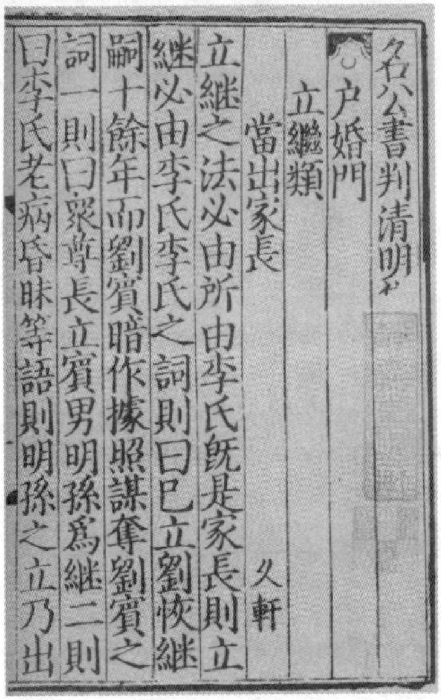
名公書判清明集
戶婚門
立繼類
當出家長　久軒
立繼之法必由所由李氏既是家長則立繼必由李氏李氏之詞則曰已立劉恢繼嗣十餘年而劉賓暗作據照謀奪劉賓之詞一則曰衆尊長立賓男明孫爲繼二則曰李氏老病昏昧等語則明孫之立乃出

(c)

图 16　宋建阳本，字体为颜体

(左上 a)《分门集注杜工部诗》　南宋刻本

(右上 b)《后汉书》　南宋嘉定元年(1208)　蔡琪一经堂刻本（静嘉堂文库藏）

(右 c)《名公书判清明集》　南宋刻本（静嘉堂文库藏）

入过多的句读。在《春秋经传集解》（图 4b）里，正文本身很容易读，但是正文间的注释和训诂用较细小的字体印刷，模糊难认。虽然卷端标题用阴文，可以导览读者浏览正文，但小字密密麻麻一大片，足以让读者望而生畏，尤其是整叶都是小字时。元明时，正文与注释的字体都变成了小字，且远不如以前工整，使字与字的可辨性问题变得更为突出。

不少建阳地区刻印的高质量版本看上去与上述例子有明显的不同。这些作品（图 17）通常是官府主持刻印的，也有某些对版式有特定要求、且有经济实力而不计工本的个人刻印的。这些刻本字大行疏，看上去很大气，几乎可以被称为中字本或大字本。而且，这些书所用的纸张也是一流的。不过最为重要的是这些书没有一丁点儿建阳本的痕迹，表明刊印者刻意要使其有别于坊刻本和家塾本。那么极有可能，有些宋代政府官员一方面极其希望利用闽北拥有的印刷资源，同时也想与当地的这一产业保持一定距离，至少不要沾上与之相关的坏名声。比如，咸淳年间（1265—1274）知建宁府的吴坚就在《张子语录》书尾的牌记里明确说该书“刊于福建漕治”，不过他并没有说明具体地点。[1] 其他提到建宁、建安或建阳等具体刊刻地点的刻本，会明确申明是在州府、县府还是官学刊刻的。尽管此类书籍清一色地打着官刻的旗号，其刊刻多数夹杂着为公和为私的不同原因。如第二章所述，《夷坚志》（图 17c）前四卷有可能是洪迈在建宁知府任内的

---

① 此处应是位于建宁府治所建安的官署。在 12 世纪中叶，除了吴坚的刻本，至少还有一种刻本亦出自此官署。吴坚其他刻本都有同样的牌记。关于《张子语录》，见《中国版刻图录》图 198—199 中的说明。那些名字被记于书籍版心的刻工们，也在 1265 年为前建宁知府刊刻了《周易本义》（《中国版刻图录》，图 200）。显然很多福建地区的官员在 13 世纪中叶雇用了同一群刻工。例如，四卷本陶渊明的诗集，咸淳年间（1265—1274）所刻《陶靖节先生诗》列福州知府汤汉为刻印者。见陈杏珍《宋刻陶渊明集两种》（《文献》1987 年 04 期，第 213 页）关于这部作品的断代讨论。

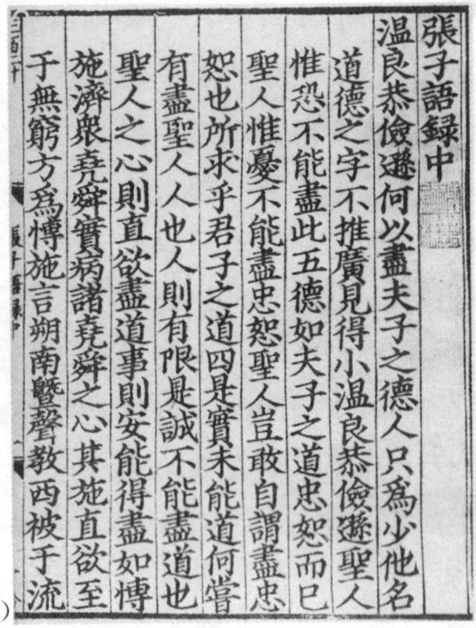

張子語録中
温良恭儉遜何以盡夫子之德人只爲少他名
道德之字不推廣見得小温良恭儉遜聖人
惟恐不能盡此五德如夫子之道忠恕而已
聖人惟憂不能盡忠恕聖人豈敢自謂盡忠
恕也所求乎君子之道四是實未能道何嘗
有盡聖人人也人則有限是誠不能盡道也
聖人之心則直欲盡道事則安能得盡如博
施濟衆堯舜實病諸堯舜之心其施直欲至
于無窮方爲博施言朔南暨聲教西被于流

(a)

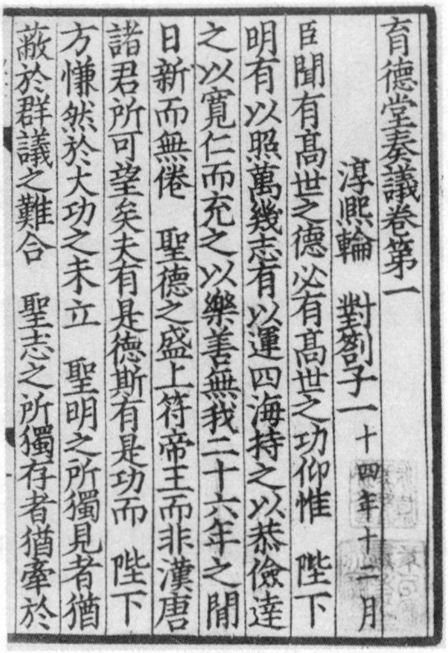

育德堂奏議卷第一
淳熙輪對劄子一　十四年十二月
臣聞有高世之德必有高世之功仰惟　陛下
明有以照萬幾志有以運四海持之以恭儉達
之以寬仁而充之以樂善無我二十六年之間
日新而無倦　聖德之盛上符帝王而非漢唐
諸君所可望矣夫有是德斯有是功而　陛下
方慊然於大功之未立　聖明之所獨見者猶
蔽於群議之難合　聖志之所獨存者猶牽於

(b)

夷堅甲志卷第一　十九事
孫九鼎
孫九鼎字國鎮忻州人政和癸巳居太學七夕
日出訪鄉人段浚儀於竹柵巷沿汴北岸而行
忽有金紫人騎從甚都呼之於稠人中遽下馬
曰國鎮久別安樂細視之乃姊夫張兟也指街
北一酒肆曰可見邀於此少從容孫曰公富人
也豈可令窮措大買酒曰我錢不中使遂坐肆
中飲略自如少頃孫方悟其死問之曰公死已

(c)

图 17　宋代建阳非坊刻本示例

(左上 a)《张子语录》　南宋咸淳年间（1265—1274）吴坚（建宁府知府）刻本

(右上 b)《育德堂奏议》　宋刻本

(右 c)《夷坚志》　南宋淳熙七年（1180）建宁府学刻元代递修本（静嘉堂文库藏）

最后一年，即1180年在建宁府学刊刻的。[①] 鉴于此书在撰写时就知名度极高，洪迈大概认为，在自己任上能够亲自监管的地方刊刻，才是明智之举，何况州府与作者本人都将从售书所得受益。[②]

频遭非议的麻沙本到底呈何种外观形态？麻沙本一般指的是像图7a中的巾箱本，或图18a—b中的刊本。图18a《新编婚礼备用月老新书》是一本手册，与当时文人笔下描述的麻沙本的典型特征完全吻合：拥挤的叶面上充斥着众多真假莫辨的信息，存世文本看上去像出自刷印过数千册的版片一般。图18b所示《新编宣和遗事》是该书已知的最早版本，虽然印刷字体并不差，但的确没有上佳刻本的夺目之美。此外，其版面设计更为拥挤，且时而可见简化字和省略符号（比如，用く符号来指代重复的字）。这两部作品刊刻于南宋晚期，其外观特征在元代以及明初成为建阳本的普遍形态。那些价格更低廉、质量更粗糙的坊刻本尤其难于精确判定刊刻年代，因为出版商并不那么在意这类作品是否独具一格。面对一个日益增长的需求市场，他们懂得在生产书籍时如何尽可能地偷工减料。一旦确定了一个可行的方式，就会长期持续使用，直到其他经济因素迫使他们加以改变。与明清文人的看法相反，今人认为，《宣和遗事》的写作年代并非南宋晚期，而是元初。图18b所示刻本应该是元代或以后

---

① 或许也有建宁府官学在1166年刻印的更早版本。证明此更早版本的证据是间接的，见傅增湘：《藏园群书经眼录》，第791—792页，以及《静嘉堂文库宋元版图录》第1册内关于此书1180年版（第84号条目）的注释，第48—49页。静嘉堂文库藏本曾在元代被部分修复。

② 关于宋代地方政府以及“半官方”刊刻的讨论，见潘铭燊：《宋代的书籍与印刷》，第127—144页。

的版本。[1]

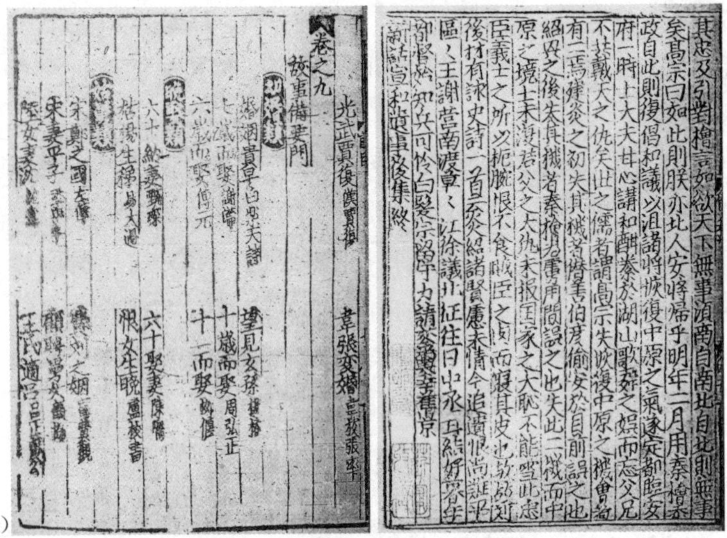

(a)　(b)

图 18　南宋至元代的两部通俗作品的建阳本

（左 a）《新编婚礼备用月老新书》（台北“国家图书馆”善本特藏，书号 07929）

（右 b）《新编宣和遗事》　元刻本（台北“国家图书馆”善本特藏，书号 08592）

建阳出版业从南宋到元代的重要连续性以及变化，有几点值得注意。首先，宋代可能出版了字书、医书、插图小说、历史演义之类的书籍，但是因为几乎没有确切的范本，我们将在元代部分再讨论它们。其次，活跃于宋代的出版商中，有相当一部分在

① 威廉·欧文·亨利斯（William Owen Hennessey）（《通俗史和罗曼史中的宋徽宗：早期中国白话小说〈宣和遗事〉》“The Song Emperor Huizong in Popular History and Romance: The Early Chinese Vernacular Novel *Xuanhe yishi*”，第 12—15 页）指出编纂者以南宋灭亡见证者的口吻解说这部作品；如此一来，则 1300 年左右的断代并不合理。他还提出了许多颇有道理的推测，认为这部作品是在建阳编纂和刊刻的（第 49—50 页）。无论如何，明显有一部晚至 1540 年之前刊刻的四卷明刊建阳本；见高儒：《百川书志》“史志·传记”类，及周弘祖：《古今书刻》，第 364 页。

元代仍然经营着出版业，甚至有个别持续到明代。另外，建阳本粗制滥造的名声从未有所好转，到了元代甚至更坏。在存世的元建阳刻本中，质量低劣的刻本比例比宋刻本中的要高出许多。[①]比如，元刻本所采用的竹纸，质量更差，纸面褪色泛黄程度更深，很多书籍的版面也显得比宋刻本更为拥挤。刻书的字体一定程度上受到了元代声誉卓著的大书画家赵孟頫的书体与画风的影响。[②]赵体风格中不意外地融入了其他风格，也反映出出版商想在版面上挤进去尽可能多文字的商业及实用考虑。其结果是，相对于宋建阳刻本中粗犷、方正的颜体，元刻本的字体显得纤细平滑了许多。

从宋到元建阳刻本特征的一些改变，可以清楚地从其牌记看出来。图 14a—d 是宋建阳本的牌记和刊语示例。它们相对来说还算朴素干净，只有一两行字，有时会把牌记内容加上边框，标明刻坊的名称，有时写出具体出版商以及刻版的日期。[③]有时出版商会不印牌记，或在牌记的位置列出他本人的姓名及其坊铺名。因此，在图 14a 中，余仁仲不仅给自己的书刻印了很有风格的牌记，而且还在牌记前把自己和其他四人列为国学进士和校正者。偶尔还会再加一条刊记，说明刻印该书的缘由，就如同余仁仲在图 14b 中所写的那样：

> 《公羊》《穀梁》二书，书肆苦无善本，谨以家藏监本及

---

① 对此现象的可能解释包括：现存宋代低质量的刻本太少，元代高质量纸张的缺乏，或元代建阳本低端贸易的发展。笔者相信最后一个是主要原因。

② 虽然古籍版本学家认为赵体在建阳本中很流行，但是在元代其他地区并非如此。由于现存的元代书籍大多数是建阳本，这也许夸大了赵体在此时期的影响；见李清志：《古书版本鉴定研究》，第 64 页。另一方面，总的来说，赵孟頫以及受其影响的明初书法家沈度和沈粲对明刻本中的书法产生了巨大影响；见牟复礼（Frederick W. Mote）、朱鸿林：《书法与古籍》“*Calligraphy and the East Asian Book*”，第 111—132 页。

③ 见本书第二章关于宋代出版商牌记的讨论。

> 江浙诸处官本参校，颇加厘正。惟是陆氏[1]释音字，或与正文字不同，如……。若此者众，皆不敢以臆见更定，姑两存之，以俟知者。绍熙辛亥孟冬朔日建安余仁仲敬书。

图 14c 的刊记与此类似，然而其刻印者王叔边的语气更为果断自信："本家今将前后《汉书》精加校证，并写作大字锓板刊行，的无差错，收书英杰伏望炳察。钱塘王叔边谨启。"如同潘铭燊注意到的那样，王叔边大概觉得，从吸引公众的角度讲，标明自己原籍行都杭州应为明智之举，因为杭州的印刷出版物名声要好得多。[2]

到了元代，牌记和刊记变得更为精美惹眼，通常占了整个叶面，并添有装饰和图画。图 19 是元建阳刻本《千金要方》图示。这一版本的存世印本上没有记录出版商的名字，但其外观形态与建阳刻的其他医书极为类似。目录尾端有刊刻者插入的一段文字：

> 医家之书不为不多，独孙真人《千金方》决不可阙亡矣。以千金名之，则其珍之也明。其脉证、方论、针灸、孔穴、疮毒制度，靡所不载。近得前宋西蜀经进官本，不敢私秘，重加校正一新，绣梓与世共之。凡以医鸣者，将见家扁鹊、人叔和，孰不曰卫生之一助云耳。

这种引人注目的广告文字，通常以行书或草书写就，圈在装饰性的边框中，也日渐流行。

图 20a—c 是三种最佳元建阳刻本的示例。第一种是《诗集传通释》，朱熹注，刘瑾疏。刘瑾系刘子翚[3]之侄，与刻印该书的刘

---

① 陆德明（约 556—627），即陆元朗，以字行，唐代经学家、训诂学家。所撰《经典释文》释经典文字音义，内有《公羊传》《穀梁传》释文各一卷。

② 潘铭燊：《宋代出版商的牌记》，第 45 页。

③ 见表 2d 的家谱。除了《刘氏族谱》中的一个表册（卷一〇，第 19 页 a），笔者仅于嘉靖《建宁府志》中找到了有关他的一篇传记（卷一六，第 46 页 a）。

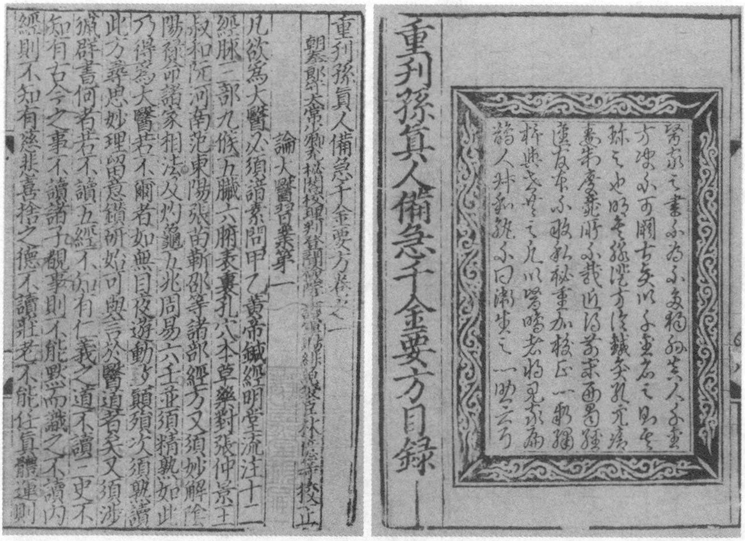

图 19　元本医方：《重刊孙真人备急千金要方》（静嘉堂文库藏）

氏日新堂是远房亲戚。日新堂的刻书活动一直持续至 16 世纪初期。该书具有元代建阳本的独特特征，如字体风格，段落的起始用阴文标示，大字和小字的字数通篇统一等。图 20b 所示李焘撰北宋编年史《续资治通鉴》，可能是陈氏余庆堂在 14 世纪初刊刻的。[①] 图 20c 是一部元初名臣武将的生平事略集，由著名的余志安勤有堂刊于 1335 年。这三种刻本虽然看上去无比精致，但与精美的宋建阳刻本（图 14—16）相比，还是逊色许多，尤其是为节省版面，元刻本在一叶上塞入了尽可能多的文字。

由于上述原因，元代建阳地区刻印的医书呈上升趋势。大部分都是更早时期的作品，在宋元修改增订后重刻，如《千金要方》（图 19）。其中一部分为插图本，如《针灸资生经》（图 21a），

①　余庆堂也刻印了《宋季三朝政要》，这是一部记载南宋最后三位皇帝在位时期事件的历史著作。这部 1312 年刻本与图 20b 展示的《续资治通鉴》刻本似乎颇为相似。关于这些著作，本章稍后会加以讨论。

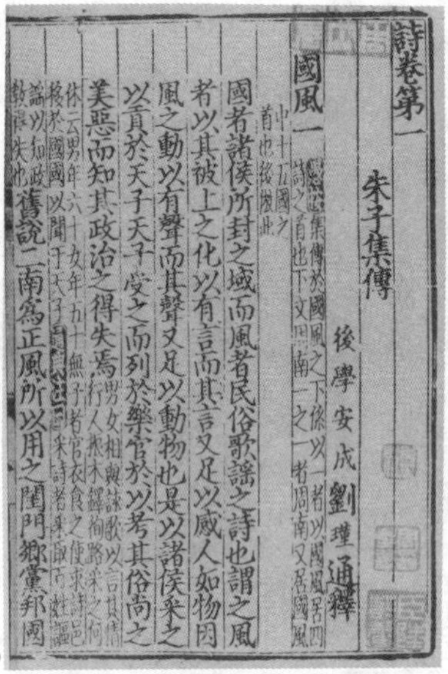

詩卷第一　朱子集傳

後學安成劉瑾通釋

國風一

國者諸侯所封之域而風者民俗歌謠之詩也謂之風

者以其被上之化以有言而其言又足以感人如物因

風之動以有聲而其聲又足以動物也是以諸侯采之

以貢於天子天子受之而列於樂官於以考其俗尚之

美惡而知其政治之得失焉

舊說二南為正風所以用之閨門鄉黨邦國

(a)

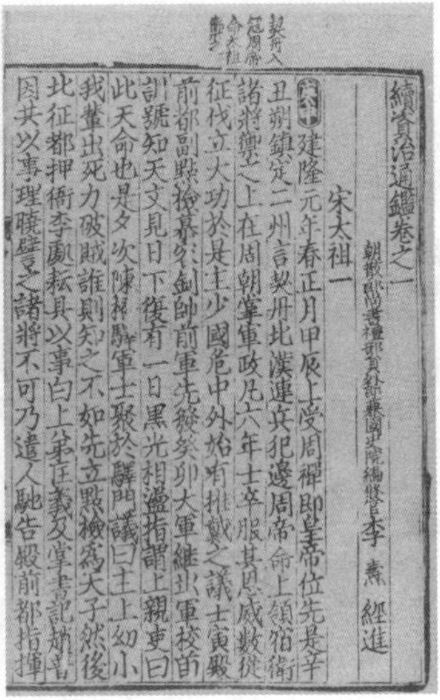

續資治通鑑卷之一

李燾　經進

宋太祖一

建隆元年春正月甲辰上受周禪即皇帝位先是辛

丑朔鎮定二州言契丹北漢連兵犯邊周帝命上領宿衛

諸將禦之上在周朝掌軍政凡六年士卒服其恩威數從

征伐立大功於是主少國危中外始有推戴之議壬寅殿

前都點檢慕容延釗帥前軍先發癸卯大軍繼出軍校苗

訓號知天文見日下復有一日黑光相盪指謂上親吏曰

此天命也是夕次陳橋驛軍士聚於驛門議曰主上幼小

我輩出死力破賊誰則知之不如先立點檢為天子然後

北征都押衙李處耘具以事白上弟匡義及掌書記趙普

因共以事理曉譬之諸將不可乃遣人馳告殿前都指揮

(b)

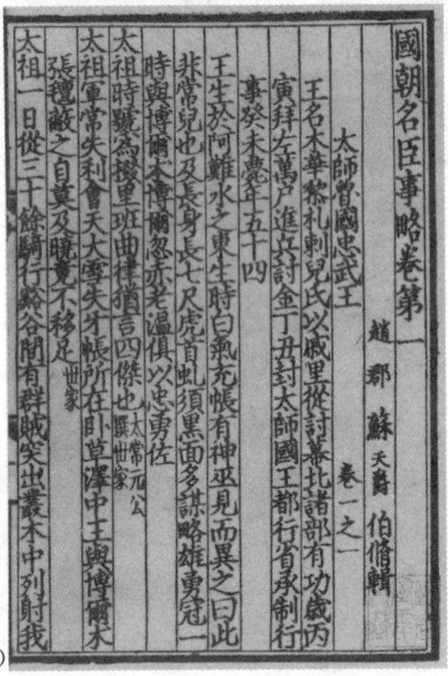

國朝名臣事略卷第一　趙郡蘇天爵伯脩輯

太師魯國忠武王　卷一之一

王名木華黎札剌兒氏以戚里從討幕北諸部有功歲丙

寅拜左萬戶進兵討金丁丑封太師國王都行省承制行

事癸未薨年五十四

王生於阿難水之東生時白氣充帳有神巫見而異之曰此

非常兒也及長身長七尺虎首虯須黑面多謀略雄勇冠一

時與博爾术博爾忽赤老溫俱以忠勇佐

太祖時號為掇里班曲律猶言四傑也太常元公撰世家

太祖軍常失利會天大雪失牙帳所在卧草澤中王與博爾术

張氊蔽之自莫及曉竟不移足世家

太祖一日從三十餘騎行谿谷間有群賊突出叢木中列射我

(c)

图 20　元建阳所刻精本示例

（左上 a）《诗集传通释》　元至正十二年（1352）刘氏日新堂刻本

（右上 b）《续资治通鉴》　元陈氏余庆堂刻本

（左 c）《国朝名臣事略》　元至元元年（1335）余志安勤有堂刻本

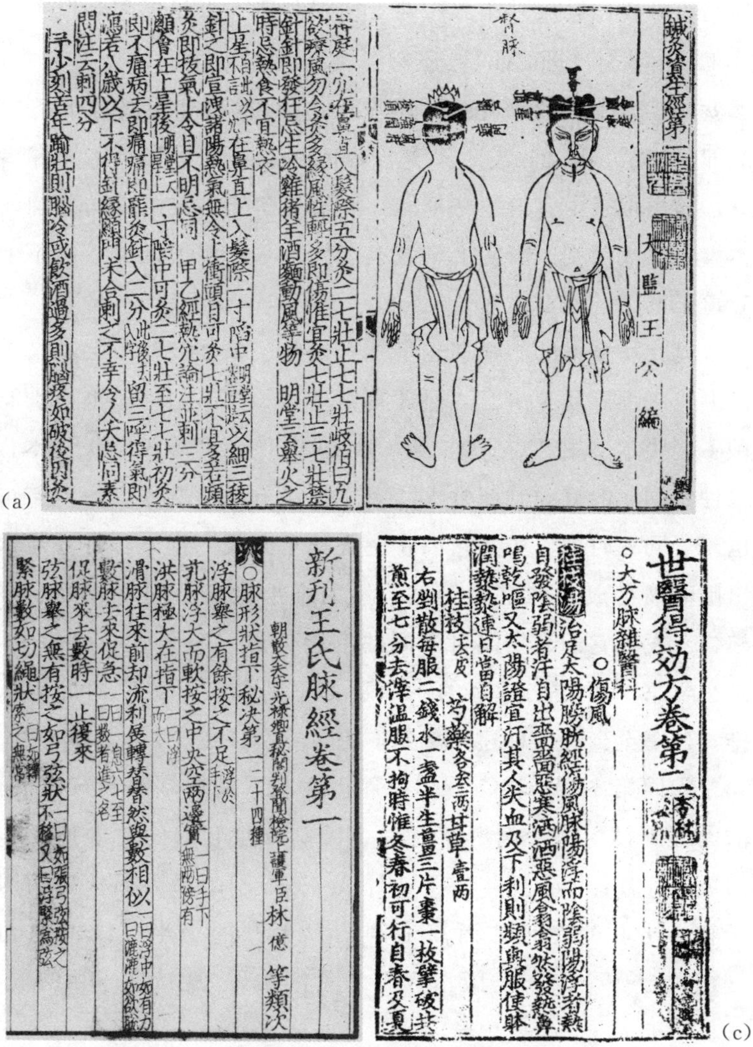
(a)
鍼灸資生經第一
太監王公編

神庭一穴在鼻直入髮際五分灸二七壯止七七壯岐伯曰凡欲療風勿令灸多緣風性輕多即傷惟宜灸七壯止三七壯禁針針即發狂忌生冷雞豬羊酒麵動風等物　明堂云舉火之時忌熱食不宜熱衣
上星一穴在鼻直上入髮際一寸陷中　以細三稜針之即宣洩諸陽熱氣無令上衝頭目可灸七壯不宜多若頻灸即拔氣上令目不明忌同　甲乙經熱穴論注並刺三分
顖會在上星後一寸陷中可灸二七壯至七七壯初灸即不痛病去即痛痛即罷灸針入二分留三呼得氣即瀉若八歲以下不得針緣顖門未合刺之不幸令人夭忌同素問注云刺四分

(b)
新刊王氏脈經卷第一
朝散大夫守光祿卿直秘閣判登聞檢院上護軍臣林億等類次
○脈形狀指下秘決第一　二十四種
浮脈舉之有餘按之不足　浮於手下
芤脈浮大而軟按之中央空兩邊實
洪脈極大在指下
滑脈往來前却流利展轉替替然與數相似
數脈去來促急
促脈來去數時一止復來
弦脈舉之無有按之如弓弦狀
緊脈數如切繩狀

(c)
世醫得効方卷第二
○大方脈雜醫科
○傷風
桂枝湯　治足太陽膀胱經傷風脈陽浮而陰弱陽浮者熱自發陰弱者汗自出嗇嗇惡寒淅淅惡風翕翕發熱鼻鳴乾嘔又太陽證宜汗其人尖血及下利則頻與服使軆潤漐漐連日當自解
桂枝去皮　芍藥各一兩半　甘草壹兩
右剉散每服三錢水一盞半生薑三片棗一枚擘破共煎至七分去滓溫服不拘時惟冬春初可行自春及夏

图 21　元代建阳本医书

(上 a)《针灸资生经》　元叶氏广勤堂刻本

(左下 b)《新刊王氏脉经》　约元至顺元年（1330）叶氏广勤堂刻本

(右下 c)《世医得效方》　元至正五年（1345）建宁路官医提领陈志刻本

该书由叶氏广勤堂刊印。广勤堂还刊印了3世纪王叔和所著《新刊王氏脉经》（图21b）。还有一类医书受到不同出版商的青睐，那就是医方书，如《世医得效方》。该书的1345年刻本是刚编纂成即付梓的（图21c）。[①] 从建宁路官医提领陈志被列为刻印者来看，该书似乎由官府主持刻印，但流通售卖情况应该与任何坊刻本没有太大区别。事实上，该本字体平平，用纸低廉，比不上当时建阳本中的优良之作。[②]

元代坊刻本的小学书也呈上升趋势。例如仅建阳一地，著名韵书《广韵》就至少有六种不同版本。《礼部韵略》也至少有三种不同版本（图22a—c），第一种是1355年的陈氏余庆堂本，第二种是同年的刘氏日新堂本，第三种没有列出刊印者，但有可能也刻于同一时期。虽然它们看上去几乎一模一样，很好地展示了出版商极富成效的翻刻策略，然而细加检视不同书叶的字体风格，会发现它们其实印自不同的书版。另一部作品（图22d）不是小学书，而是宋高宗的一部草书书法作品，按广韵的韵部编排。该书至少有两种建阳翻刻本。[③]

如同第二章所述，许多上图下文版式的坊刻本刊行于元代。前面提到过一个特例，那就是余氏勤有堂刊印的《古列女传》，约成书于14世纪上半叶，如图5a—b显示的平话那样，插图占了整个半叶的宽度，而高度则为上下叶的一半。该本的刊刻可能源自一个宋末的版本，因为其序文署为嘉定七年（1214）

① 这部作品包括一篇由编纂者危亦林撰写的序言，署为至元三年（1337）作。

② 参见本书第二章。

③ 图22d展示了台北“国家图书馆”藏建安小斋刊本；《静嘉堂文库宋元版图录》图162则展示了另一建阳本，或许由朱氏与耕堂刊刻。

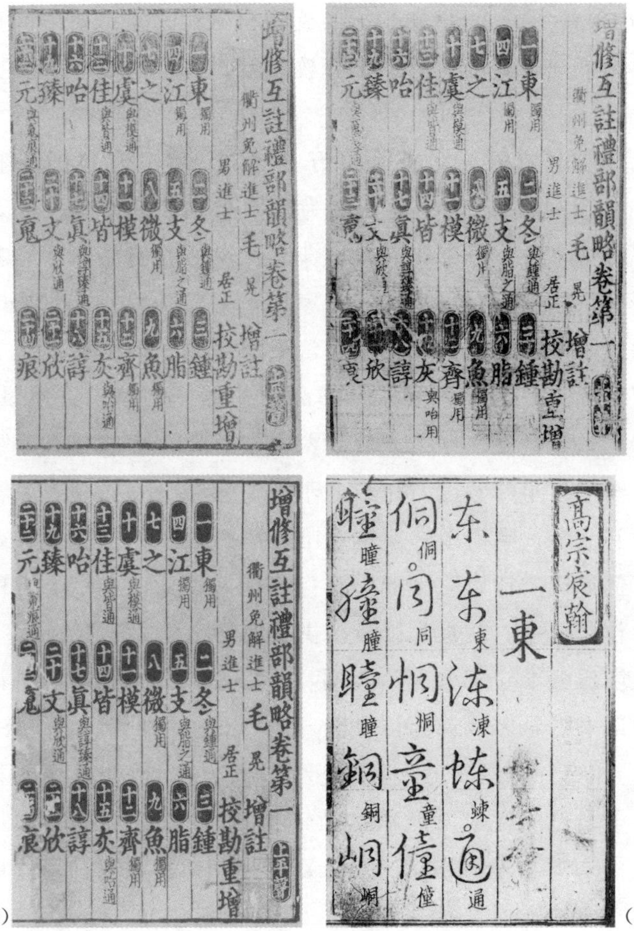

(a)　(b)　(c)　(d)

图 22　几种韵书的元刻建阳本

（左上 a）《增修互注礼部韵略》　元至正十五年（1355）陈氏余庆堂刻本（静嘉堂文库藏）

（右上 b）《增修互注礼部韵略》　元至正十五年（1355）刘氏日新（书）堂刻本（台北“国家图书馆”善本特藏，书号 01084）

（左下 c）《增修互注礼部韵略》　元刻本（静嘉堂文库藏）

（右下 d）《草书礼部韵宝》　元至元二十五年（1288）建安小斋刻本（台北“国家图书馆”善本特藏书号，01076）

作。[①] 如果该书的14世纪版本的确翻自宋版，也就更能间接证明宋代上图下文版式也运用于非佛教文献，只是这类非佛教文献存世太少。

元代使用上图下文版式的历史演义，唯一存世的只有建阳本。[②] 这些作品在明代中后期成为建阳出版商的专营产品，诸如插图本历史小说、故事集和戏剧集。元刻本少有精刻本，其文字部分因拥挤的版面布局和缺乏名家风范的字体风格，与当时众多寻常的建阳本颇为类似。出于经济效益考虑，此类作品正文质量平平，对刻工技术不做要求。作品中的插图相对来讲质量更高，通常占了整叶宽度，比大多数明刻本还优秀，而明代几乎所有的作品插图只占半叶宽度。相形之下，文字部分显得单调，没有句读，没有注解。事实上，文本中唯一引人注目的变化是偶尔运用阴文，例如以“诗曰”来标明几行诗句。因此，文字上方的版画所起的作用之一，就是为读者提供从拥挤字面的视觉解脱。

在虞氏务本堂于元至治年间（1321—1323）刊印的平话系列中，每部书的题名叶都冠以“全相”，以达到推销目的。图5a是《新刊全相秦并六国平话》的首卷卷端。与其他作品中一样，刻工留下了自己的姓名（此版为黄淑安），就刻在插图右边标题之下。[③] 图5b是《全相平话三国志》的插图，其幅宽横跨整叶，很

---

① 关于此书的两截版，见钱存训：《纸和印刷》，第258页，图1170。尽管叶德辉（《书林清话》卷七，第3页a）认为勤有堂版是宋本，长泽规矩也已有力证明此版本为元本。长泽规矩也指出，此版本有几卷结尾刻着一行字，分别是“静庵余氏模刻”“靖庵余氏模刻”“建安余氏模刻”“余氏勤有堂刊”“建安余氏模刊”，而勤有堂营业于元代而非宋代。同时，“模刻”一词佐证了此版本源出一部更早的宋刊本。见长泽规矩也：《插图宋刊本的相关问题》「繪入の宋刊本に就いて」，收录于《长泽规矩也著作集》第3册，第2—5页。

② 关于这些平话本身以及书中其他插图的讨论，见何谷理：《阅读中华帝国晚期插图本小说》，第20—28、172—176、217—221页。

③ 不清楚黄淑安是既刻了插图又刻了文字，还是仅仅刻了插图。

好地展示了画面中追杀双方之间相隔的距离感。该作品的另一版本是建安书堂刊印的《三分事略》，大致成书年代为 1294 年①，更早的版本还有待发现②。

鉴于宋代“讲史”平话的口传与文本都很流行，这种连环式的图版格式很可能在南宋时期被用于此类作品。这种推测确有实据。首先，有一部印于南宋杭州瓦舍内书肆的小说作品存世。③其次，如第二章所述，连环式图版格式在其他种类的作品中也使用过，包括经籍和佛经。第三，建阳刻平话中的图画风格不只是书籍刻本所独有，也出现在其他媒介中，如陶瓷，尤其是磁州出产的瓷枕和花瓶。④ 事实上，这些绘图瓷枕是 13 世纪金、元时期在中国北方制作的。艺术史专家们指出，这些图画的灵感来自于

---

①　这部作品的内封面声称“甲午新刊”。张秀民（《中国印刷史》，第 323—324 页）指出由于“至元新刊”出现在首卷卷端，“甲午”很可能指 1294 年，即至元三十一年。不过其他学者并不同意此观点。伊维德（Wilt L. Idema）（《关于“平话”的几点思考》“Some Remarks and Speculations Concerning ‘P′ing-hua’ ”，第 661 页）称此书为《三国志平话》的“晚期劣质版”，考虑到与至治年间（1321—1323）的《三国志平话》相比，此版本存在一些删节遗漏以及大量文字上的错误，《三分事略》的断代似应在更晚的 1354 年。关于两个版本之间差异的简评，见浦安迪（Andrew H. Plaks）：《明代小说四大奇书》“*The Four Masterworks of the Ming Novel：Ssu ta ch′i-shu*”，第 369 页注 32。

②　在北京，魏隐儒给笔者展示了一部《三国志平话》的书名页，它曾被当作一部更晚刻本的包装纸回收过。魏氏认为此书刻印年代在 1300 年左右。

③　位于“中瓦子”区域内的张家书铺的确刻印过很多小说著作，其中包括《大唐三藏取经诗话》。此部作品以及另一个亦出自杭州的版本大致在同一时间刻印，无插图，但与建阳本一样能被归类为“话本”；见艾思仁：《南宋杭州的印刷》，第 32 页。

④　韦陀（Roderick Whitfield）（《磁州窑画枕》“Tz’u-chou Pillows with Painted Decoration”，第 83—84 页）认为这些绘画或许源自戏剧或插图本中的一个场景。蓑丰（Yutaka Mino）（《中国北方历经七个世纪的黏土与画笔的自由：磁州窑器，960—1600》“*Freedom of Clay and Brush Through Seven Centuries in North China：Tz’u-chou Type Ware，960—1600*”，第 146 页）将另一幅《平话三国志》内的插图与一个磁州窑瓷枕的图片对比放置。关于磁州绘图花瓶的样本，见苏珊·瓦伦斯登（Suzanne Valenstein）：《中国瓷器手册》“*A Handbook of Chinese Ceramics*”，第 144—145 页，图 139—140。

戏曲或定型于绘画和雕版书籍中的类似图画。[①] 建阳刻本与磁州窑器之间有一些相通之处。二者都被视为流行商品，几乎不受官府监督，相当长的时段内一直得以生产，流通销售的地域都很广。无论如何，如果学者们的推测是正确的，要么是上图下文版式的历史演义及戏曲说唱本在建阳以外的区域得到刊印，要么是建阳本传播到了现在还无法印证的区域。而且，从元青花瓷瓶上所绘的戏曲情景，如《西厢记》来看，似乎戏曲插图本在元代已有刊印，虽然还没有发现此类作品的存世样本。[②] 花瓶上的绘画风格与 150 年后一部 1498 年的上图下文版式戏曲刻本极为相似，该本由一家北京商业书坊刊印。[③]

元代的平话和其他坊刻本可能以不同文化程度的人群为目标读者，其中有不少简化字。在印刷文本中使用简化字以及某字的各种异体并不新鲜，在唐代以及北宋早期的宗教与世俗材料里，即使粗略过目，也能发现不少。不过，它们的使用在这一时期变得非常普遍。这有不少原因，包括常被提及的元代蒙古族及其他

---

① 在磁州窑瓷枕上，陶工的身份标志类似于许多建阳本中的出版商牌记，两者都采用了荷叶主题。源自民间与宗教的许多象征标志和图像的广泛传播是对这种现象的最好解释，最初源于佛教的火珠图案则是另一个例证。关于磁州窑陶工标志的绘图，见蓑丰：《中国北方历经七个世纪的黏土与画笔的自由：磁州窑器，960—1600》，第 116 页，图 123（初见于《文物》1964 年第 8 期，第 14 页，图 16）。最后，正如韦陀（《磁州窑画枕》，第 77 页）所指出的，瓷器中的荷叶华盖图案至少被沿用至清光绪年间（1875—1908）。

② 柯律格所著《西厢记：一个中国瓷器装饰绘画的文学主题》"The West Chamber：A Literary Theme in Chinese Porcelain Decoration"中的图 1 展示了一个取材于《西厢记》中某个场景的青花瓷瓶。这件瓷器被断为"14 世纪"的作品，因此，与柯律格文中其他瓷器和刻本的绘图一样，此作品大约是明代的。但《中国文物精华》中图 180 的青花瓷瓶，描绘的场景有可能复制自《三国志》的某个平话刻本。感谢约翰·芬利（John Finlay）引起笔者对这部著作的注意。

③ 这部作品的书叶在许多现代作品中都有重印，其中包括《中国版刻图录》，图 382—383；周芜：《中国版画史图录》，图四〇〇，一至三；以及周心慧：《明代版刻图释》第 4 册，第 43—45 号。

非汉族人群数量空前庞大，他们难以驾驭众多汉字，因此更愿意使用简化字。[①] 无论怎样，由于缺乏统一的简化字表，写样工和刻工通常会抄写并雕刻某一简化字最常用、但并不一定正确的形式。其结果是，无论正确与否，异体字数量空前增加，这或许在一定程度上增加了快速浏览文本的难度。[②]

元代出现了一个日渐扩大的读者群，他们并不需要一个凝聚着对前人版本的精勘细校、无瑕可挑的学术性文本，而是一个内容大致正确、能传载有用信息或能达到预期娱乐效果的文本。严重的是这一草率而功利的态度不仅出现在科考资料或者巾箱本参考书中，同时也影响了一般学术著作。这也代表着不论宋刻本的学术质量如何，其本身所具有的美感已经发生了剧变。

因此，南宋和元代中国雕版印刷业的技术革新虽然微乎其微，坊刻本种类范围日渐扩展、出版活动日益商业化却成为重要的发展趋势。对于建阳来说，这些趋势也与其远途书业贸易的飞速发展相关联。13 世纪末 14 世纪初时，建阳出版业应已十分发达了。麻沙本被销往各地，甚至远达朝鲜和日本。

麻沙本

宋代文人当中流传着这样一个故事，且至少被三部宋代著作记录。该故事情节大致如此：杭州府学的一位教授问学生："乾为金，坤亦为金，何也?"学生们核查了监本《易经》后，回答

---

① 见伊维德：《中国白话小说：形成时期》"*Chinese Vernacular Fiction*：*The Formative Period*"，第 xxiv—xxv 页，他认为平话也许"源自中国蒙古统治者的教育文本"。

② 无法确定到底增加了多少难度。因为汉字具有图画似的特征，快速浏览文本仅需要对文字有印象式的识别，一个写错的汉字所造成的困惑不会高于一个拼写错误的单词。

道："先生恐是看了麻沙本。若监本，则坤为釜也。"然后"教授皇恐，乃谢曰：'某当罚。'即输罚，改题而止"。[①]

前述刻印者明确可知的刻本，并非全都是宋元文人嗤之以鼻的麻沙本。事实上，前图所示的许多版本都是有幸藏有该书的图书馆的镇馆之宝。即使那些刻印者身份不甚明了、在目录里只是被统称为建刻本的建阳本，其中一些（非全部）的质量也足可与刻书名家所刻相媲美。[②] 那么，麻沙本到底为何物？显然，麻沙本让人联想到的是其低劣的材质，如易碎的纸张、暗淡的墨色、破损的字形和漫漶的拥挤版面。此外，令麻沙本的批评者们深恶痛绝的还有书籍的编辑错误、印刷错误、随意删节甚至杜撰文本。虽然只要是出自建阳的低劣印本都可能被斥责为麻沙本，但几乎所有存世的宋元麻沙本都是学术性著作，其中许多都是某类科举应试文献。[③]

麻沙本真像宋元文人所宣称的那样无处不在吗？答案是肯定的，且有诸多凭据为证。首先，印本本身就是最好的例证。对后世学者来说，值得庆幸的是，有不少品相低劣的麻沙本竟然流传下来了。第二，当时有诸多带解题的书目，如晁公武（约1101—约1174）的《郡斋读书志》和陈振孙（约1179—1249后）的《直斋书录解题》。[④] 第三，还有一类官方文献资料，诸如奏章、

① 与此故事有些微差别的版本分见于叶梦得：《石林燕语》，第73—74页；陆游：《老学庵笔记》，第47页；朱彧：《萍州可谈》，第12—13页；沈嘉辙等：《南宋杂事诗》卷三，第11页a；朱国桢：《涌幢小品》，第313页。所有版本皆将此故事背景设置于元符初期（1098—1100）的杭州，说明麻沙本在北宋晚期就已声名狼藉。

② 大约一半的宋建阳刻本与大约五分之一的元建阳刻本无确定出版商。关于确定这些作品是否出自建阳地区的问题，见本书第一章和附录C。

③ 现存种类有限的宋元麻沙本可能因其为学术著作而更有机会被保存下来，它们也更有可能被同时代作家提及。其后的明代麻沙本兼有学术及通俗著作，种类更多。甚至直到今天，一些中国版本学家仍将麻沙本与所有建阳本混为一谈。这种偏颇肇因于未能更为详尽地考察建阳本，或仅从非常狭隘的版本学角度来考察，而这种态度将无法认识到中国书籍社会史的重要性。

④ 传统中国书目文献中有关建阳本信息的简评，请见附录C。

法令、条例以及限制出版各类著作的法规禁令。这些官方文献可以在《宋会要辑稿》中的原始资料中找到，也可在如《宋史》《续资治通鉴长编》以及《建炎以来系年要录》这些史书中找到。相应的元代文献要少得多，只有《元典章》里有少部分关于禁书的通令。最后，通过多方检索，我们能从别集中找到一些零星评论或逸闻趣事，折射出至南宋时已发展得活跃而极富竞争力的出版业市场。

像麻沙本那样的刻本在出版业市场的竞争力到底有多高，可以通过某一著作的不同版本数量略知一二。比如，苏轼是最受出版商青睐的北宋士人和诗人，想必也是最受读者们欢迎的文人。南宋时仅在建阳，就至少有五种不同版本的《王状元集百家注分类东坡先生诗》，最早的刊刻于12世纪后期。从一些现存印本字迹的模糊程度看，书版经重复使用，而且至少有一种版本是元代熊氏出版商所刻。为吸引顾客，有三种版本还号称增加一卷苏轼的年谱，其中一种出自虞平斋务本堂，被标榜为“增刊校正”本。类似这种在原文基础上号称加以增补的情况（尽管常常并未兑现），几乎已成为当时坊刻本的风尚，使人们一眼就能识别出来。[①] 为了借用状元王十朋的名声以增加信誉，有一种书硬把他有名无实地纳入编辑名单。还有一部据称是苏轼全集的建阳本，被陈振孙甚为恼怒地指出，该本不仅缺失不全（缺苏轼的应诏诗），且错误百出，而吉州的张某竟然将其原封不动地翻刻了，错讹之处丝毫未改。[②]

考察宋代出版市场运作的有效方法之一，是关注坊刻主如何

---

① 带有这类特征的书的目录，见潘铭燊：《宋代的书籍与印刷》，第103—104页，表7；详尽的书名参见该书第174页。

② 见陈振孙：《直斋书录解题》卷一七，第474—475页。实际上，陈氏的评论在其对《东坡别集》的注释中可以找到，该书由任建安官吏的苏轼重孙苏峤所刻印。

应对和预测科举应试考生的需求，甚至创造了这些需求，以及政府试图采取何种手段监控出版市场。在建阳，上述书籍的潜在需求市场已经非常广阔，不过出版商们的目光从一开始就不仅局限于当地市场，而是投向了全国。从理论上讲，他们竞相争取的是当时受过良好教育的最大的顾客群体，这一群体到南宋中期有可能达到了数十万之多。[①]

在考中进士前的州试和省试中[②]，考生必须熟读经典及注疏，以及史籍和诗论。虽然每一时期的文风和政治风向有所差别，但考生必读的重要典籍不外乎三史（《史记》《汉书》《后汉书》）、《新唐书》、司马光的《资治通鉴》，以及诸如《荀子》《扬子法言》之类的儒家著作。[③] 道学家们所强调或亲自撰写的著作在某些时期备受青睐，而到南宋的最后几十年时，其地位获得了永久提升，这得力于朱熹的《四书章句集注》获得了官方的正式认可。[④] 科举考试的其他参考书包括诸子百家、纲鉴史书、传记、地理书以及政书。

到 11 世纪中期，所有经籍、“四书”、七史、新编或改编的

---

① 贾志扬（《宋代教育的棘闱：科举的社会史》，第 35 页）提供了《宋会要辑稿》所载在 1099、1102 和 1105 这三年有 79000 位考生参加省试的数据。他估计中国南方在 13 世纪中叶应约有 40 万考生。此数字应是将那些备考但未参加某一特定年份科举考试的考生人数计算在内。

② “诸科”（1071 年废止）的考试内容和“进士”的考试内容相重叠，见贾志扬：《宋代教育的棘闱：科举的社会史》，第 189—190 页。关于南宋的州试和省试，见魏希德：《科举规范的构成：道学和南宋科举文化》，第 16—23 页。

③ 正如李行德（《宋代官学教育与科举》“*Government Education and Examination in Sung China*”，第 110—111 页）所言，对于宋代地方学校教程的详细信息我们知之甚少，因此我们必须根据科举试题中的重点来推论哪些著作非常重要。又见魏希德：《科举规范的构成：道学和南宋科举文化》，第 24 页及“附录”表 I。

④ 魏希德（《科举规范的构成：道学和南宋科举文化》，第 52—56、325—337 页）认为若非 1241 年宋理宗对朱熹的《四书章句集注》及宋代五位道学大师（周敦颐、张载、程颢、程颐以及朱熹）著作的强力推荐，道学不可能获得在思想上的统治地位。

小学书都已由国子监刻印。[①] 监本虽然被分发到各州学府学，也有可能向公众销售，但价格却很骇人，尤其是大字刊本。[②] 只在北宋留有监本作为赠书送予各地方学宫的记录，说明这一做法随着廉价坊刻本的普及而终止了。[③] 据南宋李心传（1166—1243）的解释，在京城做官的人可能愿意花几千吊铜钱去买一套完整的监本。

除了基本教科书和参考书外，其他非官方出版物，如由科考及第者或押题者所写的科考答卷，都极为抢手。[④] 这种现象又进一步催生了通称为"时文"的一系列应试文献种类。[⑤] 除了应试文章，还有史部和子部典籍的节要、作文指南、各种主题的类书等，许多都是为了帮助应考而精心编排的。[⑥] 专为夹带进考场的巾箱本是应试资料产业链中最低端却利润颇丰的一环[⑦]，所有刻

---

① 关于宋代国子监刻本的书目，见潘铭燊：《宋代的书籍与印刷》，附件 C。

② 李心传：《建炎以来朝野杂记》，第 4 页（潘铭燊于《宋代的书籍与印刷》第 126 页引用了其内容）。顾客可以当场购买国子监刻本或提供纸墨以及租借书版。有些国子监刻本带有租借书版和购买笔墨的费用信息。

③ 据南宋末人罗璧在《罗氏识遗》卷一第 3 页 b"成书得书难"条所载，无国子监许可不得私自刻印经典的限制于熙宁年间（1068—1077）取消（车淑珊在《中国宋代的书籍文化与文本传播》一文中引用，第 28—29 页注 54）。南宋州府官刻的发展或许也阻碍了国子监继续赠书。见潘铭燊：《宋代的书籍与印刷》，第 127—140 页。

④ 官府刻印过几部最佳科考范文汇编，但无法与坊刻本竞争。详见下文。

⑤ 意指当前科举文章的风格。"时"明确意味着对科举试题与考生观点产生影响并不断改变的思想与政治倾向。

⑥ 关于宋代科举文献种类的全面论述，见魏希德：《科举规范的构成：道学和南宋科举文化》。关于类书的进一步讨论，详见下文。

⑦ 见本书第二章图 7a。这些用于作弊的小型印本以其他术语为世人所知，如小册、小本以及夹袋册。袖珍本似乎是个贬义色彩较淡的术语，指称以提供方便和便于携带为目的的小型版本。有趣的是，随着时间的流逝，这些巾箱本有时受到后世鉴赏家们的赞赏，这与宋人对它们的鄙视形成了鲜明对比。叶德辉（《书林清话》卷四，第 2 页 a 至第 3 页 b）称赞了出版商们的经济节俭，因其能将大量文字刻印在如此窄小的空间里，且刻印的文字是如此精细（"如发"）。叶氏称（《书林清话》卷九，第 11 页 b 至第 12 页 a），巾箱本有 21 叶的《易经》，26 叶的《尚书》和 3（!）叶的《孝经》存世。

印者，包括州府官刻和书坊主，都从这一市场获利丰厚。再者，即使备受尊崇的监本也不可避免地带有瑕疵，又因印刷术从整体上增加了可获取著作的数量，宋代的文人学者开始热衷于文本校雠。[①] 对于书坊主来说，这一结果有多重影响。

正如潘铭燊指出的那样，出版商们只能以儒家的“九经”和“四书”来维持出版市场，并尽可能加以扩大，但资源毕竟有限。增添各种解释正文的注释不失为一个有效的方法，且有好几个可见例证。如，自 12 世纪后半期开始，建阳刊刻的《纂图互注重言重意周礼》至少有 5 种不同书版的印本，但只有余氏万卷堂的一种明确记载了刻印者，且确实有书名中所宣称的各种成分（纂图互注重言重意），其他四种似是基于万卷堂的版本，但有所增删。其中一种略去了万卷堂本正文中的标点，但增加了重言重意。另一种的版画要小很多，雕刻技法也很粗糙。第四种版本增加了唐代学者陆德明的音义，刊刻质量优乘，与万卷堂本不相上下，而且还记录了几名刻工的姓名。第五种版本是巾箱本，删去了大部分版画。类似的虚假广告也能在其他建阳本经部典籍中找到。甚至那些名声尚可的建阳出版商所刻书籍，也不乏这种夸张或虚假之词。比如，黄善夫与刘元起于 1195 年合刻的《汉书》中就声称，其校勘记出自北宋著名学者宋祁，现代学者对此素有争议。[②]

然而，非官方机构刊刻的书籍才最大程度反映了坊刻本的泛滥，以及政府意图控制却收效甚微。表 5 总结了宋代官府颁布的

---

① 关于国子监本的不足，见车淑珊：《中国宋代的书籍文化与文本传播》，第 57—78 页。关于国子监本的全面讨论，见潘铭燊：《宋代的书籍与印刷》，第 113—127 页。

② 见鲁惟一（Michael Loewe）：《汉书的几个近期版本》“Some Recent Editions of Ch’ien-Han-shu”，第 165—166 页。

奏章、法规和条令，专门针对全国各地、尤其是建阳地区的书坊刻印的科考资料。基于这些材料，可以得出几个结论[①]：第一，奏疏和呈状里无数次出现的埋怨和建议以及相应出台的诏令显然表明，对科考资料类印刷品的需求市场最迟于 12 世纪初就已经非常成熟[②]，政府控制乏力。第二，这些材料显然是书坊所为，但他们却躲过了责罚。法律文书里记载着各种类型的惩罚条令，如销毁违禁印本和书版，对违令的出版商和售书商处以罚款、鞭笞或流放。惩罚程度的轻重依具体的刻印内容而有所不同。比如，根据《庆元条法事类》（1195—1200），刻印科考作文，杖笞 80；刻印有关边境事务的书籍，应流放三千里。[③] 我们无从得知这些惩罚条例是否被贯彻执行。表 5 中唯一被罚的例证是 1177 年的一场风波。那年，麻沙出版商因为刻印“倡导伪学”的文章而

① 宋代法规中涉及印刷的两个重要二手资料，分别见朱传誉的《宋代新闻史》关于科举文章（第 162—169 页）和印刷的一般性法律法规（第 176—245 页）的论述；仁井田陞的《〈庆元条法事类〉与宋代印刷法》和《〈宋会要〉与宋代印刷法》，重收于仁井田陞《中国法制史研究》一书的第 24—25 章。陈学霖的《宋代出版与发行的法律法规》“Sung Laws and Regulations on Publications and Circulation”，潘铭燊的《宋代的书籍与印刷》（第 67—112 页），以及段炫武的《宋代版刻法制研究》亦不乏颇有帮助的讨论。由于以下种类的建阳本几乎未见于世，笔者未将有关禁止这类刻印资料的政府文件包括在表 5 内，这些种类包括历书、天文书、诉讼书、民间宗教著作以及有关边境事务的策论等。

② 由于雕刻极小文字的技术尚未完善，因此 1005 年的报告可能谈及将未授权的手抄资料带至科举考场的情况。不过，欧阳修 1057 年的奏章内仍然描述了科举笔试中的舞弊，并指出抄手可凭其工作获得 20000 至 30000 的铜钱。见《条约举人怀挟字箚子》，《欧阳修全集》第二册卷十五，第 872 页。手抄作弊现象此后持续了数个世纪，表明抄手的行情可与刻印本相竞争，尤其是在特殊的表面书写，例如清代以极小字体写有大约 722（!）篇科举文章的“作弊长袍”（藏于普林斯顿大学葛思德东方图书馆）。另一个清代样本写在一片丝绸上，收藏于耶鲁大学美术馆的斯凯勒·卡曼专藏。

③ 《庆元条法事类》卷十七，第 19 页 a。一般来说，刻印并销售威胁国家安全的作品，或盗用官府对诏书、律令、皇帝敕命、奏疏、实录、国史、有关边境事务的策论、历书、天文著作这类资料的垄断权，会导致更加严厉的惩罚。

入狱并被严厉杖笞。[①] 相反，约20年后的1198年，据地方官员报告，一名胆大包天的麻沙出版商声称，其在《太学总新文体》里翻刻的三篇文章皆为1197年春试状元郭明卿所撰。官方调查表明，郭不仅没有考中状元，而且也没有写过那三篇文章！[②] 尽管地方官员的报告里一如既往地建议销毁该书的版片和未售出印本，该书坊似乎置若罔闻，与其同行一起继续刊印假托名家的科考作文。

表5 与私刻和坊刻科考资料相关的政府奏章、律令、条例概要

年份	内容
1005	礼部贡院上奏，反映考生经常携带文学作品手抄本进入考场。
1009	宋真宗诏令严惩宣扬非正统思想、文风轻浮的作品及其作者。转运司应负责审查已刻印作品或申请刻印的作品，并向朝廷汇报通过审查可以刻印的作品。
1012	宋真宗取消对科举考生搜身诏令，此后，18名考生被发现违规携带书籍进场，93名监考官受牵连。
1057	欧阳修上奏，描述考生偷携便条入考场的过程。“皆是小纸细书，抄节甚备，每写一本，笔工获钱三二十千。”
1101	官员呈状，奏请烧毁除官刻经部典籍以外的所有科考文章答卷及其书版。
1108	淮南西路学事苏棫建议编辑精良的官刻本，取代那些纯为谋利而印、有悖“先王之道”的科考文章坊刻本。
1112	官员呈奏，控告夹带“蝇头小楷本”进入考场的行为：“蝇头细字，缀成小册，引试既毕，遗编蠹简，几至堆积。兼鬻书者，以《三经新义》并《庄》《老》《字说》等，作小册刊印，可置掌握，人竞求买，以备场屋检阅之用。”获准严禁此类书籍。

① 朱传誉（《宋代新闻史》，第166页）推测“伪学”或许有政治含义，所以令此事件的性质加重，但其在时间上并未和宋代任何重大政治斗争相吻合。同时，1177年的抗议事件比著名的庆元党禁要早将近20年。

② 《宋会要辑稿·刑法》二之一二九。

续表

年份	内　　容
1114	利州路学事黄潜善在奏章中指出，类似《决科机要》的坊刻本对学者贻害无穷，它们使得懒惰的学生只管死记硬背书本，对内容不求甚解。作为应对措施，宋徽宗颁布嘉奖令，凡提供线索，使罪犯归案、舞弊书的书版得以销毁者，皆有赏。
1117	另一奏章指出，科举考场里查出的夹带资料名称通常带有“编题”和“类要”之类的字样。它提出的建议与黄潜善的类似，即此类物品向来被禁止，今后应更加严惩。
1145	太学正孙仲鳌上奏反映，尽管政府一再三令五申，非法书坊所刻非正统思想与风格的印刷物仍然泛滥成灾。孙氏建议，印刷条令必须严格执行，书肆应将欲印制书稿交与地方官员和教官筛选批准。
1147	一道奏章称，全国各地的书铺都在未经官方许可私自刻印非正统作品。路运司应对此展开调查，立即销毁此类书籍的书版。①
1155	汉州知府蔡宙建议，除了国子监刻印的文本外，未经授权不得刻印任何书籍。宋高宗下诏，所有坊间刻印，尤其是福建和四川，都应禁止。礼部应负责此事。
1156	自此，所有科举考试期间所需的全部参考资料都将由官方提供。不过，此规定并未彻底执行。
1159	朝廷发令警告书肆书坊，切不可未经国子监授权而私下刻印书籍。
1171	国子监编纂能满足太学入学考试要求的应试范文。
1177	(1) 国子监所呈状文报告麻沙地区非法刻印“似主张伪学”的应试文章，建议福建转运司应该收缴书版及待售印本，交国子监焚毁，并将出版商和售书商逮捕，严加杖笞。 (2) 与1114年和1117年相似的奏议提到，建宁府的书肆在刻印伪造的应试文章；皇帝为此颁发禁令。

① 《宋会要辑稿·刑法》二之一五一：六月十九日，左修职郎赵公传上言：“近年以来，诸路书坊将曲学邪说不中程之文擅自印行，以瞽聋学者，其为害大矣。望委逐路运司差官讨论，将见在板本不系六经、子、史之中而又是非颇缪圣人者，日下除毁。”

续表

年份	内　　　容
1180	朝廷出台条令，强调禁止书肆未经许可刻印书籍。
1190	（1）针对奏折所反映情况，发布条令，禁止建宁出版商翻印任何版本的答卷。 （2）尚书省建议政府出面编印试卷选集以应对坊刻本，遭太学教授彭龟年反对。
1195—1200	《庆元条法事类》卷一七有关于禁止刻印和持有禁书的条令。
1198	地方政府报告各地书肆非法刻印科考答卷；请求立即销毁版片，禁止买卖已印之书，并上呈尚书省和礼部。
1199	礼部尚书黄由谏议，答卷须先经监学官审查，书肆方可翻刻。
1201	官员群谏，未经国子监批准而刻印的伪书、私刻本和试卷必须销毁。
1205	礼部尚书萧逵进谏，由政府编纂绍兴（1131—1162）以来出现过的有关经籍和诗赋的答卷。
1216	呈状陈述，为科考应试而印制的小字本“以经史纂辑成类，或赋论全篇……巧于传录者既以幸得，而真有问学者未免见遗”。
1223	国子博士杨璘和太学博士胡刚中联合上奏，谴责考试舞弊行为，提及各种巾箱本的泛滥，“经子史集事类”无一不有，并建议焚毁小字本书版，严禁售卖此种书籍。此禁令可先自杭州开始实行，其后各州府应仿效执行。此奏折由礼部转呈国子监进一步讨论与调查。
1253	朝廷发布条令，重申严惩一切考场夹带行为。

出处：

1005：洪迈：《容斋随笔》卷三，第31页。译者按：原文为“后礼部贡院言，近年进士惟钞略古今文赋，怀挟入试，昨者御试以正经命题，多懵所出，则知题目不示以出处也”。

1009：《宋史》卷七，第 140 页。译者按：原文为“（宋真宗）诏：‘读非圣之书及属辞浮靡者，皆严谴之。已镂板文集，令转运司择官看详，可者录奏’”。

1012：彭百川：《太平治迹统类》，第 1898 页。译者按：原文为“五年壬子，上谓宰相曰：‘闻贡院试诸科，举人皆解衣阅视，虑其挟藏书册，有失取士之体，宜令正之。’先是，直史馆刘锴请依本并同保人殿一举。是岁，诸科以挟书扶出者十八人，并同保九十三人，而十二人当奏名，有司以闻”。

1057：《欧阳修全集》卷二，第 872 页。

1101：徐松：《宋会要辑稿·选举》四之三。译者按：原文为“九月十日，臣僚言：‘窃谓使士知经，咸欲如元丰之盛，莫若取诸经时文印板，一切焚毁。今后除府、监发解、省试并太学补试、公私试第一名经义方许印行，其余悉不得贾售杂乱。仍行下国子监，严立科条，开封府常切检察’”。

1108：《宋会要辑稿·刑法》二之四八。译者按：原文为“七月二十五日，新差权发遣提举淮南西路学事苏棫劄子：‘诸子百家之学，非无所长，但以不纯先王之道，故禁止之。今之学者程文，短晷之下，未容无忤，而鬻书之人急于锥刀之利，高立标目，镂板夸新，传之四方。往往晚进小生以为时之所尚，争售编诵，以备文场剽窃之用，不复深究义理之归，忘本尚华，去道逾远。欲乞今后一取圣裁，傥有可传为学者式，愿降旨付国子监并诸路学事司镂板颁行，余悉断绝禁弃，不得擅自卖买收藏’”。

1112：《宋会要辑稿·选举》三之五六，四之七，六之二七。

1114：《宋会要辑稿·刑法》二之六二，二之六七。译者按：原文为“权发遣提举利州路学事黄潜善奏：‘仰惟陛下推崇先志，凡非先圣贤之书，若元祐学术政事害于教者，悉毋习。士宜强学待问，以承休德。而比年以来，于时文中采摭陈言，区别事类，编次成集，便于剽窃，谓之《决科机要》，偷惰之士，往往记诵以欺有司。读之则似是，究之则不根，于经术本源之学为害不细。臣愚欲望圣断特行禁毁，庶使人知自励，以实学待选。’诏立赏钱一百贯告捉，仍拘板毁弃，仰开封府限半月，外州县限一月”。

1117：《宋会要辑稿·刑法》二之六七。译者按：原文为“七月六日，臣僚言：‘臣窃惟朝廷大恢庠序，养士求材，每患晚进小生蹈袭剽窃，不根义理。顷因臣僚奏请，尝降御笔，明行禁绝。书肆私购程文，镂板市利，而法出奸生，旋立标目，或曰“编题”，或曰“类要”，曾不少禁。近又公然冒法如昔，官司全不检察。乞令有司常切检举，缉捕禁绝’”。

1145:《宋会要辑稿·刑法》二之一五一；李心传：《建炎以来系年要录》卷一五四，第2496页。译者按:《宋会要辑稿》原文为“十五年十二月十七日，太学正孙仲鳌言：‘诸州民间书坊收拾诡僻之辞，托名前辈，辄自刊行，虽屡降指挥禁遏，尚犹未革。欲申严条制，自今民间书坊刊行文籍，先经所属看详，又委教官讨论，择其可者许之镂板’”。

1155:《建炎以来系年要录》卷一六八，第2744—2745页。译者按：原文为“戊辰，右朝奉郎新知汉州蔡宙言：‘乃者监司、郡守妄取诡世不经之说，轻费官帑，近因臣僚论列，已正其罪，重加窜责矣。臣愚窃谓全蜀数道素远朝廷，岂无诡世不经之书以惑民听？欲望申严法禁，非国子监旧行书籍，不得辄擅镂板。如州郡有欲创新刊行文字，即先缴纳副本看详，方行开印。庶几异端可去，邪说不作。’上曰：‘如福建、四川，多印私书，俱合禁止，可令礼部措置行下’”。

1156:《建炎以来系年要录》卷一七二，第2827页。译者按：原文为“庚申，执政奏铨试院获到怀挟者三人。上曰：‘铨试乃出仕之始，将来官显皆自此擢，岂容冒滥。’沈该曰：‘此自有法。’上曰：‘当依法行，以戒后来。’上又曰：‘自来士人许带《韵略》，多缘此杂以他书。’乃诏今后《韵略》及《刑统》律文等并从官给。时试院吏卒于交卷启关，公然作弊”。

1159:《建炎以来系年要录》卷一八二，第3037页。译者按：原文为“诏州县书坊，非经国子监看详文字，毋得擅行刊印。以言者论私文异教，或伤国体，漏泄事机，鼓动愚俗，乞行禁止也”。

1171:《宋会要辑稿·选举》四之二九。译者按：原注误作五之四〇至四一，应在四之二九，时间为绍兴二十六年（1156）而非乾道七年（1171）。原文为“今后省试、太学国子监公试、发解铨试并试刑法，令国子监印造《礼部韵略》、《刑统》律文、《绍兴敕令》格式”。

1177:《宋会要辑稿·刑法》二之一二九。译者按：以下两条均在宋宁宗庆元四年（1198），而非宋孝宗淳熙四年（1177）。

(1)“四年二月五日，国子监言：‘福建麻沙书坊见刊雕《太学总新文体》，内丁巳太学春季私试都魁郭明卿《问定国是》《问京西屯田》《问圣孝风化》。本监寻将案籍拖照得郭明卿去年春季策试即不曾中选，亦不曾有前项问目。及将程文披阅，多是撰造怪辟虚浮之语，又妄作祭酒以下批凿，似主张伪学，欺惑天下，深为不便。乞行下福建运司，追取印版，发赴国子监交纳。及已印未卖，并当官焚之。仍将雕行印卖人送狱根勘因，依供申取旨施行。’”

(2)“二十一日，臣僚言：‘乞将建宁府及诸州应有书肆去处，辄将曲学小儒撰到时文改换名色，真伪相杂，不经国子监看详，及破碎编类，有误传习者，并日下毁板，仍具数申尚书省并礼部。其已印未卖者，悉不得私买。如有违犯，科罪惟均。’”

1180：《宋史》卷三五，第672页；毕沅等：《续资治通鉴》，第935页。译者按：此出处当有误，或为《宋会要辑稿·崇儒》一之四三：“诏自今国学程文，依旧法从国子监长贰看详，可传示学者，方许雕印。”

1190：《宋会要辑稿·刑法》二之一二四；彭龟年：《止堂集》卷一，第2—4页。译者按：《宋会要辑稿》原文为“绍熙元年三月八日，诏建宁府将书坊日前违禁雕卖策试文字日下尽行毁板，仍立赏格，许人陈告。有敢似前冒犯，断在必行；官吏失察，一例坐罪”。《止堂集》原文为“今乃一切以时文教之，编类成帙，公私刊行。凡应进士者，家家售之，父诏其子，兄语其弟，以为朝廷取士不过如此。朝读夕思，惟此是习，经史子集，将覆酱瓿。臣恐天下文章益见凋敝，必又甚于今日也”。

1195—1200：《庆元条法事类》卷一七。译者按：《庆元条法事类》卷一七里有诸多规定，如“诸雕印御书、本朝会要及言时政、边机文书者，杖八十”；“诸私雕印文书不纳所属详定辄印卖者，杖一百”；“诸举人程文辄雕印者，杖八十”；“事及敌情者，流三千里”。

1198：《宋会要辑稿·刑法》二之一二九。

1199：《宋会要辑稿·选举》五之一九。译者按：此出处当有误，或为五之二一：“既而礼部尚书黄由等言：‘窃见向来臣僚奏请，凡书坊雕印时文，必须经监学官看详。比年所刊，醇疵相半，未足尽为楷则。策复拘于近制，不许刊行。乞将今来省试前二十名三场程文，并送国子监校定，如词采议论委皆纯正，可为矜式，即付板行。仍乞检会陈说所奏，将《三元元祐衡鉴赋》《绍兴前后论粹》《擢犀》《拔象策》同加参订，拔其尤者并付刊行，使四方学者知所适从。由是追还古风，咸资时用。’从之。”

1201：《宋会要辑稿·选举》五之二四。译者按：原文为“十二月十八日，臣僚言：‘日者士风趋伪，缪相传习，于是场屋之文，始有肆为迂僻者。臣淳熙间蒙孝宗赐对，乞将日来妄立名字，私著论说、策议、讲解、杂文等，遵用旧法，非经国子监看详辄刊行者，并令毁板’”。

1205：《宋会要辑稿·选举》五之三一。译者按：原作五之三，误，应在五之三一，原文为“权礼部尚书萧逵等言：‘……乞检会指挥，委监学官公共选择绍兴以来累举所取六经义、诗赋、论策，撷其文词典雅、学问该赡而脍炙众口、可传诵习者数十篇，特令刊行，使士子有所矜式’”。

1216：《宋会要辑稿·选举》六之二五。译者按：此出处当有误，或为六之二七。原文为“九月二十七日，臣僚言：‘窃惟国家设科取士，得人之盛，视古无愧。近年条制寖宽，士气日卑。上之人务兼容为宽德，不加检核之严；下之人以苟进为得计，益萌侥幸之望。况由秋试选之春官，苟不加精核于其始，则何以考察于其终乎！夫挟书有禁，旧制也。今郡至棘闱，日未及中，残编散帙，盈于阶陀。甚者以经史纂辑成类，或赋论全篇，刊为小本，以便场屋。巧于传录者既以幸得，而真有问学者未免见遗’”。

1223：《宋会要辑稿·选举》六之四九至五〇。译者按：原文为“国子博士杨璘言：‘恭惟陛下光履帝位，今三十年，慕道益勤，求才益切。迨兹大比，登进多士，亲策于廷，岂曰应故事而已？迩来士习卑陋，志在苟得，编写套类，备怀挟，一入场屋，群趋帘前，以上请为名，移时方散。人数丛杂，私相检阅，抄于卷首，旋即掷弃。巡案无从检察，所作率多雷同，极难选取，侥幸者众。今书坊自经子史集事类、州县所试程文，专刊小板，名曰夹袋册，士子高价竞售，专为怀挟之具，则书不必读矣。窃见科举条制，怀挟殿五举，不以赦原。见有三数举前犯人，并从实殿，不与放行，而书坊公然抵禁。若不约束，将见循袭，学不务实，文不该理，科目之设，愈难得人。乞申严〔怀〕挟之禁，仍下诸路运司，令州县拘收书坊挟袋夹小板，并行焚毁，严立罪赏，不许货卖。自临安府书坊为始。’后批送礼部看详。既而礼部国子监据太学博士胡刚中等言：‘怀挟之禁非不严切，近来场屋违戾，书坊规利，撰印小册，名曰夹袋，以便其用。若不痛革，此弊日滋。欲从礼部行下诸路运司，遍州县，应书坊夹袋小板怀挟，日下焚毁，不许货卖。严立罪赏，务在必行。本部欲从国子监看详施行’”。

1253：《续资治通鉴》，第 4736 页。

法律条令中通常会有奖励条款，凡举报违令刻印禁书者，可获 30 至 100 吊铜钱（从没收的财产中抽取）作为奖赏。这一奖励条款应该行之有效，一定程度上解释了为何存世的这种书如此稀少。另一方面，其本身的工具性也决定了使用寿命不可能太长。如果 1112 年的呈状所提及的现象为实，夹带材料一定很廉价，以至于应试者离开考场时不惜将其弃置不顾。① 至少从理论上来讲，那些印制与销售科考资料者，较之其顾客，所受惩罚应严厉得多。毕竟法律并未明文规定考场外不得使用此类书籍，考场内使用小字本者也不会受到体罚。事实上，如同潘铭燊所指出的那样，夹带此类资料轻而易举，因为考生获准可以携带字书之类的参考资料进场。作为预防措施，1156 年，考场受命提供此类参考书，但此项举措显然没有贯彻执行下去。②

第三，据 1216 年的呈状，夹带材料的内容包括摘要、按主题分类的经部和史部典籍讨论、注疏节选，可谓除正文外无所不有。这也在情理之中，因为正文本身对应试时尚未将经典铭记在心的考生毫无用处，而夹带的材料却能供他们抄袭。众多夹带材料提供的正是他们作文之所需。考诗赋科的有论、赋、诗、策类

① 轶闻中的证据为舞弊以及其他刻印的科举资料的价格提供了一点信息。此为具有诗人及官员双重身份的辛弃疾（1140—1207）的一则轶事：（辛弃疾）既归宋，宋士夫非科举莫进。公笑曰：“此何有？消青铜三百，易一部时文足矣。”已而果擢第。孝宗曰：“是以三百青凫博吾爵者？”见王恽：《玉堂嘉话》卷二《辛殿撰小传》，第 19 页。感谢刘祥光引起笔者对这个故事的注意。尽管一本价值 300 钱的书籍不是很昂贵，我们也没有足够的市场书价信息来判断它有多廉价。宋代留存的书籍价格信息相当少，且主要都是高质量的监本的。参见王仲荦：《金泥玉屑丛考》，第 393—394 页；以及杜希德：《中国中古时期的印刷与出版》，第 64—65 页。

② 李心传：《建炎以来系年要录》，第 2827 页；潘铭燊在《宋代的书籍与印刷》第 110 页引此文。

书籍，考经义科的也有相应的文、论、策，都能轻易塞进袍袖，夹带进考场。

第四，由官方机构编纂历届科考最佳答卷的建议虽几经提出，但似乎并未被很好地采纳。官方担心，考生会迷信那些能帮助他们通过考试的、流行却非正统的思想，不再潜心研究经典的真义。这种担心导致无数官员纷纷奏呈朝廷，如 1108 年的学事苏棫建议只有官府才能获准印制标准答卷。然而，国家试图重新获得对科考资料的专有权和控制其泛滥的诸多努力似乎都收效甚微。例如，1199 年和 1205 年的奏章都请求官府出面对绍兴年间(1131—1162)，即 40 多年前的科考答卷进行编纂、注解、刊刻。此建议虽得到实施，但数量和规模都有限，偏重经部类的答卷。而且，由于主要评判标准是思想正统、文风优雅，用这些答卷作为标准，实际上是一个颇为不稳定的主张，难以适应政治和文化潮流的激变。最后，即使官方编纂出版了这样一部答卷集，也极有可能相对昂贵，从而催生一系列廉价的坊刻本，每本都会声称拥有前述各种特征来吸引顾客。整个过程又将重新开始。

13 世纪早期，岳珂将这一情况总结如下：

自国家取士场屋，世以决科之学为先。故凡编类条目、撮载纲要之书，稍可以便检阅者，今充栋汗牛矣。建阳书肆，方日辑月刊，时异而岁不同，以冀速售。……珂尝考承平时事，盖已尝有禁。……今此等书遍天下，百倍经史著录，盖有不胜其禁且毁者，要亦何能混才学之浅深？潜善之请隘矣。①

宋代官府在建立科举考试制度的同时，也帮助建立了一种日渐融入社会、逐步脱离国家控制的考试文化。科考资料的生产、

---

① 岳珂：《愧郯录》卷九，第 78 页。

出版及使用远远多于任何其他类别书籍的事实，清楚地证明了这一点。即使是官府率先编纂或校勘发行的官刻本，知识产权很快也会变成全民共有。在一个印刷术作为文本转换媒介无处不在的社会，它也必将是平衡文本内容权威的一个重要杠杆。多数科考资料都适时地迅速消亡，但并非全部。比如，一些优秀的类书得以编纂。[①] 并且，在一个生活中无处不有经典存在的文化传统里，学者责无旁贷地对这些典籍重新校雠、注疏、研究或节录摘抄，印刷术的巨大潜能使他们充满信心，希望自己的辛勤付出不仅能惠及同时代读者，更超越时代，留传给后人。

总之，自北宋以降，麻沙本也许是有以上所述的一切弊病，但它们与时俱进的强劲增长也证明了商业印刷发展的某种不可避免性，尤其是在一个远离城市最大书业贸易中心的偏远地区。建阳出版商绝对不是粗制滥造的图书的垄断者，但是建阳书业贸易可能越来越依赖于这些劣质印品。与优质印本相比，这些书籍生产成本低廉，运输成本和金融风险也小许多。更重要的是，它们控制了更大的市场。元代建本中麻沙本的日渐增多，或许能很好反映远途书业贸易不断增长的重要性。

建阳印本一览

对建阳印本的调查首先从讨论宋元时期建阳刻印的书籍种类开始，然后选择一些书做进一步审视，以理解这三个世纪里商业印刷带来的发展趋势和在中华文化中所起的重大作用。表 C. 2 将宋本[②]、元

---

① 关于此类著作的讨论，见魏希德《宋代士人生活的方方面面》“Aspects of Song Intellectual Life”。关于建阳刻印的类书，本章下一节会进一步探讨。

② 此 192 部宋本几乎都是南宋时期的作品，更准确地说，是约 1160 年以后的。

本和明本按传统的四部分类法[1]分类。此表基于本研究过程中对两千余种建阳本所做的一个目录，见附录C，所以目录存在的问题此表中也存在。对于研究建阳图书贸易业的历史发展来说，各种印本的分布流传以及随时间而产生的变化，远比每一种类印本的绝对数量要有用得多。表中包括除官府衙门外的所有刻印者，因为无论是明显的商业出版者、还是家塾或者书院，所刊刻的书籍在流传上并无太多区别。

除了潘铭燊整理的有关宋代出版商种类的数据[2]，还没有其他与表C.2类似的流通表。因此，还无法对建阳地区的坊刻本和非坊刻本，或中国其他地区的刻本做出最终比较。不过，由于建阳出版业自宋代以来的广泛地域影响，我们可以借表C.2中的信息来对宋元时期全中国的书籍文化做一个更宏观的推断（有关明代的讨论留待后两个章节）。

讨论总体上按照表C.2中四部分类的顺序进行。不过，笔者偶尔会跳出这个顺序，根据讨论的逻辑思路将某类作品放在一组。比如，子部儒家类里的许多著作，主要是后期儒家的著作，将会与经部典籍和“四书”一起讨论，这不仅因为内容相似，也因为在宋元时期此类书籍的流通趋势相仿。

---

① 尽管使用四部体系明显有困难，但因为几乎所有传统中国著作中的目录都采用四部体系或其变种，所以笔者决定仍在表C.2中保留这一体系，并用其整体组织本章及之后章节的调查表。见附录C关于此问题的讨论。

② 关于按照中央与地方政府机构所采用的四部分类系统来划分的刻本分布情况，见潘铭燊：《宋代的书籍与印刷》，表8，第123页以及表12，第135页。所有的经典与注疏皆分于一组，未进一步划分。关于来自8个私人书院、共计17部的刻本，见潘铭燊：《宋代的书籍与印刷》，表13，第154页。关于商业性的坊刻本，见潘铭燊：《宋代的书籍与印刷》，表14，第170—171页，但潘氏的表格缺乏数字分布情况，只提供了已知姓名的56位出版商作品所覆盖的主题，且仅仅是基于128部刻本这个相当保守的数字之上。尽管几部更早的著作没有对已知刻本进行任何有关地区、出版商种类或时期的完整调查，但它们仍然颇有用处。见王国维的《两浙古刊本考》，以及叶德辉《书林清话》中的一系列文字。

经部

经籍、“四书”、儒家著作　从宋至元，儒家的经典著作一直是建阳出版业的支柱产品。将两个朝代的书籍产出做一对比，会发现宋元两代其在书籍总产出中所占比例基本相同。“经部”总体上的明显变化来源于“四书”类著作增多，更明显的变化是后期子部著作的巨大增长。

元代“四书”类著作（相对于“五经”类）受到更大欢迎，反映了它们在科举考试中分量的增加，也反映了道学倡导者，包括朱熹的关门弟子及其在建阳的部分好友的宣扬。他们对道学的宣讲与教诲，一直延续到了元代。在已知的 13 种“四书”类建阳本中，9 种年代可以确定，为 1313 年朱熹集注得到元朝官方正式认可之后刊刻的。另 4 种刊刻年代不详。

经部典籍与注疏也是同样情况。在已知的 44 种建阳本中，30 种刊刻于 1313 年以后；3 种 1313 年以前的，1 种由熊禾的洪源书院于 1289 年刊刻，另外 1 种由熊禾的亲戚熊敬于 1305 年刊刻。[①] 这些刻本的年代表明，到元代时，即使面临着极小的参试份额、通过考试的希望微乎其微，但为通过科举考试而研究典籍的习惯已经深深植根于中国的文人阶层，牢不可破。

我们或许可以断言，撰写或编纂“四书五经”类书籍的人对参加科举考试或在元朝做官的兴趣极小，更多是为了在一个学术之光极其晦暗的非常时期保存与光大中华学术。毋庸置疑，元代的文人圈子里有忠宋以及归向儒家隐逸主义的倾向。[②] 这种隐逸

① 关于熊禾及其交往者的忠宋思想以及隐逸避世之学，见第三章关于建阳出版商的部分。

② 见劳延煊：《元代初期的南方学者与教育制度初探》。

避世的世界观有着道学自我修养观的支持，在理学的大本营之一建阳地区尤其流行。不过，这一观点不足以解释为什么他们的著作要以商业印刷的方式出版，科举考试制度的恢复则给出了部分解释。

经部和“四书”类书籍在元代的商业出版中仍然十分重要的另一个原因，必定与所刻书籍的特定种类有关。上文提到的洪源书院 1289 年刻《易学启蒙通释》是《易经》的通俗读本。事实上，建阳本中的经部书籍，无论是书院所刻，还是商业书坊所印，占据显著地位的是蒙学本，也称启蒙本、蒙求或童子问，元代的这一现象比宋代更为突出（明代出版量更大）。元代建阳本中，《易经》《诗经》《周礼》《春秋》至少各有一种蒙学本，“四书”则至少有两种。这样的倾向表明，学者和刻印者都越来越愿意撰写和出版有关经部典籍的浅显易懂的普及本，其目的大概不仅仅是为了教育小孩，也为了启蒙年长的读者。①

在元代，这种倾向不仅出现在建阳地区，也出现在全国其他地区。② 比如，一本 428 字、题为《性理字训》的四言经书蒙学本，最初的编写者是朱熹的门人，后经南宋末的一位学者注解，元代又经徽州休宁的一位学者增补，最后由另一位休宁学者再注。该作品很好地体现了徽州与建阳的学者和出版商之间的联系。其一，在洪源书院刻印的《易学启蒙通释》的序言里，熊禾写道，该书的作者胡方平也是一名徽州学者，其子游历武夷山时

---

①　众多“蒙学本”由道学家们撰写并推广并非出自偶然。第一部类似著作《近思录》由朱熹和吕祖谦于 1173 年编纂，或许能被视为后世向读者介绍“四书”及经典（最终达到道德自修的目的）著作的典范。因此，当熊禾与刘应李这些朱熹再传弟子遵循传统编撰这类启蒙文本时，他们所针对的是高等级读者。其他文本则相对浅显得多，在元代更为流行。

②　对元代徽州学者从事这类活动的描述，见刘祥光：《教育与社会：徽州官学与私学的发展，960—1800》“Education and Society：The Development of Public and Private Institutions in Hui-chou，960—1800”，第 4 章。

改订了此书。其二，另一位徽州学者倪士毅在《重订四书辑释》编纂完毕后，将书稿卖给了建阳著名坊刻商——日新堂（表 B.1，36 号）的刘叔简，刘叔简刻印了 1341 年版，一年后又刻印了修订版。[①]

需强调的一点是，学者并非从元代才开始认为此类书籍值得一写，一些元代刻印的经部蒙学书和指南手册其实是创作于南宋的。宋元更替所带来的政治、社会和文化的变迁不仅没有阻碍，反而刺激了这类书籍的编写和出版。另一方面，如果宋朝没有覆灭，此类书籍还会如此泛滥吗？如果我们把眼光向后看，关注一下明晚期商业出版的状况，答案可能是肯定的。在明代，这些启蒙指南书籍，包括所有其他与科考有关的印刷品，将成为出版界的支柱新产品。此类书籍在元代的日渐重要并不代表与宋代书籍及出版发展潮流的断裂，而是进一步加强了业已存在的一种趋势，并将此趋势一直延伸至明代。

现存的宋代建阳刻印儒家著作[②]，呈现出一种极为有趣的多样性，但并不能代表当时的任何思想流派。比如，虽然朱熹与吕祖谦（1137—1181）合编的道学启蒙著作《近思录》至少有一种版本，但也有陆九渊（1139—1193）的《象山先生语录》。[③]《扬子法言》有两种版本，《荀子》有三种，《文中子》有一种。这众多版本有其共同点，那就是与科举考试紧密相关。魏希德考察了三部科考答卷集后发现，后三种著作在科考出题时被大量引用。[④]曾氏家塾版的《文场资用分门近思录》问世后，又出了佚名著

---

① 《四库全书总目》第一册卷三七，第 308—309 页。感谢刘祥光提供的信息。

② 这些著作被列在表 C.2 的 3-1 部分。

③ 除了表 C.2 统计的儒家著作，还有三种是在宋代福建建宁府转运使吴坚提供的官方赞助下刊刻的书籍：张载的《张子语录》，杨时的《龟山先生语录》和朱熹的《朱子语录》。

④ 魏希德：《科举规范的构成：道学和南宋科举文化》，第 25 页及“附录”表 I。

《近思后录》，编排体例如出一辙。[①]

元本经部书籍反映了道学日渐增长的重要性，尤其是在建阳地区。除《荀子》外，其他这一类著作显然都是道学拥护者所著，或被他们所推重。基础道学选集有《朱子成书》、《晦庵先生语录》，前章所述熊节编、熊刚大注《性理群书》，以及至少有两种版本的《孔子家语》。《孔子家语》在明代建阳出版商中尤其受欢迎。

小学 元代刻印的越来越多的小学类建阳本，展现出截然不同的趋向。[②] 在 14 世纪，仅《大广益会玉篇》就有 7 种建阳本。《玉篇》的原本编纂于 6 世纪，但所有的宋元印本都是以 30 卷北宋官修本为底本。[③] 建阳本虽然也是 30 卷，但实际上是官刻本的删节本，这一点并未在刻本中说明。不过，有 3 种版本额外提供了该字书的使用指南和改正宋官刻本错讹的两个注解。北宋官方校正本《广韵》也同样受欢迎。存世的 7 种元刊建阳本并非都能准确断代，但至少其中 3 种是 10 年之内刻印的。这明确表明，出版商密切关注着书籍市场。同样令人感兴趣的是，虽然有一种宋本是 1008 年官修本的非删节本，元刻本却都翻刻自后来的删节本。[④] 另一部北宋时编纂和刻印的《礼部韵略》，元代时在建阳至少翻刻了 5 次。[⑤] 仔细检视其中 3 种（图 22a—c）会发现，刻印

---

① 正如魏希德（《科举规范的构成：道学和南宋科举文化》，第 118—119 页）所指出的，这种将著作内容重新分类以利于以科举考试为目标的学习的倾向也影响了道学文本。曾氏家塾本或许在 13 世纪中叶刻印。由于没有《近思后录》的其他版本，这部著作可能是曾氏家族出版商在建阳地区编纂的。

② 见本章上文关于麻沙本的部分，以及图 22a—c 字书内的插图。

③ 见刘叶秋：《中国字典史略》，第 70—75 页。关于另外两本坊刻本（或许亦来自建阳地区），见吴光清：《辽、金、元及西夏的印刷》，第 494 页。

④ 对《广韵》的概论，见赵诚：《中国古代韵书》，第 43—53 页。吴光清（《辽、金、元及西夏的印刷》，第 495 页）列出另外 3 种元代坊刻本，其中一种亦或许来自建阳。

⑤ 见赵诚：《中国古代韵书》，第 58—62 页。根据吴光清（《辽、金、元及西夏的印刷》，第 495 页）的研究，至少有 5 种坊刻本来自建阳以外的地区。

者采取了影刻旧版的捷径，从而导致 3 个印本看上去几乎完全相同。

此类书籍无疑是研究经典的重要工具，对阅读和写作也是通用的参考，如应用于对联、短诗和戏文唱词的韵律学。对此类用途的讨论确实激发了新一批著作的问世。例如，周德清（约 1270—1324 后）曾经批评用《广韵》作曲，因为那样就掺杂了南方语音。他自己的著作《中原音韵》（1324 年刊）只收北方语音，因为曲发源于北京地区。建阳刊刻的《乐府新编阳春白雪》被周视为违背只收北方语音原则的一个示例。不过可以肯定，坊刻本《广韵》的广泛流传的确促进了南方音韵的使用，从而为作曲带来了新的可能性。[①]

史部

在宋元两代，正史和编年史，及其节略本和纲目，占据了建阳出版史籍的主要部分。进一步审视这些印本则发现，两个朝代其实有很大不同。首先，史部宋建阳刻本中约有一半实际上是正史。而且，20 种中有 11 种是家塾所刻。建阳出版商刻印了如此众多的正史著作，乍看之下似乎不合情理，因为这类书通常都是鸿篇巨制，市场的需求和竞争比不过那些在考生准备科举考试时能立刻派上用场的小册子。究其原因，或许与家塾在其中所起的作用密不可分。他们所拥有的财富与知识积累，足以使其能一如既往地致力于出版校勘精良、印刷精美的大部头著作。

宋建阳刻本《史记》可以佐证这一论断。其最早的刻本成书

① 见杜为廉（William Dolby）于《印第安纳中国古典文学指南》“*The Indiana Companion to Traditional Chinese Literature*”所撰“中原音韵”条目，第 370—371 页。

于1057年，名《史记索隐》，有唐司马贞的“索隐”和陆德明的“音释”，但并没有《史记》正文本身。[①] 1057年的刻本是最早带有司马贞“索隐”的版本，而其“索隐”并未收录在有“集解”的各种监本中。而且，在后来5种既有“集解”又有“索隐”的《史记》印本中，建阳本就有两种。

多样化的刻本表明，监本的影响力虽然巨大，且的确激发了同类作品的诸多后刻本，但其影响并非直接见效。也就是说，宋代官府在自身进行大规模全方位的出版活动的同时，触发了非官方出版机构和人士刻印大量无现存官刻本可参考的版本。带有“索隐”的3种建阳本《史记》，完全可能是与持有该著作写本的当地学者一起合作刻印的。他们认为“索隐”是《史记》学术传统的一部分，与“集解”同等重要，须将其印刷并广为传布。2种南宋建阳本《史记集解索隐》的刻印者标明自己属于家塾。此类刻印者能够基于监本和其他官刻本校勘自己刻印的作品，并跟随宋代的学术风尚，致力于产出全无错讹的文本。车淑珊指出，私人刻印者通常有更多机会刊刻此类作品，黄善夫所刻印的《后汉书》题记中甚至鼓励读者向出版方举报书中发现的任何错误。[②]

科举考试的重要性也意味着商业刻印者印制最多的是考生所需的材料。有趣的是，建阳出版的正史著作与科举考试作文命题来源的史部著作之间的确存在粗略的对应。建阳本《前汉书》有4种，《后汉书》有5种，《新唐书》有3种。[③]

无论是正史还是编年史著作，都有许多详解（详节）版。

---

① 关于不同《史记》版本的说明，见贺次君：《史记书录》，地平线出版社，1972年版。书中第34—39页有关于1057年建阳本的描述。

② 车淑珊：《中国宋代的书籍文化与文本传播》，第73页第188号注释。尾崎康于《正史宋元版研究》第261—262页翻印了书中牌记叶及正文的部分抄本。

③ 见魏希德：《科举规范的构成：道学和南宋科举文化》，第24—25页及“附录”表I。

《十七史详节》至少有两种，《史记》和《三国志》则每一部分都有南宋最有名的文章大师吕祖谦做的详解。吕祖谦还对北宋范祖禹（1041—1098）所撰建阳本《东莱先生音注唐鉴》做了音释。潘铭燊指出，吕祖谦本人可能无意出版其注解，也没有从中获益。[①] 同样的情况存在于编年史中，一种司马光《资治通鉴》的建阳本，就有至少 5 种详节本。所有详节本的出版商都没有在刻本上标明自己的姓名，这本身或许就能说明一些问题。我们知道确切姓名的出版商只有一个，那就是詹光祖（表 B.1，77 号），他于淳祐年间（1241—1252）刻印了朱熹及其学生将司马光原著大加改写而成的《资治通鉴纲目》。13 世纪中期，道学正在获得重要的官方认可[②]，朱熹及其弟子的著作得以出版得越来越多。

元代时，由于建阳地区的家塾刻坊几乎全部消失殆尽，正史著作印刷量急剧下降。[③] 事实上，列在正史类的 3 种元刻本中，只有《前汉书》一种明确是新刻的建阳坊刻本。另外两部，一部是《新唐书》南宋建阳刻本的重印本，另一部则是前后《汉书》的考证。

正史及相关著作的数目增长有两个值得注意的趋势。第一，延续了自宋代以来详节本的流行。虽然《资治通鉴》以及朱熹的《资治通鉴纲目》各自只有一种建阳本，但详节本多达 3 种，外加一种节要本。第二，可能与出版商急于提供宋史著作有关。建阳出版商至少出版了两种 18 卷（!）本《续（宋编年）资治通鉴》。该书据称为李焘所撰，却是一部有关整个北宋历史的奇怪大杂烩。此本“目录”末有“武夷主奉刘深源校定”一行字，表

① 潘铭燊：《宋代的书籍与印刷》，第 176 页。

② 见魏希德：《科举规范的构成：道学和南宋科举文化》，第 325—326 页。

③ 尽管此解释有几分循环论证之嫌，但似乎比官方阻碍的可能性大，因为正如吴光清（《辽、金、元及西夏的印刷》，第 463—469 页）所指出的，元代最雄心勃勃的官方计划之一就是刻印“十七史”，这一计划被分派到江浙行省的众多书院。

明该书是应建阳出版商要求而编纂的。[①] 至少有一位建阳出版商将此书与另外两部南宋编年史合为一编，分别是刘时举撰、纪1127年至1224年史事的《续宋中兴编年资治通鉴》，以及无名氏撰、纪1225年至1278年史事的《宋季三朝政要》。[②] 最后，一部元代刻印的《宋史全文续资治通鉴》，尽管无法确认出版者，从品相上看，极有可能出自建阳。所有这些宋代编年史都是1312年开始在建阳地区刻印的，早于官修《宋史》的编纂。这表明，忠宋之心有可能是这些刻印活动背后的动力，就如同300年后对南明的忠诚催生了某些建阳本一样。

子部

子部是一个极其分散的大类，最大的子类是儒家著作（已在“四书五经”类讨论过）、医书和类书。

医家 宋代，中央政府主持了大约38种医家类著作的撰写、编纂或重纂以及刻印。[③] 宋代的商业出版者通常会以这些官刻为

---

① 李焘的这部长篇著作大部分在南宋末期已不复存在，至元代则散佚更多（见斯波义信关于此著作的条目，收录于吴德明（Yves Hervouet）:《宋代书录》“*A Sung Bibliography*”，第73—74页）。对元代的出版商们来说，获得其残本的印本可能很困难，因此他们只好借助于事涉北宋的十八卷本著作，以及上述两部涵盖南宋史事的《资治通鉴》。来自武夷的校定者表明这部似是而非的著作是在建阳地区编纂的。

② 陈氏家族余庆堂（表B.1，8号）印本仍存留于世。李焘著作的现存刻印本以及由云衢张氏家族（表B.1，81号）刻印的《宋季三朝政要》显示，张氏家族刻印了全部三部著作。朱氏家族的与耕堂（表B.1，87号）则明显采用了与余庆堂同样的书版。《静嘉堂文库宋元版图录》第1册的第171—181页以及第2册的第348—359页展示了这些著作中的几部。

③ 潘铭桑:《宋代的书籍与印刷》，第123页。这些印本大多数是在南宋时刻印的。由隶属宋代中央政府的多个部门刻印的38种版本有约25个不同的书名，当中有些是以前刻本的修订版。此外，潘铭桑（《宋代的书籍与印刷》，第135页）列举了宋代地方政府刻印的24部医学著作。

模本，走捷径刻印自己的版本。这种风气在元代虽然有所减弱，但仍然盛行。官刻和坊刻混杂在一起，使人们觉得，宋代的医学著作传统上以方书、本草、伤寒论等相关著作汇编为主，这种传统受到后来金元时期有影响力的医家的批评和改正。[①]

坊刻铺大量翻印医家著作，尤其是大部头的方书集成，表明此类书在宋代非常流行，元代更为普及。首先，9 部宋版医书中有 5 部、19 部元版医书中有 12 部都是方书集[②]，而且都是名著的翻刻本。14 世纪后半叶，宋太医局编《太平惠民和剂局方》至少有 4 种翻印本（1107—1110）。[③] 同时期该书还有第 6 种建阳本，声称是新版，实则是两种不同旧版的拼凑本。

另两种宋刻以及两种元刻医书是本草类著作（也含有医方）。元本中还有两种针灸书、一种论查脉书、一种论伤寒小书。医经类著作只有一种，即《黄帝内经素问》。[④] 这些医书几乎每种都有文辞浅近的段落，未经专门医术训练的外行也能读懂并运用。明代建阳刻印的医书种类较前期要丰富许多，但近四分之一仍然是医方集或本草类著作。

建阳地区出版了如此众多的医书，或许反映了该地区的出版商及其亲属对医术持有较大的专业兴趣。这在熊氏家族中的确如此，其卫生堂显然已易名为种德堂，在明代出版了更多医家类

① 关于宋代医学知识的学术及非学术传承，见梁其姿：《宋代至明代医学的传承》“Transmission of Medical Knowledge from the Song to the Ming”，第 2—8 页；关于金元时期医学的转变，见其书第 8—19 页。

② “方书”不仅是药方与配方的汇编，也是关于医药多方面的、广泛的、一定程度上更为理论性的讨论，以及关于多种疾病病痛更为专门性的讨论。不过，这种著作之所以畅销，更多是因其药方与配方人人皆可采用。

③ 关于这部著作不同版本的目录信息，见冈西为人：《宋以前医籍考》，第 765—787 页。

④ 建阳医经出版物在明代的剧增，主要得益于熊宗立编撰并出版了各类医学著作。

著作。

类书 类书通常被外译为“百科全书”，将多种文献中的段落按主题分类编排而成。编纂者除了编选材料，还会加以评注或总结，此二类工作有时同等重要。类书采摭群书，从家用手册到文牍指南、语录、答卷、小说集，再到真正意义上的百科式著作，无不囊括。这些著作涵盖既广，用途亦泛，所以很难将它们进一步细分类目。①

类书早在公元220年就已面世，但到了宋代才具有了越来越多的功能。由于印刷术使更多著作得以面世，学者们更容易像田浩（Hoyt Tillman）所说的那样，“将现有知识系统化、种类化以期更清晰地理解”②，并用于经学和治国之道。印刷术的广泛使用不仅使学者们编纂类书的工作越加容易，而且也保障了编纂者的辛勤付出将得到回报，其读者群将远远超出只有写本的时代。第二，对无法获取浩瀚的原始资料③、或无暇亦无意梳理这些资

---

① 两部最近关于类书的基本介绍分别是胡道静的《中国古代的类书》以及戴克瑜、唐建华的《类书的沿革》。关于宋代类书，见田浩《类书、博学家及道学家：以章如愚为重点的初步反思》“Encyclopedias, Polymaths, and Tao-hsüeh Confucians: Preliminary Reflections with Special Reference to Chang Ju-yü”；以及魏希德《宋代士人的方方面面》。关于类书的分类，见张涤华的《类书流别》；胡道静：《中国古代的类书》，第8—14页；邓嗣禹、毕乃德（Knight Biggerstaff）：《中国参考书选目解题》“*An Annotated Bibliography of Selected Chinese Works*”，第82—128页；以及魏根深（Endymion Wilkinson）：《中国历史手册》“*Chinese History: A Manual*”，第601—609页。即使在同样的四部分类系统内，传统目录学与图书馆目录关于何种著作应被视为类书仍意见不一。例如，某些轶事合集因其内容按主题分类即被编目为类书，尽管这类著作本可以被合理地划分在“小说”或“总集”之下。另一方面，一些选本如《类说》常被分在“杂家”下，尽管这部特殊作品作为类书更有用。

② 田浩：《类书、博学家及道学家：以章如愚为重点的初步反思》，第91页。

③ 尽管出版业的确帮助更多读者有机会获得更多书籍，但是精确测量这种知识传播的范围是颇为困难的。例如，顶尖的学者，尤其是那些身在国都的，往往拥有大量藏书或能够进出政府与私人藏书室。与之相比，大多数科举考生不太可能拥有接触到这些著作的机会。

料的读者来说，类书无疑提供了极大的方便。这一特点在科举考生的应试资料集中尤其明显。[①] 当时的众多学者认为，这一特点集中体现了泛泛而读、不求甚解的阅读方式——对科考答卷，阅读的唯一目的只是死记硬背其内容。然而，这些批评者显然是在进行一场无望获胜的战斗，因为印刷术使越来越多的书得到出版，从而使越来越多的人能够以泛泛而读的方式进行阅读。坊刻商自然在此过程中扮演了至关重要的角色。

宋元时期编纂的大型类书，如《册府元龟》《太平御览》《文献通考》[②] 等，一直到明代才有了建阳翻印本，而且都是官府主持刊刻的。其间的缺失说明，此类大部头作品对宋元时期的建阳出版商们来说，或是无从找到，或是根本不想费时费钱费力去翻印。并且毫不意外的是，大量建阳本类书实质上是按类编排的文学作品集或从名著辑录而来的语录辞典，从中轻而易举就能衍生出新的类似作品。只需对其中10部作品稍加检视就能看出，此类书籍多半摘录同样的段落。究其原因，可能它们多半是由旧的文集重新编排（或抄录）而来，与从头编纂一部新版相比，既快捷又省钱。对于编纂者或出版商来说，即使身处建阳这样一个大型书籍生产中心，也很难获取一部全新版本所需的大量原始材料。

所有宋版建阳本类书都是当朝编纂或大规模修订的。对科考应试有用的类书包括建阳本地人祝穆刻印的《新编古今事文类聚》[③]、

---

① 并非所有科举文集都能被划分为类书，但是有些文集范围非常全面，如南宋林駉和黄履翁所撰颇有价值的《古今源流至论》（将在后文中讨论）。对此部著作的分析，见魏希德《宋代士人的方方面面》。

② 译者注：《文献通考》为政书而非类书，原文疑误。

③ 祝穆的父亲（？—约1246）从安徽新安迁至建阳，从学于朱熹。祝穆的出生地不明，但当地与福建省志皆宣称其为建阳人，如道光《建阳县志》卷一三，第478页。至于《古今事文类聚》，不清楚其建阳本应断代为宋末还是元初。此书由云庄书院的刘氏家族（表B.3，106号）刻印。由于其不仅包括祝穆最初编纂的六十卷，还包括之后所有的附录，该本或许为元刊本。

至少两种从早期小说辑录而成的《类说》[1] 的坊刻本、从宋代名人《行传》中大段摘抄而成的《皇宋事实类苑》，以及《重修事物纪原》。

现存宋版建阳本类书的元代翻刻本中，有一部带有明显的道学成分，题名为《新笺决科古今源流至论》。[2] 这部刊刻于 1237 年的作品含有详细解说社会政治机构史的文章，对科考应试大有用处。一部 1367 年的建阳本是广受诟病的建阳麻沙本的典型代表：版面拥挤，每半叶 15 行，每行竟多达 25 字。此类书籍是建阳出版业的特产，而且从一部现存的刻本[3]上极其模糊的印文来看，其销售量不小。最后，根据本书内容的思想倾向，此版及先前的建阳本毫不意外是由有道学渊源的出版商出版的。[4]

虽然这些类书的编纂初衷是帮助考生应试，但其中也有一些作品历经几世纪仍然被用作案头工具书和写作参考书。例如，虽然祝穆自己强调，《古今事文类聚》是用来加强修养的，并在

---

① 证据源自各种目录中的描述，包括陆心源：《皕宋楼藏书志》卷五八，第 19 页 a 至第 20 页 b；《仪顾堂题跋》卷一〇，第 16 页 a—b，第 17 页 a—b；以及《中国版画图录》第 188 条，指出南宋有两种不同的建阳坊刻本，其中一种被时任建宁知府的叶时采用来刻印 1226 年的另一版本。他之所以选择这种劣质的小字体版，很明显是因为当时别无选择。同时，这也证明即便是如此畅销的著作，其保留下来的概率也很渺茫。

② 见魏希德：《宋代士人的方方面面》，第 17—22 页。

③ 中国国家图书馆古籍特藏，书号 880（以及一个不完整的刻本，书号 13342）。

④ 它们分别是詹氏家族建阳书院元大德年间（1297—1307）刻本以及刘克常（表 B.1，22 号）1367 年刻本。建阳詹氏家族似乎与 1302 年刻印过《新编晦庵先生语录类要》的武夷詹氏出版商（表 B.1，77 号）有亲戚关系，并且与熊禾有关联。正如上文所注，刘克常 1367 年的刻本，其书版或许是早期（1354 年）另一个刘氏家族刻坊产业翠岩精舍（表 B.3，第 102 号）所刻，而精舍的创立者刘君佐亦与熊禾相交往。关于此著作的一个疑似宋本及三个元本的讨论，见魏希德：《科举规范的构成：道学和南宋科举文化》，“原始资料的注释”中《关于起源与发展的基本论文》“Ultimate Essays on Origins and Development”的讨论。1317 年圆沙书院刻本（中国国家图书馆古籍特藏，书号 3688）与刘克常本看起来相似，但我们并不清楚此书院位于何处。

1246年写的序言里谦恭地声称自己辑录摘抄诗文，只是为了弥补记忆力不佳之缺，该书及其前、后、别、续、外、新诸集在明代至少出版了5次，除其他原因外，主要还是得益于其作文帮手的功用。[①]

对建阳类书主体的调查，可以为这一推测提供佐证。调查发现，建阳类书中作文辅助书籍十分突出，包括辞典和写作指南。[②]这些作品与后面将讨论的几部文学作品总集一样，显示了商业文学印刷品的众多因素。除了祝穆的《事文类聚》和前述《类说》，还有两部宋建阳刻本类书，着重于呈现和解释能全文照搬或只需些许改动就可用于自己写作的用语，诸如由唐白居易原辑、宋孔传续辑的《唐宋白孔六帖》[③]，宋吕祖谦辑《东莱先生分门诗律武库》。虽然这些著作显然是面向教育程度较高的读者，出版商对《分门诗律武库》的推销广告却有些夸张："今得吕氏家塾手抄武库一帙，用是为诗战之具，固可以扫千军而降勍敌，不欲秘藏，刻梓以淑诸天下。"疑问在于，出版商是用何种手段得到吕祖谦的真迹手稿的？另外，虽然所有士人自小就要学习写律诗，此广告里檄文般的用语却多见于应试文献的广告。因此，该作品可能主要面向为备考"诗赋"科而练习作诗的考生。

不少作文手册不仅提供可选用的词语，而且还有样本文章可供抄写或细加摹仿。这些书籍编撰于宋末或元代，在建阳刻印，自13世纪晚期以来有数种版本问世。典型的例子是《新编通用启劄截江网》，不仅提供各种官方文献（信件、奏折）的正确格

---

① 见魏希德：《宋代士人的方方面面》，第7—8、16页。

② 关于源自这些著作的讨论以及摘选，见裴志昂（Christian de Pee）：《谈婚论嫁：中国宋元时期（10至14世纪）的婚姻、文本与仪式》"Negotiating Marriage: Weddings, Text, and Ritual in Song and Yuan Dynasty China（10th through 14th Centuries）"，第2章。

③ 原本由唐代诗人白居易编纂，并由孔传在南宋早期增补；见邓嗣禹、毕乃德：《中国参考书选目解题》，第87—88页。"六帖"意指唐代及北宋（至1071年）科举考试中考查对经典记忆的问题，但其丰富的资料使之成为对写作有广泛帮助的作品。

式和样本，而且还有可用于不同场合的诗文。[①] 此书据说由熊晦仲编纂，此人别无记载。有趣的是，一个名叫陈元善的人在1313年为该书所作序言中抱怨，《翰墨启劄》的两种最新坊刻本"详于此而略于彼，未免有漏网之失"[②]。

我们几乎可以断定，该批评指向的实际目标是熊禾和刘应李合编的《翰墨全书》。熊禾在该书1307年的序言里对"启"和"劄"的滥用有类似的抱怨。启和劄历来只用于官方之间的沟通，但到了熊禾所在时代，士人阶层交往中也开始使用，而坊刻商对此趋势起了推波助澜的作用。[③] 具有讽刺意味的是，熊禾试图改正在他看来不合文体和文化规范的做法，但绊脚石却是他自己一手策划刻印的坊刻本，这些作品里融进了一些熊禾本人也未必认同的材料。如同陈元善的序文和众多存世印本所显示的那样，《翰墨全书》一面世就立即成为建阳坊刻本中最受欢迎的作品之一，至少一直持续到明代。保守估计，元明时期出自建阳的刻本或重订本有六七种。[④]

元代也刊印了一些缺乏熊禾版本中的文学和文化内容的尺牍手册，包括《新编事文类要启札青钱》[⑤]，其1324年刻本共有五

---

① 《静嘉堂文库宋元版图录》，第82条。此目录将该本定在南宋末期或元初。

② 陆心源：《皕宋楼藏书志》卷六一，第19页b。

③ 熊禾：《熊勿轩先生文集》卷一，第5—7页。同样的序言在此部作品的部分元明版本中出现。

④ 见裴志昂：《谈婚论嫁：中国宋元时期（10至14世纪）的婚姻、文本与仪式》，第144页关于《翰墨全书》，尤其是众多此类著作中关于婚姻的部分，以及第431—434页关于各种现存的印本和这些印本内容之间的差异。与裴志昂一样，笔者也并未见过仅由熊禾与刘应李刻印的最初版本的印本（假设此印本仍然存在）。不同"版本"的书名有所变化：有的题为《翰墨全书》，有的则题为《翰墨大全》。笔者所知的现存每个题为"……事文类聚翰墨……"的"版本"，或许是出版商试图唤起人们对上述早期祝穆畅销作品的联想。

⑤ 关于这部著作的局部讨论，见裴志昂：《谈婚论嫁：中国宋元时期（10至14世纪）的婚姻、文本与仪式》，第121、435页。

集。这些增加部分有力地说明，这是过去畅销本的增编本。还有不少作诗填词手册，比如大型诗词汇集《增广事联诗学大成》至少有 3 种元建阳刻本。

一部题为《新编婚礼备用月老新书》（图 18a）的宋末元初建阳本是更具专门用途的作品。[①] 该手册描述了怎样说媒、主持婚礼，怎样写婚礼和婚宴请柬，新郎新娘及其父母怎样才能在此类仪式上举止得体，等等。不用说，这又是一种典型的麻沙本，拥挤的版面上密密麻麻地布满了众多或虚或实的信息。存世的这部样本看上去像是从已经印过数千册的书版上刷印出来的。

另外几部元代建阳本类书可以视为更具普适性的百科全书，是明版类书的雏形。其中一部是《事林广记》，由闽北当地人陈元靓于 13 世纪早期刊印[②]，元代在建阳翻刻过至少两次[③]。丰富的插图为此书增色不少。另一部类似作品是《居家必用》[④]，存世最早的刻本出自建阳，明代有该书的各种增补本。

---

① 除能确定为 13 世纪末期，此刻本的外观并未提供更为准确的断代信息。见裴志昂：《谈婚论嫁：中国宋元时期（10 至 14 世纪）的婚姻、文本与仪式》，第 97—114、437 页关于这部作品的讨论。正如裴志昂所指出的（第 98—99 页），最晚的文本或许出现在 13 世纪中叶左右。

② 有关陈元靓的记载寥寥，但是多数合理推测认为他是 12 世纪晚期至 13 世纪建宁府崇安县人。陈氏的早期作品《岁时广记》有刘纯和朱鉴的序言。刘纯的祖父是建阳出版商刘仲吉（表 B.1，30 号），其父是朱熹弟子刘崇之（表 2b）。朱鉴是朱熹的孙子。因此，尽管自元代以来陈氏的《事林广记》并未侧重于道学，但他当属此地区的文人士大夫阶层。对陈元靓推测的总结，见元至顺年间（1330—1332）建安椿庄书院刻本的现代影印本中胡道静的介绍。此特殊版本的全称为《新编纂图增类群书类要事林广记》。

③ 见森田宪司：《关于在日本的〈事林广记〉诸本》，第 272—274 页。椿庄书院刻本似与西园精舍刻本相同，但与郑氏家族的积诚堂刻本迥异（分见表 B.3，112 号以及表 B.1，85 号）。

④ 中国国家图书馆古籍特藏，编号 18713 的残本有一篇提供了时间明确（1339 年）、由友于书堂（属于吴氏家族，见表 B.1，49 号）刊印的牌记，但在其甲集目录的开头，有一行标明“椿庄书院新刊”。两家刻书坊可能合作刻印此书，或是其中一家租借或继承了另一家的书版，但却忘了删除后者的堂号。

对类书的大段评述，证明了这一大类下所属书籍的多样性。虽然类书早于印刷术之前就存在了，但很容易理解为何印刷术会激发此类著作形式的增长翻新。不仅类书作为经学研究与治国之道的便捷参考工具而不断受到追捧，那些用语辞书和尺牍手册更是文人创作与文牍工作中经常使用的好帮手，这种趋势与前述韵书在功用方面的不断变化类似。

这种发展在类书的坊刻本中有更为清晰的体现。坊刻本求快求量的功利目的取代了学术作品历来注重的校勘无误、文本完整的编纂标准，更不用说原编纂者的学术、思想和文化取舍了。有意思的是，即使在闽北这个道学重镇，坊刻主们也是追求类书的内容的包罗万象，而非保持道学传统。并且，这些类书门类繁复，原编与续集源源不断，欲使读者相信他们一直得到最为时新的信息。我们已在其他种类的书籍里看到了这种商业手段，比如宋建阳本《近思录》，将朱熹原来的 14 个类别重新组合为 121 个条目，以作备考之用。这种举措在类书中成了惯例，而与许多学者孜孜以求的博学几无关联。它更多是一种实用手段，试图通过分门别类，将新材料嵌入为人熟知的传统条目名下，以使读者获取更多信息。检视完尺牍手册的宋元建阳刻本后，从总体上看，其内容更多摘抄自时人著述，而非旧籍陈编。最后，虽然没有任何一部宋元版类书称得上面向非士人的“通俗”作品，但其从天、地到人的类目结构仍然沿用至明代，只是明版类书中的内容有所变化。

释家　如上所述，建阳本中鲜有佛教著作。存世的两部宋版佛教著作中，一部是《莲花经》，可能是私刻；另一部为《历代编年释氏通鉴》[①]，从题名上看是一部佛教编年史。元本中则只有

① 关于此著作的简要著录，见傅增湘：《藏园群书经眼录》，第 878 页。

后山报恩万寿堂刊行的《大宝积经》，此经每卷都由不同的赞助者赞助刻印。[1] 从现存的五卷来看，赞助者中没有任何闽北当地人，都是来自广州和江西的。或许他们当时已经身在建阳，或许报恩万寿堂也从事坊刻，并积极从本地及邻近省份寻求其刊印作品的赞助者和订购者。存世文本如此稀少，有些令人费解，因为《大宝积经》订购者地理分布广泛，建阳地区的廉价印刷资源又极易获取，此类作品的供应和需求按理都应该不成问题。也许有别于本章所考察的其他种类书籍，佛经和其他宗教著作的传播网络有所不同，而微乎其微的存世线索阻碍了我们探索其传播路径。这些宗教印刷品较之世俗类书籍，也更容易损毁散佚。

集部

文集　此类建阳本主要包括收录个人作品的别集和两人或两人以上作品的总集。别集的题名都很有意思，揭示了建阳出版业的特点：不断翻刻某几部作品，尤其是那些著名的古文倡导者的作品，因为他们为科考文章提供了典范。例如，宋元时期朱熹校勘的《韩愈文集》至少有 8 种建阳本，《五百家注音辨唐柳先生文集》至少有 5 种。宋代古文大家的作品集出版得更多，以苏轼作品为最（6 种版本的诗集和 2 种版本的散文集），苏洵有 2 种，苏辙 1 种[2]，黄庭坚 3 种，王安石 1 种，张耒 1 种。

检视那些似乎没有在建阳出版的印本也能发现一些问题，当然，我们不应排除尚有存世本的可能性。首先，市场需求决定了哪些书被选入待刻之列，所以虽然吕祖谦所著与科考密切相关的作品屡次被翻刻，其文集或诗集尚未见存世本。杨万里（1127—

---

① 台北“国家图书馆”古籍特藏，书号 08666。

② 亦有“三苏”文集的元末刻本。

1206）的作品同样并无全集出版，只有两种选本，至少有一种是由一位建安籍人士编纂的。[1] 以写作技巧著称的孙觌（1081—1169），其尺牍选集也有几种建阳本。还有一种建阳本是四六文大师李刘（1214 年进士）的四六文全集。最后，只有三位道学倡导者的作品全集在建宁地区得到刻印，他们都有闽北背景，但其作品集并非坊刻本，而是建宁府学所刻州学本（朱熹），或者与其家塾相关的书院本（刘爚和刘学箕）。[2]

至于总集类作品，则更为重视是否对科举应考有用。例如，14 部宋建阳刻本中，有 10 部为科考资料集，其中好几部都声称编纂者来自闽北，这可能并非巧合。[3] 另外 3 部作品都是著名的文学作品集，其出版商依赖的是一个足够大的需求市场，其中不乏应试考生或他们的老师本人。这 3 部作品分别是吕祖谦的《皇朝文鉴》、《万宝诗山》以及 6 世纪的《文选》。[4]

元建阳刻本中的科考文集不出意料相对较少，存世的有一部小字本《万宝诗山》，以及一部似是由两家建阳书坊发行的科考答卷集。值得注意的是，元代编纂的一系列新文集或许预示着这

---

① 两部建阳本皆为元本：《批点分类诚斋先生文脍》以及杨氏的四六文选集《诚斋先生四六发遣膏馥》。第一本著作的编纂者为建安李诚父。见魏希德：《科举规范的构成：道学和南宋科举文化》，第 120 页注 105，第 167 页，以及“附录”的表 IX B。

② 朱熹的《晦庵先生朱文公文集》于 1256 年由建宁府建安书院刻印。刘爚（见上文及表 2c）的《云庄刘文简公文集》在元代由刘氏家族的化龙书院（表 B. 3，103 号）刻印，或由刘爚的旁系后裔之一刘应李主持。刘学箕（表 2d）的《方是闲居士小稿》由刘氏家族的屏山书院（表 B. 3，104 号）刻印。

③ 魏希德在《科举规范的构成：道学和南宋科举文化》一文中讨论了其中几本：《十先生奥论注》，第 168 页以及“附录：原始资料的注释”VI、表 IX B；《圈点龙川水心先生文萃》，第 166—167 页以及“附录：原始资料的注释”表 IX B；以及《论学绳尺》。

④ 关于《皇朝文鉴》和《万宝诗山》，分见魏希德：《科举规范的构成：道学和南宋科举文化》，第 151 页、第 29 页注 32；后者由叶氏家族广勤堂（表 B. 1，58 号）刊行，其编纂者叶景达可能是其刻印者或叶氏家族的亲戚。

一时期士人和出版业人士精力的转向。《皇元风雅》由一建阳人[1]编纂，在元代至少刊印过两部续编。

小说长篇　长篇小说类作品极有可能在南宋末期就已经开始刊印了。仅凭两部此类建阳本作品，无论是编纂还是刊印的精确年代都很难确定。这两部作品分别是《新编宣和遗事》（图 18b）和《新编五代史平话》。后者是出版商明确标为“平话”，即白话历史演义类书籍的现存最早版本。其他平话是一系列由虞氏务本堂所刻的上图下文插图本（图 5）。

这些出版物中的文本内容，几乎可以确定在一定程度上成形于传统说书，但为了便于阅读而几乎全部重写，故事的素材自然取材于史书。比如，《宣和遗事》的素材大多来源于其他几部几经翻刻、深受读者欢迎的宋版书，诸如陈均的《皇朝编年纲目备要》、吕中的《皇朝大事讲义》、朱熹的《通鉴纲目》、赵与旹的《宾退录》及类似笔记，以及诸多流行的唐宋诗词。[2] 虽然印刷术普及之前，收集所有这些原始资料来编纂一部诸如《宣和遗事》那样规模的书并非不可能，书籍的易得性无疑使这一工作变得更加容易。这些讲史平话不仅成为南宋后期和元代的一种新体裁，其存在本身也与印刷书籍整体上的发展密不可分。

总结与一些反向结论

建阳为何发展成为宋元时期最大的刻书中心之一？简单地说，我们可以列出三大因素：(1) 雕版印刷所需的所有自然资源

---

① 关于此著作的注释，见叶昌炽：《滂喜斋藏书记》卷三，第 38 页 b 至第 39 页 b。

② 见威廉·欧文·亨利斯：《通俗史和罗曼史中的宋徽宗：早期中国白话小说〈宣和遗事〉》，第 14—15、22—23、27—29 页，以及第 3 章多处，尤其是表 I（第 42—43 页）列举了引自其他资料的相同文本。

都可获取；（2）建阳、建安、崇安、浦城以及其他闽北城镇所处的临近水路的位置，使之成为福建与江南之间的贸易线路上的重要枢纽；（3）该地区的文化思想传统使其在科举考试中取得了辉煌的成功，也为道学的繁荣输送了大量闽北人才。任一单独因素都不具备必要性和说服力，但合在一起，则可以有力地解释建阳出版业何以不足一百年就蓬勃发展至影响遍及全国。

随着科举制度的重要性在元代急剧下降，按理来说，建阳图书产品的需求市场也应该消失。然而，建阳的出版业却在继续蓬勃发展，这其中有多个原因。首先，宋代繁荣兴起的文化思想传统如此强大，不可能在一个世纪之内就彻底消亡，尤其在闽北这样的道学基地。许多忠于宋朝的学者从公共生活中抽身而退，或者亲自执教，或者刊印自己创作或编辑的著述，从而为道学思想的传承发挥了至关重要的作用。这些人物与该地区的出版界人士往来密切，具有类似的学术和思想观念。经部、史部及其相关著作在建阳出版物中确实继续占据重要位置，说明我们不应该过高估计阐经释义、校勘文本等学术努力与科举考试之间的联系。不可否认，宋代科举制度的确激发了各种质量的编辑作品和个人专著。然而，其在元代大为减小的影响也让我们更清楚地看到印刷文本传播带来的巨大的整体推动力，包括印刷文本在扩散及保存作者的作品数量等方面前所未有的潜力。而在元代，没有任何因素削减印刷术的威力。

除了传统经学持续光大外，还有其他同等重要的因素可以解释建阳出版业在元代的发展，如医书的大量刊刻，尤其是医方集，以及非学术类书籍，诸如日用类书和插图版讲史小说。虽然类似的医书以及其他种类的书籍在南宋末就已有出版，但它们在元建阳刻本中更为重要，从而表明出版商们在探索进入一个有着广泛读者群的巨大市场，而明代时该市场即成为支柱。

另一个从宋到元的整体变化与这些观察相一致，即无论何种元刻本中，优质的精刻本数量相对较小。通过检视宋元两代刻本，笔者的总体印象是，元版的页面更加拥挤，每行中塞入的正文字数较宋版多，而小字注疏更多。各类书籍的文本都能轻易入手，进行廉价甚至低劣的翻刻。然而，印本的这一整体贬值现象或许带来了一个更大的市场，使那些本来买不起书的顾客能够买一本名著的廉价本，哪怕不供阅读，只是用来展示。

建阳这个案例有助于我们理解，雕版印刷在中国占主导地位的整个时期内，乡村地区的商业出版活动之规模与重要性并不亚于大城市。① 乡村地区的出版商是针对不同的读者群而刻印书籍吗？还是因为他们甚至考虑到交通成本，发现在大城市外经营在经济上更划算？基于我们对建阳出版业的了解，经济因素的可能性更大。当然，不能轻易就将乡村与城市的出版业区分开来。

然而，精善本与低劣本的重要区别还是值得注意的。在检视那些精美的建阳本时，一个疑问始终困扰着我们，即这些上千年来受到藏书家和图书馆青睐与精心保护的上乘之作，在所有宋建阳刻本中到底占了多大比例。自 11 世纪初以来，对泛滥于市的劣质麻沙本存在数不清的抱怨，但对同地区刊印的精刻本却几乎没有听到任何反馈。虽然不会像监本那么昂贵，建阳本中的精善本肯定比麻沙本要贵得多，印数也少得多。高质量的宋刻本尽管数量相对稀少，但也有传世，因为历代收藏家对它们倍加珍惜爱

---

① 要解释雕版印刷的这种主导地位，必须审视那些在中国书籍印刷最早阶段令坊刻如此盛行的因素，以及非城市地区印刷工业的重要性。有观点认为对于需要由几万个汉字组成的一整套活字来说，印刷甚为不便，但其说服力度不够。同时，亦需要解释为何雕版印刷的书籍在日本不太重要，而朝鲜比之更甚。至于认为普通中国水性烟墨不适用于金属活字技术的谬论，则完全忽视了千百年来显然存在许多采用合适烟墨刷印出来的中国活字印刷品。因此更确切地说，中国雕版印刷工艺的便利性与经济实用性，确保了其在坊刻占绝大部分比重的中国长盛不衰。宋元时期建阳活字印刷品未见于世，只有少量明代印本。

护。但在宋代，此类作品流布不广，能够获得它们的藏书家及其他学者只是当时购书者和读者中的极小一部分精英。

然而这并不意味着精善版本印数越少，其影响力也会越弱。毕竟，如果校勘、编辑、阅读这些作品并受其影响的学者们本身就很具影响力，这些版本引发的反响也会更为巨大。再者，相对稀少的原刻本可以通过手抄或翻刻等方式复制，因而间接产生与印本数量不成比例的影响力。因此，印刷作品的影响不应该单纯以印数的多少来衡量，必须考虑其流通散布的具体历史状况。

至于廉价、粗制滥造的麻沙本，它们的整体价值也不是仅凭某部作品的印数就能决定的。首先，我们根本没有那些数据，因此类似岳珂的科考文献中“百倍经史著录”那样的评论，无异于以一个未知数乘以一百，结果还是未知数。第二，我们应该考虑此类麻沙本的负面影响。低质量的印本使文本阅读难度倍增，无论哪一类读者，对此都颇为恼火。他们不得不重新定义并更加清晰地界定撰写、编辑、出版和阅读印刷文本的合适方法。对那些格外关注精校本传承源流的学者来说，即使监本也未必完全满意，麻沙本代表的显然是不可救药的文本。然而面对数量如此众多的劣本，他们不得不承认，执着地追求毫无瑕疵的完美文本是根本不可能的。矛盾的是，即使是曾经广为流传的著作也难保证一定就有存世文本，编辑者和出版商迫于实际情况，不得不借用存世的麻沙本来帮助自己刻印一种新版本。宋朝中央政府也不得不间接承认，他们无力管控学术文本的传播，尤其是这些文本已被滥用于官方自身建立起来的科举制度。想通过印刷术使自己或亲朋好友的作品广为流传的个人也发现，他们想出版的著作已经被歪曲盗用，变成错讹百出的廉价盗版本。

由于上述诸种因素，前文对麻沙本的讨论，主要是关注那些面向受过良好教育人士、且由他们写就的作品。下面将面对一些尚未解答或者无法解答的问题。无法解答，是因为有的印本究其实质与麻沙本无异，但并没有存世本。比如，那些被士人阶层阅读甚至亲自撰写的、面向“大众”消费的作品，是否还有存世本？自唐代以来就不断被刻印的黄历、日书、字书、蒙学课本、术数书等书籍可有遗存？它们在宋元时期肯定有着稳定增长的市场。存世的公牍案例手册和类似《事林广记》那样的类书可能只代表了平均质量，最廉价、最邋遢的版本或许已经完全散佚了。问题在于，我们既无这些作品的存世样本，也无来自宋元的相关记述。此类明本倒有存世，其中包括宋元时期编写的，但我们不能因此就贸然断定宋元出版商目光短浅，直到明代才有此类书籍出版。

后两章中将进一步讨论通俗读物印本几无存世的情况，这里需重点关注的是始于北宋、由士人主导的印刷文化。虽然首先利用印刷术的威力传输和传播文本内容的并非国家或受过教育的士人，但历经数世纪辗转流传下来、作为历史记录的印本大部分都在宣扬国家和上层士人的价值观。这并不意味着价值观仅此一种，存世文本中白纸黑字所展现的政治、文化和道德交锋已清楚表明这一点。但散佚与留存之间的巨大差别，的确反映了士人与非士人传统的区别。

这提醒我们不仅要注意印刷术的生产能力，也要考量其稳定、变化尤其是消亡的能力。有宋三百年间，社会上的书籍从屈指可数到不胜枚举，还有众多短时效印刷品隐于其后，如传单、私历、术数小册子、各种各样的指南等。这些材料已风流云散，只有被摘抄辑录在大书里的才得以幸存。不过也正因如此，它们通常不仅仅是拼凑的，还是从范围广阔的材料库如短时效印刷品、写本、口述作品以及实践改编而来的。所以，摘抄辑录一系列诸如婚礼必备的小册子而成的类书，在保存了原始资料的某些方面的同时，也常常加以篡改、甚至于妨碍了保存这些材料的原貌。①

原来量多而价廉的书，存世却不如昂贵珍本长久，这一现象与二者在现代的流布状态相反，故而在对任一朝代的坊刻问题下结论时都需加倍小心。不过，对图书贸易而言，我们有理由认为，精善的原刻本不如便宜且低劣的翻刻本重要。再者，几乎只出版过普通廉价本的作品可能比我们所知的更多，如一些文牍指南、大量星相占卜手册以及不计其数的上图下文版式小说。笔者认为它们是从当时的作品或此前的唐代原作翻印而来的。弄清每种作品的确切印数是不可能的，仅因相对廉价就假定它们一定印数很大则太武断。毕竟一本风水册子会有多少顾客呢？反之，一本简单的字书却可能有许多买家。不过，基于对本时期麻沙本的了解，我们也许离真相更近了，可以认定通俗作品的出版和交易为宋代文化、经济的繁荣做出了贡献，其影响力持续到元代仍未减弱。

那些认为印刷术在16世纪中叶的明代达到空前繁荣的学者，对这一结论提出质疑。② 比如，他们正确指出，整个宋代，无论是官府藏书还是私家藏书，刻本所占比例都极小，宋代文人为难以得到一部心仪已久的刻本（或写本）而牢骚满腹，宋元时期的纸张通常也比明代的昂贵。虽然笔者承认他们言之有据，但还是

---

① 见裴志昂的《谈婚论嫁：中国宋元时期（10至14世纪）的婚姻、文本与仪式》，第2章在谈及写作手册时提出了这些观点；第4章，尤其是第265页关于历书的部分，其观点更为明显。戴仁（《宋代印刷的影响》“Des effets de l'imprimerie en Chine sous la dynastie des Song”）亦指出宋代非学术性印刷品未存于世。

② 见大木康：《明末江南的出版文化》「明末江南における出版文化の研究」；高彦颐（Dorothy Ko）：《闺塾师——明末清初江南的才女文化》“*Teachers of the Inner Chambers: Women and Culture in Seventeenth-Century China*”；井上进：《藏书与读书》《书肆·书贾·文人》；周绍明：《中华帝国晚期印刷业的崛起》。笔者在此感谢周绍明允许笔者引用其文章的未刊稿。

希望对更早的时期有一个更公允的评断。首先，正如周绍明所说，明代这一“印刷术的飞跃”必然主要是基于士人阶层对印刷物的使用，毕竟我们对其他阶层的使用情况知之甚少。然而，如果我们关注的仅仅是士人阶层及其阅读和收藏之书，那就缺漏了书籍贸易的绝大部分。也就是说，我们缺漏了士人阶层可能读过但不屑于记录下来的那些书籍，包括通俗或“功利实用”类的作品。第二，不但应该比较宋、元与明，也应该比较宋、元与唐、五代。通过后一组对比，就能毫无疑问地看出，相对于唐、五代，宋、元时期对印刷术的利用和印制作品数量都有惊人增长。将北宋和南宋并列考察则更为有用。当时的文人留下的文字证明，他们对印刷术日益增长的运用及滥用有充分的认识。最后，在评估印刷术对社会的影响时，此种考量与印本的实际数量同等重要。

虽然如此，能用于解答这些问题的材料，即便将已知此时期的刻本全部包括在内，其数量也少得可怜，尤其是宋、元的。如预期一样，我们最终发现的问题远超所得到的答案，但同时也学会了如何更好地梳理和驾驭已知材料来找出一些解答。这一进步将有助于我们从相对丰富的明代材料里提取更多信息，包括1600种以上的建阳本，其中一些我们将在后两章里详加讨论。

第三部分

第五章　明代的建阳出版业

到了明初，建阳出版业已经存在了三百多年。其间，此地的书坊刻印了中国印刷史上最精美的一批书籍。然而，鉴于从元末延续到明代长达一个多世纪的衰退，有必要把我们的叙述在宋元和明代之间做个停顿。这个划分并不是要否认一些持续发展的重要性，但我们可以无可非议地把明代看成是一个有鲜明特色的发展阶段，其特点是使用刻印书籍的各个社会群体大量增加。我们还可以看到，有必要进一步把明代早期和后期分开，因为那时华中和华南的出版业已经摆脱了 15 世纪末期的停滞状态，并从此进入了大发展阶段。

从流传下来的各种版本之数量看，复兴后的建阳出版业一直繁荣到明末。在这个阶段，建阳生产了很多可与江南地区媲美的书籍，而江南又有大量闽北刻坊的主顾。在大量刻印经史典籍及其相关书籍和一些常销的文集之外，建阳刻坊还把业务扩展到了其他门类，尤其是医书、阴阳术数、商路指南、日用类书、戏剧词曲以及插图本小说。

一些早在宋元就开始营业的建阳刻书家族在明代进一步扩展生意，他们的一些成员和其他闽北家族还搬到了江南的大城市，尤其是南京。这些迁移者包括出版商、编者以及雕版和写样名手。这种迁移也是欣欣向荣的出版业在文风浓郁、人口稠密的江南持续发展的一个风向标。尽管很多建阳本保留了固有的一些特色，但同样值得注意的是它们和来自其他地区的版本一些共有的特点。事实上，到了明代后期，华中和华南的出版业可以被认作是一个统一的市场，其中苏州、南京和杭州是江南最重要的出版中心，再加上建阳。

本章将对明代闽北的历史做一个简单的介绍，并指出影响出版业的一些因素，随后讨论一下我们迄今了解的、印了大部分建阳本的几个著名刻书家族的活动。我们不仅要查考这些书坊的版本，还要看他们如何参与当地官府机构的刻印事务。接下来，以已知的明代建阳本及传闻逸事为依据，我们要勾画出该地区出版业贯穿明代的变迁。最后，根据呈现的证据，以及此后几个时期有关中国其他地方出版业的信息，笔者将对建阳出版业的一些操作细节做一番推测。下一章的重点则是建阳本本身。

历史背景

间接证据表明，明代闽北经历的社会动荡和经济萧条一直延续到 15 世纪后期。有关这个地区元明之际的更替鲜有正式记载，有的只是破坏程度和性质的暗示。① 和福建沿海地区不同的是，闽北在元末没有遭受太多暴乱。② 最著名的事件是，1361 年，朱元璋劲敌陈友谅的部将通过杉关进入该地区，并两次围困建宁州府所在地。③ 不过，从江西和江南暴乱中逃出的难民显然迁移到了福建北部，类似公元 9 世纪时南唐的难民，只是规模要小得多。根据其族谱记载，这至少是当时著名出版家族之一的萧氏来此的动因。

---

① 现存有关闽北地区元明更替和明清更替的史料相当有限。几乎所有的地方志都似乎遭遇了历史记忆缺失，而私人的记载也极少。在元明更替时期，无数纪念修复和（或）重建祖庙及族塾的文章是一类对于破坏程度的暗示。笔者所研究过的每部包括此类文章的族谱，皆提及元末对此类场所的破坏。

② 朱维幹：《福建史稿》上册，第 461—467 页。

③ 《福建通志·金石志》卷一二，1922 年刻本，第 33 页 a 至第 35 页 b。

尽管闽北的全面衰退可能始于元明更替时的动荡，但明代最初约一百年内产生的一些因素对此有推波助澜的作用。当时闽北茶业的情况就是一个该地经济普遍萧条的例证。明太祖朱元璋在1391年下令罢造建宁“龙团”饼茶，改用芽茶作贡品。① 尽管明太祖的用意是为了减轻民间制作饼茶的沉重负担而支持相对低廉的散茶，他的诏令却可能导致了闽北茶业发展的停滞。事实上，明代闽北的散茶对当地的经济基本上无足轻重，而且质量也比中国其他地方所产茶来得差。周亮工（1612—1672）在其17世纪中叶的福建游记里记述，当时闽北拥有大多数茶园的寺庙还在用蒸青而不是炒青的方法制茶，所以不得不从徽州请来僧人传授松萝法。②

15世纪上半叶的两次起义，可能大大阻碍了闽北从元明交替的动荡中恢复元气。第一次是叶宗留在浙闽交界的仙霞岭带领银矿矿工暴动。③ 在失败前的6年中（1442—1448），他集结了建宁地区各处的矿工和铸工，围攻包括浦城和建阳在内的几个重镇。暴动力量有上千之众，由闽北当地人（有些是抵税的苦役）和外来人组成。官军花了很长时间才消灭这股小小的武装，一个显见的原因是，在1447年前未能派出大兵围剿。在叶宗留之后，尽管再也没有什么严重暴乱，闽北矿工还一直被官府认作是一群不安分并有潜在威胁的群体。

---

① 参见《明太祖高皇帝实录》卷之二十二，第56页a；另见何孟春《余冬序录》卷十，第24页a。尽管明代政府垄断了茶叶贸易，然而这种垄断主要集中于四川与陕西出产的茶叶，因其在与北方边境贸易上十分重要。然而在福建及华中和华南的大部分地区，“茶叶垄断及茶税事实上形同虚设”（加德拉：《清代至民国时期的福建茶业和贸易：传统商品出口的发展后果》，第63页）。

② 周亮工：《闽小纪》，第108页。松萝指的是徽州地区松萝山，晚明时期一种全新的制作绿茶的技术在此地被开发出来。由于武夷山地区的茶叶声誉暂时有所下降，松萝茶愈发受到欢迎。

③ 朱维幹：《福建史稿》(下册)，第129—131页。

1448年，叶的残部加入了邓茂七的农民起义军，造成了明代福建最严重的一次暴动。[①] 尽管他们盘踞在建宁以南的延平府沙县和尤溪两县，但时常袭击周围地区，迫使当地的民团行动起来。例如，两个建阳人曾聚集并带领一支上千人的武装力量抗击他们。[②] 地方武装这次能如此快速地被动员起来的原因，可能有这么几个：一是汲取了此前叶宗留叛乱的教训，二是这第二次暴动比较严重，三是官军对这两次暴动的反应都过于迟缓。不管怎样，在1449年，当地民团和南京来的官军合力击败了邓茂七。

即使该地区在15世纪末已经复苏，经济却依然相对停滞，这和福建南部沿海一带的繁荣形成鲜明对比。不过，这种经济纯增长的停滞并不妨碍这个地区农业经济的显著变化。[③] 比如，在福建北部开垦荒山（亦称拚山）的热潮不下于沿海地区的围海造田。山地被用来种植蓼蓝、烟草、苎麻、茶叶等经济作物，或用来收获木材和竹子。事实上，由于该地区靠近宽阔的河川，水运方便，而沿海地区的树越来越少，从福建偏远地区包括建宁、邵武、延平等府运来的木材变得越来越重要。这些山地变得越来越值钱，外地甚至京城富商就带着资金来购买并开发。这么一来，越来越多的闽北土地被福建沿海或江西、浙江的地主拥有，闽北人却无法从当地土地资源的开发上得到该得的利润。[④] 除此以外，

---

① 朱维幹：《福建史稿》（下册），第132—138页；另见李龙潜：《明正统年间叶宗留邓茂七起义的经过及特点》，第227—251页。

② 道光《建阳县志》卷一二，第461页。

③ 罗友枝：《中国南方的农业变化与农民经济》，第57—100页。

④ 在清代，这种情况是从赔主的赔田契约中得以反映。作为外地地主和当地租户之间的中介，此种契约存在于包括建宁在内的福建内陆几个地区；见傅衣凌：《明清农村社会经济》，第44—59页。傅氏的著作仍然是有关这一主题的基本研究。虽然傅氏没有明代的租户契约，但是在仁井田陞编的论文集（《中国法制史研究》第2册，第551—552页）中保存有明代的契约格式，傅氏将清代契约与之两相对比后，结果显示两者非常相似。关于福建农田所有权的讨论，又见罗友枝：《中国南方的农业变化与农民经济》，第10—30页。

很多贫困的开垦山地的棚民来自闽北之外，他们和矿工们一样，被官府视作不安定因素。在这种情形下，闽北的叛乱如此之少倒有点出乎意外。

闽北经济停滞不前的另外一个原因，和沿海与内陆贸易流通的性质有关。在输出木材、竹子、纸张、书籍以及蓼蓝、苎麻等经济植物和最重要的稻米的同时，作为交换，闽北从沿海地区得到了金属、糖、水果、舶来品以及更为重要的食盐和银子（用于缴税）。如张彬村所言，为了得到食盐和银子，内陆人有时必须输出稻米而依赖比较便宜的食物为生，而官府坚持把闽北指定为稻米输出地区又是导致了经济上必须这么做的直接原因。[①] 尽管在明代中期和晚期，闽北的市镇如建宁、建阳和浦城，与福建沿海以及江南地区有这种不断增长的贸易逆差，它们仍然是上自江西、浙江，下至闽江至福州之间重要的货物集散地。

从某些方面看，明代的建阳出版业反映了该地区的总体经济命运。在明初，它遭受了长期衰退。在我们所知的差不多1700种明刻本中，大概只有11%左右是1500年之前的，而这个数字与全国范围内官刻和坊刻剧烈下滑的趋势相比还是要好些。坊刻在16世纪初开始复苏，其上升的势头导致了明末出版业的繁荣。如果我们说宋元时代的建阳出版业严重依赖江南地区的客户，而江南的经济和人口状况会影响到建阳出版业的话，那么到了明代晚期，当建阳的书坊比其他地方的同行印了更多的书，同时闽北本身的经济和文化又是停滞的，我们可以肯定建阳出版业会更依赖华中和华南市场。另外，如果这个广大地区的经济、人口以及政治状况比此前或此后更糟的话，建阳的出版业也一定会相应受到牵连。

① 参见张彬村：《中国的海上贸易：以16世纪的福建为例》，第158—164页。

晚明丰富的印本中，大部分明显来自崇化里的书坊，因为麻沙的坊刻业在元代被毁之后就一蹶不振。此外，16世纪初，书坊发生了一起毁灭性的火灾，2000余间房屋被毁，也吞噬了大部分书版。这也就解释了为什么早于16世纪的建阳本一部难求。[①] 但无论如何，坊刻业不仅在书坊恢复了元气，而且在此后的明代继续发展。1553年，嘉靖《建阳县志》的编纂者得意地写到，来自各地的买家会在每月初六汇集于崇化书市。事实上，约50年之后1601年版的万历县志中也记载说，尽管建阳的其他书市都是开开停停，书坊的那家却常年营业。[②] 商人们不光买书，也进纸张和茶叶等货物，还可能把其他地方的书拿来卖。根据一个现代学者的说法，建阳地区的刻坊甚至比明代南方留都、全国最大的出版中心南京还要多。[③]

我们如何才能解释，在一个无论是经济还是文化上都毫无生气的地区，却存在着如此兴旺发达的出版业呢？部分原因是，16世纪上半叶，出版业可能有幸偶然得到该县以及该府一些官员的关注和资助。不过，更主要的原因在于建阳出版业的经营范围比从前任何时候都更依赖于外部市场，尤其是江南。事实上，不仅是建阳的印本被运去，连闽北的书坊主和刻工都翻山越岭去到南京和其他城市，并可能在那里定居了下来。所以，我们考察明代建阳出版业，其实也是在考察华南和华中广大地区的学术和人文状况。

这种情况在明末发生了剧变，而建阳出版业几乎消失殆尽。原因之一是政治：闽北是南明的大本营，而隆武帝曾一度驻建宁。因此，建宁府城和其他几座城镇都遭到清军攻打。出于某种

---

① 嘉靖《建阳县志》卷四，第33页a及卷五，第19页a；《福建通志·版本志》卷一，1922年刻本，第3页a—b。后者明确指出了这场大火发生于弘治十二年十二月的初四至初六，即公元1500年1月4日至1月6日。

② 嘉靖《建阳县志》卷三，第6页a；万历《建阳县志》卷一，第43页a。

③ 张秀民：《中国印刷史》，第383页。

至今未明的原因，这一全面破坏导致了该地区长久的衰退，而且至今未能恢复。在这段时期里，除了茶业之外，作为以前该地区经济和文化生命线的商业出现了断崖式的衰退，而闽北以及偏远的内陆地区开始变得与世隔绝。尽管该地区在18世纪开始出现一定程度的复苏，而且在清末和民国年间继续输出茶叶和稻米，但几乎再也不印书了。[①]

建阳的坊刻与官刻

要说和宋元时期有什么不同的话，建阳在商业出版上的地位在明代更为重要。根据堂名统计，明代建阳书坊的数量几乎能同南京媲美，远多于苏州和杭州等江南其他出版中心城市，也比北京的要多。[②] 表B.5列举了在建阳至少刻印过1本书以上的100多家书坊和400余位被记录为以刻印为业的个人。[③] 结果显示，

---

① 根据杜赫德（Jean Baptiste du Halde）（《中华帝国全志》"*The General History of China*"，第166页）书中记载，当他于17世纪20年代游历这一地区时，建宁城市中大部分毁于清军焚烧的房屋都已重建，只是已不复旧时恢弘的面貌。有关建宁地区作为清代粮食产区的研究，参见王业键的《十八世纪福建的粮食供需与粮价分析》。

② 在张秀民所著《中国印刷史》列出的书坊中，北京13家（第359—360页），杭州24家（第365—366页），苏州37家（第369—371页），金陵93家（南京；第343—348页），以及建阳84家（第378—383页）。这些数字仅可做粗略估算之用，原因如下：首先，张秀民列出的部分金陵书坊其实是由建阳人开设，并在两地同时经营的；其次，他提及的几家书坊归属地仍然存疑，因为判断的依据是刻本中书坊的牌记，其中仅相当含糊其辞地声称"书林某某刻印"。然而"书林"或是"书坊"一词可能泛指商业书坊，亦可能特指书坊所处地区，以及像南京、杭州、苏州等自身拥有"书林"的城市。因此，如果缺乏其他证据（如序言或是刊语中的信息、刻工的姓名或是书籍的外在特征等），我们并不能直接判断刻本的产地。

③ 在表B.5中，笔者主要依据刻本本身，列出了所有能被合理视为具有商业性质的书坊。以刘弘（洪）毅（见正文后文）为例，书坊偶尔会接受官方或是非官方机构的委托，但这一点通常会在刻本中清楚说明。有关本研究中"坊刻"这一术语的讨论，可见本书第一章。在许多情况下，笔者已将个人列于与之相关联的书坊之下。不过，在其他情况下，我们无法判断某人是否与某个刻坊有关。

在南宋和元代已经令人瞩目地活跃于出版界的余氏、刘氏、熊氏三个家族，在明代继续控制着建阳的出版业。他们和闽北其余11个从事出版业的家族（见表6）一起，几乎占了整个地区坊刻量的90%。尽管大多数个体出版商、著者、编者、绘工和刻工，与他们在宋元时的先辈一样默默无闻，但数量丰富的刻本却给我们提供了大量关于他们相互之间、以及和华中华南的同行们在知识与生意上的交往信息。我们也因此对明代坊刻主可能采取的商业策略，包括选什么书来刻印、为什么这么选以及在何处设立刻坊等，有了更清楚的了解。这样，我们也就能更细致地了解这些人在传播和推广明代中国的学术以及大众文化上所起的关键作用。

首先，我们将略为仔细地考察余氏、刘氏、熊氏三个家族的活动，因为比起其他建阳刻坊，我们所掌握的这三个家族的信息比较多，大部分来自族谱和刻本。随后，我们要简略地回顾一下郑氏、陈氏、叶氏、萧氏这些闽北家族的活动。接下来，我们会探索一下各州县的官员在闽北出版业中的作用，以及他们和出版商之间的关系。最后，我们会试图推断明代华中和华南书籍贸易实践的一些细节，而建阳是其中不可或缺的一部分。

表6　按刻本数量排列的建阳出版家族

	姓氏	宋代	元代	明代
1	余	20	43	371
2	刘	21	57	342
3	熊	0	10	174
4	郑	0	6	112
5	杨	0	2	105
6	陈	(4)	(10)	85
7	詹	1	5	83

续表

	姓氏	宋代	元代	明代
8	叶	1	6	62
9	萧	0	0	43
10	黄	(6)	0	42
11	王	(5)	0	39
12	张	0	(3)	24
13	朱	0	4	12
14	虞	5	12	1
			明代总计	1495

注：刻本数量排列是根据明刻本。就某一个姓氏而言，如果其数字带括号，则说明无法证明宋元的同姓出版商和明代的是否有亲属关系。当然，这些数字都是估计出来的。

余氏出版商

明代的建阳刻本里，大概有 40 个姓余的具名为刻印者，还有 10 余人是撰者、编者和校对者。根据《书林余氏宗谱》，其中至少有 17 位可以确信无疑为元代余志安的后人（见表 3）。根据他们合用的字辈（名或字）和他们活跃的年代，很多没有列入族谱的余姓人士可能是这 17 个列入者的近亲。① 从第 35 代到第 37

① 例如，在族谱图表中，余思敬（字元翼）被列为第 35 代，与之同列的有其堂兄弟余应申、余应科（字夷庚）、余应腾（字天羽）及其远房堂兄弟余应虬。余思敬很可能是余思雅、余思齐（字元叔）以及其他几位余氏男性的兄弟或堂兄弟。在这一部分余氏家族成员里，“思”“应”和“元”此三字在所有第 35 代的名字里随处可见（表 3）。同时，由于许多家族兄弟的字中都含有“元”字，而无一人被注明为家族新支系的第一代，因此“元”字在此似乎并不意味着长子或者一代中的第一位男性成员。

代余姓男子从事刻书的数量来看，这种情况自 16 世纪下半叶起到至少明末的这段时期尤其可能如此。另外，由于这些人妻子的姓氏是记录在家族世系表上的，因而可以显示余氏和其他建阳刻书世家联姻频繁。比如，第 35 代余成章的祖父和父亲娶的都是熊姓女子，余成章则是和一个刘姓女子结婚的。①

因为族谱提供的信息有限，我们无法把刻印者所属的"上庠房"的社会经济实力和族谱中其他分支的人加以比较，但某些信息的缺乏可能也会告诉我们一些东西。比如，自南宋到 15 世纪中期，"上庠房"没人做官，这意味着这个家族财富的总体下降。其次，他们的族谱里没有包括为了建造或者重修宗祠、族塾和其他族产而写的纪念文章，而这在许多其他闽北族谱中很常见。这种情况到了 15 世纪中叶有所改善，余姓刻印者人数与得到生员类低级功名的族人增速几乎等同。余氏家族在元代后期到明初衰落的原因还有待了解，但这种情况似乎反映了闽北社会总的趋势，而且在很大程度上同刘氏、熊氏家族的情况差不多。

尽管明代后期是余姓出版商的全盛期，他们在清初却明显不那么活跃了。除了在顺治（1644—1661）和康熙（1662—1722）年间用明代旧版印的很少一些书以外，几乎就没有任何新书是余姓之人刻印的了。② 余氏家族在清代衰落的一个直接的原因可能是，他们与整个地区一起公然效忠南明，而且至少有两种刻本用的是南

① 我们无法证实这些女性是否与同姓的刻印者有关，但是余成章与刘氏和熊氏出版商们的亲密合作关系说明他的确有可能与这两个世家有姻亲关系。

② 一个明显的例外是余元长（字公仁，又称仁公）。他在万历最后几年直至约顺治（1644—1661）初年的时期里，一直很活跃。尽管余元长并未见载于笔者所研究过的族谱中，但其可能属于世系中的第 37 代，因为"元"是族谱中记载的另外 3 人的辈分名。关于余元长的刻印出版活动，见王岗（Richard Wang）：《创造工艺品：文化实践中的明代艳情小说》"Creating Artifacts：The Ming Erotic Novella in Cultural Practice"，第 37 页（以及注 38），第 43—44 页，第 68—69 页，第 92—93 页，第 329—333 页；以及何长江的《〈燕居笔记〉编者余公仁小考》。

明的年号。[1] 此外，明代后期移居江南的余姓族人可能觉得可以在他乡继续其刻书生意，所以也就没有理由重返故乡了。

在余姓出版商中，最有名的是余象斗。他是建阳出版商里唯一被收录在《明代名人传》里的人物，而且对他在写作和编辑上的成就也有一些详尽的描述。[2] 不过，现存族谱有关余象斗的信息却很有限，只有世系表记载着他父亲和儿子的名字，连他妻子的姓都没有。不过，我们从他父亲的条目中得知，余象斗的母亲姓刘，很可能出自一个刻书世家，因为他有几种刻本的书版似乎是从刘家得到的。从他祖父的生卒和所刻印书籍的年代看，余象斗大概出生在1550—1570年之间，数次科举落第之后，在1580年代中期或后期开始印书。可能出自他手的最后一种刻本是1637年的。[3] 大约有70种流传下来的书由他刻成[4]，而这些书是晚明

---

① 其一是北宋官员余靖的文集《武溪集》，刻印于隆武二年（1646）。另一部为《镌古今中兴筹略》，属于有关军事策略文章的专集，由余象斗的次堂兄余应虬编著，他是一位在明代晚期相当活跃的作者兼编者。

② 参见戴尔·R·黑尔斯（Dell R. Hales）所撰“余象斗”条目，见傅路德（Luther Carrington Goodrich）、房兆楹等编：《明代名人传》，第1612—1614页。其他有关余象斗出版活动的讨论，包括孙楷第：《日本东京所见小说书目》，第97—99页；肖东发：《建阳余氏刻书考略（中）》，第213—216页；丸山洪明：《余象斗本考略》；陈翔华：《略论余象斗与其〈批评三国志传〉》；以及王岗：《创造工艺品：文化实践中的明代艳情小说》，第74—75、85—90页。

③ 这部出版于1637年的刻本《五刻理气纂要详辩三台便览通书正宗》，实际上是三部更早期著作的重刊，且可能由继承了余象斗出版事业的更年少的亲属们刻成。从其出版物来看，余象斗的寿命长得非同寻常；《诗林正宗》的初版时间为1600年，当由余象斗后人再版时，书中竟然有余象斗署名并记年的前言，而此时已是1697年！（日本国立国会图书馆，古籍珍本第180-78号）。

④ 根据笔者的清点，此类刻本共计72种。王岗则认为有多达81种（见《创造工艺品：文化实践中的明代艳情小说》，第74—75页），这与丸山洪明所持观点类似（《余象斗本考略》，第125页）。笔者对那些归于余象斗名下的书籍更为慎重，这或许是造成此种分歧的主要原因。例如，其中至少有一部是由余文龙出版的。余象斗曾使用一系列别名，例如余君召，余世腾，余文台，余象乌，余仰止以及余元素；见孙楷第：《日本东京所见小说书目》，第98页；另见肖东发：《建阳余氏刻书考略（中）》，第216页。针对那些无足够证据来证明确是余象斗曾使用过的名字，笔者已将与之对应的刻本单独列在表B.5中。

建阳刊刻的各种书籍的代表性版本。[①]

在余象斗出的很多书里，他把自己称为著者、注者或编者和刊行人，这是明代中晚期很常见的做法。光是虚构类作品，余象斗就编纂和修订了两部道教故事集[②]，编纂和部分创作了三部公案集，并为两种或三种《三国志传》（见下）做了评点。此外，他的1594年刻本《水浒传》的增补部分虽未署名，却是他写的。因为这部分的文学水平太差，以至于有一个现代学者称之为“一个几乎是大字不识的书贩匆匆草就之作”[③]。余还把自己列为一部诗集、至少两部日用类书，以及其他几部阴阳术数书的编纂者。这些说法可能不完全是真的，因为有明确的证据显示，至少一部类书的部分用的是原来刘龙田所刻版片。刘氏是晚明另一个多产的建阳出版商，很可能是余

① 得益于余象斗对自我推广的热衷，在其1591年版题为《新锓朱状元芸窗汇辑百大家评注史记品粹》的刻本内，我们获得了一份列有其部分刻印品种的书单。此刻本收藏于中国科学院图书馆（北京）的古籍馆藏内。肖东发在《建阳余氏刻书考略（中）》第213—214页提供了此书单的完整内容。此书单的注释提醒我们要慎重，不能不假思索地将其中书名皆视作余象斗之出版物。

② 这两部故事集即为众人所知的《北游记》与《南游记》。考虑到这两部著作文本上的内在证据，以及余象斗的编撰方式，余象斗可能并非两部书的原作者。《北游记》已由格雷·希曼（Gray Seaman）译为英文，题为《一部人种史学的分析以及中国民间小说〈北游记〉的附注释英译本》“*Journey to the North*: *An Ethnohistorical Analysis and Annotated Translation of the Chinese Folk Novel Pei-yu chi*”。蔡雾溪（Ursula-Angelika Cedzich）在《历史与小说中的“五通”（“五仙”）信仰：〈南游记〉的宗教根源》“The Cult of the Wu-t'ung/Wu-hsien in History and Fiction: The Religious Roots of the *Journey to the South*”一文中则以《南游记》为对象做了深入研究。蔡氏指出，尽管不能确信，但《东游记》或许亦由余象斗编纂，并将其与吴承恩的著名小说《西游记》的某个版本相汇集，以此成为《四游记》一书的初版。

③ 参见理查德·艾尔文（Richard Irwin）：《一部中国小说的演变：水浒传》“*The Evolution of a Chinese Novel*: *Shui-hu-chuan*”，第102页；《明代名人传》第1614页关于余象斗的条目亦对此评价加以引用。

象斗的姻亲。[①]

像余象斗这样的书坊主还有另外一个常见的做法，就是为了吸引更多的顾客而修改作品，并窃为己有，或冠上其他人的名字。熊大木就是这种伎俩的受害者。他是16世纪中期一位有名的历史小说作者，同时还是建阳熊氏书商的一个亲戚。他的两部作品《唐国志传》和《大宋中兴岳王传》由余象斗的三台馆重刊，著者署名是余应鳌，可能是余象斗的一个侄子。[②]

不过，余象斗在其刻本中的自我表现是在出版商中比较罕见的。他至少把三张自己的不同画像插入所刻一些书里（见下）。此外，余象斗还给自己刻印的大概二十多部书写了序，并且署上了自己的名字。[③] 最后，在1628年由余应虬和余应科合刻、余象斗编辑的风水大全《地理统一全书》中，余象斗居然让他已故和还健在的亲戚们都沾了边。[④] 他的八位健在的亲戚在多个卷端被列为校勘者或编者，而且还用四全叶的余氏父母（图23）和其他亲戚墓地的图画来说明有关风水的各种因素。余象斗还描述了余

---

① 在1599年刻本《鼎锓崇文阁汇纂士民万用正宗不求人全编》（三十五卷）中，一行载有“万历新岁乔山堂刘少岗绣（梓）”的文字出现在卷十六的卷尾；这或许为余象斗无意间所留。刘少岗即为刘龙田。在余象斗1607年刻本《新刻天下四民便览三台万用正宗》（四十三卷）中，出版商的牌记里有两个字似被重刻过，而童子手捧牌记的图像则与许多刘龙田刻本牌记中的几乎一模一样。这两部古籍均收藏于日本东京大学的文化学园图书馆中。

② 孙楷第：《日本东京所见小说书目》，第32页。余象斗的另一亲戚（或许为其叔伯辈）余邵鱼被列为一部以春秋战国时期为背景的历史小说《列国志传》的作者（《日本东京所见小说书目》，第28—29页）。《列国志传》由冯梦龙改编为《新列国志》；详参胡万川：《新列国志的介绍》，见冯梦龙：《新列国志》第1册，第1—9页。

③ 余象斗通常会署自己的名和（或）他别号中的一个。例如，“三台山人仰止余象斗（言）”。在其他的余象斗刻本中，有证据表明他会伪托编纂者，即在自己撰写序言后，署以著名学者或官员之名义。

④ 余象斗被列为这套书每一卷的作者和（或）编者，且似乎为整套书的策划人与发起者。内阁文库汉籍善本特藏（291函46号）与哈佛燕京图书馆（T1747/8923）均藏有该书的印本。

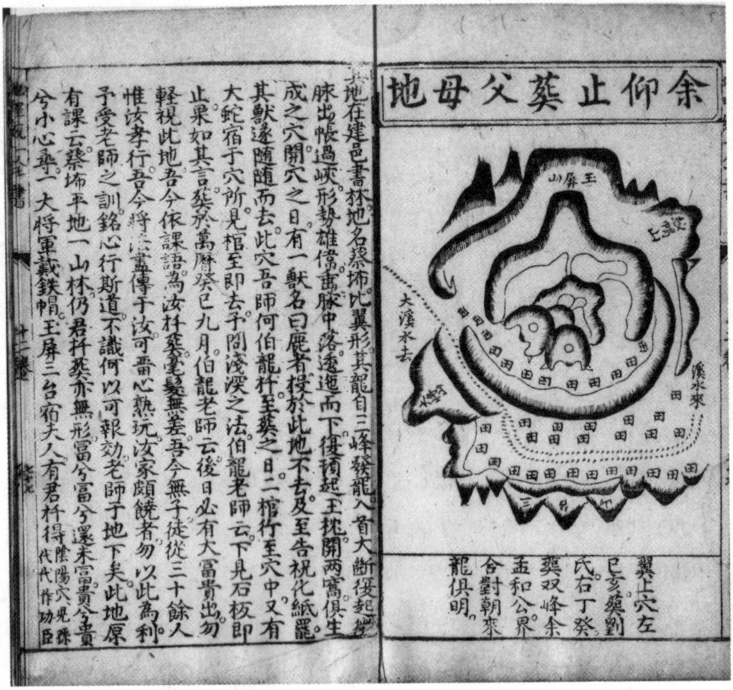

图 23　明代建阳本风水书

《地理统一全书》　明崇祯年间（1628—1644）　余应虬、余应科刻本

氏家族迁至建阳县崇化里以及书坊刻书的大致由来：

闽建阳县西，离城八十里地，名崇化，今之书坊是也。……原书坊开创之始，止傅、柳、阮三姓。傅住今之后巷，柳住今之罗家巷，阮住今之阮墩巷，散而居焉，俱以耕布为务。至宋朝，我祖公余讳同祖者，系新安县人，为宋奉议大夫、广西安抚使，致政卜居于此。其时止同侄芝孙、舅氏范得偕来，初居于蒲萄栟下，今之街头。彼时止五六姓、八九十家而已，亦星散而居。芝孙公善堪舆，闲游半载，知此地异日必为文献之所，教民于来龙落头总领，立一孔圣庙，甚得其所。又教人以梓书为业，春秋祀之，人皆依其教。时天下未有刻布，惟我书坊雕梓颇见其利。其家饶者，则以梓书读书；其家贫者，则以刻板刷书。坊人乐业，千人之中，无一游手游食者，皆风水之应，而蒙芝孙公德也。自此书坊人烟凑集，而民居广矣。宋朱夫子文公，卜隐考亭，来书坊，见山川美丽，郁草茂林，重建孔圣庙，立同文书院，校刻五经、《四书集注》、诸史百家，大行于世，京浙江右等处遂翻刻矣。①

在上面这段话里，余象斗很巧妙地把关于书坊出版业的传说做了一番总结，这些传说想必在明末之前就已在此地的坊间流传。也就是说，当初余家以及另外和余家有关系的几个刻印世家来到这个人烟稀少的崇化里，靠自己的风水知识，认定此地有文化和学术上的潜能。于是，他们通过追随儒家传统和向当地人展示雕版印书的好处，最终实现了该地蕴含的潜能。不得不承认的是，在利用自己的刻本毫不脸红地自吹自擂方面，余象斗在众出版商中的确是独具一格的。不过，通过上述这一段引语，我们有了一个难得的机会来一窥余象斗和其他坊刻主们是如何看待自己的。他们把自己提高到与朱熹及其门徒并列的地位，且像他一样精通风水地理，也通过刻书来传播学术。于是，余象斗赋予建阳出版商们一种学术名望，那是他们从许多刻本中所得不到的。

在关于他自己的叙述中，无论是文字还是图像，他都努力把自己勾画得既能妙笔生花，又有通常只是士人才有的闲情逸致，还通过炫耀为父母找到最佳的阴宅，把自己塑造成一个孝子楷模。他的这些自我吹嘘，是不是和他的刻书事业、特别是使作品

---

① 《刻仰止子参定正传地理统一全书》卷一，第 65 页 b 至第 66 页 a。这部书实际上是由余象斗与多人进行批注或删减后的有关风水文章的汇编。有关余象斗的祖先余同祖，参见表 3 族谱中的第 14 代。另见第三章注释，其中讨论了关于余氏家族定居闽北时间的矛盾之处。

通俗化的努力冲突呢？好像不是。首先，他在自己刻印的“四书五经”的牌记和序言里宣扬的都是正统和传统的理念与价值观。第二，他编著的通俗小说，使书坊提供一种不那么高雅、但更“真实”的文学作品给那些识文断字的程度刚能领悟书中文字和典故的读者。① 这种看法也被明代后期一些著名的学者和文人如冯梦龙和李贽（1527—1602）所认同。余象斗在著书、编纂、刊行上的努力或许不能和这些人相提并论，但他们都反映了明代后期一个明显的思潮，也就是通俗小说的价值不仅在于传播艺术的朴实和天真，也能教人以历史并宣扬道德观。② 余象斗和那些更著名的文人的主要区别在于，只要是印了能卖的书，不管是真理还是谬误，他都做。

另一个多产的建阳出版商是余象斗的嫡亲堂兄弟余彰德（字泗泉）。③ 他的书坊萃庆堂活跃于和余象斗同时的万历后期（约1590—1618），刻过近 70 部书。余彰德的两个儿子，继泉和应虬，以及他们的堂兄弟应科（见表 3），在萃庆堂的很多刻本里被

---

① 蔡雾溪（《历史与小说中的“五通”（“五仙”）信仰：〈南游记〉的宗教根源》，第 216 页）认为：“尽管《南游记》的行文风格较为粗浅通俗，但阅读这本书需要读者具有相当高的文化水平。”她指出余象斗为这本书设定的读者群体是商人、店主及其他受过相当程度文化教育的普通人，而这些人也更能接受小说中经修改的宗教信仰观点。

② 这是关于晚明至清初文学与哲学“运动”极为简单化的描述。有关这一内容的概述和近期研究文献，参见骆雪伦（Shelley Chang）：《历史与传奇：明代历史小说中的观点与图像》“*History and Legend: Ideas and Images in the Ming Historical Novels*”，第 22—27 页。

③ 余氏族谱的图表中错误地将余彰德列名于第 34 代之下（见表 3），并将其子置于其字“泗泉”之下。不过，有证据清楚显示“彰德”与“泗泉”同为一人。这些证据来自于余彰德本人作品及其子余应虬的墓志铭。墓志铭题为《书林荐举余犹龙墓志铭》，由熊仁霖撰写，收入其《鹤台先生熊山文选》（内阁文库，314 函 89 号）。熊仁霖为江西人，建阳熊氏的远亲。他们皆为南唐时期最初定居江西南昌的熊氏祖先的后代。熊仁霖也为其他几位建阳男性写过墓志铭，并提供了一些无法通过其他途径获得的信息。福建支系由来自江西的熊氏开枝散叶，建阳熊氏族谱也在其序言中提到这一事实（见第三章）。

列为编者或注者，有时也被称作刊行者。[①] 此外，余应虬也是南京一些刻坊的编者，而且以近圣堂为坊名刻印了一些书。

余姓族人之间的密切合作，也明显地反映在他们的合伙生意上。除了上述描述余氏祖坟的风水书，另外一部名为《古今韵会举要小补》的韵书也能说明他们是如何高效利用书版的。尚存的一些刻本里，余象斗和余彰德被列为共同出版人，有两种刻本把余象斗单列为出版人。另外一个版本则把建阳当时的知县周士显列为出版人（见下）。

尽管萃庆堂刻印的书五花八门，但三分之一是文学类的，如个人诗集、文集、杂剧以及笔记等。很多书籍的作者、编者或注者署名为邓志谟或其化名中的一个。从邓氏作为作者及其作品之质量这两点上，我们可以看出明代后期书坊的运作方式。邓氏是江西饶州人氏，编写了很多博杂的笔记、至少三部小说和一些传奇。[②] 根据一种现代文献，邓氏既是余家的塾师[③]，又为萃庆堂编书，有十几种之多。他的书，至少萃庆堂刊刻的无一是传世名作，但表现了其作为生产娱乐普通民众书籍之快手的行销能力。尤其是在有适当包装的情况下，这些书都卖得很好。萃庆堂在天启年间（1621—1627）刻印的“争奇”系列就是一个例子，我们会在本章稍后再细谈。

刘氏出版商

已知的刘氏出版商最早可追溯至宋代，最晚则是清初。[④] 如

---

① 因此，所谓萃庆堂刊刻的70部作品，其刊行者包括余彰德及其亲属。

② 感谢罗开云，她让笔者注意到了其中的一些信息。

③ 谭正璧：《中国文学家大辞典》，第4770条，第1213页。

④ 北宋年间（1124年）就有一部由刘林（表2b，第10代）刊行的刻本。根据收藏此书的图书馆目录，刘氏的三部刻本被定为清初刊印。

果从存在时间的长短看，刘氏出版商至少可以和余氏并肩。而从存世的书籍种类看，其总数稍落后于余氏（见表6）。在明代，大多数刘氏书坊属于西族北派贞房（见表2a，2b），跟宋元时一样。根据表2，已知的35个以作者、编校者、刻印者或刻工身份从业的刘姓人士中，28个被确认为贞房的人，其余5人属于北派的其他支系。大体上说，西族南派（见表2c）和东族（见表2d）只有少数几个从事刻印活动，所刻的不是自己的族谱就是他们显赫祖先的作品。①

方志和刘氏族谱显示，刘氏家族、特别是这些出版商所属支系的运势，在明代早期开始衰弱，其原因可能和余氏相仿。首先，该族几乎所有能名列地方志人物传的都是宋元时代的人，没有明代的。② 其次，明代出自建阳的进士只有两位姓刘。尽管这一级的科举竞争在明代要激烈得多，拿它和宋代相比可能并不说明问题，可是举人之少（3个出自建阳，其中2人中了进士）和岁贡生只有区区10人的事实，支持了刘氏一族在明代远不如前代的论断。第三，贞房似乎直到15世纪末都相当穷困。比如，永乐年间（1403—1424）的出版商和编者刘剡（表2b）是元代出版商刘君佐的玄孙，他的小传中提到了他家的贫困情况。③ 此外，书林（书坊）一族中至少有几支被征劳役。据此推测，假如他们家族里有人做官的话，这是可以被豁免的。在为宋代著名学者刘炳（他是西族南派的，见表2c）的明版《四书问目》所作的序

① 有关其中6人的相关信息，参见方彦寿《闽北刘氏等十四位刻书家生平考略》。

② 做出此推断的依据来自对以下地方志内容的调查：嘉靖、万历、康熙、道光《建阳县志》；康熙九年（1670）、雍正十一年（1733）、嘉庆十三年（1808）及1924年《崇安县志》；嘉靖、万历以及康熙三十三年（1694）《建宁府志》。

③ 有关刘剡的更为详尽的传记，可参见福建师范大学图书馆古籍部所藏《刘氏族谱》（光绪六年〔1880〕）最后二册，即《刘氏忠贤传》卷一中的《太中公大成传》。

中，作者谴责书林的某些刘姓族人为了逃避劳役而谎称和比较显赫的东族是近亲或试图改名。[①] 东族很有可能因为列为官户，或不少族人有功名，而免于劳役；[②] 地位低微的书林刘氏则有劳役的义务。比如明代刻过一些最精善的建阳本的刘弘（洪）毅[③]，因为刊刻宋代大型类书《群书考索》有功，被免除一年劳役。[④] 在这部和其他几部书里，刘弘毅自称“书户刘氏慎独斋”，所以可能他的特定劳役就是给当地官府刻书。[⑤] 事实上，在建阳县和建宁府都热衷于刻印书籍的15世纪末至1530年代期间，刘氏的其他几间书坊，包括刘仕中安正堂和刘氏明德堂，也都自称为书户。[⑥]

从刘氏出版商刻印和编辑的书来看，尽管他们的经济状况可能变差了，或者被迫服劳役，却并不意味着他们没有受到好的教育，或者自惭形秽。以刘弘毅所刻书为例，其正史被公认为明以后最好的版本之一。[⑦] 此外，该家族的经济情况最晚在16世纪中期得到了明显改善。刘孔敬是另外一个有名而且多产的出版商刘

---

① 由郑京撰写的这篇序言《重刊四书问目序》，收录在《刘氏忠贤传》（见前文注释）卷四，第22页b至第23页a。

② 参见王毓铨：《明代劳役制的若干显著特点》，第18页。

③ “弘”“洪”二字都曾作为名字出现在他的刻本中。

④ 免除此次劳役的记载为“复刘徭役一年以偿其劳”。由于此刻书工作本就属于书户特定的一种劳役，此次劳役也或许令其他的义务被免除。书目文献出版社1992年出的偶尔字迹清楚的《群书考索》影印本中有刘弘（洪）毅的序言。此书的详情见下。

⑤ 王毓铨（《明代劳役制的若干显著特点》，第25—29页）未将“书户”列入其从明代官方资料中拣选出的47种户役中，而他也自称是不完整的。书户的特定劳役与书籍制作生产的各种任务有关，数量不明的建阳刻印者注册为书户，这些情况似乎都合情合理，尽管他们并未在其刻本或族谱中声明此点。

⑥ 笔者所发现的唯一另外一家书坊书户，即吴世良的，直至万历年间才出现（根据1574年及1609年的两部刻本），实在是晚得令人吃惊。有关更多闽北地区官府刻印活动的信息，可见于后文的讨论。

⑦ 参见叶德辉：《书林清话》卷七，第8页b。

龙田（1560—1639）的长子，1625年中了进士。在差不多同一时期，其他几个族人也成了岁贡生。这些成就显示了帝国晚期各家族追求成功的常用策略，即以学问谋生，以钱财育人，希望子孙学业有成，科举中式。对刘氏家族、尤其是贞房的人来说，以刻印者、作者、编者或刻工身份从事出版业是家族的悠久传统。其中有几个，比如刘剡（见表2b），还通医术，有助于编校自家刻印的很多医书。

刘氏出版商经营的两个书坊，翠岩精舍和日新堂，创建于13世纪后期的元代。翠岩精舍显然持续到了16世纪后期，主要刻印经史、一些医书和个人诗文集。[①] 日新堂也刻印类似书籍，一直经营到16世纪初。这两家是15世纪中为数不多的、自编自印大部分书籍的刻坊之一。有些书是元版的重刻本，另外一些则是明代首次编辑和刻印的。例如，翠岩精舍刘文寿（见表2b）1428年所刻《新编纂注资治通鉴外纪增义》，把远房表亲刘剡列为增校。[②] 四年之后刻《资治通鉴节要续编》，则把当时建阳知县张光启列为编者。1437年，同一书坊刻印了一本俗解脉诀的医学小册子，署名为年轻的熊宗立所撰，而后来他自己也成了有名的出版商。

刘氏家族在明代始建的书坊中，有三家尤其多产。第一家是刘弘毅的慎独斋，在1498—1534年间刻过大约45种书，尤以精整的正史和大型文集而著称。刘弘毅刻的大书有：1505年重刊的官修地理志《大明一统志》，1508年的元明增补宋本类书《群书考索》，1516年的宋代学者吕祖谦所撰《十七史详节》，1516—

① 绝大多数明翠岩精舍刻本出自15世纪；更晚的刻本则包括1519年、1522年各一种，以及1588年的两种。此四部作品或许是由与早期翠岩精舍无直接联系的刻印者刊行的。

② 有关翠岩精舍与刘剡的更为深入的探讨，可参见谢水顺、李珽：《福建古代刻书》，第262—264页。

1519年的元马端临撰《文献通考》，以及1521年为司马迁原著加了完整注释的《史记大全》。除了《大明一统志》之外，其余的刻本明显是由官方赞助或当地富绅委托刊刻的。如图24所示，建阳知县区玉在《群书考索》各卷的卷端被列为刊行者，而刘弘毅和其他七人在不同卷里被列为校正者，整书的牌记则把慎独斋列为刊行书坊。建阳知县邵豳（字宗周）同样在《史记大全》和《文献通考》里被列为刊行者，而刘弘毅为校正或刻印者。考虑到这些大型著作几乎是同时刊印的，所以刘氏不太可能有财力和物力独自承担。有几部官方赞助的著作在首次刊行后不久就再版，新版本的说明提供了一些有意思的信息。比如，1504年首次刊行的《礼记集说》，在再版时修改了2585个字，即全书的1%左右。比它大得多的《文献通考》在1519年初刊，再版时改了11221个字，大约是总字数的0.5%。因为没有其他刻本的类似数据，我们无法知道这些数字是否有典型性。如果我们假设刘弘毅比建阳其他出版商更注重校勘，而且更多地剜改他原来的书版，那么其他人的错字率就会高得多。[①] 不过，从建宁府在其主持刊刻的每一部经书前所附的措辞严厉的牒文看（图3），闽北的县府官员可能在当时特别严格，故要求慎独斋刊登这样的更正说明。

目前未见有1534年以后的慎独斋刻本，可能是刘弘毅没能找到愿意维护这些大书的版片并继续刷印的继承人。当然也可能是这些书版流散了，大部分被离任的官员带出了建阳（见下文）。[②]

---

① 根据笔者对这些刻本的查验，慎独斋所做的校正似乎并不包括那些经常被写错的字，而这种疏忽在当时坊刻雕版书中颇为常见。

② 本文第二章已介绍了有文献记载1642年刻印于建阳的《册府元龟》书版样本。

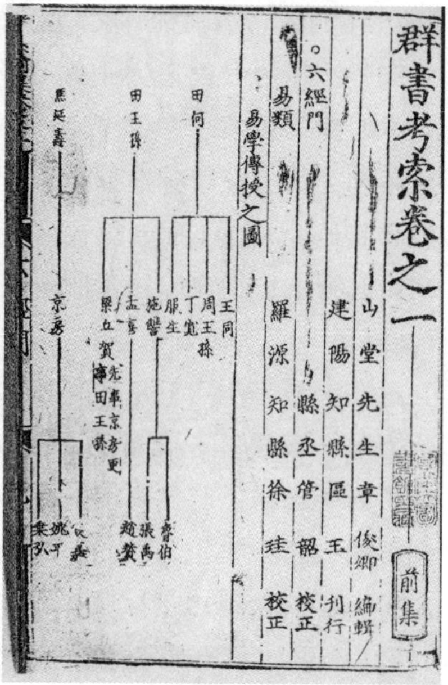

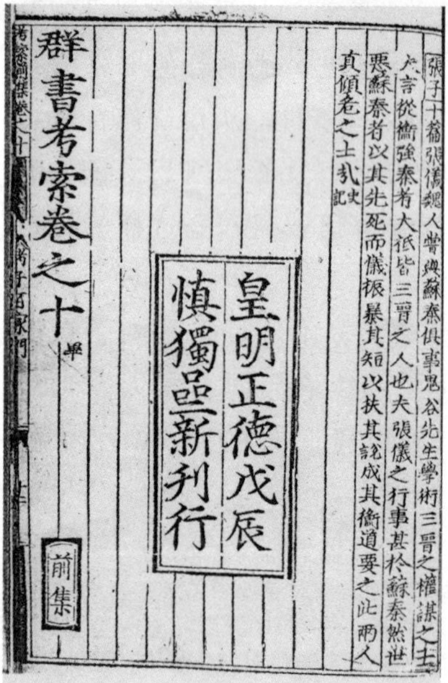

图 24　《群书考索》　1508—1518 年　区玉（建阳知县）刊行　刘弘毅慎独斋刻本

至于安正堂和乔山堂，在出书的品种和质量上，都是晚明建阳书坊的典型。安正堂至少和 5 位出版商有关①，从 16 世纪初到 17 世纪 20 年代刻印了差不多 80 种书。刻印了 70 多部书的乔山堂则活跃于 16 世纪下半期到 17 世纪 20 年代，先由刘龙田和其兄刘玉田、后由刘龙田的次子刘孔敦（表 2b）主持。这两家书坊刻印的书籍品种繁多，包括经史、日用类书、医书和插图本小说。

像其他从事出版业的人一样，刘氏家族的出版商往往兼任作者和编辑，也不光和刘氏家族内的其他出版商合作，还和在建阳甚至远在外地的、尤其是南京的书坊合作。比如，刘孔敦至少在五部由南京著名的周氏家族书坊大业堂、仁寿堂、万卷楼刻印的著作里被列为校正和编辑。事实上，刘孔敦与周氏书坊合作不仅仅是为他们做事，他的 1628 年版插图本医书《图像本草蒙筌》，和周如泉差不多同时的印本用了同一块书版。因为周的印本没有标明时间，所以很难说哪个“版本”更早。刘和周可能达成协议共用书版，牌记则各镌各人的名字。②

不同的出版商用同样的书版在同时或先后印书，似乎是相当普遍的做法。刘孔敦编辑和刻印的另外一部书是 1628 年的《重订相宅造福全书》，其书版被建阳另外一家书坊杨氏四知馆和苏州出版商严少萱所用。因为这两个版本都没有标明时间，所以无法确定这三个出版商使用书版的前后时间顺序。如同在第二章提到的那样，有现代学者认为，这些书版是在建阳和苏州之间辗转来往的③，不

① 至少从刘辉（见表 2b）之后的四代出版商都是父子传承关系。另见表 B.5。

② 周如泉万卷楼本藏于多处古籍珍本收藏中，其中包括东京国立国会图书馆、内阁文库、华盛顿国会图书馆。刘孔敦本藏于中国国家图书馆。

③ 鲁克思：《鲁班经：15 世纪中国木匠的宝典》，第 142 页；另见本文第二章注释。刘孔敦本藏于台北“国家图书馆”古籍特藏部。杨氏四知馆本曾藏于臼井文库，长泽规矩也在《明清插图本图录》一书中对其有描述，并重印于《长泽规矩也著作集》第 3 册，第 432 页及第 65 号图。严少萱本则藏于内阁文库。

过也有可能有两种或三种版本是在同一个地方刷印的，只是把书名页或出版商牌记做了修改而已。这种合作支持了下面这个说法：到了16世纪中叶，华南的出版业，尤其在福建和江南地区，基本上是连成一片的。书是由同一批作者、编者、出版商和刻工共同完成的，他们中的很多人在这个广阔的刻印网络里从一处转到另一处。

图25 《武夷志略》 1619年 崇安（建宁）孙世昌刻本

在出版业内，另外一个走南闯北的建阳人的例子是刘素明。他是16世纪晚期到17世纪早期的一个著名刻工，经常自己绘图，然后刻成版。在很多插图中，他把自己标为刻工和画工。刘素明有至少5个亲戚也是刻工和画工，而且都取得了业内的认可，水平与安徽黄氏刻工相当，并且和黄氏刻工在南京合作过。[①] 刘素明刻的20多部书在多处刊行，包括建阳、杭州、苏州、无锡。这说明他和很多其他刻工一样，走遍了整个福建和江南地区。1619年崇安私刻本《武夷志略》有一幅山水画，画中一块直立的岩石面上（见图25，右半叶）有“书林刘素明刻像”的字样。和下文要说的萧家一样，刘姓刻工也和在江南出版业有一席之地的其他建阳人合作。

熊氏出版商

和余氏、刘氏相比，熊氏家族的书坊起步较晚，大约在元代后期，所刻之书大多著录为明代。[②] 如第三章提到的，大多数熊氏出版商属于建阳熊氏西族。有四个已知的元刻本来自这个家族，其中一个是1357年的。此后中断了几十年，再有年代可知的最早的明刻本是1408年的。熊氏家族很可能和余氏、刘氏两个家族一样，在明初经历了一个衰退期。

从一开始，医书就在熊家几处刻印坊，尤其是熊宗立和他几

---

① 据笔者所知，刘素明作为刻工或画工的作品至少有19部（关于这类作品的书单，见方彦寿：《建阳刘氏刻书考（中）》，第220—221页）。绘图通常标注“素明刊”“作”“刻象”或“写刻”。艾思仁曾告诉笔者，他认为“写刻”暗示了刻工亦即画工。至少5位其他来自闽北的刘氏在16世纪晚期至17世纪早期亦为刻工。据《京兆刘氏贞房宗谱》，其中一位刘玉明是刘素明的堂兄弟。尽管其他4位（刘次泉、刘素文、刘凤洲以及刘聘洲）并未列入族谱，但据其刻本，笔者相信他们均为闽北人。这些刻本或为建阳刊行本，或其出版、编撰和（或）校订者为建阳人。解决如何鉴定哪位刘姓刻工来自建阳地区这一问题颇需技巧，因为亦有来自徽州和江南刊刻中心的刘姓刻工，并且建阳的刘姓刻工有时与来自其他地区的刻工们一起刻印同一部书。所以，尽管李国庆的《明代刊工姓名索引》列出了99位明代刘姓刻工，仅有6位能被确定或被认为非常有可能是闽北人士。关于来自安徽的黄姓刻工，见张秀民：《中国印刷史》，第747—749页，以及其收录于《张秀民印刷史论文集》的《明代徽派版画黄姓刻工考略》，第171—179页。

② 有关熊氏家族的另一个更为重要的分支——东族，其活动可参见本文第三章，南宋学者熊克与元代学者熊禾皆出自这一分支。

个直系后裔经营的种德堂的书单上占了主要位置。[①] 在熊氏族谱上，有20多人被认定在明代和清初从事出版业（见表4），但至少有6个人不是。

和余氏、刘氏家族一样，很多熊氏族人不仅扮演了出版商的角色，还是作者、编者和校正者。熊宗立用他的医学知识编辑了一些医学经典，还为这些书写了几篇通俗性介绍。他编辑刻印的这些著名医书，如《妇人大全良方》和《太平惠民和剂局方》，被不断重刊，或被作为增订校注的底本。[②] 熊宗立的小传不仅入了自家族谱，而且还入了《建阳县志》，两处都提到了他的医学专长和编辑功绩，但并没有说他的刻书之事。[③] 根据族谱，熊宗立是刘剡的学生，这是另外一个从事刻书、同时可能也懂医术的建阳人（见上文）。如我们所见，这种医术和刻书的结合在明代中期的建阳并非罕见。据熊宗立曾孙熊大木的《日记故事》所载小传，熊宗立的长子瑗和瑗之长子一清（天玄的字，见表4）也都成了医生，以医术济世，也获得了跟他类似的声望。[④] 他们的其他一些后人也入了刻书这一行。

受余象斗及其亲戚的活动之启发，其他建阳刻书家族也纷纷

---

① “中和堂”与“种德堂”之名会互换使用。

② 有关《妇人大全良方》和《太平惠民和剂局方》，参见冈西为人：《宋以前医籍考》，第1114—1115、765—787页；《全国中医图书联合目录》，第6607条，第428—429页及第2972条，第215—216页。

③ 相关的生平记载见于《潭阳熊氏宗谱》中的“世系”部分。与之极为相似的生平记载可见于几乎所有现存的嘉靖之后的《建阳县志》（卷十六，第5页a—b）中。

④ 尽管“熊大木”这个名字并没有出现在宗谱上，但他的号“钟谷”在宗谱中有记载；（这个名字）应该属于第22代一个名为福镇的族人（见表4）。方彦寿（《明代小说家熊大木及其〈北宋志传〉》，第55页）已非常令人信服地说明福镇与大木即为同一人。然而，方氏考证的大木生卒年份，约1506—1579年，却显得不够令人信服。《日记故事》卷七第7页a—b的记载，指出宗立的孙子名一清，而根据《潭阳熊氏宗谱》中“世系”部分的内容，一清应该是天玄的字（表4中熊氏家族第21代）。

开始编写小说作品，最有名的是活跃于16世纪中叶的熊大木。[①]因为没有刻本把熊大木列为刊行人，他所做的可能就是写作和编辑。他现存的作品包括4部历史演义，以及上面提到的《日记故事》。[②] 此外，他还被列为类书型文集的编纂者。他现存的作品中有7种是由南京、杭州或苏州的著名书坊在1550年代和1560年代刊行的；而在17世纪印的3个建阳本中，有1个是杭州版的重印本。这些事实再次支持了上述论点：建阳是包括福建和江南在内的大图书市场的一部分。

在晚明的熊氏出版商中，没有人比宗立的另一个后裔熊成冶更多产了（见表4，第24代）。他从1573年到约1612年，以种德堂的名号出了45种书，几乎跨越了整个万历朝，如经书、和历史有关的科举资料、含种德堂旧版重印本在内的医书、阴阳风水书以及各种类书，包括日用类书、写作指南和道德伦理故事集，在当时的建阳本里相当有代表性。除了这些简明的故事集外，熊成冶还为初学者刻印了5部经典的启蒙书。最后，已知的他对历史演义故事的尝试中还包括1部《三国志传》，是16世纪后期到17世纪初熊氏书坊所刻4种类似版本中的1种。

熊氏家族的刻书活动似乎一直延续到清代，不过规模大大缩

---

① 由于现存有关明代熊大木一类小说家的记录非常少（相较于冯梦龙这样的著名人物），我们能够获知的信息主要来自于可能由他们自撰作品的自序。关于熊大木，见骆雪伦：《历史与传奇：明代历史小说中的观点与图像》，第10—11、24—25页；另见伊维德：《关于宋代立国的传奇小说》"Novels About the Founding of the Sung Dynasty"，第2—9页。

② 有关他现存的4本历史小说，参见孙楷第：《中国通俗小说书目》，《全汉志传》（第32页），《唐书志传通俗演义》（第48—49页），《南北两宋志传》（第55—57页），以及《大宋中兴通俗演义》（第60页）。其中最后一部作品，最早由建阳杨氏清白堂刊刻，出版者可能是杨涌泉。根据熊大木写于1552年的序言，亲戚涌泉说服他将有关北宋到南宋之际的官方历史记录改写成"无知男女"亦可懂的文字。关于《日记故事》，郑振铎《中国古代版画丛刊》第二册载有1542年建阳本的书影，其中有熊大木的序言。

小。衰退的一个原因是他们对南明的明显同情，这似乎是他们和东族远亲以及其他建阳人所共有的特点。现存的一部熊氏刻本居然大胆地用了隆武的年号（隆武二年，1646），而且至少有一个熊姓之人积极支持隆武帝。[①] 在清朝征服了闽北之后，几个在明朝做过官的族人引退后执教，不过刻书不多，才区区几种。

衰退的另外一个原因，可能是不少熊姓之人为了躲避明清更替造成的劫难和动乱，干脆移居他乡了。其中有些人明显还和在建阳的家人及其他刻书人保持密切联系。就像族谱里记载的移居南京的第25代熊成应，他在南京和建阳两地印书。族谱还记载说，两代后的熊世焬定居广东，在那里开了一家刻印铺。不过族谱没有提及他是否有后代。

最后，现存最后一部熊氏族谱的编纂者提到，族人所操之业最终有了改变，只有一个叫熊见龙（1716—1769）的是书商，另一个熊海（1716—1783）在科举失意之后成了一名出版商。不过到了那个时候，闽北地区已经陷入了全面衰退，而建阳出版业是最大的牺牲品。

郑氏出版商

在余、刘、熊之后，建阳最多产的出版商来自郑氏家族。不过，除了从100多种刻本上知道的20多个人之外，有关郑氏出版商的信息少得令人沮丧。相关信息大多是从他们刊行的书上，或从近年发现的郑世魁（1545—1602）的墓志上得来的。他是晚明

---

① 这部书是元代学者熊禾作品的辑录，他在南宋灭亡之际辞官归里。这部书事实上是由一位叫熊之璋的熊氏东族世系成员刻印的，而他也是熊禾的直系子孙。那位隆武帝的积极支持者叫熊志学，是熊宗立（表4，第25代）的后代，并且是唯一一位地方志中有生平记载的熊氏西族世系成员。道光《建阳县志》卷十三第491页的记载中未提他效忠南明，而这一点在熊氏宗谱中有记载。

最多产的出版商之一。墓志中称，郑氏在南宋年间就定居闽北了[①]，其宗文堂在14世纪初的元代刻印的6部书流传了下来，不过我们没有该家族在此之前就从事刻书的证据。

就像其他从事出版业的建阳家族所刻那样，绝大部分的郑氏刻本（112部中至少104部）出现在嘉靖之后。此外，有3部署为15世纪初的书可能是元版的重印本。因此，郑氏出版商的活动轨迹和福建、江南地区坊刻业的总体历史趋势是一致的。郑氏家族的刻书生意在正德和嘉靖年间的兴旺，可能比刘氏、余氏或熊氏更依赖于地方官员的关注和资金赞助。这个时期的20多部郑氏刻本中，有一半以上是经书、史籍、儒学、医书之类。

不过，从万历初起，宗文堂及其他郑氏书坊刊行的书籍在建阳坊刻中却不那么典型了。他们至少出了10种通俗故事集，也就是把经史里的一些故事按题材编排，加上道德说教。[②] 此外，在万历末年的《三国志传》热中，建阳书坊至少出了20多个不同的版本（见下），郑氏贡献了其中的3个。最后，郑氏刻本在科举应试读物中也占了相当的份额，品种包括经史的节要和各类文集。

很多这类刻本显示，郑氏与其他建阳出版商有合作。从余象

---

① 这方墓志铭现藏于建阳县博物馆。方彦寿在其《闽北十八位刻书家生平考略》（1996年）第211—214页的讨论中谈到郑世魁，其弟郑世容（约1547—1638）以及世容的两个儿子，郑以祺和郑以祯。这些人都是16世纪晚期和17世纪早期的出版商。根据墓志铭，为逃避北宋和南宋之交兵荒马乱而来到闽北的祖先名为郑清之（1176—1251）。他是宁波地区人氏，官位显赫（本传见《宋史》卷四一四，第12419—12423页）。世魁和世容的父亲郑仲俗的传记出现在道光《建阳县志》（第432页）之前，没有任何关于郑清之之后的郑氏男性成员的其他信息。清之后关于闽北郑氏男性成员资料的匮乏，说明他们当中无人获得祖先曾拥有的显赫官位，不过通过其作为书坊主和地方贤达的活动，他们的确保持了参与本地民团事务（像郑仲俗一样）的士绅的一些特点。

② 这些故事包括《书言故事》《故事白眉》《故事黄眉》和《金璧故事》。第六章关于调查建阳本的小节讨论了这些书籍。

斗那里借版大约是无可避免的，至少郑以祯刻的《三国志传》充满了余氏 1592 年版的文句。在差不多同一时候，郑氏宗文堂重版了此前余氏编纂出版的一部公案故事集。他们自己印的《故事白眉》中包括了邓志谟的文字，那可能是郑氏为稍早的余文熹版本写的，因为邓氏常常作为坐堂写手受雇于几家余氏书坊。

只有一种刻本提供了郑氏在南京开业的有力证据，即 1601 年南京郑氏宗文书舍本李默（殁于 1556 年）的史书《孤树裒谈》。[①] 另外一些线索则无力得多，如郑以祯的十二卷本《三国志》与南京著名出版商周曰校早先的精刻本有相同之处。[②]

陈氏出版商

根据明代出版商陈玉我（1580—1650）的墓志，他们家属于在南宋绍兴年间（1131—1162）定居闽北的一族。[③] 不过，没有证据可以把宋代建阳的几个陈氏书商和同姓的元明出版商联系起来。陈氏余庆堂于 14 世纪初开始刻印书籍，其中有些在明代以同一堂名重印。到了 16 世纪初的正德年间（1506—1521），陈氏书坊至少刻了 18 部医书，这很有可能是继承并且发扬了他们元代先人在这方面的兴趣，同时也可能是受到了当地府县官员的

---

① 实际上，1601 版是嘉靖年间一个更早版本的复刻本。两者都收录在内阁文库中。李默是闽北（建安）人，也许曾鼓励郑氏家族书坊刻印他的著作。

② 没有证据显示这和那些在南京的、籍贯为安徽徽州的其他著名郑氏书坊主有联系。周芜（《中国版画史图录》，第 294 号条目）认为一张 1593 年刻本的图片出自徽州郑少斋宗文书院，但是郑少斋也许属于建阳郑氏刻书家族，其拥有两位在万历后期非常活跃的出版商：郑少聪和郑少垣。宗文书院也许是指建阳郑氏家族在南京开的刻印坊。

③ 见熊仁霖：《书林乡饮宾陈玉我墓志铭》，《鹤台先生熊山文选》卷十三。不清楚熊氏对墓志铭的主人有多熟悉。墓志铭的风格与他为余犹龙和一些建阳熊氏男性所写的相比，更为敷衍了事。不过，笔者设想熊氏（或陈玉我的亲戚）保证了重要事实的正确，例如另一个书坊主玉我父亲的名字（奇泉/孙安）。

支持。

很明显的是，像熊宗立一样，一些陈氏族人，如陈玉我之父陈奇泉，在医学、星占、阴阳风水等方面知识渊博，到万历年间为止已经刊行了十几部各种术数类的书。这可能是建阳出版商共同喜爱的一种兴趣组合，不过我们对此缺乏确实的证据。因为这些人在元明时代无论是做官还是做学问都无建树，可能只得借助医学、术数和刻书等来维持他们所认定的在闽北社会里的文化和知识地位。

有个叫陈敬学的，我们知道他刻过一部书。他是朱熹的 12 代后裔朱秉铁的女婿，和朱家在建阳的书坊与耕堂可能有关系。① 在陈氏刻本里我们还可以找到陈氏出版商和其他建阳出版商的联系。比如，余应奎在一种被几家建阳书坊刻印过的文集里列为校正，在陈奇泉积善堂万历年间出的两部医书里也有类似的署名。最后，陈氏出版商所刻唯一一部戏剧集是由陈含初和另外一个建阳出版家族的詹林我共同刊行的。② 实际上，这部书从外表上看和南京刊行的书籍很接近，这两个人可能都在那里营业。

叶氏出版商

和这一章讨论过的很多建阳家族一样，叶氏的刻印活动大概始于南宋，尽管证据有点薄弱，仅有广勤堂出的一部很受欢迎的

---

① 此信息来自《紫阳堂朱氏宗谱》中关于朱秉铁的条目；见方彦寿：《闽北十四位刻书家生平考略》，第 217 页。

② 一位名为陈我含的出版商可能与建阳陈氏有关系。他来自闽南沿海吉澄（海澄），曾于 1607 年刻印过一部方便大众使用、关于家礼的著作。龙彼得在《古代闽南戏曲与弦管：明刊三种选本之研究》“The Classical Theatre and Art Song of Southern Fukien：A Study of Three Anthologies”的第 11 页图 4 展示了陈我含作品中带有荷花设计的出版商牌记，而这很容易被误认为是同时期的建阳刻本。

帖括诗集。[①] 不过，4 种 14 世纪的元刻本和 3 种 15 世纪前 30 年出的明刻本为叶氏出版商的活动提供了较为清晰的证据。事实上，广勤堂一直到 16 世纪中期还一直在刻印书，而由其他几家叶姓出版商经营的作德堂也持续到差不多同一时间。[②] 最后，大约 53 种出自不同叶姓出版商之手的刻本中只有极少几种是明初的，这点跟建阳和江南地区出版业的总趋势相吻合。直到 15 世纪后期，叶氏出版商的大部分书才在建阳和南京两地同样出现。

这些后期的刻本提供了有关这些出版商如何运作的大部分细节。比如，1582 年叶如琳刻字书《海篇心镜》把余应奎列为校订者。[③] 在一个较晚的版本，即 1596 年叶会廷刊行的同一本书里，刘孔当被列为校正者。他可能是建阳出版商刘龙田的子侄。1581 年刻《新刻增补全像乡谈荔枝记》是一部潮州方言的戏曲，其中的信息显示，该书版片从原出版商南阳堂的叶文桥家转给了朱氏的玉更堂，也有可能是两个刻书世家共同出资刊刻的。[④]

叶氏书坊不光在建阳，还在南京和浙江的三衢经营业务。万历年间，叶贵（近山）印了十几种书，将其书坊命名为“金陵三山街建阳叶贵近山堂”。三山街位于南京大多数著名书坊的

---

① 这部题为《万宝诗山》的作品由广勤堂在 1429 年重刻（采用不同的书版）。关于这部著作的参考文献，见第四章注释。

② 所有叶姓书坊主颇可能具有亲戚关系。根据刻印者的牌记和印本内其他内证，我们确切地知道，以叶会廷为例，有几位书坊主与广勤堂以及作德堂均相关联。一般而言，很难靠叶氏书坊主的各种堂名（见表 B.5）辨别出任何确定无疑的特征。

③ 余应奎并未出现在包括其他从事出版业的男性成员的余氏族谱中，但是考虑到印本的年代及其名字中的“应”字，他有可能是余象斗和余彰德的侄子。

④ 龙彼得（《古代闽南戏曲与弦管：明刊三种选本之研究》，第 3 页）认为，由于叶文桥在四卷中前三卷的起首均被列为刊行者，而在一处牌记中标识了朱氏玉更堂的堂号，叶氏也许已经将书版转给了朱氏家族。考虑到这一证据，尽管可能性不大，但也许是叶、朱两家共同出资刊刻。不过，正如我们已经指出的那样，在刻坊中，这种做法相当普遍。

聚集区。[①] 叶贵和其他出版商的合作，在《新刊汉诸葛武侯秘演禽书》这本术数书里有更明确的反映：他和南京著名出版商唐氏文林阁出了一模一样的版本。[②] 不足为奇的是，叶贵还和其他建阳出版商有合作。他在1602年所刻的字书《海篇正宗》，是余象斗自编自刻本的翻版。

在浙西三衢（位于今日衢州的常山，与闽北交界）的叶氏出版商与在建阳、南京的同行之间的合作，很难被完全证实。明代著名文人唐顺之的《唐荆川先生文集》在1553年由浙江三衢的叶宝山堂和南京书林叶近山同时刊行。除了书坊的牌记，这两个版本是一模一样的。[③] 另外一部书的牌记说此书是三衢胡氏在昆陵（今江苏常州）所印，但印本前的告白却是南京三山街叶锦泉写的，他也是此书的刊行者。[④] 我们可以暂且梳理一下其中的关系，并提出以下看法：叶氏书坊源于建阳，并在此地继续经营，后在三衢和南京设了分铺，而且和在昆陵有生意的三衢胡氏书坊有合作。尽管来自华南和华中的小书坊在该地区建立分铺网络的可能性很大，但我们除了上述来自叶氏和胡氏书坊的零星信息之外，并没有太多明确的证据。

---

① 见贾晋珠的《三山街：明代南京的出版商》“Of Three Mountains Street：The Commercial Publishers of Ming Nanjing”。

② 叶贵和唐鲤跃文林阁这两个“版本”的印本被中国数家图书馆收藏；纽约公立图书馆的斯宾塞馆藏有叶贵版的刻印本。《中国古籍善本书目》子部第4073号将两者合而为一，其出版商被统称为“叶贵文林阁”。

③ 似乎不少图书馆（包括哈佛燕京图书馆以及美国国会图书馆）有叶宝山堂版。笔者曾在东京内阁文库（316函150号）见过唯一带有叶近山牌记的刻本。位于目录结尾的一处牌记中为“三衢叶宝山堂”，而在全书卷尾的牌记为“浙江叶宝山堂”。而另一处牌记提供了1553年的刻印年代：即在序言的末尾以及目录之前，称“嘉靖癸丑书林叶氏武进梓行”。

④ 这是科举文章的合集，题为《唐会元精选批点唐宋名贤策论文粹》。藏于普林斯顿大学葛思德东方图书馆（编号：TC318/1152）。

萧氏出版商

和建阳其他家族相比，萧氏似乎是这一行的后来者。根据萧氏族谱，萧启殷于元末定居闽北，但萧氏家族到16世纪中叶才开始以师俭堂的名义印书。有零星证据表明，师俭堂一直经营到17世纪末[①]，但萧氏刻本大多出自明末。

萧鸣盛（号儆韦，1575—1644）可能是该家族的第一代出版商，他中过举人，并两度出任知县。[②] 不过，第二代的萧世熙（少衢/渠，1570—1621）和他的弟弟萧腾鸿（号庆云，1586—?）刻印的书最多。他们刻印的书无论是内容还是外观，都有明显的差别，从而表明世熙主要在建阳开业，腾鸿则在南京。[③] 萧世熙的刻本展现了明末典型的建阳本类型：经籍、堪舆以及大约10部为科举备考而用的文集。萧腾鸿却与之相反，他最出名的是插图本戏曲集，刻印风格与南京同类书籍一致。

在南京刻本戏曲《绣襦记》里有一幅全叶插画，右上角有"刘素明镌"字样，下面是他的印章"素明图书"（见图26a)。[④] 另外值得一提的是，除了撰写"批评"的明代大儒陈

---

① 根据《中国古籍善本书目》经部第467号，南京图书馆藏有定为1699年由师俭堂刻印的《易经勺解》。

② 萧鸣盛的字或号是儆纬，而在万历年间刻印过一部戏剧《明珠记》的萧儆韦可能是鸣盛的兄弟或堂弟。

③ 谢水顺、李珽（《福建古代刻书》，第321—322页）注意到了同样的现象，但是倾向于过于强调萧世熙和萧腾鸿刻本之间的差异。至少两种带有萧世熙牌记的刻本与其兄弟在南京刻印的著作相似，但是与其另外的书却有明显的差异。不过，我们缺乏证据来断定这两部著作到底是在何处刻印的。

④ 除了刘素明，刘次泉在该本中绘制并雕刻了其他几幅插图。刘次泉是建阳本地人，或许为素明的亲戚。另外，有些刘素明的其他合作者以及萧腾鸿自己（署名为"庆云"）撰写了许多插图题识。在萧腾鸿的其他绘图本戏曲集中，也列出了和《绣襦记》相同的编刻者（包括陈继儒）的名字。

(a)

(b)

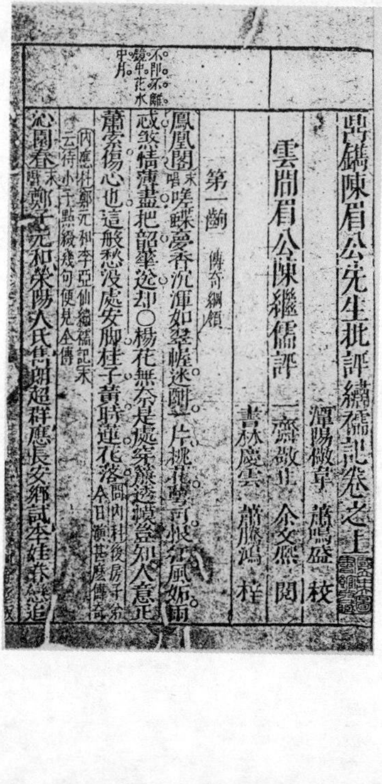

不即不離 鏡中花 水中月

鼎鐫陳眉公先生批評繡襦記卷之上

雲間眉公陳繼儒評

潭陽儆亭 蕭鳴盛 校

一齋 余文熙 閱

書林慶雲 蕭騰鴻 梓

第一齣 傳奇綱領

鳳凰閣 末唱 嗟蝶夢香沉渾如翠幄迷闉一片桃花夢可恨狂風妒雨

忒煞情薄盡把韶華送却〇楊花無奈是處穿簾透幙豈知人意正

蕭索傷心也這般愁沒處安脚桂子黃時蓮花落 問內科後房子弟今日演甚麽傳奇

內應 鄭元和李亞仙繡襦記 末云待小子點綴幾句便見全傳

沁園春 末唱 鄭子元和滎陽人氏隽朗超群應長安鄉試李娃恭綠追

图 26　在南京从事出版业的建阳人的刻本

《绣襦记》　明万历年间（1573—1619）　萧腾鸿刻印

（上 a）全叶插图由刘素明绘制、雕刻

（左 b）该书卷端列萧腾鸿为刊行者、余文熙和萧鸣盛为校正者继儒之外[1]，在卷端具名的其余三人都是建阳人（图 26b）。萧腾鸿“梓”；余象斗堂兄弟余文熙“阅”，从把他列为校正者或编辑者的刻本数量看，他在南京做了很多活；最后，萧鸣盛（见上）“校”，他可能是萧腾鸿的一个叔叔，在建阳和南京两地做事。于是，从事出版业的三个最重要的建阳家族，在南京刊行的这一个刻本里都有人代表了。

州县官府对建阳出版业的参与

有证据显示，和宋元相比，明代州县官员更多地参与了闽北的出版业。其中一部分活动是官府对建阳地区学术书籍的质量监管，尤其是对经史类书籍；其余则是个别官员希望将自己感兴趣的书籍付梓。尤其是正德和嘉靖年间，一些建阳知县、建宁府知府和福建省的官员都大力参与闽北出版业，主持刊刻了 30 多种书。这些大多是学术类著作：经史、用于科举的大型类书以及一些别集或总集，不过已知的这最后一类书里有一部是戏曲《昆仑奴》，由建阳知县刘云龙刻于 1615 年。[2]

朝廷在明代早期就对建阳出版业表示了兴趣，这是它寻觅佚失或珍稀图籍的努力之一，也是一个新王朝在初建之时皆有的关注点。于是，1390 年，显然在当时福建省官员进呈该省刻印的几套史书的引发之下，朝廷令礼部在全国采买书籍，并让各地书坊用他们现有的版片印书。次年，两位太学生南下福建为朝廷采买书籍。南京朝廷的这些做法相当及时，1404 年，建宁府的孔庙和学堂，连带储存的很多典籍和书版毁之一炬。可能并非巧合，要

---

① 这些评点或许被误认为是陈继儒的，因其名字常常与根本不是他撰写的著作扯上关系。

② 中国国家图书馆善本藏书，第 596 号。

征地重建的知府就是首批在那里刻过书的闽北官员中的一个。[①]

显而易见的是，图籍的稀缺在大约 40 年后仍是困扰朝廷的一个难题。1439 年，至少当时的衍圣公建议礼部不光要从建阳购书，还应该取得书版来印新书。[②] 我们可以由此合理地推断，当时即使在南京、北京和孔子家族的祖宅所在地曲阜，带有较完整笺注的“四书五经”及其他儒学著作仍相对稀缺。所以，顾炎武（1613—1682）的“当正德之末，其时天下惟王府、官司及建宁书坊乃有刻板”之说是相当可信的。[③]

宣德年间（1426—1435）任建阳知县的张光启，是另外一位在早期就与建阳出版商和文人们合作的地方官员。[④] 他在编辑方面最为人所知的贡献是各种编年史的节要，这些书最初由刘氏翠岩精舍（见上）刻印。这类广受科举应试者欢迎的书，明代单建阳一地就至少重刻过 6 次以上。另外一本同样出名但性质不同的书是 1433 年由张氏刊印的《剪灯余话》（图 27）。[⑤] 此书是士人李祯（1376—1452，字昌祺）受之前瞿祐所撰《剪灯新话》（作者序

---

① 洪武二十三年（1390）《太祖实录》，卷二〇六；洪武二十四年（1391）《太祖实录》，卷二一四；永乐二年（1404）《太宗实录》，卷二六。《闻过斋录》在 1398 年由建宁知府芮麟和他任福建都转运盐使的朋友刻印。此著作由明初士人（也是福建本地人）吴海撰写。见《四库全书总目》，第 07517 号条目。

② 《宣宗实录》，卷五〇。

③ 顾炎武：《抄书自序》，载《顾亭林诗文集》，第 29 页。许多明代文人以及后代的学者都注意到，在明代最初一个世纪内存在刻本短缺的问题。关于进一步的讨论，请见下文。

④ 张氏是位于武夷山脉另一边的江西建昌人。像嘉靖《建阳县志》（卷一三，第 6 页 a—b）这样的各种地方志中，有一两行关于张氏的平淡无奇、传统常规的生平记录。除此之外，我们对他一无所知。

⑤ 这部著作的现代影印本收录在《古本小说丛刊》第 5 辑（北京：中华书局，1990 年版）中。正如这部影印本中的出版说明所指出的那样，其卷数的安排令人相当困惑。1433 年的刻本或许也包括了较早的瞿祐的《剪灯新话》，尽管该书并未留存下来。关于《剪灯新话》与《剪灯余话》，见马兰安的《12 至 16 世纪中国文本中副文本的叙述——公共读者的出现》“Paratextual Discourse in Chinese Texts from the Twelfth to the Sixteenth Centuries—the Emergence of the Common Reader”。

里所署日期是 1378 年）的启发而作。根据李祯之友刘敬（1368—1454，字子钦，也是明初官居高位的士人）为 1433 年版所作序，张光启从其师刘敬那里索得《剪灯余话》的抄本，并予付梓。张氏很有可能试图充分利用他在建阳所能获取的刻印资源，而这部用“上图下文”版式刻印的书就是在建阳刻成的，可是当它面世的时候，如此书卷六卷端所示，张氏已经南下接任闽西南上杭县的知县了（见图 27）。

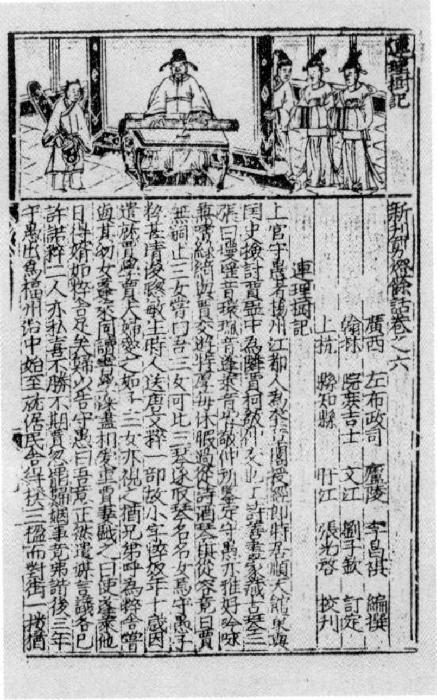
连理樹記
新刊剪燈餘話卷之六
廣西　左布政司　廬陵　李昌祺　編撰
翰林院庶吉士　文江　劉子欽　訂定
上杭　縣知縣　忻江　張光啓　校刊
連理樹記

图 27　《新刊剪灯余话》　宣德八年（1433）　张光启刻本（藏日本天理图书馆）

有关《剪灯新话·余话》一书刊行的故事并没有到此结束。1442 年，国子监祭酒李时勉上奏：“近有俗儒假托怪异之事，饰以无根之言，如《剪灯新话》之类。不惟市井轻浮之徒争相诵习，至于经生儒士，多舍正学不讲，日夜记忆，以资谈论；若不严禁，恐邪说异端，日新月盛，惑乱人心。乞敕礼部行文内外衙门，及调提为校佥事御史，并按察司官，巡历去处，凡遇此等书籍，即令焚毁，有印卖及藏习者，问罪如律，庶俾人知正道，不为邪妄所惑。”① 这些发展表明，正如张氏在序里所述，《剪灯余话》的刊行的确出于他和刘敬对这部书的共同赞赏。张氏可能觉得，通过刻印这部当时仅

① 最初的声明由顾炎武引用至《日知录之馀》卷四，第 1255 页；张秀民《中国印刷史》于第 468 页节引此文。

以抄本形式在小范围内流通的书，可以抵消来自其他人，尤其是那些保守官员的反对。不管怎么说，对此小说集的强烈反对显然未导致政府采取多少有效的行动。在建阳，至少1487年有过一种《剪灯余话》刻本，16—17世纪有两种同时包括两部小说集的刻本。

1500年那场毁灭性的大火焚毁了书坊那么多版片，以至于连南京都重视了起来，特派一名福建巡按去建阳调查灾情。[①] 显然，可能是在当地官府的赞助下，建阳出版业浴火重生，并兴旺到再次受到朝廷重视，以至于1526年在那里建立了一个督察机构提刑按察司，来打击劣质版本的泛滥，并委任几名省级高官负责，其中包括翰林院学士汪佃，作为钦差整饬兵备分巡建宁道按察司佥事，负责校正和审阅准备付梓的文稿。

在嘉靖年间，建宁府积极关注建阳坊刻本的质量。这明显反映在附于府刻经籍各部卷首的牒文上（图3）：

> 福建等处提刑按察司为书籍事，照得“五经四书”，士子第一切要之书，旧刻颇称善本。近时书坊射利，改刻袖珍等板，款制褊狭，字多差讹。如“巽与”讹作“巽语”、“由古”讹作“犹古”之类，岂但有误初学，虽士子在场屋，亦讹写被黜，其为误亦已甚矣。该本司看得书传海内，板在闽中（引者注：暗指建阳书坊），若不精校另刊，以正书坊之谬，恐致益误后学。议呈巡按察院详允会督学道选委明经师生，将各书一遵钦颁官本，重复校雠。字画、句读、音释，俱颇明的。……刻成合发刊布，为此牒仰本府着落当该官吏，即将发去各书，转发建阳县。拘各刻书匠户到官，每给一部，严督务要照式翻刊。县仍选委师生对同，方许刷卖。

---

① 就在同一年，南京的文渊阁发生了另一场特别严重的火灾（弘治十二年）。这场大火烧毁了许多贮存在那的宋元书籍，这也许使书坊的使命变得更加迫切。关于文渊阁火灾的记载，见沈德符：《万历野获编》卷一，第4页。

> 书尾就刻匠户姓名查考，再不许故违官式，另自改刊。如有违谬，拿问重罪，追板铲毁，决不轻贷。仍取匠户不致违谬，结状同依准缴来。嘉靖拾壹年拾贰月□□日，故牒建宁府（引者注：应在1532—1533）。[①]

事实上，建宁府刻印的经籍及其翻版都仔细地镌上了刻工名字，不过不是在书尾，而是在版心下方位置（见图4a）。

同时值得一提的，是嘉靖年间在建阳整部或部分刊行的经籍数量。例如，除了印有图3所示牒文的那套以外，另外有一套起初是把福建巡按吉澄列为刊行人的。该套书似乎又在当时建宁知府杨一鹗的指示下重刊。[②] 这种过度关注的一种可能解释是，当地各级府署或官员本人，把它们或赠或卖地给了缺少这些基本用书的书院，以显示他们的重视和慷慨。[③]

因此，上述官员中的几位也参与了地方志的编纂就不奇怪了。比如，嘉靖《建宁府志》把汪佃和建宁县（属于邵武府）的儒学教授朱幸列入编者之中。从他们一起刻印唐代闽北诗人李频的一部诗集的事来看，列名《建宁府志》编者之举可能并不仅仅

---

① 此段英文译文略微修改了吴光清的说法（见《明代的印刷术与出版商》，第229—330页）。“刻书匠户”和“刻匠户”分别出现在原文（图3）的第10和第12栏。几乎可以确定它们就是“书户”，就像包括刘弘毅在内的几位建阳出版商用来称呼自己的那样。（译者按：此处针对英文译文而言，本书直引原文并加以标点。）

② 如何阐明当时刻印吉澄那套书以及杨一鹗重印的情形，一直令版本学家们感到特别头疼。根据笔者对这些著作的查验，其中包括对刻工姓名的研究，笔者姑且认为至少有些刻本的书版是由建阳刻工刻制的，尽管尚不能确定他们是在何处工作。在明代中叶刻工姓名名录的基础上，冀淑英（《谈谈明刻本及刻工——附明代中期苏州地区刻工表》，第216页）认为吉澄刻本由在福建和（或）苏州的刻工合作刊刻而成。

③ 有趣的是，福建地区督学李元阳（1497—1580），大约同一时期在福州雄心勃勃地开展有关《十三经注疏》的刊行项目。又见卜正民：《陶冶性情的知识：中国明代藏书楼的建设》“Edifying Knowledge: The Building of School Libraries in Ming China”。与卜正民表1中列出的大多数藏书楼建立与修复的日期相比，嘉靖年间算是比较晚的。但考虑到这些书院与藏书楼常常会逐渐朽坏（据笔者对福建地方历史的研究来判断），这或许能有力解释当地为何会不断刊行经典及其他学术著作。

是出于尊敬。另外一名同时参与修纂地方志和其他书籍的官员是建阳知县冯继科，刻印过一部王阳明学生季本的著作。因为关于冯氏本人的信息不多[①]，所以很难了解他刊行这部书的动机。

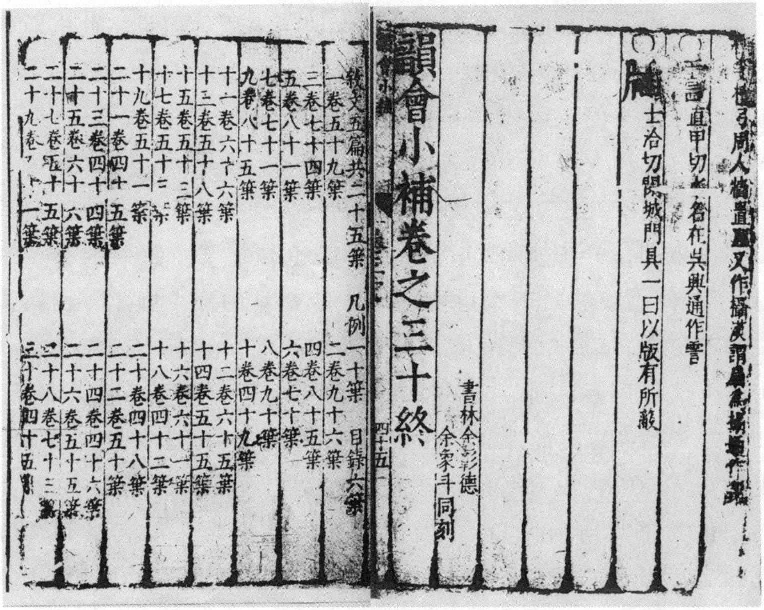
士洽切限城門具一日以版有所蔽
韻會小補卷之三十終
書林余彰德 余象斗 同刻
叙文五篇共二十五葉 凡例一十葉 目錄六葉
一卷五十九葉 二卷九十六葉
三卷七十四葉 四卷八十五葉
五卷八十一葉 六卷七十五葉
七卷七十一葉 八卷九十九葉
九卷八十五葉 十卷四十九葉
十一卷六十六葉 十二卷六十五葉
十三卷五十八葉 十四卷五十五葉
十五卷五十三葉 十六卷六十一葉
十七卷五十二葉 十八卷四十二葉
十九卷五十一葉 二十卷四十八葉
二十一卷四十五葉 二十二卷五十葉
二十三卷四十四葉 二十四卷四十六葉
二十五卷六十六葉 二十六卷五十五葉
二十七卷五十五葉 二十八卷七十三葉
三十卷四十五葉

图 28 《古今韵会举要小补》 万历三十四年（1606） 周士显（建阳知县）刻本

至于坊主是否心甘情愿地和这些官员合作，那就不得而知了。弘治十七年（1504）续修的《建阳县志》中，有一段建宁府任意充公书版和偶尔毁版的简短记述。[②] 此外，即使是最有成效的此类“合作”，如官府和刘弘毅慎独斋（见上）之间的，在刘氏因刻印《群书考索》而被免除一年劳役的记述中也暗示了某种胁迫。另外一种可能引起两者关系紧张的刻本是名为《古今韵会举要小补》的韵书，由当时的建阳知县周士显具名“刊行”（见图 28）[③]，

① 例如道光《建阳县志》第 347 页中有关于他的两行简略记载。

② 见《建阳县志》（对景泰版有所增补的弘治版）。

③ 有关女性刻工在该刻本中的工作，另见本文第二章。

两位晚明著名的多产出版商余象斗和余彰德（泗泉）则在书尾屈居“同刻”。在这后面紧接着的是每卷叶数的清单，这种做法暗指该刻本是官府督办的，因为这两人自己刊行的书并不提供此类信息。其中一人或他们两个人显然保留了书版，而且将此书重印过。在一本现存印本的内封面上注有“三台馆藏板”[①]，这在其他版本里是没有的。周知县还挂名于由一位或几位余氏在1605年刊刻的《五经大全》中，名列校正之首。[②] 几年后，一部建阳刊刻的医书把下一任知县叶大受列为刊行人。在这个例子中，有间接证据表明，叶氏离任时可能把书版也带走了。此书的另一种（用了不同书版的）版本可能稍晚于叶知县的那个版本，由余泗泉的萃庆堂刊刻。[③] 大约是萃庆堂参与了前一种版本的制作，认为此书值得再版，所以在缺少原版的情况下重刻了一副。最后，如第二章已经提到的那样，在建阳任职并将其参与刻印的书版带走的官员当中，最有名的例子是黄国奇，所涉及的是1642年刻的宋代类书《册府元龟》。即使该地区的出版业没有受到伴随1644年明朝灭亡而来的打击，建阳的出版商们恐怕也深感无力重刻这样一部里程碑式的大书了。

勾画明代建阳出版业

因为岁月的流逝，明代遗存至今的书比宋元的多，这并不足

① 三台馆是余象斗为其刻坊所起的名字之一。该刻本藏于福建师范大学图书馆特藏馆藏中，编号为No. 885. 3 Cw 61/552223—246。

② 在各类大全的题识中仅署明“书林余氏”。

③ 这部书名为《痰火颛门》。在余泗泉版的内封上则是《痰火回春》，但其中的内容与叶大受版是基本相同的，甚至包括序言也是一致的。由于《痰火回春》的序言署为1610年，许多图书馆目录将此书定为1610年刻本。尽管不能确定，余泗泉版或许也于这一时期出版。

为奇。表 C.1 和 C.2 显示了建阳刻本的数量按朝代而呈偏态分布。[①] 要确定明代刻本数量呈压倒性多数的原因不太可能。仅仅是因为越晚刊行的书存世率也就越高吗？会不会是当时的刊行数量上升了呢？还是当时的各类社会族群看书、买书、藏书的习惯有所改变了？[②] 又或是中国、朝鲜、日本以及少数欧洲买家在这个时期的采购方式不同了？[③] 至少有两大原因使上述问题变得更为复杂。首先，现存各个时期的刻本并不能精确地反映实际刊行书籍的分布。比如，尽管宋代的资料记录说，当时劣质的麻沙本到处可见，数量充足，而比起同一时期最精美的建阳本，留存下来的却少得多，因为后者得到了历代藏书家的精心呵护。再则，廉价刻印的书籍，如尺牍、公文指南、历书、黄历之类，存世率本来就低，而公告、税单、契约、传单等非正式文献则更少，几乎任何一个朝代的我们都没有。这就使对这类资料做跨时代的数

---

① 有 14 种清代的刻本并未包含在其中，其原因不仅是我们对这些刻本能做出的结论性论断少之又少，而且其中至少 5 种非常有可能是明代刻本的翻刻本。

② 罗友枝：《中华帝国晚期的经济与社会基础》"Economic and Social Foundations of Late Imperial Culture"，第 22 页；大木康：《明末江南的出版文化》第 2 章；高彦颐：《闺塾师——明末清初江南的才女文化》第 1 章。

③ 例如，日本与欧洲图书馆的中国古籍馆藏中包括许多通俗（即非学术性的）著作，比如居家日用类书、廉价写作手册以及绘图小说和戏剧，而这些在中国皆已不存。在意料之中的是，这类著作有些是建阳刻本，已成为近期研究与影印再版的对象。见李福清、李平的《海外孤本晚明戏剧选集三种》；刘若愚的《风月锦囊》；以及魏汉茂（Hartmut Walravens）的《最近发现的两部中国小说〈三国志演义〉和〈水浒传〉的片段》"*Two Recently Discovered Fragments of the Chinese Novels* San-kuo-chih yen-i *and* Shui-hu chuan"。这些刻本能够部分存留下来，归因于日本和欧洲收藏者的兴趣更广泛以及更具包容性。他们获得的这些刻本为当时中国的藏书家所鄙视，或是因其粗制滥造，或是因其内容轻佻。许多早期的欧洲买家也许对中国文化一无所知，购买这些书仅因其绘图或其异国情调。当这些书到达欧洲时，有些书已经被分成不同的册数，由不同的收藏者购买。17 世纪初的荷兰著名书商曾提供可能购买中国书籍的客户的信息，具体讨论见范·塞尔姆（van Selm）的《柯奈里斯·科拉埃兹的 1605 年库存书目》"Cornelis Claesz's 1605 Stock Catalogue"。因此，时至今日，不同的图书馆或许藏有同种刻本的不同部分。而这种不便与刻本的幸存相比，实在无足轻重。

量比较变得几乎不可能。[①]

认为明代中期出现了前所未有的刻书热潮的，和那些不愿承认有这种现象的学者，都倾向于按各自研究的时代来分期。事实上，我们没有（可能永远也不会有）足够的数量上的证据来得出一个确凿的结论，而我们至今积累的性质上的证据，对上述两种观点的争论只有火上浇油的作用。上述问题，即使以历史上持续时间最长、在中国各地区中存世刻本最多的建阳出版业为例，现有的信息也不足以明确支持任何一方。

尽管将明代与前代的出版业做数量上的比较不大可能有定论，但相对丰富的现存明代建阳刻本却可以帮助我们回答明代出版业变化的一些比较具体的问题。比如，现代学者认为，同明初期相比，坊刻本大约自16世纪中期出现爆炸式的增长，是否确有依据？如果有的话，我们如何给它定性？它主要体现在翻刻已刊行过的同一类书，还是也表现为有大量不同的著作问世？书坊主在经营上有哪些方面的变化？他们是主要局限在一个地方，还是依靠日益扩大的遍布多省的刻印和行销网络？如果出版业真正是跨地区的，这些地区的图书交易是否也同质？近来，一些学者提出了令人信服的轶事证据来证明，明代中期出现了全国性的出

---

① 即使在拥有大量存世刻本的国家，某些版本也几乎完全没有留存。例如，在亨瑞·简·马尔坦关于17世纪巴黎书籍贸易的厚达640页的著作里，其仅用3页介绍“最卑贱的读者”的阅读材料（大部分尚为推测）（《17世纪法国的印刷、权力与民众》，第368—370页）。鲁道夫·希尔施（《1450至1550年的印刷、销售与阅读》，第11页）在谈论欧洲印刷品的第一个世纪时，列出了12种“和其他书籍相比更有可能消失”的书籍。清单上的大多数书籍会在另一份相对应的中文书单上找到：廉价书、小型书、居家日常用书（烹饪书等）、被分类为伪科学书（处方、手册、占卜书、解梦书）、蒙学课本、白话通俗文学作品、禁书以及经商辅助书（如商业计算书、带敬称的信件样本）。尽管在帝制中国，大多数这种信息都在被视为居家日用百科全书的“类书”中保留下来，但是单单关于其中某个主题的小型书籍或许已经被大量印制、销售以及阅读，直至其散架。由于纸张在被回收后很有可能另作他用，这些书籍几乎皆散佚殆尽了。

版业变化。[①] 我们将通过清点明代的闽北坊刻本和推想建阳出版商的经营方式，来探讨这些问题的答案。

明代出版业的发展：一些猜测及其可信性

只要粗粗浏览一下中国图书馆[②]的一些主要善本收藏或重要的清代私家藏书目录，就可以再次肯定明代后期刊刻的书籍数量远远超出明代前期这一印象。不过，是否有办法大致计算一下明代不同时期建阳本的具体数字呢？

首先，如果我们把这个朝代对分成两半（正好用弘治末年的1505年为界）[③]，就会发现在已知的总共1660种建阳坊刻或私刻书籍里[④]，只有179种（11%）是前138年里刻印的[⑤]。因为有些计入明初的刻本实际上是元代版片的后印本，这个比例的偏态在事实上更严重，因而明代后期更为胜出。即使是这样，如上所述，建阳出版业比全国其他大多数地方要活跃得多。所以，至少到16世纪初，很多著作的书版是如此稀缺，以至于中央、州县、

① 参见井上进：《藏书与读书》，第415—440页；及周绍明的《中华帝国晚期印刷业的崛起》。

② 笔者在此仅列出中国图书馆（包括位于台北的“国家图书馆”以及“故宫博物院”）的收藏，其原因在于：由于书籍采购的历史原因，其他国家的古籍馆藏会偏重某一个特殊的时期，因此无法提供整个历史时期中国印刷品“有代表性”的样本。例如：许多西方图书馆的馆藏优势在明及明以后的著作。在日本，其明清以及民国时期的馆藏优势最强，例如内阁文库和国立国会图书馆，而宋元刻本则要少得多，不过静嘉堂文库与尊经阁文库在此方面的馆藏优势尤其强大。因此，当计算明刻本时，笔者采用的是中国图书馆编纂的目录。

③ 将一个朝代分为两部分或许有点过于武断，不过正是从正德开始的明代后半段中，建阳出版业开始复兴，部分得益于官府的支持，详情可见前文相关内容。

④ 这一数据源于笔者所汇编的建阳刻本目录（详情见附录C）。有关坊刻和私刻的特点，见本文第一章。在讨论中，笔者将两者同时列为研究对象，因为很多情况下我们很难区分这两者，但无论如何，可能属于私刻的仅占从业者总体中相当小的一部分。

⑤ 尽管很难确定其中300余部刻本的具体刻印年代，我们可以较确切地判断其中每一部是刻印于明代前期或后期。

各级政府都利用建阳所存的书版。此外，还有一个类似的对江南各大出版中心（南京、苏州、无锡和杭州）的刻本统计显示，不到10%的书是明代前期印制的。[①] 江南各大出版中心以及建阳本地的这些类似数字可以说明，其比例低不仅是因为更早的印本的"自然"幸存率低，历史发展对江南和建阳出版业的衰退也造成了相同的影响。

无论如何，如果修正一下刻本的幸存率，是否就会大大改变明代前后期的差距呢？有些书目提供了一些可以帮助我们了解明代前200年左右建阳刻本幸存率的信息。其中两个尤其有用：一个是包括384条书目的嘉靖《建阳县志》；另一个是有368条书目的《古今书刻》，由一位名叫周弘祖的学者在1570年左右按地区编纂。[②] 如果拿这两个书目按照相应的时期，与笔者自己的知见建阳刻本书目做比较，前两个书目的幸存率大约都是三分之一。[③]

---

① 见贾晋珠：《晚宋至晚明建阳的商业出版》"Commercial Publishing in Jianyang from the Late Song to the late Ming"。

② 我们对周弘祖所知极少（1559年进士）。由于《明史》（卷二一五，第5676—5677页）本传记载他曾经担任福建提学副使一职，他很可能对建阳地区出版业有些个人见解。根据"建阳书坊"部分所列出的标题，笔者推测其书目应该在1570年刊行。无论如何，周氏列出的书目似乎都在万历之前。

③ 嘉靖《建阳县志》卷五，第20页b至第30页a。与笔者自己的建阳刻本书目相比较，可以发现在地方志列举的384种刻本中仅有123种保存下来，即32%，这与《古今书刻》里的33%基本一致。我们不清楚《建阳县志》列出的384种书中是否有宋元本，但即使把更早的14部刻本都包括在内，幸存率也仅增至36%。笔者没有参考万历《建阳县志》卷七第9页b至第13页b所列的参考书目，因为它仅列出了131条书目，似乎是一个潦草编纂的书单。这些刻本不仅早已出现在早期的地方志中，而且鉴于建阳本在16世纪晚期大幅增长，万历《建阳县志》中的书目本应该长得多。同样值得我们注意的是，无论是嘉靖《建阳县志》，还是周弘祖所编的书目，在两个方面都不够完善。首先，这两份书目均缺乏截至成文时建阳刻本的完整书单，甚至缺乏所包括的类别。举例来说，笔者统计在万历之前，即1573年前于建阳刊行的医学作品大约有106种，而周氏弘祖仅著录了48种。同样，笔者统计出1573年前有85种别集，而周氏只列出了35种。嘉靖《建阳县志》同样有缺失的情况。其次，《建阳县志》和周弘祖所列的书目中均不含小说（包括小说和故事集）和戏曲（包括戏曲杂记），这一内容的缺失让当代学者尤为失望，因为相关内容或许能够帮助他们验证关于这类作品（小说与戏曲）在明代后期大发展的假设。

这个数字部分反映了1500年书坊大火中版片的损失，万历《建阳县志》里的一个书目提到的书版缺失也支持这一猜测。[①] 这些被毁的书版可能也包括了宋元两代及明代初期刊刻的。这种大规模灾难可能也促使了官府积极参与重振建阳出版业的行动。此外，我们无法知道某部书在重印时需要雕镌新版，到底是因为内容有大幅度修改，还是因为旧版已不复存在。总的来说，第二个理由的可能性更高些，因为很多列在嘉靖县志和周弘祖书目里的著作内容，新版与旧版大致相同。不过，这也可能意味着，书版的寿命往往是被刷印次数太多而磨损以外的因素所决定的。

不管怎么说，如果我们把幸存率修正为三分之一，并假设截止到1505年，建阳本的实际数量是现存数量的三倍（3×179＝537）；再进一步假设，1505年之后刻印的书达到了几乎不可能的100％的幸存率，这样明代前期的刻本数量是增加了，但也只达到36％。这意味着明代后期建阳的坊刻本数量仍比前期多一倍。这种数字上的估算支持了建阳出版业在明代晚期有显著发展的观点。

其他一些相当不同的证据，也证明了出版业在明代后期的发展。比如，尽管明代作者很少比较本朝各个年代刻印的版本，他们做的一些评论却证实了明代前后期之间的差异。[②] 比如，在写到弘治年间时，陆容（1436—1494）提到：

> 国初书版，惟国子监有之，外郡县疑未有……。宣德（引者注：1426—1435）、正统（引者注：1439—1449）间，

---

① 见万历《建阳县志》卷七，第2页a至第8页b（唯一现存版本中缺卷七第5—6页）。这份书单是宋代至16世纪晚期闽北作者所著书籍的列表。在该表现存的部分中，著录了167种书，其中117种被标为“无板”，意为这些印本的书版在建阳已不复存在。尽管这些书版有可能被运往别处使用，但更大的可能是它们已被毁，或是遭到了无法修复的损坏。

② 关于更多此类评论，可参见周绍明的《中华帝国晚期印刷业的崛起》。

书籍印版尚未广，今所在书版，日增月益，天下古文之象，愈隆于前已。……上官多以馈送往来，动辄印至百部，有司所费亦繁……①

尽管陆容指的主要是官刻，但当他在15世纪末写这些话的时候，坊刻也开始复兴。差不多一个世纪之后，胡应麟（1551—1602）写道：

余犹及见老儒先生，自言其少时，欲求《史记》《汉书》而不可得，幸而得之，皆手自书，日夜诵读，惟恐不及。近岁市人转相摹刻诸子百家之书，日传万纸，学者之于书，多且易致如此，其文词学术，当倍蓰于昔人，而后生科举之士，皆束书不观……②

胡氏对时人未能充分利用空前的知识财富的斥责，其实应和了早先不同时期很多文人的观点，所以不必完全采信。③ 不过，有意思的是，胡氏指的并不仅仅是刻本的丰富，而且还包括以摹写方式形成的抄本。当时，城市里有很多抄手，有些很可能同时受雇于书坊，誊写要转到书版上的文字，所以他们在传播书面信息这个行当里，同时兼任两个不同的角色。

李诩（1505—1593）在回顾年轻时写道，他和朋友会以两三文钱一叶的价钱来买应试资料的抄本。他们这么做是因为买不起私人或书院以雕版或活字方式印刷的善本，当时也没有那么多廉价坊刻本，后者在他写这段评论的万历后期已充斥坊间。④ 沈德

---

① 陆容：《菽园杂记》卷十，弘治七年（1494）刊印；张秀民在《中国印刷史》第337页引用了此内容。

② 胡应麟：《少室山房笔丛·经籍会通》卷四，第68页。与读者亲自抄写书籍所带来的益处相比，阅读“转相摹刻”的书籍显然是远远不如的。

③ 例如，朱熹（《朱子语类》卷一，第171页）曾于12世纪晚期抱怨说：“今人所以读书苟简者，缘书皆有印本多了。……盖古人无本，除非首尾熟背得方得。”

④ 李诩：《时艺坊刻》，见《戒庵老人漫笔》卷八，第334页。笔者推测，李诩应该是在回忆16世纪早期的情形。然而这似乎有几分令人疑惑，因为李诩作为江阴人（江苏境内）却无法寻得可靠的坊刻本，而江阴距无锡、苏州极近，离南京亦不远。

符（1578—1642）也记载说，到了万历年间，市面上不缺坊刻的应试资料，高中科举的好文章会不做修改地马上付梓。[①]

最后，清代和民国时期善本收藏家的藏书志也表明，他们珍视的明代非官刻本大多是16世纪中叶之后印制的。[②] 例如，清中期藏书家孙从添，在评价明代私刻和坊刻本时，特别提到十大出版商，他们全都活跃在1500年之后。[③] 叶德辉（1864—1927）著录了精选的30余种明代佳刻，只有一种是1500年之前的；在100多种不那么珍贵的明代私刻和坊刻本中，也只有14种在1500年之前。[④]

再则，有迹象表明，坊刻业在16世纪初开始复兴，其上升的势头促进了明代后期的出版业繁荣。此外，用元代后期建阳本数量和明代初期比，可以明显发现出版业的衰退在明初才开始。在表C.2列举的220种元刻本中，至少有60种出自元末；建阳本则晚至1367年，这表明建阳的刻书势头即使到元末也没有减缓。详细解释明初衰退的原因超出了本研究之范围，不过有几点还是值得说明的。首先，笔者的印象是建阳出版业的衰退没有江南那么严重。上面引用的数字显示，两地出版业受到的影响程度相仿，但对江南至关重要的官刻的减少，造成了江南书籍生产的全面萧条。第二，建阳对江南书籍市场的长期依赖意味着，除非江南自身尤其是其中心都市的经济得以恢复，闽北出版业是无法

---

① 沈德符：《录旧文》，见《敝帚轩剩语》，第42—43页。

② 尽管这些藏书志在数字分布上有着同样的问题（即早期明刻本的幸存率更低），但是在笔者所研究的约12种书目中，与明早期作品相比，明后期作品在数量上一直占据显著优势，其中包括著名的天一阁藏书的各种书目，而天一阁始于16世纪中叶的嘉靖晚期。

③ 孙从添：《鉴别》，见《藏书记要》，第2页b至第6页b。另见方志彤的英译本《藏书记要》“Bookman's Manual”，第226页。孙从添的生卒年已不可考，但方志彤认为其生活年代应在17世纪中期至18世纪中期。

④ 叶德辉：《书林清话》卷五，第5页a至第24页b。

明显恢复的。[1] 而且，如果建阳刻坊有赖于一个遍布华中和华南的关系紧密的市场，其兴旺反映的是整个地区而非仅仅是闽北一地的经济状况。

晚明建阳出版业的特点

不是所有人都为明代后期出版业的复苏而感到高兴。著名藏书家谢肇淛（1567—1624）为江南地区以及建阳坊刻本质量的恶化而哀叹道：

> 宋时刻本以杭州为上，蜀本次之，福建最下。今杭刻不足称矣，金陵、新安、吴兴三地，剞劂之精者不下宋板，楚、蜀之刻，皆寻常耳。闽建阳有书坊，出书最多，而板纸俱最滥恶，盖徒为射利计，非以传世也。大凡书刻，急于射利者必不能精，盖不能捐重价故耳。近来吴兴、金陵，骎骎蹈此病矣。
>
> 近时书刻，如冯氏《诗纪》、焦氏《类林》，及新安所刻《庄》《骚》等本，皆极精工，不下宋人，然亦多费校雠，故舛讹绝少。吴兴凌氏诸刻，急于成书射利，又悭于倩人编摩其间，亥豕相望，何怪其然？至于《水浒》《西厢》《琵琶》及《墨谱》《墨苑》等书，反覃精聚神，穷极要眇，以天巧人工，徒为传奇，耳目之玩，亦可惜也。
>
> 近来闽中稍有学吴刻者，然止于吾郡（引者注：指福州）而已。能书者不过三五人，能梓者亦不过十数人。而板苦薄脆，久而裂缩，字渐失真，此闽书受病之源也。[2]

---

① 关于明代早期这些江南地区的经济衰退情况，见万志英：《城镇与庙宇：12至15世纪长江三角洲的城市发展与衰落》“Towns and Temples: Urban Growth and Decline in the Yangzi Delta, 1100—1400”。

② 谢肇淛：《五杂组》卷十三，第21页a至第22页a。可见谢肇淛对于福建地区（即建阳）出版业的批评与叶梦得（见第三章）等更早期作者的相似之处。

所以，如谢氏所说，精美的刻本还是有的，但存在大批刻印质量一般乃至粗劣的版本是一个极为普遍的问题。这不是说书坊没有工作认真细致的校字者或手艺精良的画工和刻工可用，但为了谋利，他们牺牲了质量，而把更多的关注放在非学术类著作，如小说戏曲和插图本上。此类不满在 16 世纪中期之前很少有闻，但在之后却连篇累牍。

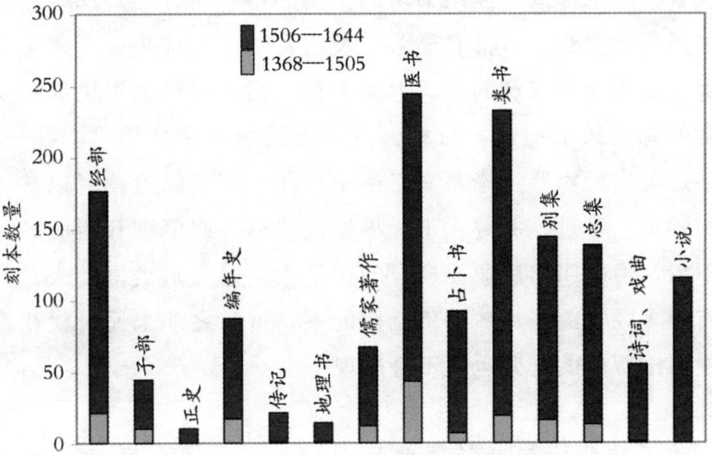

图 29　明初至晚明不同类别建阳本的数量对比

坊刻自明初至晚明的变化不仅仅是刊刻书籍数量大增，而且品种也变得多种多样。图 29 显示了建阳本在四部书籍中各自的增长情况。每条柱中颜色较淡且靠下者代表明代前期至弘治末（1368—1505）的刻本数量，而颜色较深且靠上者是明代后期（1506—1644）的刻本数量。[①]

① 显然，总有更完善的方式展示这些信息，例如以图表的方式列出每一个类别（或亚类别）里的刻本数量，并在朝代内分时间段做对比。在此，笔者并没有列出四部中的全部类目，因为其中一些类目的刻本数量非常少。此外，我们还可以建立一个与四部系统不同的分类方式，其类目中会包含完全不同类型的著作。不过，只有当我们将其应用到更完整的数据上，这种改进后的表现方式才会更具价值。

我们从图 29 可以得出哪些结论呢？首先，如每个种类所示，明代后期建阳刊行的书籍比前期多。第二，某些种类的书籍，比如经籍、儒家著作[①]和医书，尽管刊行量的绝对数字在明代后期增长了，比例却基本持平。在建阳本中，有些种类的书，如术数、类书、诗词和戏曲小说，在明代早期相对不重要，但在后期却成了主流。事实上，拿戏曲和小说来说，16 世纪之前几乎什么都没有，明末却成了建阳书坊的主要品种。简言之，那些无论在相对还是绝对数字上都有显著增长的，基本上都是被谢肇淛这样的保守文人嗤之以鼻的非学术类书籍。谢氏可能也讨厌那些质量低劣的有关风水地理、命相、占星等类的书和日用尺牍。当然，很多这类出版物，无论是文字还是插图，都不能给读者以赏心悦目的感觉。不过，关键在于，尽管这些书为谢肇淛和胡应麟等人所不齿，但晚明出版业要迎合的正是大量购买这类书的人。如果没有很多顾客购买这些廉价低档的书，可与之前宋元时代相媲美的晚明出版业的繁荣也就不会出现了。

关于建阳出版业的一些推测

尽管已知的明代建阳本有 1600 种之多，而且可以从中以及其他线索里获得一些关于坊刻商们的信息，但事实上，我们对一些实际细节并不清楚，如书坊的大小，书坊主是在什么样的情形下雇佣编纂、校字、雕版、印刷、装订等一干人的。我们也不知道出版商是否也售卖他自己印的书，会制作何种类型的印刷品，有多少刻本被卖到闽北以外，某一具体的书卖多少钱。故此，有关这些重要又有趣的问题的答案，是根据上述信息，以及对中国其他

---

① 此处包括“四书”以及有关“四书”的刻本，因为这两个类别的书籍以同样的比率增长。

地区和后来的中国书籍刻印、贩售情况进行审慎推断而得出的。[①]

首先，规模较大而历史较久的建阳书坊，宋元明三代似乎不单单负责雕版、印刷以及书叶的装订，还在建阳出售自己的印本。我们对建阳书坊规模的情况所知极少。[②] 不过，我们却对晚明最著名、同时也是最多产的私人刻书家江苏常熟毛晋（1599—1659）的汲古阁有不少了解。汲古阁在崇祯年间（1628—1644）至清代初期最繁盛，印了大约600种书。[③] 毛晋拥有的书版有10万块之多，而且一度单刻工和印工就雇了20人。[④] 汲古阁的总印量甚至超过晚明建阳出版商里最大的那几家，比如刘氏乔山堂、余象斗的书坊和余泗泉萃庆堂。尽管其存在的时间长短和毛氏刻坊相仿，但却没有一家刊刻的书超过80种（已知的）。所以，一家建阳书坊雇的刻工和印工不太可能比汲古阁的还要多。

那么，这类的工匠在闽北有多少呢？正如上面讨论的那样，因为在嘉靖年间由建宁府主持刊刻的经籍有在版心下方镌刻工名字的要求，使我们有了一个估计当地刻工数量的途径。参与每部

---

① “出版志”是各省新编省志的组成部分，这是最容易获取的有关清代与民国时期中国不同地区的刻书与出版活动的信息资源。尽管这些“出版志”注重1949年之后的出版活动，其中仍包含了一些早期坊刻商及其刻本的信息。除此之外，在一项由鲁斯基金会（Luce Foundation）资助的为期三年的研究项目中，数名来自美国和中国的学者以采访当地学者、收集相关信息材料及研究大量中国图书馆中收藏的刻本等方式，来辨明清代及民国时期中国的印刷出版中心，并判断有什么可供研究的现存资源。本书的讨论中有不少信息是来自这一研究项目的成果。

② 第三章中提及的有关刘氏日新堂的信息例外。

③ 吴光清《明代的印刷术与出版商》一文第244—246页提供了有关毛晋刻书活动的简要概述以及更早期相关资料的参考信息；张秀民《中国印刷史》第373—374页也有相关内容。毛晋的儿子毛扆将其父的刻书事业维持到了18世纪早期。有趣的是，尽管毛晋通常被视为私人刻书家，其刻书活动的规模、所刻之书在江南地区的广泛流行，及其刻本中大量缺乏校对的文本，令其与当时的坊刻商极为相似。

④ 这些有关刻工的数字是毛扆在1710年的一篇刊语中提到的，杨绍和在其《楹书隅录》卷一第52页a中引用了这一内容。被提及的20名印匠中具体包括哪些人已经不可考，但笔者猜测他们应该是刻工及印工（那些负责将印成的书叶从书版上揭下的工人），而不包括印本的装订工。从毛氏刻坊的规模来看，后者或许可能是刻坊常年雇工。

书的刻工超过100人。因为这段时期刻书业在建阳复苏，有些出版商，如刘弘毅，正在刻印大部头的书，所以该地区很可能有数百位刻工。[①] 和有机会离开闽北四处觅活的男性刻工不同，从事刻书的女工[②]很可能是长工，或至少是比较固定的当地雇工。不管怎么说，无论男女，他们中的很多人就是一般的刻工，而不是像刘素明那样能同时以雕版和插画闻名的名匠。同样，揭纸是书籍生产中对技术要求最低的活，所以可能主要是由书坊以及周边地区的妇女甚至儿童做的。

至于为坊刻本准备文字内容的作者、编纂者和校字者，有证据表明，有一些人是固定为某个特定的书坊工作的，如前文所述的作者邓志谟和余泗泉萃庆堂之间的关系。此外，明代晚期的几个建阳刻本详尽地列举了闽北人作为编者、审校者、校字者的情况。其中一部《四书千百年眼》（序署1633年）列余应科[③]为“辑稿”；另一个闽北人张恭礼为“校订”，与一名姓刘和一名姓熊的同为“校订社友”；还有10个余姓族人为“仝在辑稿”，而这些人在其他刻本里也担任了类似的工作。[④] 这类名单为建阳各

---

① 冀淑英（《谈谈明刻本及刻工》，第217—226页）识别出了在16世纪中叶，参与了苏州刻书事业的645位刻工。因为几方面因素，我们最好将此数字视为一个概数。首先，正如其承认的，这些刻本中有几部是由苏州、南京、福建等多地的刻工合作完成的。其次，在列出的刻工中，至少有30人的名字曾出现在闽北的刻本上，意味着这些刻工可能在华中及华南地区的刻印中心之间流动。因此，16世纪中叶苏州地区的刻工人数或许并没有超过600人，而是更接近300至400人。无论如何，建阳、南京以及江南地区的其他主要刻书中心或许也曾拥有大约同样数量的刻工。

② 参见第二章注释。

③ 余应科可能是余象斗的侄子。参见余氏世系表（表3）中第35代。

④ 颇有可能的是，至少有几个在此列举的名字更多属于名誉上而非实际的参与者，例如书坊主刘龙田的长子刘孔敬（参见本章有关刘氏家族的讨论）。另一方面，很明显，在这一份名单中，余氏族人未被特别褒扬，然而在许多建阳本中，他们均以刊行者、编者、校订者或是其他身份出现。尽管这部作品并未明确列出刻印者，但考察其页面布局及字体风格，它们与余泗泉萃庆堂所刻，或另一位余氏族人书坊所刻，均极为相似。该作品的印本收藏于日本国立国会图书馆古籍善本处（索书号：160—165），以及内阁文库（277函95号）。

刻印家族之间的合作提供了明确的证据。

这些刻坊还合作为不同的书雕刻印版。尽管书坊之间的竞争十分激烈，而且往往几乎同时印制同一著作的几近相同的版本，不过，一旦一套书版镌刻完毕，便可以出借给任何想印这部书的人。这种做法也就可以说明，为何一部书会有两个，甚至更多的不同刊行人的牌记。① 另外一个可能性是，几家刻坊合资为一部特大型著作雕刻印版。② 尽管没有确实证据证明闽北的这种做法，但在笔者看过的 20 多种建阳本里，在一般应该列刻坊名的地方留下了空白，暗示了这类合作。这也可能说明了为什么某些书上列出的是某刻坊“藏版”，而非雕版。在另外一些情况下，一个刻坊可能保存了原先官府赞助刊刻的书版，过后再以自己的名义重印。

和那些规模较大且更知名刻坊不同的是，一些小规模的刻印生意主要是以刻字铺/店的形式经营的，而且注重一些日常业务，比如法律文书（合同、契约）、廉价（亦非法）的日历、宗教符咒，以及深受大众欢迎的门神、灶神年画之类。这些刻字铺可能也兼做文具生意，出售蜡纸、冥币、纸马以及用于书画的上等好纸。③ 此外，这类刻字铺可能还从主要刻印书籍的大书坊那里分包一些活，因为后者自己直接雇佣的刻工或装订工不够。尽管我

---

① 有关这些牌记的讨论，参见本书第六章明代建阳本外观部分。

② 中国人民大学古籍整理研究所所长、北京出版研究专家宋平生曾告诉笔者许多相关例子，其中包括在清代，几家北京书坊合资为某一部著作雕刻书版的例子。迄今为止，有关北京近代坊刻的系统性研究十分匮乏；有关清代及民国时期北京的，可见《北京工业志》第 90—102 页“印刷志”部分。在笔者自己关于济南和聊城的研究中，也发现了类似的做法。在清代与民国时期，这两个城市是山东的主要印刷出版中心。我们有理由相信，这种有风险的商业行为不会仅仅出现在北京和山东的出版商中。

③ 有关余氏家族的造纸活动，可见本书第二章。南宋时期，杭州各种书坊的店名显示出他们兼具文具店和宗教文本出版商的功能。有关这些店名的列表，可参见艾思仁：《南宋杭州的印刷》，第 4 页图 1。

们既没有流传下来的样本，也没有时人对这种情况的描述，却有清代和民国早期的例子做间接推断。闽北以盛产竹纸而出名，可能有很多做纸品生意的店铺。建阳地区应该更多，把经营这类商品的店铺和雕版印刷联系起来是再自然不过的了。

建阳本是如何贩售的呢？在书坊乡，除了刊刻的书坊自己直接销售之外，还可能由小一点的坊肆或在每月崇化里的书市上出售。此外，在设立于麻沙、书坊、建阳或闽北其他市镇的定期集市的书摊上也有出售。外地的买家未必会特意来买书，但闽北还有其他闻名遐迩的特产，包括稻米、茶叶、纸张、竹笋以及铁器和铜器。这些行商擅于套取差价，所以会把货带到其他地方卖掉。[①] 另外，一些来到建阳的买书人可能是老主顾，大的书坊会给他们提供食宿（和娱乐）。[②] 要了解建阳本在闽北之外的销售情

① 许多收录在明代《江湖奇闻杜骗新书》中的故事涉及了闽北行商。他们不仅出售从中国其他地区购买的货物，而且用赚取的钱财购买当地产品，然后再贩卖到其他地区。在书中的一个故事里，一位来自南京地区的男子在建宁贩卖布匹，然后打算前往崇安购买当地有名的土特产竹笋。由于竹笋在那年奇缺并昂贵，他转而购买铜器，并安排了一种快速的“箭船”将之运至跨境的江西水口（即河口）。这一“奇闻”存于17世纪20—30年代陈怀轩存仁堂刊刻的建阳本中。在原著的基础之上，存仁堂或许又加入了一些由浙江张应俞撰写的故事。不仅84个故事中的21个均描写了闽北的某些地区，而且其中的某些描写非常细致入微，提供的信息包括装卸工人在建阳县城的河岸边等待卸货，或是同城内一处虚假的门面，看似主街外一个小巷的住宅出入门。存仁堂本的几部现存刻本，其中一部被影印入《古本小说集成》，另有现代注解本。

② 很明显，在中华帝国晚期，常常兼做批发商的牙人普遍为行商（或客商）提供这类款待。我们至少能在两个大型年画制作中心找到证据说明，出版商们也扮演与牙人同样的角色。这两个中心分别是山东的杨家埠与河南的朱仙镇；见《杨家埠村志》，第214—216页；以及郭太运等编：《朱仙镇年画与民俗》，第6页。中华帝国晚期出版的各类商路指南或居家日用类书中的某些部分，为行商提供了丰富的信息，同时也有有关他们的大量信息。其中，几部明代的商路指南和更多类书在建阳刻印。例如，余象斗1599年刻的《万用正宗》一书，已被现代学者用来发掘当时商人与商业情况的信息。由于这部作品的大部分或许由余氏本人撰写，由此可见他有丰富的从商经验。可惜的是，他并未对书籍贸易的细节多加讨论，而这种遗漏或许传递了余氏希望被视为文人而非商人的愿望。

况则难得多。不过，估计是行商在建阳买了书之后，要么直接卖给个人，要么卖给闽北之外的书商。此外，在南京等城市开书坊的建阳人也可能分销福建的亲戚或同行刻印的书籍。

尽管建阳本身就是一个重要的出版中心，它也可能为其他地方的书坊雕版、印刷以及或仅为刻本完成最后的装订，毕竟刻印和发行一部书的各个环节并不一定要在同一个地方完成，印成的散叶和书版也可以在完成之后被运往发行地。在闽北这种有现成水运便利的地区尤为如此。[①] 所以，尽管福州是一个大出版中心，但有可能因为建阳的制作成本较低，或是对雕版的需求高于当地刻工的产能，导致一些标榜在福州“刻印”的书籍其实是在建阳制作完成的。这种不同地点之间的分工合作，可以解释我们在试图通过书上记载的刻工名字来追溯一种刻本产地的过程中产生的一些疑问。此外，因为很多刻工四处游走，一些书版和印成的内叶也有可能跟着长途跋涉。

最后，有关书价的数据奇缺，这点颇令人沮丧。明代或之前的很少几个有关刻本价格的记录都相当有问题，因为我们不知道这些价格是何时何地的，也缺乏可以参照的信息来考量某一项价

---

① 实际上，将书版从一处运至另一处这一过程看似繁琐，却并不罕见，在水利运输便利的地区尤为如此。见第一章包括其水路在内的有关闽北地理的描述。这一地区的商业主要依靠河道运输。在《杜骗新书》中，几乎每一则提到闽北商人的故事都涉及他们雇用船只来运输货物，而这些船舶都行驶得非常快，一天的航程能达到一百多华里。同样，清代山东聊城印刷业之所以发达，大多数要归功于这一地区与大运河相邻近。在聊城“出版”的书籍不仅包括本地刻的（以“府书”著称），而且包括那些从华中或华南某地运来的书版或未经装订的散叶，它们则以“南书”著称。见《聊城地区志》，1997 年版，第 781—789 页。最后，位于中国不同地区的刻书中心生产出书版、未经装订的印张甚至还有装订成册的刻本，然后它们被运往一个被视为刊行地的更重要的中心城市。我们有更多关于清代和民国时期这些生产中心的证据，但它们更早就已存在。有关几处较晚时期刻书中心的简短描述，见包筠雅等编：《绘制书籍贸易的地图：中华帝国晚期印刷文化的拓展》，第 1 年（1999 年）和第 2 年（1999—2000）。

格的意义。此外，我们所知的少数几种价格大体指向的都是某种意义上很特殊的书，如宋元善本、纸墨精良的多色套印插图本、精印的活字本、多卷本巨帙，或是卖给国外、尤其是日本与朝鲜顾客的书（很有可能加了价）。

因为有上述这些问题，我们只可以就一些记录在晚明建阳本上的价格的含义，得出一些初步结论。① 比如在16世纪，建阳书坊出了两种不同版本的九十卷本《大明一统志》。原本由朝廷出资，刻印于1461年。第二种建阳本是杨氏归仁斋在1559年刻印的，后由刘双松安正堂在1588年重印。这种重印本的内封面上打了一个三两银的红色售价印。② 如果这个售价真是安正堂定的话，在16世纪末这么一部约有十六册③的较大部头的书售价就相当高了，大约是一个知县月俸的五分之一至四分之一！④ 我们知道其他两种安正堂刻本的价格，两种都是类书。一部是1607年的《新编古今事文类聚》，原编者是宋代祝穆，但增加了元代和

---

① 几乎所有数字都来自于沈津收集的数据。他在过去几十年研究中国古籍的过程中，有十分难得的机会来发现这些信息。见其题为《明代坊刻之图书流通与价格》一文。沈津（在私下交流中）认为这些用红印打上的售价是由出版商决定的，但笔者对此存疑。然而，这种在解释书籍售价时的疑惑到了1998年一次关于中华帝国晚期书籍与印刷的会议上终于水落石出。沈津在此会议上发布了一篇稍作修订的论文。在会议的讨论中，发现很多带有售价的刻印本是来自日本的藏书，因此这些售价可能是为日本而非中国顾客设定的，所以也就相对悬殊。因此，这些售价对研究中国国内书籍贸易而言没有太大意义。

② 所有书的价格均以银两以及更小的十进制单位来表示（1两＝10钱/文＝100分＝1000厘）。

③ 在重新装订的过程中（通常属于修复工作的一部分），一部中国雕版印刷书籍的书叶可能会被重新安排，因此册数或是卷数可能会不同。所以笔者在此处列出册数只是为整书的规模提供一个大致概念。

④ 见沈津的《明代坊刻图书之流通与价格》。《大明一统志》有更早一点的1505年慎独斋本以及1559年归仁斋本。根据笔者对这两个版本与最初的1461年内府原本所做的直接对比，两种建阳重刻本制作精良，属于明代建阳坊刻中的上品。事实上，归仁堂本中还加入了原本里不包含的信息。

明代的内容，总计近四十册，售价三两。另一部是元代刘应李的《新编事文类聚翰墨大全》，售价二两。崇祯年间熊氏种德堂印的《史记评林》大约有五十册，售一两七分，比其他的书要低，但仍旧不便宜。更令人吃惊的是，余应科居仁堂 1618 年刻七卷本《唐诗训解》仅四册，居然要价一两。不过，试图解释和理顺这些售价可能是徒劳的，但它们与同期的大出版中心如南京、苏州、杭州等地的书籍售价差不多。所以，尽管胡应麟“凡刻，闽中十不当越中七，越中七不当吴中五，吴中五不当燕中三”[①] 的说法常被引用，建阳本却并不一定比江南本便宜。再则，如果上述明末图书价格的高低顺序成立，而建阳本也列在其中，那么藏书就一定是少数有钱人的特权了。这也就可以解释，尽管刻本随处可得，为何抄本的需求仍然极其旺盛，手工抄书仍能保持竞争力？这是因为买不起整部书的读书人会觉得，买其中一部分的抄本更便宜。

行文至此，我们提到价格的大都是大部头多卷本学术书籍。那么，非学术的通俗类小型书籍又是什么情形呢？可惜的是，有关的信息更少。沈津提到一部《新调万曲长春》，属戏剧里的杂曲集，凡三册，卖一钱二分，是前面提到的那些书的十分之一。这可能是一个可信的价格，但由于缺乏参照，很难将其置入具体的历史背景中去。我们可以推断，来自读者或是听众，包括那些有兴趣自己演唱这些曲子的人对这类杂曲集的需求，比对学术类书籍的要高，但不知道高多少。此外，在探讨什么人能够和愿意买一部书的时候，我们不能只考虑价格，还要考虑在一定的价格

---

① 胡应麟：《少室山房笔丛》甲部《经籍会通》卷四，第 56 页。关于闽（即建阳）、越和吴，胡氏很有可能是指在这些地方刊印的书籍。不过，关于燕（北京），我们就不清楚胡氏所谈论的是在此刊印的书籍，还是指在北京出售的别处刊印的书籍。此段文字几乎为所有讨论明代书籍与印刷的学者所引用，部分原因在于该时期没有其他人对这个问题写得如此详细。

范围内，能买得起此书之人的需要和迫切程度。于是，如果一部曲本和日用类书或写作指南卖同一个价，会有更多的人买它吗？许舒对 20 世纪香港新界村民的文字资料使用情况做过调查，发现即使自己有足够的文化，这些人也更依赖专业人士，如牧师、文书、卜师甚至艺人来获取知识，而不是印刷书籍。[1] 以此来谨慎地推测早先时期，可以得到类似的结论：一部杂曲集或连环画形式的故事集，可能比一部相面手册或写作指南的销量要大。当然，在我们找到更多证据之前，这也仅仅是推测而已。

---

① 许舒（James Hayes）：《乡村世界里的行家和文字资料》"Specialists and Written Materials in the Village World"，第 107—111 页。

第六章　明代的建阳本

审视主要建阳本的外观，有助于我们了解明代坊刻业的重要发展趋势。但如果仔细研究每一部建阳刻印的书，则会超出本书的研究范围，所以我们就把讨论集中在明代大量刻印的书籍上，尤其是其内容、流传以及可能的读者群，由此获取一些有关明代学术以及大众文化的重要信息。

明代建阳本的外观

明代建阳本的外观在该朝的前100年到中晚期之间出现了一些明显的变化。元本和明初本之间的相似之处表明，尽管有朝代更替而带来的动荡，建阳出版业仍在持续。不过，它们之间的相似可能仅仅是因为元代刊刻的书版在经过必要的修补后继续使用罢了。也可能是因为在出版业萧条时期，出版商每次只刻几部书的版片。当然，明初建阳本的数量和明代中晚期相比要少得多，而建阳出版业的复兴要到16世纪初才出现。从刻本的外观上看，字体、标点、版式、插图的精致程度和种类等方面的变化在16世纪中期开始变得很明显。

在下面这部分，我们会仔细审视建阳本外观上的变化，并着眼于弄清坊刻主们为了让一部书畅销会在设计时考虑哪些重要因素。从比例上看，现存的明代建阳本中能和宋代精本相媲美的少之又少，在编校上亦逊色。因为一般来说，刊刻精美的书籍幸存的机会最大，这也就意味着，到了晚明，建阳书坊在版本学家的眼中确实声名狼藉（尽管这些专家们并没有独占对劣质刻本的发言权）。不过在同一时期，坊刻本的市场大而强劲，以至于建阳书坊纷纷加上了自己独有的品牌标识，比如花里胡哨的牌记，将之作为卖点。

在字体方面，明代早期的建阳本保留了很多元代书籍的特征。细瘦的字体被挤入狭窄的直行中，然后印在低劣或很普通的纸上。熊氏早年的一个刻本《十七史纂古今通要》（图 30）就是一个例子。这种很容易分辨的风格里体现了几种著名字体的影响（见第三章），而随着时代的变迁，它逐渐发展成一种常用字体的变种。和宋本用的刚劲字体相比，它更为柔和圆润。图 31a—b 显示了建阳本上出现不同字体的两个例子。第一种（图 31a）是《纂图互注扬子法言》。尽管它声称以宋代国子监本为底本，而且正文的字体也是效仿原本的，但结果却是一种不同且缺乏特色的字体。另外一种（图 31b）是王氏善敬堂 1452 年刻印的《增修附注资治通鉴节要续编》，其正文大字和注解小字都趋于呆板僵硬，甚至连牌记的文字也做得像印章钤盖的那样普通。最后，一部由詹氏进贤堂在 16 世纪初印的广受欢迎的《广韵》，用的书版至少是在三个不同时期所刻的。元代（图 32 左）和之后刻的（图 32 右）字体书法风格不同，清楚地呈现了字体趋于僵硬的变化。[①]

当然，有些明代建阳本也呈现了优美的书法。刘弘毅的慎独斋在 1518 年刻的《史记》（图 33a），就是这样一部作品。[②] 杨氏

---

① 收藏于台北“国家图书馆”古籍部（书号 01065）。图书馆的目录定为 1519 年刻本，笔者相信此为加了些新书版后的再版时间。实际上，詹氏刻书世家或许采用了元代或明初时刊刻的原版，在将之修复后用于先前一个 1492 年的版本。此版《广韵》中更新式的书法风格与 1431 年杨氏清江堂本（中国国家图书馆古籍馆藏第 7988 号，北京）的颇为相似，而与图 22a—c 所展示的元版迥然不同。

② 正如本书第五章所分析的那样，慎独斋所刻书籍均质量精良的原因，或许与当地政府官员在其刊印过程中表现的浓厚兴趣与积极参与有关。

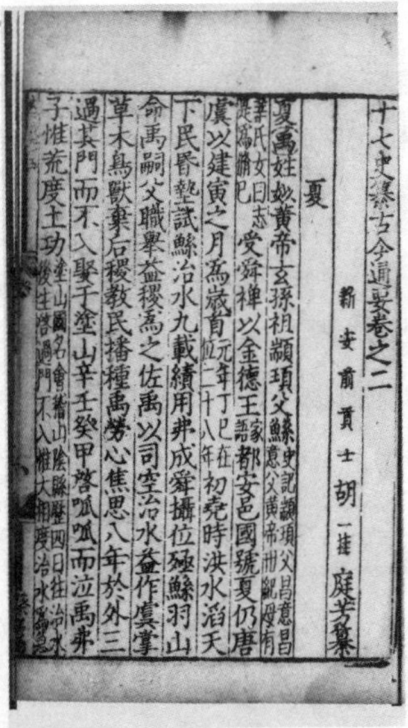
十七史纂古今通要卷之二
新安　前　貢　士　胡一桂　庭芳纂
夏
夏禹姒姓黃帝玄孫祖顓頊父鯀
受舜禪以金德王都安邑國號夏仍唐
虞以建寅之月爲歲首初堯時洪水滔天
下民昏墊試鯀治水九載績用弗成舜攝位殛鯀羽山
命禹嗣父職舉益稷爲之佐禹以司空治水益作虞掌
草木鳥獸棄后稷教民播種禹勞心焦思八年於外三
過其門而不入娶于塗山辛壬癸甲啓呱呱而泣禹弗
子惟荒度土功

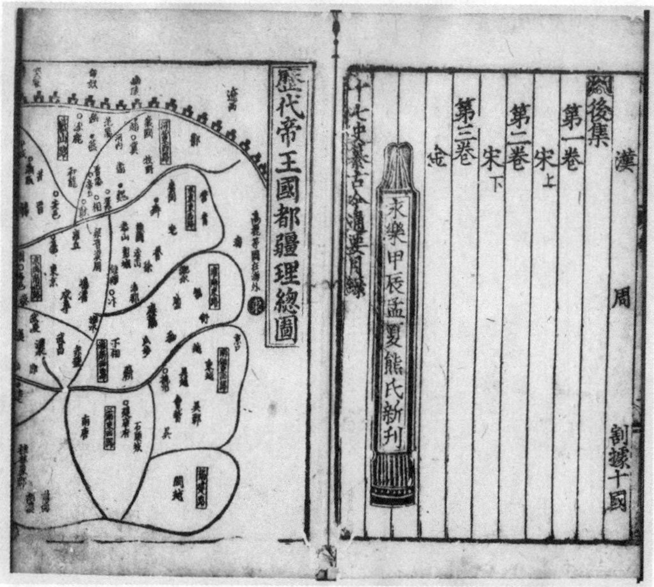

图 30　《十七史纂古今通要》　永乐二十二年（1424）熊氏刻本（内阁文库藏，297 函 152 号）

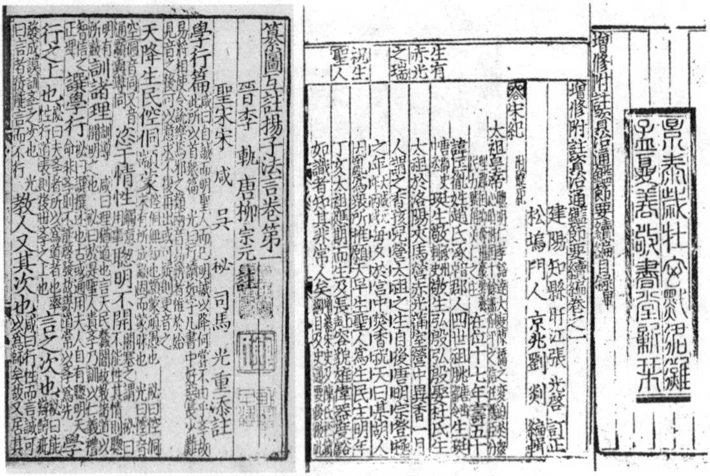

(a) (b)

图 31 明代建阳本两种书法风格的例子

(左 a)《纂图互注扬子法言》 明初建阳本

(右 b)《增修附注资治通鉴节要续编》 景泰三年（1452） 王氏善敬堂刻本

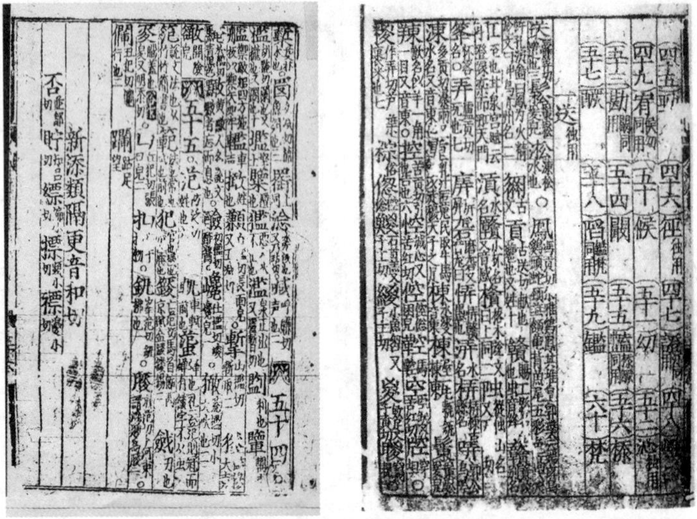

图 32 《广韵》 正德十四年（1519） 詹氏进贤堂刻本

（台北“国家图书馆”善本特藏，书号 01065）

清江书堂1511年版的“上图下文”版式故事集《新增补相剪灯新话大全》(图33b）也是一个例子，其字体比一般的要好。第三个例子是著名的余泗泉萃庆堂1590年刻的《诗经三注粹抄》(图33c)。

不过，字体呆板而风格模糊的建阳本也不胜枚举。一家书坊可以同时刻印出让人爱不释手的书籍和令人兴味索然的书籍。萃庆堂就刻了字体很一般的故事集《燕居笔记》(图34a)。同样没有什么风格可言的还有一部1529年刻的明代总集（图34b)，出自明代中后期建阳著名书坊宗文堂。最后，萃庆堂在万历年间刻的一部文集（图34c）的字体在晚明建阳本里是很典型的。

正如第二章里简要提到的那样，很多这些没有特色的字体是所谓“匠体”。如图35的说明，具体来说到了晚明，“匠体”指的是“宋体”。它应该是以一些宋本的书写体为基础的，但到了晚明，演变成了一种笔直、僵硬、呆板的风格，由较粗的直笔和纤细的完全水平的横笔组成，这种“硬体”在现代中文书籍里很常见。这样可以更易于把更多字塞入一个直行中，并可以在每一叶纸上排更多直行，同时也不会像使用书法体的“软体”那样显得过分拥挤。另外，由于笔画挺直，这样即使对书法一般的写样工来说，也不会有太大难度。而且与先前流畅的书法相比，该字体的写刻可以更加方便和高效。这种字体被全国各类刻书机构广泛使用，无论是私刻、官刻还是坊刻，其结果是，用过去书体的书籍与用某种形式“匠体”的书籍之间的差别变得越来越大，而差别更大的是刻本和写本。

伴随这些发展的，是对优美字体价值的间接认可。为了缩短刻印与手书文字之间的差距，各书坊会在正文前和显眼位置，比如内封面、序、牌记、插画题记等处使用特别的书法体。事实上，各书坊有时特别注明由名人写的序或跋，是用“手书上版”的方式刊刻的，即它们是在忠实摹仿作者手书（草书、行书、隶

(a) 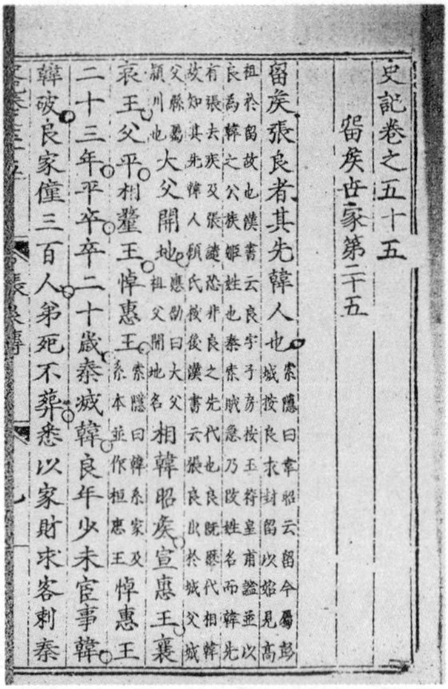 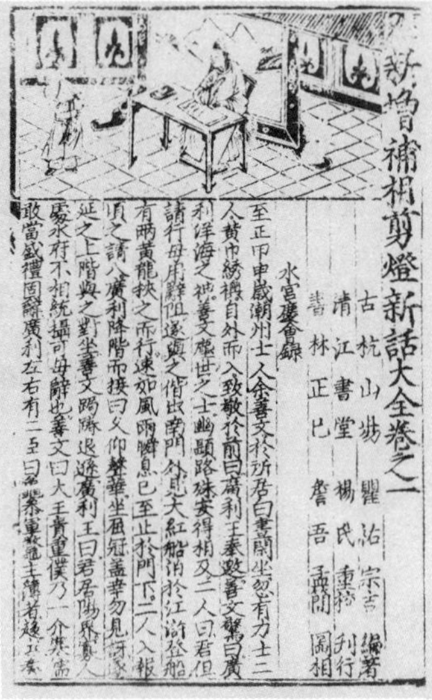 (b)

(c) 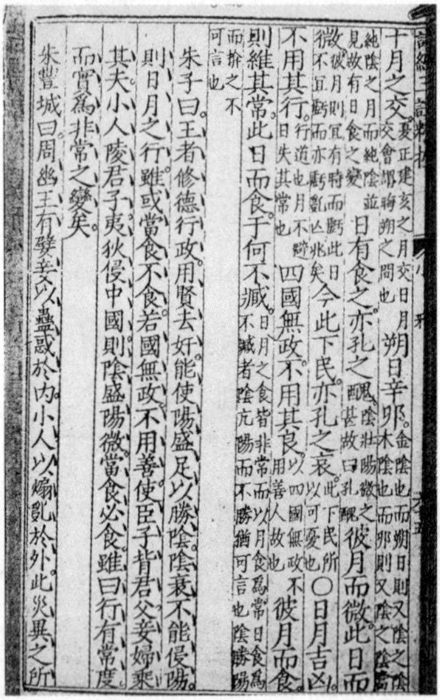

图 33　明代建阳本中书体优美的例子
(上左 a)《史记》　正德十三年(1518)　刘弘毅慎独斋刻本
(上右 b)《新增补相剪灯新话大全》　正德六年（1511）　杨氏清江书堂重印本
(左 c)《诗经三注粹抄》　万历十八年（1590）　余泗泉萃庆堂刻本（台北“国家图书馆”善本特藏，书号 00277)

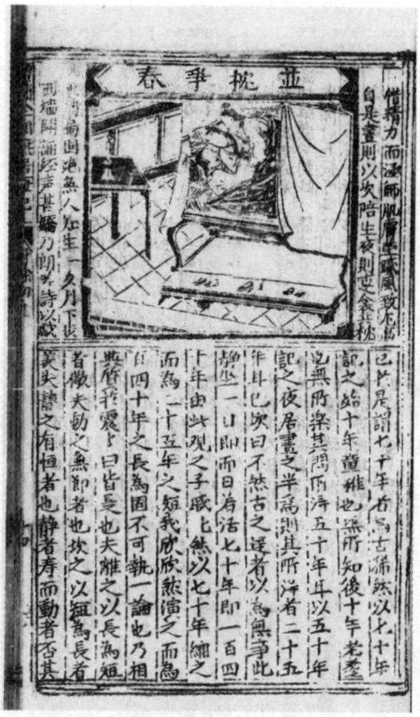

(a)

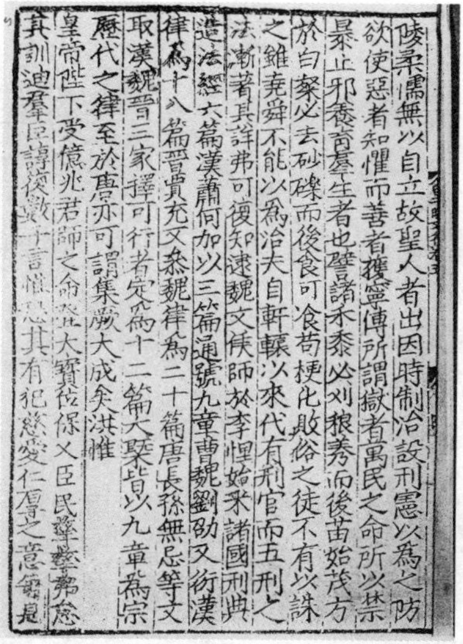

陵柔儒無以自立故聖人者出因時制治設刑憲以為之防
欲使惡者知懼而善者獲寧傳所謂獄者萬民之命所以禁
暴止邪養育羣生者也譬諸禾黍必刈稂莠而後苗始茂方
於白粲必去砂礫而後食可飡苟梗化敗俗之徒不有以誅
之雖堯舜不能以為治夫自軒轅以來代有刑官而五刑之
法漸著其詳弗可復知逮魏文侯師於李悝始采諸國刑典
造法經六篇漢蕭何加以三篇通號九章曹魏劉劭又衍漢
律為十八篇晉賈充又參魏律為二十篇唐長孫無忌等又
取漢魏晉三家擇可行者定為十二篇大槩皆以九章為宗
歷代之律至於唐亦可謂集厥大成矣洪惟
皇帝陛下受億兆君師之命登大寶位保乂臣民肇整綱憲
其訓迪羣臣諄復數千言惻然其有祀慈愛仁厚之意藹息

(b)

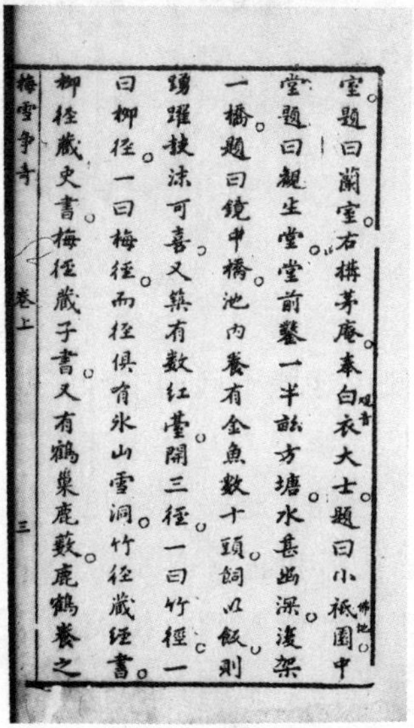

室。題曰蘭室。右搆茅庵。奉白衣大士。題曰小祇園中
堂題曰覲生堂。堂前鑿一半畝方塘。水甚幽深。淺架
一橋。題曰鏡中橋。池內養有金魚數十頭。飼以飯。則
踴躍掀沫可喜。又築有數紅臺。開三徑。一曰竹徑。一
曰柳徑。一曰梅徑。而徑俱有氷山雪洞。竹徑藏經書。
柳徑藏史書。梅徑藏子書。又有鶴巢鹿藪。鹿鶴養之

觀音 佛地

梅雪爭奇 卷上 三

(c)

图 34 明代建阳本中书体平庸的例子
(上左 a)《新刻增补全相燕居笔记》 明万历年间（1573—1619） 余泗泉萃庆堂刻本（内阁文库藏，附 5 函 7 号）
(上右 b)《皇明文衡》 嘉靖八年（1529） 宗文堂刻本
(左 c)《梅雪争奇》 明天启年间（1621—1627） 余氏萃庆堂刻本

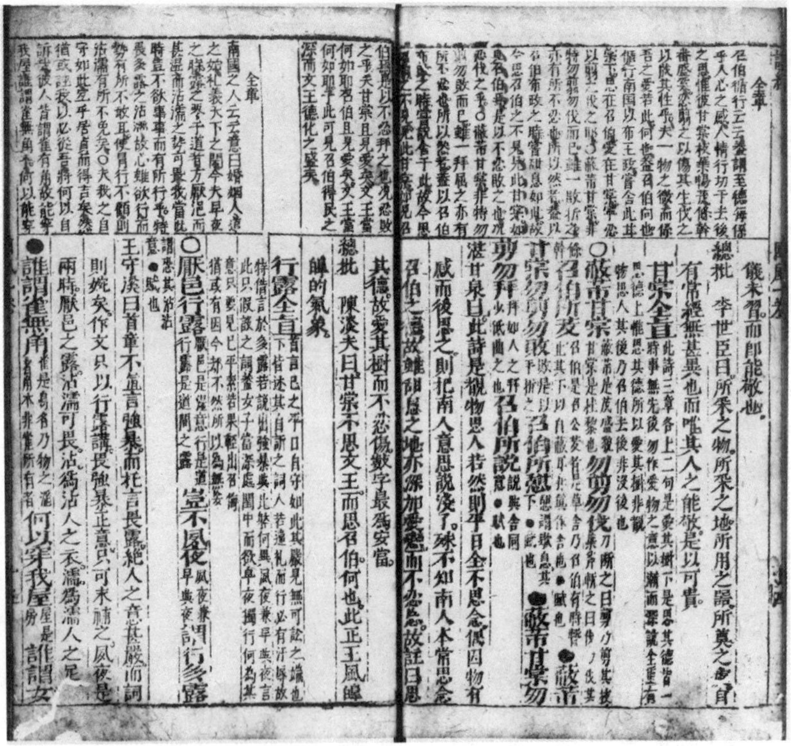

图 35 一叶用匠体的例子

《新刻大小冯先生手授诗经》 晚明 余元素跃剑山房刻本（内阁文库藏，273 函 218 号）

书）的基础上刊刻而成的。此外，使用这些不同的书法字体，也能让潜在的读者觉得自己是读书人里的精英，有才识来辨认这各种各样的字体。比如，在万历本的《运甓》这一总集里，出版商为三篇序用了三种不同的字体，而且都和正文有很大差别（图 36）。这种做法在各书坊刻印的书籍里都能看到。精美的私刻本和廉价的坊铺翻刻本之间的差别通常在于，后者的写样工和刻工无法把原本手书的字体成功地在书叶上展现出来，且经常伪称该书由当时著名文人作序。

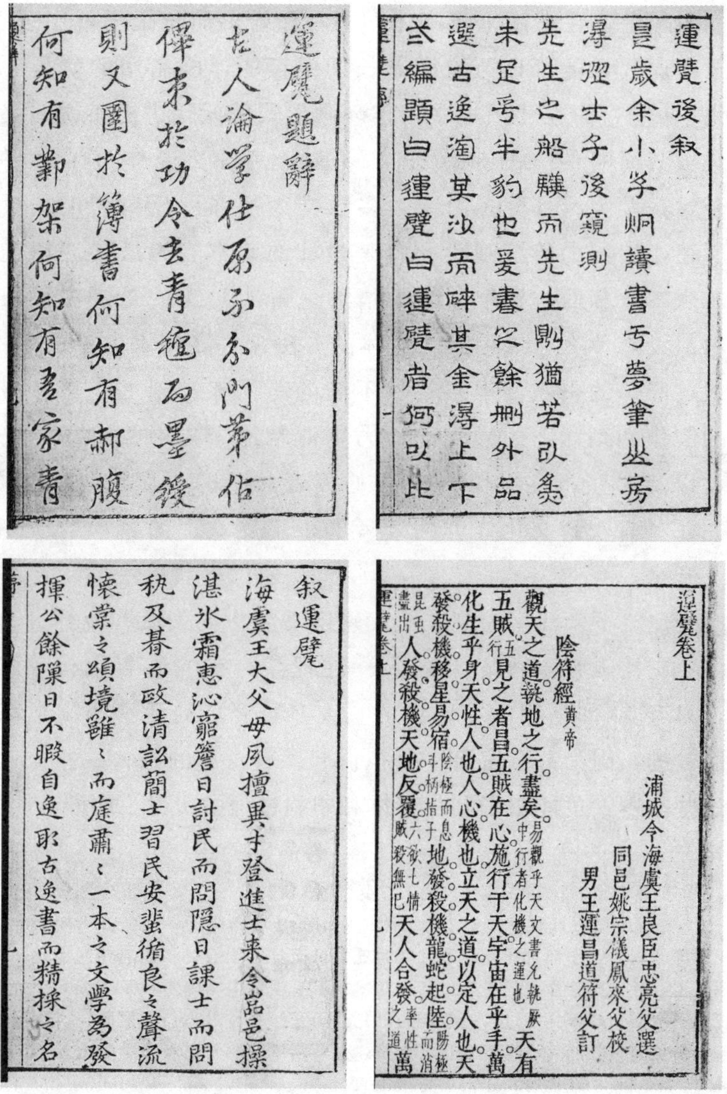

图 36　一种刻本用不同书体的三篇序（三篇不同的序，上排和左下）和正文（右下）示例

《运甓》　明万历年间（1573—1619）　吴彦明刻本（台北“国家图书馆”善本特藏，书号 13849）

实际上，在书版上将字体的书写和雕刻简化很早就出现了。甚至在唐代，廉价日历这样非长期保存的印刷品用的就是一种简化字体[①]，而在建阳本中，连环画形式的元代讲史小说的字体就是极其简略的（图 5a，5b）。不过，为什么匠体过了六百年才开始普及呢？部分是由于大多数文人的强烈反对。正如第二章所述，中国的传统观念一直是最佳的刻本当为最接近精美手稿的版本。和西方活字印刷的情形呈鲜明对比的是，在很长时期内都没有什么非要用改变字体的方法来提高技术效率的理由。诚然，匠体的引入使很多技术不高的写样工和刻工能够参与书籍的制作和刻印，但最大的压力则清楚地来自书籍市场的快速扩大以及那些不在意字体美感的读者数量的显著增加。于是，这一在具有较高文化修养的读者群中不受欢迎的技术革新终于普及开来。

相比之下，活字印刷在明代建阳书坊中从来没有流行过，主要由于它比雕版印刷昂贵多了。[②] 在现存的 1600 多部明代建阳本中，只有 10 部是用活字印刷的。大多数著名的活字印刷本都由官府赞助，因为只有官府才负担得起。有意思的是，一些文人称赞这些印本，可能出于制作字体和印刷过程中所付出的匠心。[③]

---

① 见钱存训：《纸和印刷》，第 153 页，图 1113。

② 毫无必要在此耗费大量笔墨来谈论中国的活字印刷这一话题。不仅几乎每本关于中国印刷的著作都对此使用了过度的篇幅，而且有无数关于此话题的中文、日文和西文文章。其讨论往往是简单地互相复述，不断强调中国确实早于欧洲几个世纪就已发明了活字印刷术。不过，一些新的研究已经开始在技术与经济层面探讨中国的活字印刷。见何义壮的《技术、文化与经济：东亚活字印刷与雕版印刷的比较》“Technology，Culture and Economics：Movable Type Versus Woodblock Printing in East Asia”。

③ 例如，唐锦（收录于《龙江集》的《龙江梦余录》卷三）评论了活字印刷的高效，以及与铜活字相比，泥活字更经济节省；陆深（收录于《俨山外集》的《金台纪闻》［下］）亦认为与雕版印刷相比，在毘陵（今江苏常州）发现的活字印刷术更为方便。

在明代，印本的版式因内容和针对读者群的不同而有所区别。如以经史类书籍为例，有汇集了大量注解及序、书目、地图、插图、图表和系谱的（图 37a），有给科举士子用的有注释和评论但可能省略正文的版本（图 35 和图 37b），以及给初学者用的有简单释文的启蒙书（图 37c）。

一叶纸上分两三个方框的形式在明代刻本里很常见。各个框的内容取决于该书的题材。在很多学术著作里，正文或最重要的注释位于书下方靠近书脚的方框里。例如，在朱熹注“四书”中，由于朱熹的注解对科举十分重要，到了明代，它们本身就有了经典地位，所以刻印它们用的字体比正文小，但比其他人的注要大。后者及其他注音、注义符号可能出现在上框或中框内。有时，加注的热情甚至会延伸到序里，它们会出现在上方狭长的框里，或以小字出现在正文旁边。在小说或戏剧词曲类书籍里，最上面的框往往用于注解符号、文字评论或是对正文里写得特别优美感人段落的赞赏（图 26b）。在日用类书里，这两个框可能包括这部分涉及的两段不同文字，所以如图 11a 这部类书所示，该叶右上方的方框解释并且图示了武术的技巧，而该叶底部方框里的图文是说箭术的。在对面的一叶里，上方的方框内是关于如何画一只鸟的头部的，而底部的方框内说的则是如何画人头上的须发。同一部书里的另外一卷则与棋牌游戏有关，见图 11b。

如第二章中指出的那样，圈点在明代书籍中开始被广泛使用，而且很多坊刻本书名中以“批点”为卖点。对那些圈点特别多的书（图 8a），还会在示例（图 8b）里加以解释。不过，书坊在决定哪些书要加以圈点时似乎没有什么一贯性。三种十分相似的嘉靖本《周易经传》在处理北宋道学家程颐 1099 年所作序时各有不同。建宁府刻的版本里有圈点但没有注（图 38a）；1536 年的一种建阳坊刻本里只圈点了序而没有圈点较长的注解（图 38b）；

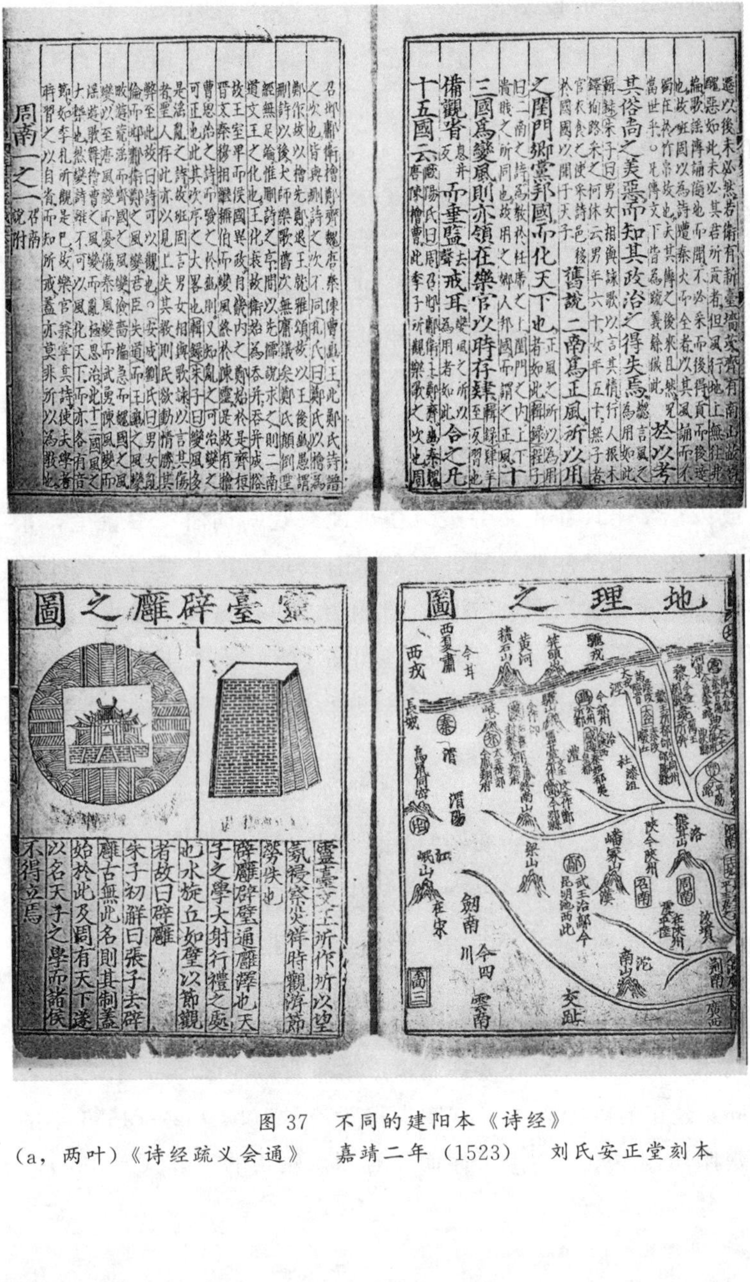

(a)

图 37　不同的建阳本《诗经》

(a，两叶)《诗经疏义会通》　嘉靖二年（1523）　刘氏安正堂刻本

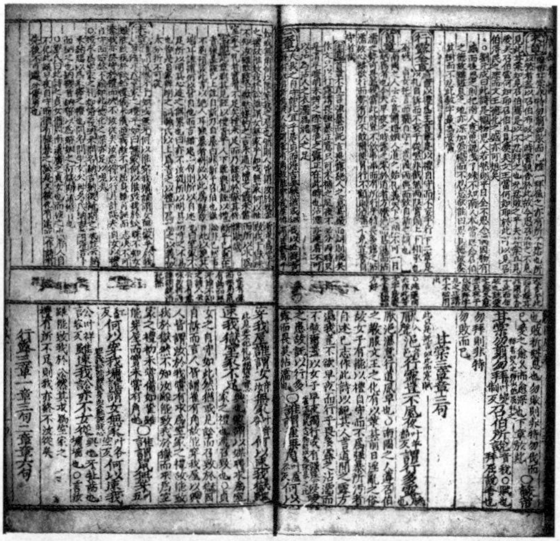

(b)

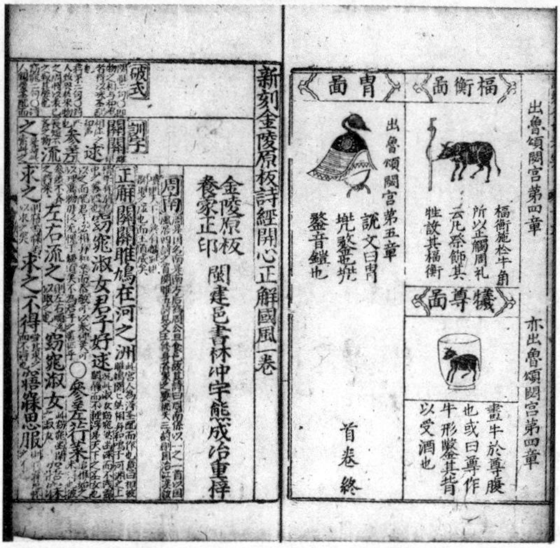
新刻金陵原板詩經開心正解國風一卷

(c)

图 37　（上 b）《新锲晋云先生诗经阐蒙衍义集注》　万历二十三年（1595）张仲全静观堂刻本（内阁文库藏，274 函 219 号）①

（下 c）《新刻金陵原板诗经开心正解》（又见图 39）　明隆庆年间（1567—1572）　熊成冶刻本（内阁文库藏，273 函 208 号）

---

① 原引文或有误。查内阁文库，是书为《新锲晋云江先生诗经阐蒙衍义集注》，明万历二十三年静观堂刊本，请求番号为 273—0219。——译者注。

另一种建阳坊刻本里，正文和注都被圈点（图 38c）。[①] 如同朱熹对“四书”的注解一样，程颐的序也达到了某种经典地位，所以各书坊可能觉得也应该加上详细的注解，这样会让他们的作品对潜在主顾而言更有吸引力。

明代另外一种趋势是建阳坊刻本里“图”（插图、图表、表格）的使用越来越多，比如经籍（图 39a）、词典、史书、家礼手册（图 39b）、经典兵书（图 39c）、医书（图 39d）、阴阳术数（图 23）和历法（图 39e）书、日用类书（图 11a，11b）及小说集（图 39f）。很多图像并不是新的，但它们被史无前例地用于各种各样的书籍中，而且在绘画和雕刻上都展现了不同的鲜明风格。

“图”常常占了一叶或一个方框中的一部分，而且一般尽可能放在和有关文字接近之处。“上图下文”版式就是这种版式的一个例子，它不光应用于单行小说或是故事集（图 10a，10b），也应用于非小说类的书籍，比如图 40a 的简明育儿手册和图 40b 的相面书。[②] 但是，根据书籍种类的不同，“上图下文”的版式可以有不同的用途，比如在相面手册、医书和日用类书里，插图不仅是文字的说明，也能独立起到一种参考的作用，这样不识字的

---

① 建宁府本与第一种坊刻本肯定都是嘉靖年间的。依据对三部刻本（台北“国家图书馆”善本特藏）的仔细研究，笔者猜测第二种坊刻本的刊刻时间应在其他两种之后。此外，这三种版本可能都以一个宋代建阳本为底本。

② 在明代，“上图下文”版式是建阳本的一个特色，但并非独门绝技。其他地区亦有上图下文版式的刻本，包括在福建南部刊行的说唱词话（见下文）、杂剧，以及 1498 年由一家北京书坊精刻的《西厢记》。关于说唱词话，见《古本小说丛刊》中收录的《新编全相说唱足本花关索传》（第 3 册，第 23 部）。关于杂剧，见龙彼得《古代闽南戏曲与弦管：明刊三种选本之研究》中的插图。关于在北京刻印的《妙奇全相注释西厢记》，见《中国版画图录》中的图 382—383。关于建阳“上图下文”插图中普遍存在的绘画元素之简析，见龙安妮（Anne S. Farrer）的博士论文《〈水浒传〉：关于晚明木刻绘画发展的研究》“*The Shui-hu Chuan*：A Study in the Development of Late Ming Woodblock Illustration”，第 102—124 页。感谢马兰安引起笔者对该研究的注意。

"读者"可以跳过文字部分，因为插图（可能还带有标题）本身已经能够提供足够的信息。

在故事集或单行的虚构类小说里，插图的作用则稍有不同，它们可以起到分散视觉注意力的作用。也就是说，即使底下的文字太难读，也可以让人从图中得到某种放松和解脱。至于这些"图"本身是否可以作为连续的插图来清晰地述说整个故事，则尚无定论。[①] 不管怎么说，大多数此类插图都有标题，这就把它们常见的作用颠倒过来，因为这样就成了用文字来说明图画了。不过，无论有无标题，当时的读者是否能像现代连环漫画的读者那样理解故事内容是值得怀疑的。此外，插图这一做法就是把故事往前推进，并给予一种时间或是空间上的流动感。因此，如果是描绘一群骑在马背上的人或一个仰山进攻的战斗场景，它会沿着下面文字，由右向左地展开。如果故事重复使用一些道具或场景的话，可以很方便地用同样或者相似的画面来描绘。即使有些画面乍看上去似乎很荒唐，但它们也可以作为视觉提示，让人思索文中一些比较抽象的内容（图 41）。

在明代，就像匠体字在刻本正文中的使用逐渐普及，并导致写刻优美的字体被重新引入书中其他部分一样，当时还出现了一种插入一整叶或半叶图的流行趋势。[②] 有时，建阳书坊还会刊刻一些插图更为讲究的书籍。例如，晚明比较流行把一类特定题材的短文或诗词汇集成册，再在该书的前后插入整叶的图加以点缀。天启年间，余氏萃庆堂刻印了包括《蔬果争奇》（图 42）在内的一系列书籍。尽管其字体和插图无法与该时期最佳的书籍媲美，但它们确属晚明建阳本中的佼佼者（图 42）。

---

① 在对早期元代平话历史小说的讨论中，何谷理（《阅读中华帝国晚期插图本小说》，第 172 页）得出了与之颇为相似的观点。

② 横跨两页同时朝正面的全开本形式的画，要比在同一叶纸上分正反两面的形式要流行得多。

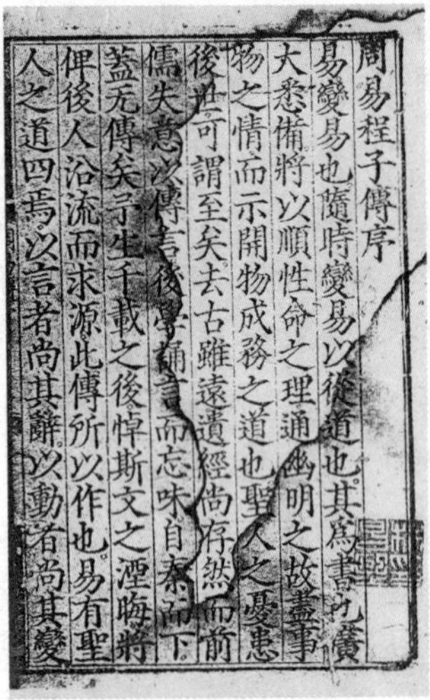
周易程子傳序
易變易也隨時變易以從道也。其爲書也廣
大悉備將以順性命之理通幽明之故盡事
物之情而示開物成務之道也聖人之憂患
後世可謂至矣去古雖遠遺經尚存然而前
儒失意以傳言後學誦言而忘味自秦而下
蓋无傳矣予生千載之後悼斯文之湮晦將
俾後人沿流而求源此傳所以作也。易有聖
人之道四焉以言者尚其辭。以動者尚其變

(a)

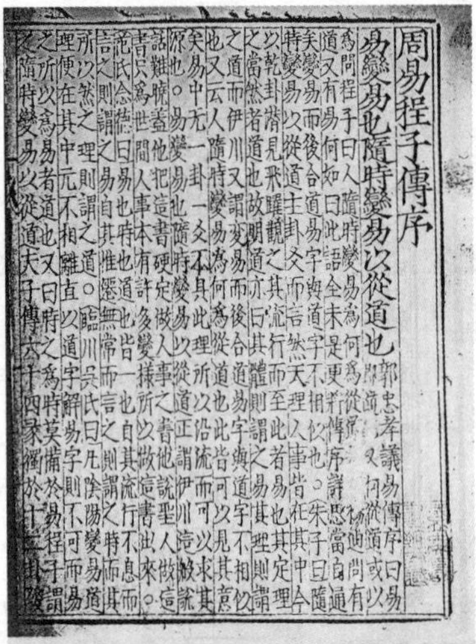
周易程子傳序
易變易也隨時變易以從道也

(b)

周易程子傳序
易變易也隨時變易以從道也

(c)

图 38　明嘉靖年间（1522—1566）三种版本的《周易》中加了不同圈点的序

（左上 a）《周易》　建宁府刻本（台北"国家图书馆"善本特藏，书号 00032）

（右上 b）《周易传义大全》　嘉靖十五年（1536）　叶氏作德堂刻本（台北"国家图书馆"善本特藏，书号 00071）

（左 c）《周易传义大全》　刻印者不详（建阳）（台北"国家图书馆"善本特藏，书号 00069）

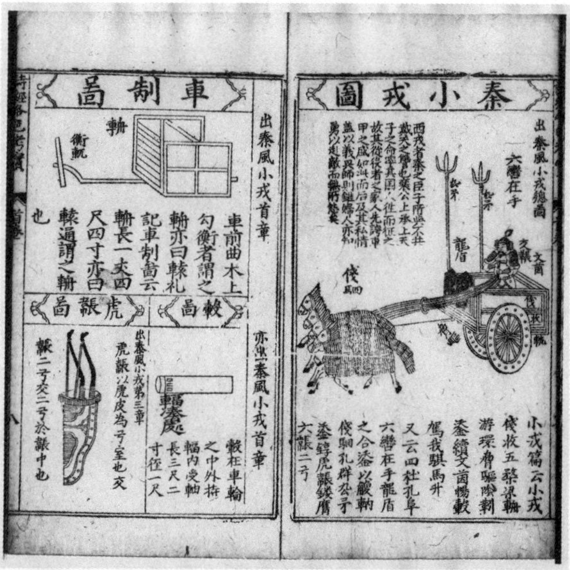

(a)

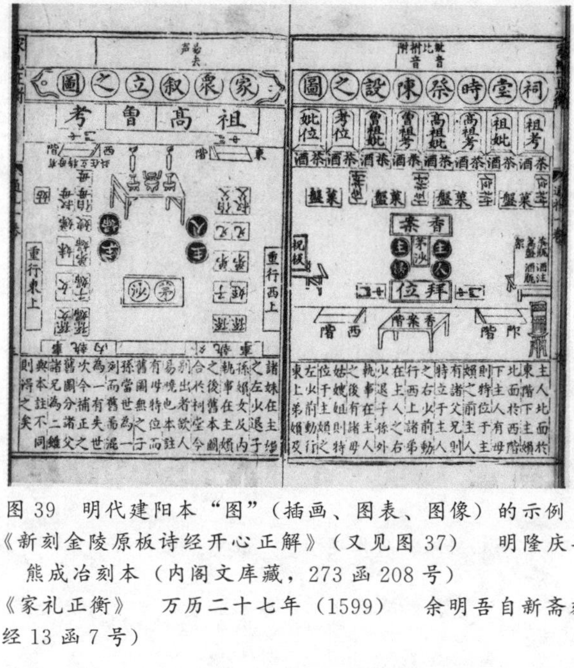

(b)

图 39　明代建阳本“图”（插画、图表、图像）的示例

（上 a）《新刻金陵原板诗经开心正解》（又见图 37）　明隆庆年间（1567—1572）　熊成冶刻本（内阁文库藏，273 函 208 号）

（下 b）《家礼正衡》　万历二十七年（1599）　余明吾自新斋刻本（内阁文库藏，经 13 函 7 号）

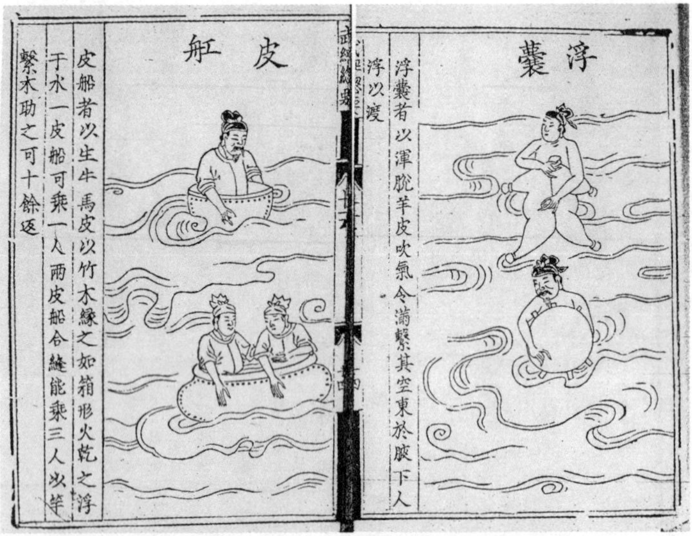

(c)

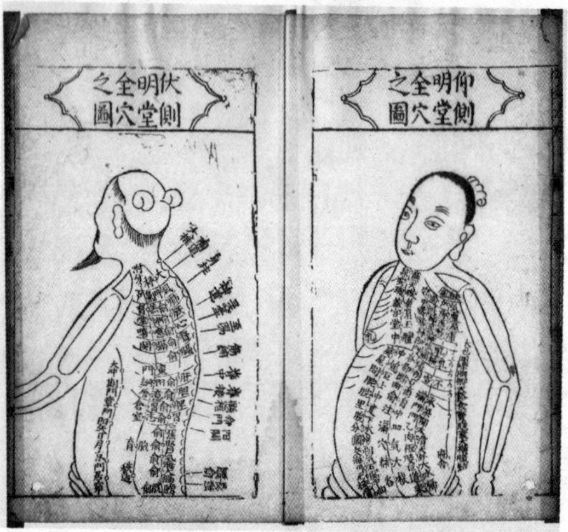

(d)

图 39 (上 c)《武经总要》 明代建阳本（台北“国家图书馆”善本特藏，书号 05717）

(下 d)《针灸大成》 晚明 熊冲宇种德堂刻本（内阁文库藏，304 函 281 号）

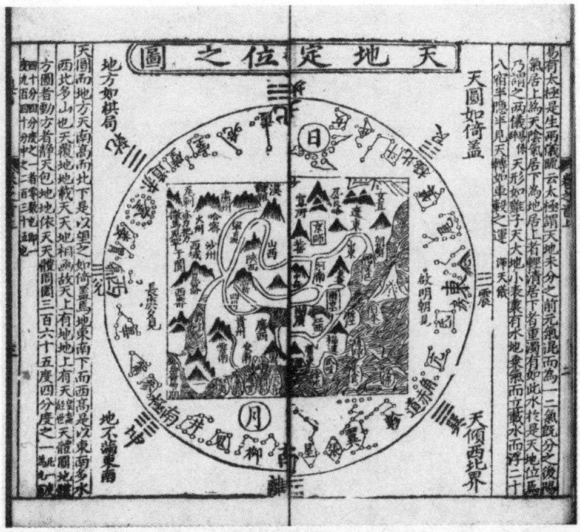

(e)

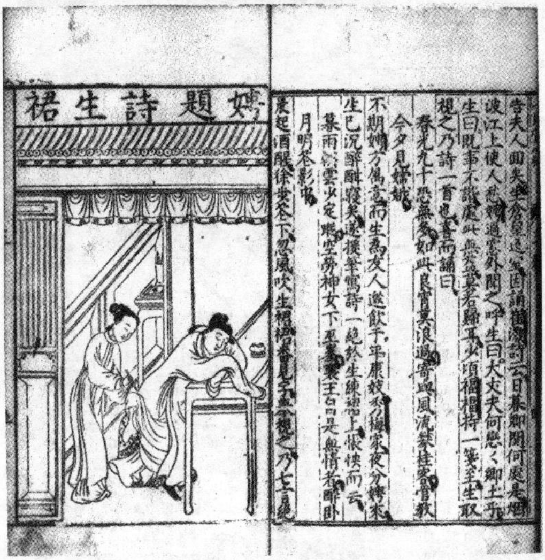

(f)

图 39　（上 e）《新刻太监历法增补应福通书》　明万历年间（1573—1619）熊冲宇种德堂刻本（内阁文库藏，305 函 288 号）

（下 f）《鼎镌全像一见赏心编》　晚明　余氏萃庆堂刻本（内阁文库藏，309 函 50 号）①

---

①　内阁文库著录为：新鐫全像一見賞心編，内閣文庫漢書子の部，［請求番号］309－0050［保存場所］本館［人名］編者：洛源子［数量］2 冊［書誌事項］刊本，明，萃慶堂［旧蔵者］林羅山。——译者注。

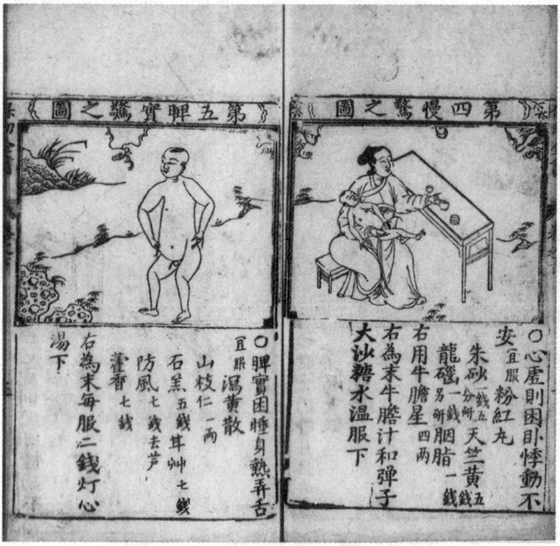

(a)

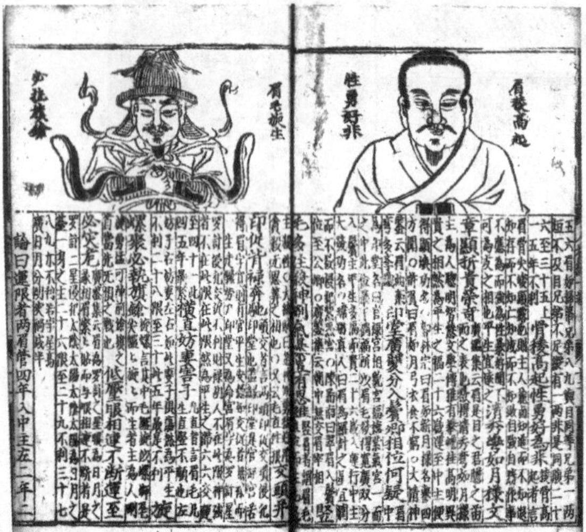

(b)

图 40　“上图下文”版式的非小说类书籍

(上 a)《小儿推拿法》　明万历年间（1573—1619）　刘龙田乔山堂刻本（内阁文库藏，303 函 289 号）

(下 b)《新刊图像人相编》　万历十三年（1585）　清江书堂刻本（内阁文库藏，305 函 290 号）

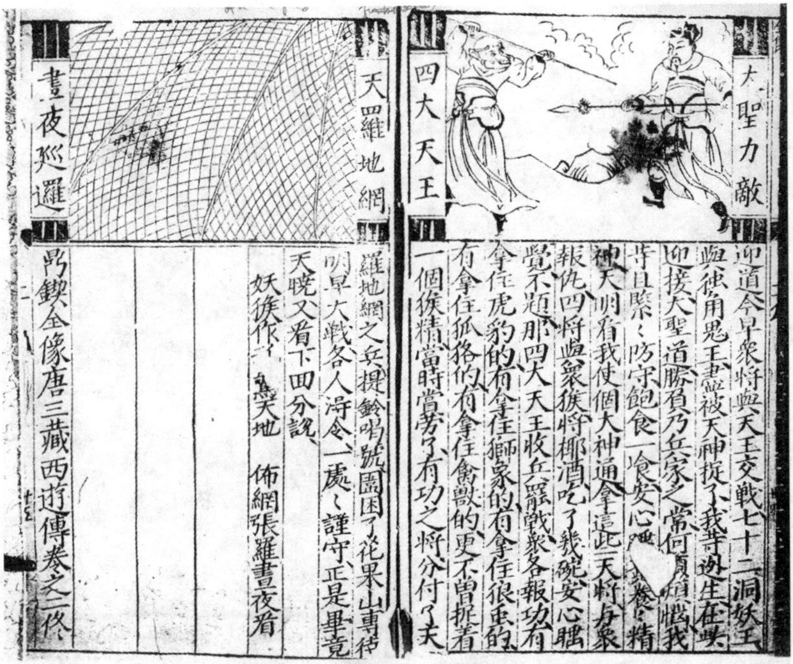

图 41　《鼎锲全相唐三藏西游传》　明代　刘龙田刻本（台北“国家图书馆”善本特藏，书号 08617）①

某一种形式的“图”在刊刻时的异同可以为研究明代坊刻业的运作提供一些有趣的观点。② 让我们来比较一下历史小说《三国志传》的四种“上图下文”的版本。③ 第一种（图 43a）是

---

① 台北“国家图书馆”著录为：明书林刘莲台刊本。——译者注。

② 关于小说作品中的插图，见何谷理的《阅读中华帝国晚期插图本小说》。

③ 在此，我们关注《三国志传》这些版本中绘图的迥异之处。在本章后文中，笔者则重点强调这部作品的各种版本在文本上的差异。《三国》的志传本主要采用“上图下文”的版式，而演义本的文体则更为微妙细致，关于这两者区别的讨论，见马兰安的两篇文章：《明朝的读者和白话诠释：〈三国演义〉的使用》“Ming Audiences and Vernacular Hermeneutics: The Uses of *The Romance of the Three Kingdoms*”以及《〈三国演义〉的通俗化：关于两个早期版本的研究》“Popularizing *The Romance of the Three Kingdoms*: A Study of Two Early Editions”。

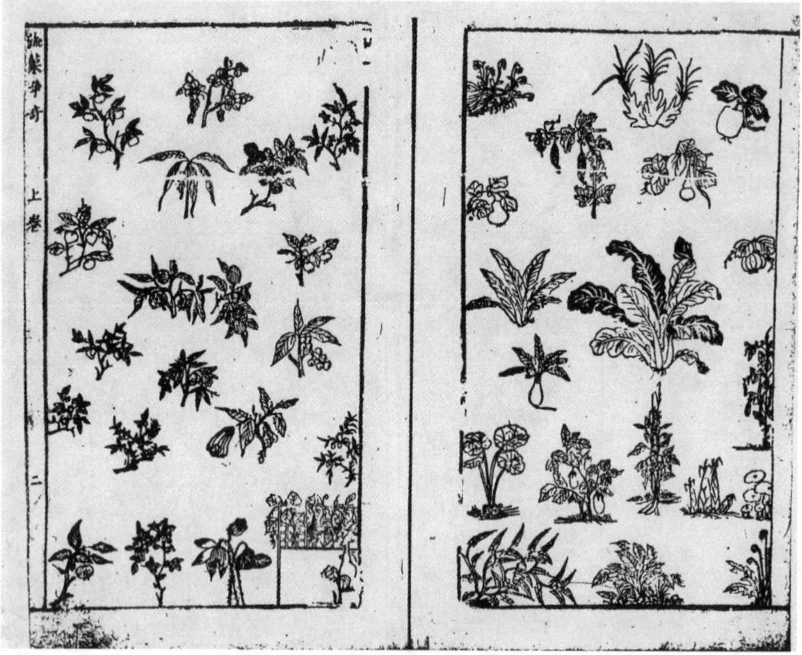

图 42 《蔬果争奇》 明天启年间（1621—1627） 余泗泉萃庆堂刻本

1592 年左右余象斗的刻本[①]，其中的图保持了自元代以来的建阳常见风格，并让人想起当时中国其他地方刻本中的插画，如成化年间北京永顺堂的说唱集《花关索传》[②]。该书的其余三种建阳本（图 43b－d）中的插画，和万历及以后时期的书籍插画比较接近。此外，后两种版本不仅彼此很相像，还至少和四部晚明建阳本中的插图也相像，而且其制作风格和同时期一些建阳本中的整叶插图几乎一模一样，参见图 39f 及图 44。

---

① 根据现存的刻本可知，余象斗显然刊行了至少三种不同的“上图下文”版《三国》。

② 关于这部作品的讨论，见马兰安：《中国的通俗文化与明代说唱》“*Chinese Popular Culture and Ming Chantefables*”，第 239—260 页。

(a)　(b)

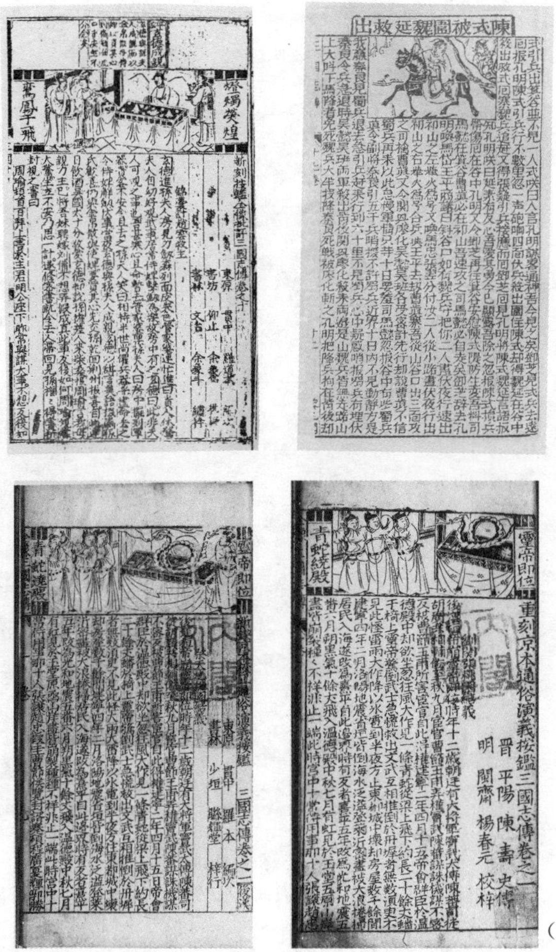

(c)　(d)

图 43　四种不同建阳本《三国志传》中的插画

(左上 a)《新刊按鉴全像批评三国志传》　约万历二十年 (1592)　余象斗刻本 (符腾堡州立图书馆藏)

(右上 b)《精镌按鉴全像鼎峙三国志传》　晚明　刘荣吾黎光堂刻本 (大英图书馆东方及印度部藏, 15333 e6)

(左下 c)《新锲京本校正通俗演义按鉴三国演义》　万历三十三年 (1605)　郑少垣联辉堂刻本 (内阁文库藏, 附 1 函 9 号)

(右下 d)《重刻京本通俗演义按鉴三国志传》　万历三十八年 (1610)　杨春元刻本 (内阁文库藏, 配 436b 308 函 258 号)

图 44　一部 16 世纪晚期建阳本的全页插画
《大魁书经集注》　明万历年间（1573—1619）　余明吾克勤斋刻本

我们从这些比较中可以得出一些重要的结论。首先，插画是不存在所谓独有的地域风格的[①]，我们最好把那些独特的风格认作是以绘图和雕版为生的个人和群体之所为。再则，我们也不可

① 尽管有必要在此提及以黄氏家族为代表的徽派插图家（刻工），可能亦有某种“建阳”风貌，但笔者的观点是，由于许多著名刻工在各类大型印刷中心工作，许多徽州黄氏男子在南京工作的频繁程度无异于其在徽州，就像刘素明这样的建阳人常常分别在闽北与江南两地工作一样。

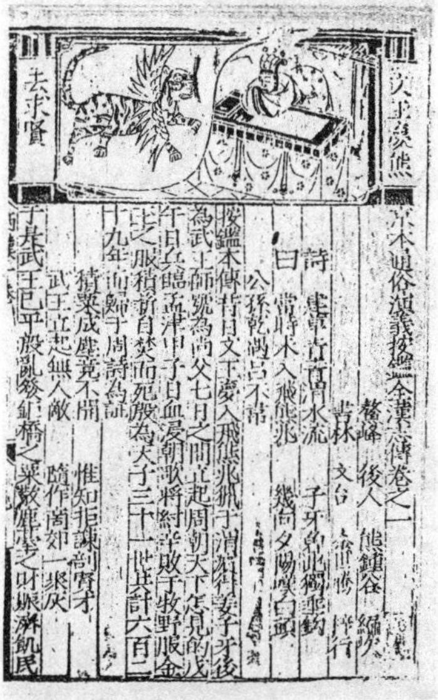

(a)

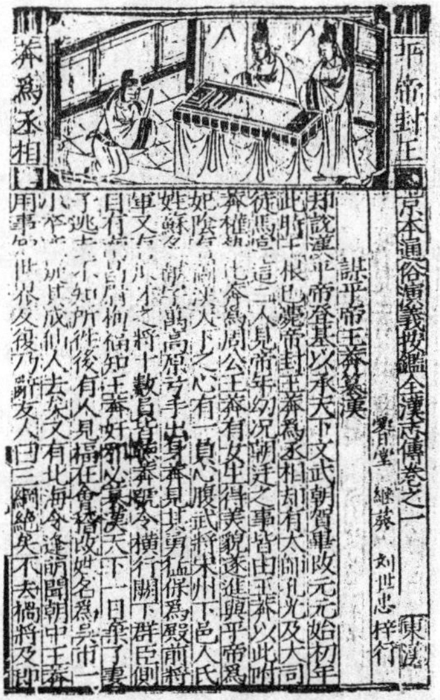

(b)

(c)

图 45 一书三坊示例：《京本通俗演义按鉴全汉志传》 约万历十六年（1588）之后（蓬左文库藏）
（左上 a）余世腾刻本
（右上 b）刘世忠爱日堂刻本
（左 c）重印时牌记中加入了杨闽斋清白堂

把某个具体的出版商和其刻本中的独特插画风格联系在一起。正如图 43c—d 所示，激烈的竞争促使不同的书坊往往刊刻几乎完全相同的文字内容和插图。事实上，出于经济上的考虑，各书坊可能更喜欢用一套已经刻好的版片，然后把自己的名号刻在上面某处，而不是花巨资重新雕版。《全汉志传》是另一部“上图下文”版式的建阳本，它原先由余世腾克勤斋（图 45a）刊刻[①]，但后来明显由刘世忠爱日堂（图 45b）和杨闽斋清白堂（图 45c）重印。

在建阳和江南两地的一些坊刻本里，尤其是小说和戏曲，全叶或半叶的图会和文字完全分开，并单独组成一册。于是，尽管这些书籍中的画能起到插图的作用，而且不像真正的“画”那样可以自我说明，客观上与文字分开的事实已表明它们是可以单独用来欣赏的。它们往往在艺术风格和形式上都模仿真正的画，也被加上印章并题词。这些画也就成了介于有功能性且制作简单的“图”与更有艺术格调的“画”之间的中间体，体现了出版商们为了吸引士人阶层（或那些渴望成为士人的人）所做出的努力。

我们可以在明中期到晚期的书里，找到出版商们对自己在书籍市场中的地位所怀的信心：见牌记、内封面、刊语，偶尔还有他们本人的画像。内封面的设计因书而异，但往往包括图片和广告（图 46）。这部日用类书的内封面称是余文台（余象斗）所印。如上所述，该书的版片可能属于余氏的姻亲刘龙田。不过，余氏毫不迟疑地把编纂和刻印的功劳占为己有，而且还在内封面的刊

---

① 余世腾不仅在好几卷的开头部分被记载为出版商，还是一篇 1588 年序言的作者。根据将余世腾列为出版商的刻本，他颇有可能就是余象斗。而在图 45a 中列为编者的熊钟谷则颇有可能是熊大木，即那位来自建阳熊氏刻书世家的著名作者与编者（见第五章）。

记里加了一段话来标榜他的版本：

> 坊间诸书杂刻，然多沿袭旧套，采其一，去其十，弃其精，得其粗，四方士子惑之。本堂近锓此书，名为《万用正宗》者，分门定类，俱载全备，展卷阅之，诸用了然，更不待他求矣。买者请认三台为记。
>
> 书林余文台识

事实上，这类刊记在建阳本里很常见，而且总的来说，实情确如这部类书所言。

此外，在元末明初，带有各种变化的荷叶图案的牌记，或称书牌，已经成了建阳本一种为人熟识的商标（图 45c，47 和 48）。[①] 比如杨氏清白堂，他们除了从前人那里继承之外，还常与人合用书版。如果书原先是由另外一家书坊刊刻的话，他们有时会在卷尾加上自己的牌记。有时，后面的书坊主会毫不犹豫地把前书坊主的名字去掉，而在牌记里加上自己的名字以及晚一点的日期。例如，詹氏易斋在 1587 年刊刻了《两汉隽言》（图 48a），而在 1608 年，萃庆堂用同一副书版重印了这部书，只是把书牌换上自己的名号而已（图 48b）。

---

① 不过，荷叶图案并非建阳专有，其最初为佛教著作的一个主题，例如北宋刻的《金刚般若波罗蜜经》（《中国版刻图录》，图 64）。龙彼得的《古代闽南戏曲与弦管：明刊三种选本之研究》（第 11 页，图 2 与图 4）展示了两部来自闽南海澄的刻本中的牌记，与建阳的荷叶图案酷似。一些晚明南京的刻坊亦有这种带荷叶牌记外框，包括著名的唐氏的世德堂（见其《通鉴纂要抄狐白》，普林斯顿大学葛斯德东方图书馆善本书籍 TB137/3745）。这些书坊采用此种图案的原因并不确定，不知是因其流行还是因为他们与建阳书籍贸易有着某种联系。另外，荷叶图案不仅于书中出现，金代磁州窑瓷枕上的陶工身份记号也有同样的设计（见本书第四章的讨论）。感谢龙彼得引起笔者对磁州设计的注意。另一个佛教象征“火珠”见于图 47a 所示牌记的右下方，它们也偶尔刻在书的最后一页。

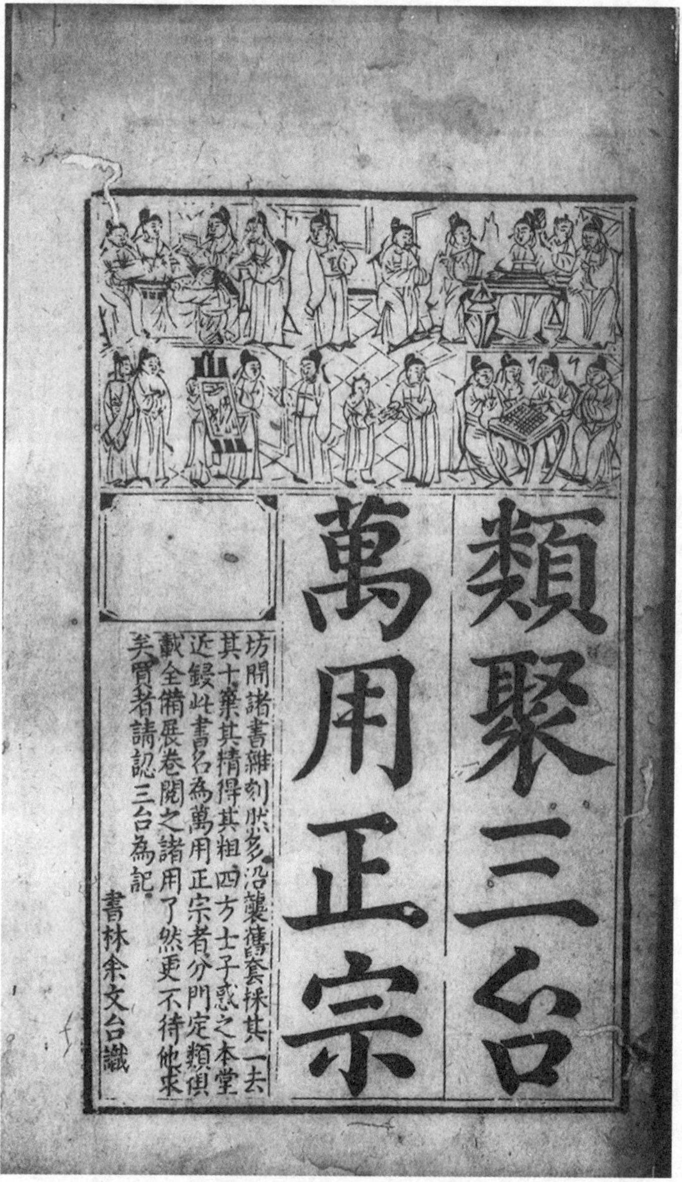

图 46 明建阳本《万用正宗不求人全编》内封面 万历三十五年（1607） 余文台（余象斗）刻本

(a)

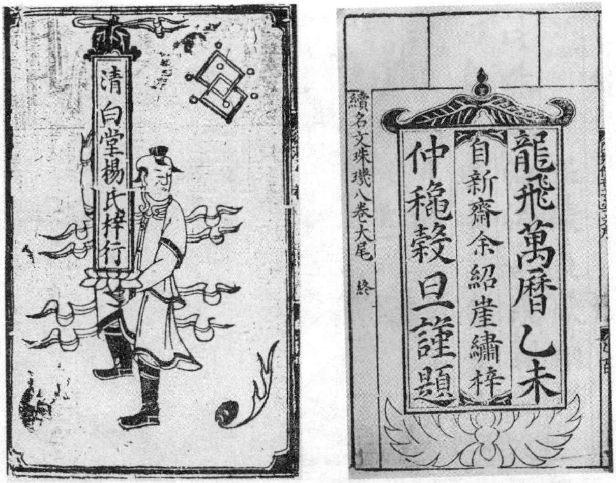

(b)

图 47　明建阳本荷叶牌记示例

(左 a)《全汉志传》　万历十六年（1588）　余世腾克勤斋初刻，重印时加了杨氏清白堂牌记（蓬左文库藏）

(右 b)《续刻温陵四太史评选古今名文珠玑》　万历二十三年（1595）　余良木（余绍崖）自新斋刻本

(a)

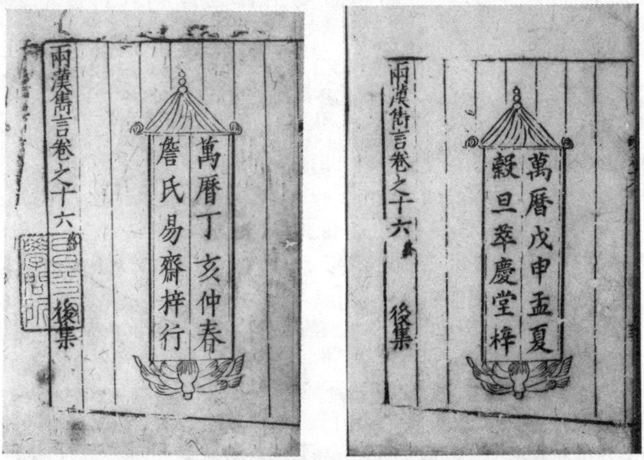

(b)

图 48　用同一套书版所印作品上两个不同出版商的牌记

(左 c)《两汉隽言》　万历十五年（1587）牌记　詹氏易斋刻本（内阁文库藏，290 函 90 号）

(右 d) 万历三十六年（1608）牌记　萃庆堂刻本（内阁文库藏，290 函 98 号）

(a) (b)

图 49 建阳出版商所刻书籍中的自画像

(左 a)《类编历法通书大全》 明建阳本

(右 b)《三台通书正宗》 崇祯十一年(1638) 余仰止(余象斗)刻本(东京国立国会图书馆,书号 205—6)

最后,有几个明代建阳出版商把自画像刻入自己的刻本里。[①] 以医术和编纂医学经典著称的 15 世纪建阳出版商熊宗立(见第

① 很明显,少有出版商会把自己的肖像插入刻本中。例如,在《周易传义》中,出版商的牌记上有余氏双桂书堂的余姓男子画像。此牌记注明年代为 1496 年,但王重民(《中国善本书提要》,第 2 页 b 至第 3 页 a)认为此印本或为一部元版的明代重印本。若如此,则此例成为建阳出版商将自身肖像置入所刻书中的最早例证。无论如何,现存仍有 8 种 14 世纪元代及 16 世纪明代(无介于两个朝代之间者)双桂书堂的刻印本(原版或重雕版)。在 1615 年的南京刻本《楚辞集解》中,有其出版商唐少村(或称少桥)的肖像。由詹氏(建阳)进德堂 1492 年刻的《大广益会玉篇》的刊刻牌记内有肖像,但其中人物是否是刻印者就无法确定了。我们已知有三幅不同的余象斗肖像。除了图 49b 中的那幅,另一幅在几部刻本中出现过。画中的他坐在一张放着书的桌旁,由两婢女和两童仆侍奉,欣赏着周围家庭和睦的场景,并与一方小小鸭塘构成了整幅画面。好几部研究著作中都复制了这幅画,包括高彦颐:《闺塾师——明末清初江南的才女文化》,第 42 页;以及卜正民:《纵乐的困惑:明代的商业与文化》"*The Confusions of Pleasure: Commerce and Culture in Ming China*",第 214 页。第三幅展示在王岗《创造工艺品:文化实践中的明代艳情小说》一文的第 87 页。在画中,余氏坐在桌旁正阅读这部绘有此幅画像的著作。关于出现这些画像的刻印本书单,见王岗著作的第 86 页。

五章）在他的书里把自己画成学者的模样（图 49a）。晚明的余象斗也把自己描绘成希望为人所见的仰头赏月的士人型学者形象，而不是一个编纂者、坊刻商，或是版本学者眼中那个专出劣质建阳刻本的人（图 49b）。这两幅画证实了这一观点，即由于社会上对刻印书籍需求的不断增加，到了明代中期，甚至更早，像他们两位那样的出版商对自己的地位以及刻坊的势力充满了信心。

明代的建阳本概论

随着时间的推移，建阳刻印的书籍在种类分布上开始出现一些明显的变化。首先，从元代到明代，尽管经籍刻本的绝对数量是增加了，其总体比例却出现了显著下降。可是，如果把印刷书籍的内容以及风格的变化考虑在内，这些数字可能并不能揭示实情。这些书的种类五花八门，比如给儿童用的简单的“四书五经”启蒙书，在明后期大量出现，而在宋代或元代建阳本中却极少见。同样，和前几个朝代相比，明代的史籍在整个书籍产出中占了较小的比例，可是其印量却很大。我们稍后会讨论为什么有些书会如此受欢迎，如编年史和地理书。子部是发生变化最大的一个类别，无论是所占比例还是印本的绝对数量都有显著增长。具体点说，这些增长主要归功于医书和类书，其次是阴阳术数书的刊行。阴阳术数书的影响要小一些，但绝非无足轻重，因为之前少有这类书。至于集部，别集以及总集仍很重要，但在宋元时期不多见的虚构类小说和戏曲民谣集的数量却显著增加。

因此，明代华南坊刻业和宋元时期相比有很大的变化。不过，有两点需要说明：第一，绝大多数（大约 90%）明代建阳本的年代产生在 15 世纪中期以后，所以，如果对明代初期来自江南某个主要出版中心或福州的印本做类似分析，我们可能会发现这些重要变化某种程度上在明代的前 100 年就已经出现了。第二，尽管本章的重点是明代和明以前坊刻本之间的不同，我们也不可忽略中华帝国晚期出版业发展的延续性。比如，从宋到元类书以及其他子部书籍数量的增加，表明了买书者类型以及购书途径的变化。此外，晚明建阳特色的“上图下文”式插画历史演义小说，其实在元代就有印过。上文提过，最早的例子可能出现于 1294 年，因为这个年份很早，所以可推测这类书籍可能最早在南宋就曾刻过。的确，正如下文所论，如果我们始终注意始于该时期之前的发展，就可以更好地理解晚明书籍文化和贸易的变迁。

经部

建阳刊刻的明版“四书五经”往往附有大量详尽的批注，内含明代作者撰写的内容以及历代注疏。这在“大全”或“大成”中尤其如此，在每部经籍中注疏都占了相当大的文字比例。比如，各经籍中有几卷全是评述，二十二卷《易经》中有十卷，十九卷《尚书》中有五卷，二十一卷《诗经》中有六卷，二十二卷《礼记》中有十卷，三十二卷《春秋》中有十卷，以及三十二卷“四书”中有十一卷。尽管建阳书坊会刻印如此多这类书令人惊奇，但他们可能认为，比起南京国子监本或胡广等人编的《五经四书》来，刊行这种廉价版本更赚钱。

经籍还有其他辅助读物，比如，“四书”里（在正文或辅文中）提到的人物资料可另作四本不同的著作。某作者对一部或几部经籍的心得可辑成一些短札（一卷），原书内容则一并省去。还有一些是带有简评、注释、训诂和插图的经学蒙书。

图 35、37 和 50 中显示的书叶来自六种不同的建阳坊刻本《诗经》。尽管它们有不同的书法字体风格，却存在以下共同之处：每叶都被分割成两到三个方框，正文用又大又粗的字体（图 50b

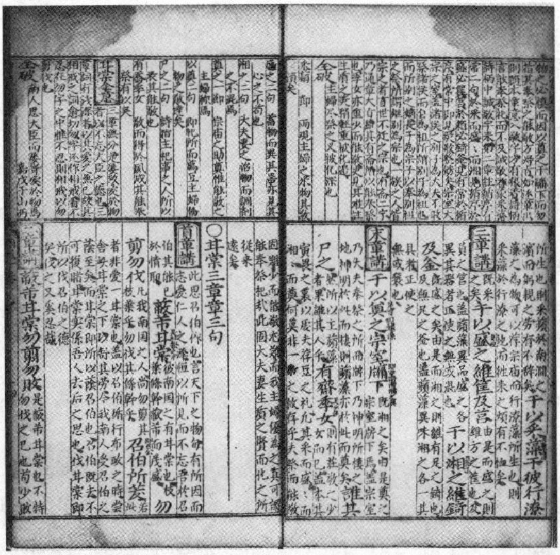

(a)

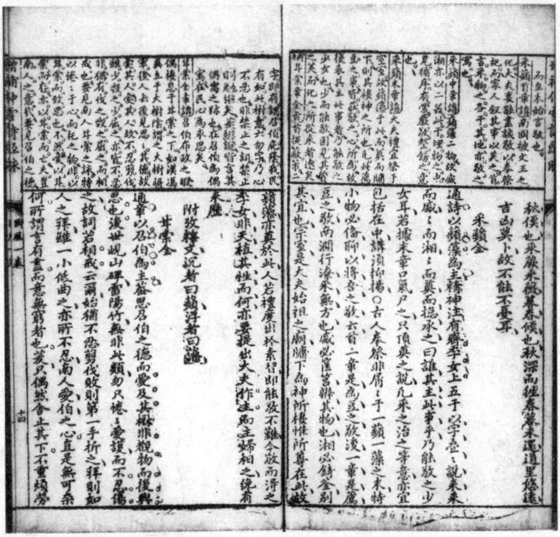

(b)

图 50　与《诗经》相关的书籍示例（又见图 35，图 37a—c）

（上 a）《诗经节奏》　万历二十三年（1595）　刘双松安正堂刻本（内阁文库藏，273 函 252 号）

（下 b）《魏仲雪先生诗经脉讲意》　晚明　余应虬近圣居刻本（内阁文库藏，273 函 210 号）

除外，因为正文被省去了)；文字的排版十分拥挤，每半叶至少有10行，注释部分每行至少有25个字。文中交织的评论、注释、训诂能提供更具体的信息，以帮助解释正文的含义。著名的朱熹和二程的旧注，往往紧接在正文之后，并被进一步注释，俨然已是经书的一部分。上栏一般是总评，有时是下面一段文字的摘要或梗概。从读者的圈点看，他们常常只看上栏。对那些备考科举的人来说，他们已经把正文背得滚瓜烂熟，需要看的是对正文的阐释，这样可以将之引用于自己的科举文章里。尽管这种对正文和评注的排版方式常见于坊刻、私刻和官刻本里，但其拥挤的排版以及平庸且毫无特色的字体却是廉价坊刻本的标志。

有意思的是，这些版本并非都有圈点。当然，正文其实已经被大量注疏"圈点"（断句）过了，所以没有必要再加圈点。图37b中的文字完全没有被圈点过，但它的注疏很容易理解。图50b中的文字被小的圈"。"和点"、"隔开，在下栏里有一组文字旁被加了一串"。"，用来表明上栏里正在讨论这段。图35里，除了正文和用小字刻的训诂之外，其他部分都被圈点了。图50a的文字里，除了读者所施之外没有其他圈点。鉴于这些例子，圈点与否似乎由刊刻者自己决定，而不是取决于文章的性质。

图37c和图39a所示的是六种书中最吸引人的一种。这是一部《诗经》入门书（针对程度稍高的初学者)，在书名里有"开心"两字。除了三个方框中简明、直接且有用的注释和训诂之外，文字前面还有一系列描绘文中提及的名物的插图，这在此类书（以及《大全》里）相当常见。但谁会是这类入门书籍的读者呢？他们不太可能是刚开始学着背诵《诗经》的童子们，倒有可能是其塾师或先生，他们用"开心"来给童子或年纪大点的学生解释要点，向其展示这些图。对那些程度较高尤其是没有师从的学生，以及仅受过有限经学教育的学生而言，这些书可以视作正

规私塾教育的一种实用替代品。明代有不少针对“四书五经”、史书、医书和其他各种书的“开心”、“蒙筌”和“启蒙”，这些书显然是各地书坊的主打产品。

图 37c 所示的书是《新刻金陵原板诗经开心正解》，由熊成冶（见第五章）重梓。“金陵原板”指熊氏是从一个金陵（南京）书坊得到的版片，或是熊氏以金陵旧版为底本刊刻了新版，也有可能此书纯属建阳产，和南京没有丝毫关系。后者可能性较高，书名提及“金陵”是为了让顾客认为自己买到了上乘版本。事实上，建阳本中提到金陵的书籍数量之多，使有些中国学者在看到一部书的书名里出现“京”字（京本、京板）时，就不假思索认定其为建阳本。[①] 尽管多数情况下是对的，但事实上也很难判定，因为有太多建阳人在南京从事出版业，以至于到 16 世纪中叶，单凭外表是无法辨别很多印本的出处的，尤其是那些廉价本。

经部的最后一个类别是“小学”，即文字、韵书、训诂。在这方面，建阳出版商们继续刊行早在元代就卖得很好的韵书。在 44 部“小学”类书里，约有 20 部是韵书，比如在北宋被增订过的《广韵》，以及后世一些类似著作，包括 13 世纪后期编纂的《古今韵会举要》。不足为奇的是，所有建阳本《广韵》均为元本的节略版，而《韵会举要》源自更大部头的《礼部韵略》，其编纂以给学者们提供小巧便携的韵书为目的。事实上，建阳出版商们似乎连一部未删节版的韵书都没有刊行过。不过，他们倒是费了很多功夫把 1375 年奉诏编纂的《洪武正韵》里的经注词条都摘了出来。这些书广受欢迎，因为每一个词条里的字不光注有字音和释义，还有出自经典的简短引证来阐明词义。因为含有解释

---

① “京”字或指北京，不过金陵作为建阳本最大的市场之一，其可能性更大。

介绍“四书五经”的内容，所以这些韵书对越来越多没有老师指导阅读的学生来说更有吸引力。

从约16部书名不一、但都带有“海篇”字样的字书中，我们可以清楚地看出建阳书坊的生意策略。“海篇”一词使人联想起以前两部有名的字书：6世纪编的《玉篇》和11世纪编的《类篇》。《海篇》还易与书名相似、13世纪编纂的《四声篇海》相混淆，后者在晚明也有一种错误百出的建阳本。[①] 在这林林总总的带有“海篇”字样的书里，有叶如琳（序于1582年）刻印的《翰林重考字义韵律海篇心镜》，由前代几部字书中辑出。这当然不是翰林院学士校勘整理的，而是出自两个与建阳书坊有关的人之手。不过，其内容编排却给它广受欢迎的原因提供了线索：每一卷的内容分列两个方框，而整部书就像大多数类书那样，基本上按内容分门别类。此外，在每一卷里，两个方框里的内容未必互相关联。比如：卷六中下方方框里的字和器具机械有关，而上方却在解释《诗经》里的“难字”。它那颇为详细的目录能让人较为容易地查找单字，但读者也能从浏览全书中得到乐趣。

史部

从建阳坊刻本的正史、编年史和杂史里，我们可以看出本地书坊很注意客人的需求，而这些书绝大多数是给备考科举的士子用的。正如艾尔曼（Benjamin Elman）所说，程朱理学注重伦理道德的史学观在明代大部分时期内占主导地位，因此导致重视编年史，而轻视正史和杂史，更具体地说是模仿《资治通鉴纲目》的纲目体。该书是朱熹及其门人所编对司马光原著进行校订和重

---

① 这部著作确切的书名为《篇海类编》，特地将编纂者署为明初学者宋濂，将校勘者署为晚明文人及评论家屠隆。作品的出版商未加注明，但与晚明建阳本颇为相似。

排的版本[1]，而编年史和相关著作的刻印量要比正史多了约9倍。实际上，正史的稀缺尤其明显，只有两部书被刊行过：《史记》2次，《前汉书》1次。此外，其中1部《史记》是慎独斋印的，其主人刘弘毅仅被列为校正者，而当时的建阳知县却被列为刊行者（见第五章）。在表C.2中列为正史的另外8部其实本身并非史书，而是短篇史评和札记。建阳本中的杂史类情况也差不多：12部中有5部是常规史籍，余下7部是解释它们的评注。最后，针对那些阅读正史需要捷径的读者，还有一些带有长篇评注的摘要本。

出版商们这种对史籍集解类著作的偏爱，也延伸到了编年史上。比如，建阳本里没有司马光的二百九十四卷本巨作《资治通鉴》，但至少有八部相对应的《纲目》。补充《通鉴》的著作有金履祥的《前编》（两版）、陈桱的《通鉴续编》（三版）、陈建的《皇明资治通纪》（两版），但与之对应的《纲目》要多得多。[2]《通鉴》及其《纲目》反过来催生了大量《节要》《汇编》《纂要》《大观》和《精抄》，以及让人乏味的合刻本。出于一些相关原因，这类书中有两部最为流行：司马光《资治通鉴》的精选本（十一版）和陈桱的《通鉴续编》的补编（十七版）。大多数《资治通鉴》精选本都以少微先生，也就是江贽为作者，他是司马光的一个门生，而更重要的是，他是闽北崇安人。事实上，这部书以及陈桱史著的精选本，都可能出自刘剡之手，后者是元代出版

---

① 见艾尔曼：《中华帝国晚期科举文化史》"*A Cultural History of Civil Examinations in Late Imperial China*"，第488—499页。尽管编年史的"纲目"被《四库全书总目》的编者归类为"史评"，但这些著作应被一起讨论，所以笔者仍将其与编年史一并列入表C.2。

② 金履祥的编年体史书采用了司马光原著中的文体形式，为更早的历史时期撰写了"前传"。陈桱的著作填补了宋代部分，而陈建的著作事涉明代直至1521年。此外另有其他对司马光著作的增补，以及为这些增补所作的《纲目》。

商翠岩精舍刘君佐（见第五章）的嫡系后代。此外，宣德年间的建阳知县张光启为该书校正者。与闽北地区的关联，加上书籍本身的用途，成为这些书在建阳书坊中十分流行的可能原因。

在编年史里最有意思可能要属 17 世纪初余象斗刊行的版本。余氏至少刻过三种书名不同但内容大同小异、摘编自各种《通鉴》和《纲目》的书籍。这些《大方纲鉴》或《大方通鉴》的作者要么是李廷机（万历十一年［1583］进士，殁于 1616 年），要么是袁黄（1533－1606，万历十四年［1586］进士）。李氏是闽南晋江人，在 17 世纪初官至东阁大学士，曾举会试第一，万历十一年殿试时中榜眼。福建书坊署他名的应试书籍极多，不可能都是他写的。袁黄以倡导“功过格”而闻名，这些书的主要用途是帮助科举考生时刻追踪自己成功的概率，他也确实写了一些科举备考书。在一种 1610 年的、把袁黄列为编纂的版本里，余象斗加了一篇据说是袁氏在 1606 年（他去世的那年）作的序，以及一篇 1610 年哀悼他去世的挽辞。第三个常被假托为作者和编撰者的是叶向高（1562—1627），他曾为首辅，也是福建人。事实上，叶、李二人常常同时出现在建阳本里，比如 1612 年熊冲宇刻本《历朝纪要纲鉴》。[①]

无论如何，明代最佳的建阳本倒是出于一些史籍中，尤其是刘弘毅慎独斋刻的正史、编年史和地理书中的精品。如第五章中提到的那样，刘氏可能在官方赞助下印行了其中一些书，尤其是大部头的，各个官员被列为刊行、编撰或校正者，而且他们有可能在离任时把书版也带走了。有间接证据证实了这种做法。在万

---

① 李廷机被列为约 25 种建阳本的编撰或校正者，列叶向高的约有 10 种。关于李廷机，见《明代名人传》，第 329 页。关于袁黄，见包筠雅：《功过格：明清社会的道德秩序》“*The Ledgers of Merit and Demerit: Social Change and Moral Order in Late Imperial China*”，第 75—76 页，第 86 页前后，第 110 页前后；以及《明代名人传》，第 1632—1635 页。关于叶向高，见《明代名人传》，第 1567—1570 页。

历《建阳县志》里，那些可能由刘氏刻印的书只列了三四种，而一部确定由刘氏刻印的《文献通考》却被归入书版遗失之列。[①]由于当时的书籍贸易完全受市场驱动，充斥坊间的都是备考资料而非全本的学术著述，所以很难弄到一部这样重要且有用的参考书，因此，当时参与的某位官员可能觉得把书版带走这一机会实在难得。我们很难说这些被署名的官员们是否真正参与了书籍的编校，但由于刘氏以刻印精本闻名，他在监制刻印的同时，很可能自己承担了此书的大部分编校工作。

其他史部类书籍中，地理是很有意思的一类，这里面至少有四部武夷山志、两版著名地理总志《大明一统志》的翻刻精本、一部商路指南和其他几部游览指南或政书。在仔细查阅后三种书籍后，我们可以发现，它们摘自《大明一统志》或其他一些政书，正如当代学者指出的那样，它们的内容大同小异。[②] 但从种类繁多的坊刻本来看，这些行程和指南书一定有大量需求，比如刘龙田乔山堂刻的这部（图 51）。但问题在于为什么要买一部仅列出官驿以及当地特产“土贡”，而没有真正商业运输线路以及贸易商品的商路指南呢？答案可能是，对各种旅行者来说，它们已经提供了足够有用的信息，而且肯定比官刻大型政书要便宜。我们已经看到很多书坊散布（或误传）信息的例子。他们能继续从中得利，很大程度上取决于客户对这类信息的需求。因为除此之外，只能买昂贵的书、手抄本，或靠口口相传。相较于以上方法，即使纸张粗劣、字体呆板、排版拥挤，这些廉价坊刻本上印着的文字和图像的权威性和吸引力，可能是现代读者难以想象的。

---

① 万历《建阳县志》卷七，第 9 页 a。尽管在各种版本的县志里，列出建阳本的书单仅提供了总产出的极小部分，但由官方主持刻印的书籍很有可能都被包括在内。

② 见何义壮：《关于卜正民〈明清历史的地理资料〉的书评》“Review of *Geographical Sources of Ming-Qing History* by Timothy Brook”，第 66—68 页。

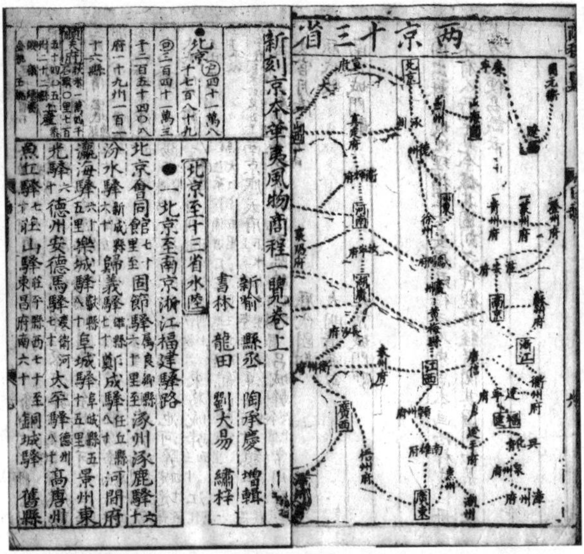

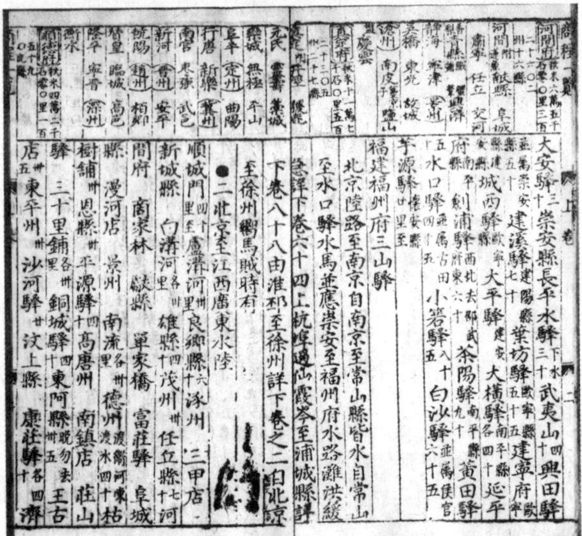

图 51 商程指南示例

《商程一览》 明万历年间（1573—1619） 刘龙田乔山精舍刻本（内阁文库藏，史 123 函 5 号）

子部

我们在一些子部书里找到了明本与之前刻本之间最明显的差异。儒家著作的确是增加了，但最引人注目的增长是医书，以及之前极少见的阴阳术数书和归在类书下的各种书籍。当然，我们还是无法用一章的篇幅来分析这类书里的每一种书，不过可以用下面这些评述为以后的研究勾画出大致的轮廓。

在儒家类中，建阳书坊出书的形式和“四书五经”类相似，也有大全版，包括6种不同版本的《性理大全》以及该书的17种节略版或带注释版。后者往往是“四书五经”的注疏，采用每叶2至3个方框的版式，其中不少明显是为科举备考的学子准备的。此外，一些面向儿童和其他读者的儒学启蒙读本往往带有插画，比如朱熹的《小学》，这是很受建阳书坊欢迎的一部书，它的前面加上了一套画像，上至古代先贤下至著名道学家。建阳本《孔子家语》的首尾也有十几幅关于孔子生平的全叶插画。最后，吕坤《闺范》的一种版本是“上图下文”式建阳本的绝佳例子（图10b），文字圈点大而清晰，其插图在同类型刻本里算是相当不错。①

明代建阳刻本中的很大一部分（几乎有15%）是医书，其种类比宋、元两代要多得多。如第三章所述，这类书增多的部分原因是对以前著作的评注和修订，这个过程始自金元时期，并持续到明代。此外，比起北宋，明廷并不太关心医书的刊行，部分主导权下放到各州县官署，但主要还是让私人和书坊来决定。后者

① 有趣的是，这部著作尽管对暴力描述毫无限制，却无意展示任何性活动。而这些性活动确实出现在下文中讨论的杂剧、历史演义尤其是公案故事中。或许出版商进行了一点自我审查，且宣称其预期读者是妇女，而她们不应被暴露于污秽画面之下。关于明版《列女传》中插图风格的演变及其读者范围的研究，见柯丽德(Katherine Carlitz)：《晚明各种版本〈列女传〉中所体现的社会对妇德的利用》“The Social Uses of Female Virtue in Late Ming Editions of *Lienü Zhuan*”。

制定了全套的刊行书单，涵盖学术的和流行于民间的各种医学观点与实践流派。不过，反过来看，这种兼收并蓄的做法可能大部分出于市场需求。表 C.3 中建阳医书刻本在专题上的分布显示了当时此类书籍品种之繁多。

在第三章里，笔者提到过一些在南宋后期和元代同时从事刻书和行医的建阳人，这两者的结合在明代依旧持续。在粗略查阅刊行医书的出版商后可知，尽管几乎所有建阳的知名刻书世家都刻过这类书籍，但某些家族中的成员似乎对医学专题有特别的兴趣，甚至会专门用一个堂号来刻印这类书，如刘氏溥济药堂和明德堂、余氏西园书堂，以及熊氏卫生堂，即后来赫赫有名的种德堂。①

因为除了熊宗立和陈奇泉之外（见第五章），我们对建阳医书出版商的个人情况一无所知，只能从印本风格上加以猜测，看看他们是如何从事医术的。也就是说，他们是否真正行医？是否表明自己与某一具体世医有关？是否身为日益增多的儒医（属于士人阶层）之一员或与之有关？或者这些出版商对流行的、非学术的医术传统，比如针灸、眼科、外科更有兴趣？②

至少对熊、陈这两大重要的刻书世家来说，他们刻的书显示了对医术和阴阳术数的强烈兴趣，以及这两者之间的紧密联系。例如，在熊宗立所刻的 40 余种书里，大约有 32 种是医书，6 种是以占星和八卦为主的阴阳术数书。这种相关性意味着在对待医学理论和实践方面，其做法与传统专业医师和儒医不同。这种不同并不意味着一些像熊宗立那样的建阳人不了解医学的学术传统，可能只是他们的兴趣更广泛一些罢了。熊宗立印了不少医书，包括这个领域的经典著作，如《黄帝内经》《难经》《伤寒

---

① 与已知总产出相比，医书在这些书坊书单的占比如下：溥济堂的 2 部现存刻本，明德堂 24 种中的 14 种，西园书堂 8 种中的 4 种，以及种德堂 121 种中的 62 种。

② 关于这种区别，见梁其姿：《宋代至明代医学的传承》，第 19—25、43—46 页。

论》《妇人大全良方》《脉经》等。像当时其他的医书作者一样，他在所有这些书里加入了大量自己的注解和评论，并对之前的评注加以增删。有时，还会专门写导言来解释经典医书或较新著作里他认为深奥难懂的章节。比如，他把所刻的那一版《脉经》题名为《王叔和脉诀图要俗解》。[①] 此外，熊氏至少刊行过一部关于外科和针灸的书，而儒医和多数专业医生对这些门类不屑一顾。

建阳出版商本人似乎并不是专业医生。像很多其他出版商印的书一样，尽管有些书名标榜该书透露了某家或某派医生口口相传的秘方，却没有一本声称来自建阳地区。可能即使在熊宗立自己家族里，像他那样兼修医术刻书的也是个例外。根据《日记故事》，他的儿子和孙子是医生，但他们在刻书方面并没有什么建树，而其他后人显然也并未行医。

到了16世纪初，熊氏的直系后裔和其他几家建阳书坊开始重印熊氏刻本和其他版本的医书，其中很多被插入了画像、图解和表格（图39d）。这些插图的质量千差万别，很多是从以前的版本中辗转印来，但里面不准确和错误的地方都被原封不动地保留了下来。其他一些，尤其是药书，却呈现了画工精致且详细的插图，清楚地表现某种植物的各不同品种（图52），但也有些完全不准确甚至错成动物或矿物的图画。

这里描述的有些刻书惯例，可以用各种妇科相关著作来说明，在中国传统医学里，产科、儿科和痘疹也与之相关。[②] 建阳在

---

① 插图和通俗解释，以及熊氏的评论和注解，更有可能旨在帮助医生和那些对此科目有兴趣和知识储备的人，而非毫无医学常识的外行读者。

② 在传统中国医学里，正如费侠莉（Charlotte Furth）（《繁盛之阴：中国医学史中的性，960—1665》 *"A Flourishing Yin: Gender in China's Medical History, 960—1665"*，第180页）所指出的那样："天花病毒不只是一种疾病 —— 它是新生儿与婴儿时期病症的感染阶段，影响儿童健康的经络。"正如笔者在关于医学文本的讨论中所展示的那样，笔者从费侠莉的著作以及上文引用的梁其姿的文章中受益匪浅。

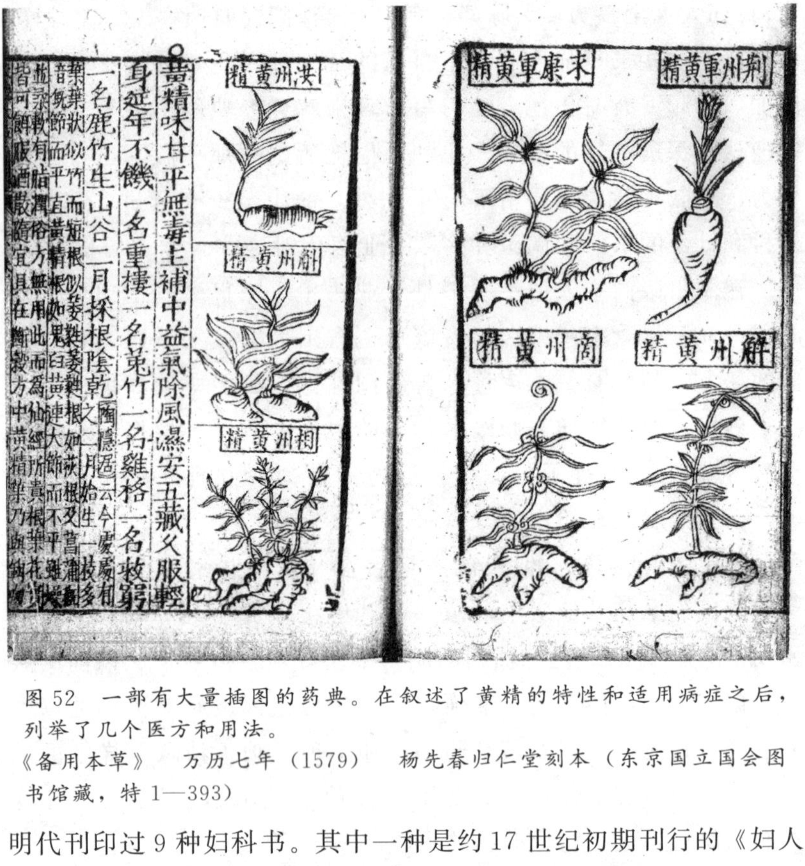

图 52　一部有大量插图的药典。在叙述了黄精的特性和适用病症之后，列举了几个医方和用法。
《备用本草》　万历七年（1579）　杨先春归仁堂刻本（东京国立国会图书馆藏，特 1—393）

明代刊印过 9 种妇科书。其中一种是约 17 世纪初期刊行的《妇人脉法》，它和《胤产全书》合而为一，都出自晚明著名士人、名医王肯堂（1549－1613）之手。其余 8 种妇科的印本是宋代陈自明经典著作《妇人大全良方》的各种版本，并加了明代作者的大量评注和补充资料。[①] 8 种建阳本中的 4 种是 15 世纪和 16 世纪前半叶刊行的，包括了熊宗立的补充部分，而其他 4 种则加了太医

① 这个随版本而改变的书名（《妇人良方》《妇人良方大全》等）带有误导性，因为除了处方，它也是妇产科专著。尽管这部著作编纂于 1237 年，并于 1284 年修订，但其现存最早的刻印版本似乎来自建阳，即余志安勤有堂在 14 世纪前半叶刻印的版本。

院院使薛己（1487－1559）的增订部分。[①] 第一种加了薛己评注的版本刊于1547年。南京著名坊刻商唐富春在次年出了一种坊刻本，其版式和文字编排至少与一种建阳本相似，这也就进一步支持了两个出版中心的书坊之间存在合作的可能性。坊刻商们似乎很关注医术上的新趋势，因为他们本人或合伙人对这个领域很了解。此外，有意思的是，尽管晚明的医书作者们早就把薛己的评注置之脑后，建阳本却没有。出于某种原因，他们无法跟上新的思路，可能是因为这些新思路只在数量有限的医生中流行，或是坊刻商认为加了薛己评注的版本已经卖得够好了。

类书是继医书之后建阳书坊刊印最多的品种，几乎有14%。如第四章所述，类书一词常被翻译成“百科全书”，包括的书种类繁多，以专题排列是其一大特色。在以下的讨论中，笔者按功能把类书分成9个类别：（1）综合百科类，（2）科举备考类，（3）尺牍类，（4）诗词类，（5）文献参考类，（6）人名类，（7）典故类，（8）日用参考类，（9）各类蒙书。这种与一些近代著作相似的分类法并不完美[②]，因为不可避免地在类别上有所重叠。比如，综合百科类和尺牍类里的很多内容对备考科举有用；典故类里的大多数书可以用作幼童蒙书；大多数日用参考类里有章节简述如何写诗词、法律文书和信札。但不管怎么说，把类书进一步细分成这些类别可以帮助我们更清楚地解释，随着时间的推移建阳坊刻商们在刻印书籍方面如何变化。

表C.4列出了建阳在宋、元、明三代刻印的各种类书的数量。尽管这些数字显示这些书无论从质量还是品种上在明代都有

---

① 见费侠莉：《繁盛之阴：中国医学史中的性，960—1665》，第143—145页。由薛己修订的版本常常题为《……太医院校注妇人良方……》。

② 见本书第四章，以及酒井忠夫的《明代的日用类书与庶民教育》「明代の日用類書と庶民教育」；及同作者的《儒学与通俗教育著作》“Confucianism and Popular Educational Works”，第332—334页。

不可否认的增长，但值得一提的是，有些明刻本代表的却是从前代幸存下来的最早版本。此外，如典故集以及日用类书等类书，在明代才开始出现，而这一发展与教育在士人精英以外的社会群体的普及有至关重要的联系。酒井忠夫认为，明后期中国经济的发展有益于非精英群体，包括小贩、自耕农甚至居无定所也没有稳定经济收入的散工。这些人不仅希望安居乐业，也想通过阅读通俗易懂的书籍来了解儒学价值观和社会技能，或纯粹为了娱乐。当时大量存在的有道德故事、实用知识和劝诫内容的类书，尺牍指南，以及医书、阴阳术数书、文集和很多建阳书坊刻印的带有大量插画的小说，可以清楚地证实这种观点。

也许出于类似原因，和宋、元两代一样，明代建阳本大型综合百科类书很少。当然也有例外，比如《文献通考》（慎独斋刊）和《册府元龟》，都是在官府的资助下刻印的。此外，有些书坊刊行了著名的大部头著作，用来帮助学生写科举制艺和诗词，比如《群书考索》《古今事文类聚》和《古今源流至论》。每一种著作在明代至少有 3 个以上的建阳版本。其他的时文短集更是数不胜数。大多数建阳本都是廉价本，字体粗劣，版面布局拥挤，每半叶至少挤入 15 行，每行 25 字。此类集子是建阳出版业的一大特色，而且从现存印本上版面磨损的情况看，它们颇为畅销。

按专题分类的文集和解释名著中摘录词句的词典，在宋代开始刻印，而且持续受到欢迎。在明代，建阳书坊要么重印这些书（有时用的是元代旧版）要么补充新段落，却不愿意费功夫更新原来的版本。例如，在一些类书的地理志中，建宁仍被称之为元代的“路”，而非明代的“府”。

显然，明代建阳刊行的类书中最多、几乎占总数四分之一的，是道德故事集。按照这些书的序言所说，它们针对的是幼童及其塾师。这些集子在明代并不新鲜，而是以早先的合集为样本，其中包括了8世纪中叶的第一部《蒙求》。[①] 就像很多传统的中国儿童文学一样，这些集子注重韵诗的价值。基本上每一部都以四言对句起头，接着才是故事正文，并常附有简单的字义或发音注解。从建阳本来看，有几种集子尤其受欢迎：南宋时编的《书言故事》有9种版本[②]，《故事白眉》有8种，《金璧故事》5种，《故事黄眉》2种，还有约11种书名上带“日记故事”字样的多类故事的合集。

每晚集子的不同版本都有不同注解，或至少标榜说有。例如，活跃在晚明、为书坊写书作注的邓志谟，为《故事白眉》8种版本中的7种做了校勘和增订。可能被这套书的大受欢迎所鼓舞，邓氏自编了续篇《故事黄眉》，并在该书的前言里说希望能比前集更畅销。另外一些从事刻书的建阳人也在这些故事集里以编者或校正者的身份出现。一种早期集子《新刊大字分类校正日记故事》是熊大木所校。[③]《金璧故事》里列郑以伟为编者，他可能是郑氏出版商的兄弟或表亲。萃庆堂的余应虬也在《旁训四六故事苑》中和邓志谟合作。[④]

出版商们有时还刻意针对特定的读者群编刻合集。例如，黄

---

① 尽管李瀚的作品影响巨大，却仍被后来编纂的作品所取代，这类作品所选择的内容突出儒家道德价值，并回避道家与怪力乱神之事。任何朝代的《蒙求》皆无建阳本。关于这部著作的简论，见华兹生（Burton Watson）为李瀚撰、徐子光补注《蒙求》的英译本所作引言，英译本题为《〈蒙求〉：中国历史与传说中的著名故事》“*Meng Ch'iu*：*Famous Episodes from Chinese History and Legend*”。

② 似乎没有《书言故事》的明以前版本留存下来。关于这部作品的编纂者胡继宗，我们几乎一无所知。王重民（《中国善本书提要》，第363页a）认为胡氏也许是南宋江西庐陵县人。

③ 尽管其牌记并未注明刻印者身份，这个“上图下文”版式的1543年版九卷本颇有可能是建阳本。两种稍晚的建阳版由余氏西园堂和一位刘氏出版商刻印。

④ 1618年的建阳本为早其两年刻印的南京版的删减版。这或许只是邓氏与余氏的多次合作之一，邓氏也频繁参与余应虬及其父余彰德的萃庆堂刻本的刊刻。邓氏后来也被类似几部故事集列为校勘者，而这些故事集仅存南京版。

正辅 1601 年的一种刻本由两部分组成，分别针对两个不同水平的读者群。第一种名为《便蒙二十四孝日记故事》，其诗词部分和故事明显是分开的，有圈点但没有注。每叶有两个带插图的方框，呈"上图下文"版式。第二种是《新镌徽郡原板校正绘像注释便览兴贤日记故事》，这是针对程度较高但阅读面不广的读者。正文没有被圈点，但简单说明了故事的出处和年代，而且并不是每叶都有插图。

不过，儿童是否是这些故事唯一或主要的读者，这点还有待讨论。因为有简单易懂易记的词句、插图和传达明了的道德寓意，这些书能吸引以下读者：他们缺乏足够教育来应付内容深奥的读物，同时又喜欢读一本内容已经因为口口相传而变得耳熟能详的读物。此外，对一些读者而言，如果读物的风格复杂且文绉绉，会比较难理解，也就没法好好欣赏。所以，这类故事提供读者一种能在书中重温他们熟悉的故事和文化的乐趣。在这些方面，故事合集类书和建阳其他一些书籍有相同的吸引力，比如下面要讨论的插图小说、戏曲杂集等。

另一类型的类书是有 30 多种建阳版的日用类书。这类日常生活中使用的册子以历法、天文、占星表和图表的形式提供信息，包括某个具体日子从事某种活动的吉凶、是否适宜做某种农活（何时播种、养蚕）、行事的规矩仪态、给上司或下属致函的正确方式、法律文书的书写格式、各种占卜法（如风水地理、相手、算命、解梦、占数、相面和占星）、道教神符上的图案和花纹、吉祥字的各种写法、尺牍的节略本、百家姓、四体书法字帖、游戏规则、儒家语录、字谜及笑话、全国主要地方之间的路径和距离等（图 11a，11b）。[①] 在实质上，这些日用类书节选自其

① 此外，图 12a 来自宋末元初类书《事林广记》的一种元代版本。

他一些书籍，包括通书[①]、商路指南和别种类书，因此，它们会给顾客一种划算的感觉。因为这些日用类书带有大量信息[②]，而其中一些无法从其他现存来源中找到，所以它们被现代学者广泛研究。从其中提供的信息看（文字及图像），很多这类书（也包括明代建阳本）都是相互抄来抄去。更常见的是，就像上文提及的商路指南一样，其内容是从先前的版本里抄来的，比如官箴和文集。尽管在对信息的可靠性做定论之前还需要些研究，但上面关于商路指南为何受人欢迎的论点比之日用类书可能更为确凿。

这些书的读者是什么样的人呢？需要这些书的人可能是那些受过较好教育的人，然而教育程度低、稍微识几个字甚至不识字的人也可能买这些书，这样的话，这些人就可以以之为现成参考，让识字的人为其答疑或代写家信。所以，这些便宜印本可以同时满足识字或不识字之人的信息需求。

事实上，在很多类书的书名和序言里，明代出版商都表达了希望能获得各社会经济阶层读者群关注的愿望。余象斗在其1599年刊行的著名刻本《新刻天下四民便览三台万用正宗》的序里再次阐明，本书是为了"实用便民"。[③] 这里强调日用类书的内容同时面向精英与明代开始崛起的非精英阶层，这和酒井在考证

---

① 实际上，从其提供的一系列信息看，晚明日用类书与今天称为"通书"的作品最为相似。

② 关于这类作品的简论，见酒井忠夫：《明代的日用类书与庶民教育》，第79—93页。酒井忠夫所称的"日用类书"不仅包括笔者划分为家用参考书的书籍，还包括一些写作手册和文学参考书。

③ 该书1599年版四十三卷本（蓬左文库藏）以及1607年版三十五卷本（其书名稍有不同，题为《鼎锓崇文阁汇纂士民万用正宗不求人全编》，藏于多家图书馆）的资料多取自刘龙田刻印的几部早期著作。关于一些有相似书名以及序言中声明的著作，见酒井忠夫：《儒学与通俗教育著作》，第332—335页。

了南宋末期所编的《事林广记》的两种元本和6种明本后得出的结论一样。[①] 酒井发现，随着岁月的累积，无论书的目录还是内容本身，都体现了出版商添加更多面向非精英阶层内容的趋势。[②]

这种迎合广泛、多样且相互交叉的社会阶层的趋势，是否意味着建阳出版商把自己认作酒井所说的那种“低级文人”呢？从本章呈现的证据看，他们更有理由把自己看作受过良好教育的人士。他们中的一些人或亲属有较低的功名，极少数是进士，比如刘龙田的长子刘孔敬。有些出版商，如熊宗立，认为自己既是学者又是医生，所以完全有资格来编写医学或其他学科的书籍。所以，除了生意的需求外，出版商们公开声明其刻书旨在满足各类人群的需要，这可能反映了晚明在文学和哲学上吸收非精英文化元素的趋势，与此同时又向普通百姓普及儒释道学说。这些进展反映在16世纪末到17世纪初，尤其是建阳刊刻的各种类书上。

所以，在这种情形下，一些建阳出版商和袁黄有关联就不足为奇了。作为一位士人，袁氏以写劝善书和宣扬“三教合一”而闻名。[③] 至少有6部袁黄编写的书是在建阳刊行的。其中一部《四书训儿俗说》由余氏三台馆在1607年刊刻，包括了一篇署名为“门生余应学”的序。应学是余象斗的儿子或侄子。余象斗是

① 关于此书的简论，见本书第四章。

② 酒井忠夫：《明代的日用类书与庶民教育》，第62—74页。酒井也比较了一些相似的宋版类书。在对《事林广记》的分析中，他认为至少2种元版中的1种以及6种明版中的3种来自建阳。

③ 考虑到类书与劝善书的读者可能有重合，这点的确令人惊奇。尽管这些书在中华帝国晚期颇为流行，却没有一本由建阳书坊刻印。包筠雅认为这些书籍颇有可能是通过一个完全不同的网络发行的，其中包括致力于传播这些观点的宗教组织（私下交流的意见）。

三台馆的主人，他刊刻了三部袁黄的书以及袁氏的曾祖父的一部医书。[①] 余象斗和袁家的另外一层关系是袁黄儿子袁俨为余氏的一部风水地理书作了序，该书是由余象斗的两个侄子余应科、余应虬在1628年刊刻。最后，袁黄因其科考资料合集而受到建阳出版商们的追捧。他的史学纲要《历史纲鉴补》也由余象斗刻印，而其《古今文苑举业精华》则是由余氏的姻亲刘龙田刊行。

最后一类类书是明代建阳刊刻的90多种有关阴阳术数技巧的书。表C.5列出的各类阴阳术数书中，最受欢迎的是相宅相墓书和命书相书。与使用占数、《易经》中的阴阳术数以及其他一些深奥方法的书相比，这其中的很多书都是一些对门外汉来说较易理解的内容。不过，在笔者查看过的阴阳术数书中，很少以非专业人士为主要对象。笔者认为这可能是因为日用类书里关于风水的简介对大多数外行而言已经是绰绰有余，它们一来供自己浏览，二来在需要咨询专业人士时，家里有这样的书也方便参考。除此之外，我们也从中得知那些刻印日用类书（和其他类书）最积极的建阳出版商，同时也刻印了大多数阴阳术数书。如余象斗和余氏萃庆堂刻有18部，熊氏14部，陈氏14部，刘氏乔山堂10部。另外，熊、陈两家都有刻印医书的悠久历史，有些成员同时在医学和阴阳术数上有造诣，如熊宗立和陈奇泉。我们从中看到某种学术与实践的融合，而这在晚明是不足为奇的。

集部

至于集部，对建阳本而言，别集和总集直到明代依然十分重

---

① 余氏族谱中并无关于余应学的描述。《四书训儿俗说》藏于内阁文库（277函71号）。医书《袁氏痘疹丛书》的作者袁颢（1414—1494）是袁黄的曾祖父，他是一名专业医生，和熊宗立是同时代人，并有可能认识熊宗立。除了这部带有袁黄序言的1607年刻本，另一部书名稍有不同的晚明（清初）版本（《袁氏痘疹全书》）是袁家三代医师的家族作品：由袁颢撰写，其子袁祥增补，其孙袁仁汇编。

要。别集的种类相当混杂，从过去的文豪、明代知名作家，到声名不显的闽北作家，应有尽有。不足为奇的是，在私刻本中别集占了很大比例。尽管此类书籍和坊刻本相比仍占少数，但无论是否是闽北本地人，这些人充分利用了他们周围的刻印资源。在约15种私刻别集中，至少有6种书的列名刊行者在建宁地区有官职。

在总集里，有几类书尤其受欢迎，包括尺牍[①]、某朝或历代文选、诗词集、范文集、“文学瑰宝”集和浅显的科举资料。一些受欢迎的内容在不同类别的集子里重复，这一模式引人注目，也就是说，相同的内容出现在原本应该不同的集子里。建阳刻印了约10种著名文集，包括两个版本的《文选》、一种《宋文鉴》（原名《皇朝文鉴》）和类似的明人所编总集，如一种《两汉文鉴》和一种《万首唐人绝句》[②]。它们大多数是在官府赞助下刊行的。此外，6种不同的范文集（旨在用范例教人写文章）至少有25种建阳本。其中有宋代编的《文章轨范》，它常与明代的续本《续文章规范》搭配。现存的4种万历年间的建阳本只代表了明代中后期印本总量中的一小部分。[③] 就像很多经、史部书籍一样，这些著作里充满了评注，夹在正文的中间、上方或后面（图8）。此外，很多版本的凡例清楚解释了圈点符号和编纂的基本原则。最后，一些在几百年前的宋代流行的文集仍受晚明建阳出版商的欢迎：36种诗词集里有16种是唐集。建阳本中还有8种北宋“三苏”（苏洵、苏轼和苏辙）的文集。

---

① 为了保持一致，笔者将所有写作手册归在类书之下，尽管许多图书馆目录将其划为一般馆藏。

② 这部《万首唐人绝句》并非是由宋代洪迈编纂的那部，而是由一位叫陈敬学的建阳人编纂的另一部书。他是陈氏刻书世家的一员，朱秉铁的女婿。秉铁为朱熹的直系后代、朱氏家族书坊与耕堂的编撰及刻印者。

③ 内阁文库藏中国善本书籍的书目列出了12部明版、清版以及和刻书籍。

另一种在晚明受欢迎的选集是限定主题的短篇散文和韵文集，而且用遍及整本书的全叶插画来增加吸引力。例如，在天启年间，余彰德萃庆堂刻印了一系列集子：《花鸟争奇》、《梅雪争奇》（图 34c）、《山水争奇》、《蔬果争奇》（图 42）和《风月争奇》。[①] 这些集子包括散文和韵文，有些是古今著名作家所作，有些是邓志谟、余应虬或其他可能由萃庆堂雇的写手所作。在每个集子里，接在一段华而不实、用平庸草书刻印的序之后的，是经过圈点的正文，间以大量全幅或整叶插图，其精美足以与南京、杭州和苏州的版本媲美。从余应虬在《花鸟争奇》的序里写道要出续集以飨读者来看，这些书明显卖得不错。

我们不禁会想到余氏和邓氏心目中的读者是怎样的人？这些书大概会比篇幅类似的“上图下文”式书要贵，而且会吸引那些有钱到可以满足自己（希望具备的）文学和艺术鉴赏品味的人。同时，这些书籍的刻印者很明显希望能吸引更多读者，而不只是那些受过良好教育的人。为了使版面看上去不过分拥挤，这些书的注解不多，但差不多所有加注的字句都注了读音和释义，解释了典故，或通过改述来阐明段意。不过，几乎没有任何关于文学风格和文字创作方面的说明，而且在正文旁也没有任何标记用来指出某一段很重要或是写得特别好，或者让读者注意在上面方框里有更多注解。[②] 正文只是简单地用圈号加以圈点。如果序里关于今后出续集的话是可信的，说明“争奇”系列相当受欢迎，而且建阳出版商们似乎已经成功打入了想用这类书来炫耀的收藏家（或自以为是收藏家的人）的市场。

---

① 美国国会图书馆以及日本内阁文库皆有完整的系列。系列中的第六部《茶酒争奇》由建阳杨氏清白堂刻印。

② 例如，晚明刻印的戏曲版本，如图 26b 所示。

戏剧杂曲集是另一类受建阳出版商欢迎的书籍。[①] 因为它们只包含片段，与完整戏剧版不同，其中有：戏剧唱段（元明传奇）、散曲、诗歌、小曲、祝酒曲、方言曲、嘲弄来自其他地方卖艺女子的唱段（耍海）、笑话、谜语，甚至还有省、府、县、镇的地名表。一般每叶分成两到三个方框，每个用于不同的内容，有时还有和"上文下图"本差不多质量的插图。不同题材的该类书在内容上组织松散甚至几近于无，某个戏剧的唱段可能被打乱分散到其他戏剧的唱段或是民谣里。总的来说，从内容看，这些书会吸引到一个广泛而多元的读者群，包括希望得到最新和最流行唱段供自己练唱或请人到家表演的戏迷（以及从朋友或沿街艺人处听到唱词片段的）、卖艺女子和她们的客人、各种更欣赏方言唱段的听众。这群听众在新鲜度和多样性上永不满足，这也就解释了为何这些杂曲集往往以"新版""最新流行""正在流行"等词来形容。把唱段随意搭配的做法可能是试图给人以种类繁多的印象，而且本着任何东西都可以放在一部用于消遣的书里的宗旨，即使无关但只要有用就可以，所以连地名表这样的东西都可以包括在内。

从 16 世纪中期开始，这类杂曲集似乎在全国各地都有刻印贩售，建阳出版商当然也参与其中。这些书里至少有两种包括了闽南、泉州和潮州方言的唱段。[②] 因为这些建阳本都不是初版，因而可以说明它们很流行，以及福建和江南书市的一体化。从某

---

① 感谢罗开云为笔者提供其关于晚明杂剧的书目注释。

② 见龙彼得：《古代闽南戏曲与弦管：明刊三种选本之研究》，第 2—3 页。第一部作品由余氏新安堂于 1566 年刊刻，书名为《重刊五色潮泉插科增入诗词北曲勾栏荔镜记戏文全集》，包括了《荔镜记》的曲段、另一部闽南戏曲以及用"标准"北方方言写就的《西厢记》。第二部作品题为《新刻增补全像乡谈荔枝记》，由朱氏与耕堂于 1581 年刊刻。本章注释曾提及，龙彼得展示了另两部杂曲集的刻印者牌记，它们均在闽南刻印，带有与建阳本牌记中一模一样的荷叶图案。这或许意味着在闽南闽北的出版商之间存在某些生意往来和（或）家族联系。

种程度上看，它们是在建阳出售给周游四方的闽南人还是运到闽南出售，这些并不重要。[①]

建阳出版商投入书市的众多小说集和讲史类书籍大多数是“上图下文”版式（见第二章的图10和图43）。拥挤的版面往往意味着每半叶有15行、每行有25个字以上（高度≤0.4厘米）。里面大多数的图像都较普通甚至粗糙，往往来自常备的版片，在一本本书里被重复刷印，如两个武士在马背上交手、几个人跪于一个坐在桌旁的官员面前、斩首等等。甚至一些小细节，比如一条桌布的花纹，在每张图里都是一样的。不过，这些插图能使人从下面的文字中得到视觉上的放松，同时当读者（或翻看的人）想查找书中某处时，插图成为一种视觉标记。此外，某些插画还成功地充分利用了自身6×9厘米尺寸在视觉上的潜力。不过，对出版商来说最重要的是，插画是一个有力的卖点，如上所述，这些戏剧杂曲集不只是给人私下阅读的，还被拿来为一群听众朗读，也会把插画给这些人看。此外，插画两侧的说明往往是对偶句，也会被人拿来朗读或背诵。

那谁又会来读、看或听这些书呢？有些书的目标读者的身份显而易见。除了像《日记故事》（见上）等宣扬孝道和其他美德的寓言集之外，还有一些类似故事是针对女子的，如前文提过的吕坤的《闺范》（图10b）。这些故事相当短，往往只有五六十字，常常有几句朗朗上口的诗句紧跟其后。实际上，因为有太多的书可以用“上图下文”版式来刊刻，所以其潜在的读者是无限的。

---

① 带有某地区方言的作品在其他地区刻印，这种情况已有先例。例如，在离上海不远的苏州府嘉定地区，一个官员的家族墓穴中发现了一部《说唱词话》，其文本带有许多南方吴方言的措辞表达，但该书出自一个北京刻坊的翻刻本（1471—1478）。这些书籍或许是被运到苏州地区出售，但也可能是直接卖给在北京的江苏人。关于这些作品的分析，见马兰安的《中国的通俗文化与明代说唱》。

公案故事集大约只占明代建阳刻印的小说类作品[①]的十分之一，但是值得仔细研究一番，因为从中可以看出出版商们的生意策略。这些故事里往往有个刚正不阿的判官[②]，他总能成功破案，并在故事结尾宣读大段判词。故事集往往分为数个专题，如谋杀、性犯罪、盗窃抢劫以及暴力冲突。可以想象，公案类故事受欢迎的一个重要原因是它的耸人听闻，尤其是加上充满暴力（斩首、鞭挞、水刑）和性（暴力及非暴力，图 53a，53b）的插图的渲染。实际上，明代的读者似乎从这类书里获得了大量暴力和性的幻想。文本往往并不艰涩，但文笔不佳，而且建阳本都是没有圈点的，这可以说明这些故事集在编校方面没花多大工夫。

从一些现存的版本看，一部书的版片往往被几家书坊使用，而每家书坊会在每卷的卷端或是牌记里标明自己的坊铺名，而且常常会列上两个甚至更多的书坊名。例如，两卷本《皇明诸司廉明奇判公案》把郑氏宗文堂和萃英堂双双列为刻印坊[③]，里面的故事和余象斗双峰堂在 1598 年刊刻的同名四卷本并非完全一样。此外，这些集子的印本显示它们的版片往往被用到字迹模糊得看不清为止。从内容互相借用的大量的“版本”来看[④]，这些集子

---

① 尽管一些图书馆目录将这些公案集划分在四部分类中子部的“小说”之下，但考虑到这类作品在形式上和读者群上的相似之处，将之与其他小说作品放在一处讨论似乎更为有效。

② 在许多故事集中，判官是传奇人物包公，人物基于宋代官员包拯（992—1062），他在各种公案文学中的身份相当显赫。在其他故事集中，判官可能是包公，或是后世以某真实官员名义出现的另外一位勇敢的民众守护者。

③ 在笔者查验过的内阁文库所藏宗文堂版里（300 函 61 号），一处手写注释声称另一种刻本载有校正者余象斗的自序，尽管余氏所刊的同名故事集与之迥异。

④ 关于马幼垣对晚明版本间相互联系的研究，见其《中国通俗文学中的包公传统》“The Pao-kung Tradition in Chinese Popular Literature”及其《明公案小说中的文本传统》“The Textual Tradition of Ming *Kung-an* Fiction”。此外，有一种版本（《龙图公案》）后来被多次翻印，并为清代及民国公案集所采用。关于马幼垣对此版本的研究，见其《〈龙图公案〉中的主题与特征》“Themes and Characterization in the *Lung-t'u kung-an*”。

想必是大受欢迎的。

正如学者们指出的那样，从 1594 年第一种可以确定年份的建阳本[①]到 17 世纪初一些建阳和南京的晚明版本来看，公案集似乎在一个较短时期内被集中刻印。不过，以衙门判案为题材的故事至少早在南宋时期就以各种口头或书面文学形式出现了，在戏曲、唱词和故事里也已经有公堂的场面，只是并非主要场景。[②]正如马幼垣所说，晚明书坊主一定很熟悉“从传统中汲取并自由编写自己作品的做法”[③]。不过，公案故事对其他体裁文献的借鉴，在程度上有区别，比如很多故事里描绘的包公外貌更多取自唱词，而非元代和明初的北方戏曲。在分析上面提到的 1594 年版故事集时，韩南（Patrick Hanan）注意到那些描述包公如何勇敢面对仁宗的情景和唱词里写的很相似。[④] 此外，如果大多数公案小说读者也是唱词的听众，即马兰安所说的“市民阶层中一些富裕虔诚的人，尤其是那些田主、行商、坐贾”[⑤]，那么从唱词中

---

① 指由朱仁斋与耕堂刻印的《新刊京本通俗演义全像包龙图判百家公案全传》。正如鲍吾刚（Wolfgang Bauer）（《“包公案”的传统》“The Tradition of the‘Criminal Cases of Master Pao’”，第 442—443 页）所指出的那样，这或许不是此故事集的第一版。至少还有另一种版本存在，此版本载有 1597 年的序言，由著名南京刻书坊周曰校万卷楼刻印。此外，《中国古籍善本书目》子部第 8921 号著录了一部有同样书名及编者名的刻本残本（年代不明）。此版本由杨文高刊刻，他或许属于建阳杨氏刻书世家。关于与耕堂本中故事的详细研究，见韩南《包公百家公案之重构》“*Judge Bao's Hundred Cases* Reconstructed”。

② 关于戏曲，见乔治·海登（George Hayden）的《元及明初的公案剧》“The Courtroom Plays of the Yüan and Early Ming Periods”。海登指出，尽管这类作品仍继续出现在晚明戏曲集中，但明初之后很明显就没人撰写这类公案杂剧了，至少有名的剧作家不写了。这些戏曲集均不是在建阳刻印的，其中至少有一部为南京书坊陈邦泰继志斋所刻。关于涉及包公的唱词，见马兰安：《中国的通俗文化与明代说唱》，第 22、115—118、170—183 页。

③ 马幼垣：《明公案小说中的文本传统》，第 217 页。

④ 韩南：《包公百家公案之重构》，第 302 页。

⑤ 关于此引文，以及唱词书叶的影印件，见马兰安：《中国的通俗文化与明代说唱》，第 286 页。

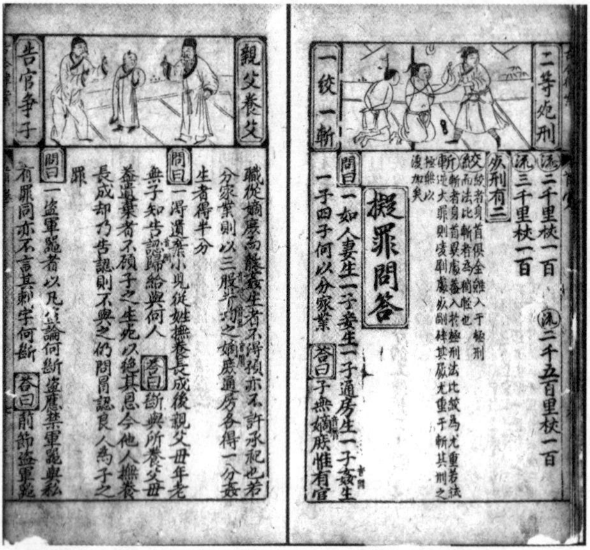

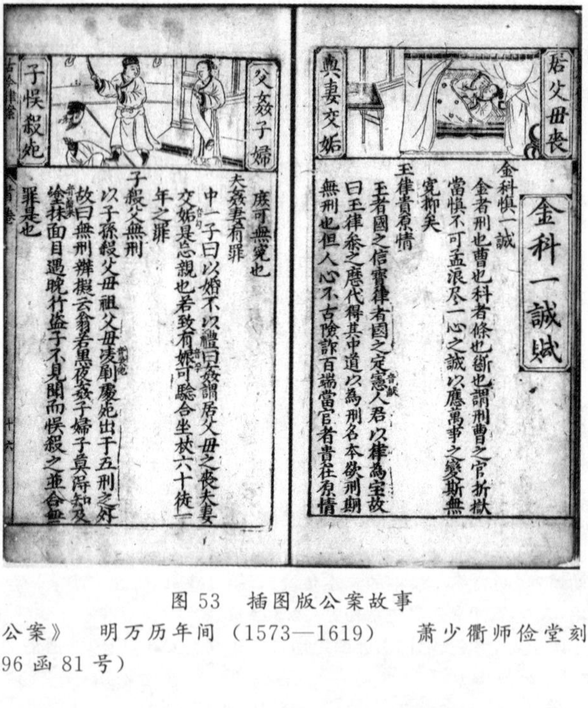

图 53 插图版公案故事

《古今律条公案》 明万历年间（1573—1619） 萧少衢师俭堂刻本（内阁文库藏，296 函 81 号）

借用就更顺理成章了。另外值得一提的是，1470 年代由一家北京书坊印的几种唱词集的文字、插图安排和风格，与很多建阳坊刻本的“上图下文”或插图设计很相像。只要这种模仿有利可图，建阳出版商们会轻而易举地从这些唱本的版式和内容中汲取灵感。

不过，公案集为上述及其他类型读者提供了另外一些东西。至少有一种建阳本的首卷附了一整篇用简单易懂的文字写的刑法要点，这种信息在其他大众印本甚至日用类书里也不常见（图 53a）。[①] 因此，这种通俗缩略且未必完全可靠的法律参考资料性，是公案集的另一个重要卖点。[②] 把一些貌似实用的信息和娱乐结合起来，再加上煽情离奇的犯罪情节，这个做法想必对很多买书的人有强烈吸引力。

《江湖奇闻杜骗新书》[③] 也有同样的吸引力，书中故事说的是江湖骗子之流是如何诈骗、抢劫以及杀害过路客的（见第五章）。尽管这些书里没有对簿公堂的情景和睿智的判官，但这些故事在注重叙事以及典型人物的基本描述上和“公案”故事极其类似，而这些人物的情感以及内在动机往往被认作是显而易见的，所以几乎从来不予以描写。在每个故事的结尾，用评语道出某种警

---

① 可能其他一些建阳本亦提供了同类信息，但在现存刻本里未见到。实际上，正如马幼垣的著作所证明的那样，对尚存的公案集内容的分析确认了完整版可能已经消失殆尽。

② 坊刻主们经常在被归类为通俗类书与故事集的作品中使用重复材料，其中包括公案类。例如，马幼垣（《明公案小说中的文本传统》，第 207 页）指出，包公的幼年故事出现在 1594 年与耕堂本《百家公案》中，而此故事在南京周曰校万卷楼刻印的类书《国色天香》内又重新出现，周氏还刊刻了《百家公案》的另一种版本（序于 1597 年，而非马幼垣所声称的 1587 年）。

③ 见第五章注释。晚明建阳的翻刻本是由陈怀轩存仁堂印行的，他们在同期刻印了另一部公案集。孙楷第（《日本东京所见小说书目》，第 129 页）认为后者出自另一建阳本，并严厉批评了其质量。

示，给读者（往往假设为需要这类忠告的旅人）一个实用的警告，以提高对类似犯罪的警觉。这类故事往往提供一些具体细节以及事情发生的缘由，并介绍主角的名字和背景、他的旅行方式（比如坐了哪种船）、他经营哪路货物、他在苏州落脚的商号名称等。这类信息的细致程度不仅让人在阅读这类生活化的阴暗恐怖故事时更为惊悚（也更有代入感），还可以赋予其某种真实性，从而说服读者谨记故事中的告诫。这样，作品不仅可以用作娱乐，同时也是一本参考手册，让人提防在旅途中可能遇到的各种谋财害命的套路。

最后，还有编年史，就是“志传”和传奇故事，比如广为流传且老少皆宜的《西游记》。事实上，除了《西游记》，另外两部明代巨作[①]《三国演义》和《水浒传》也以“上图下文”版式刻印了许多次。以这种版式刻印的小说各版本间文本有所不同，而各家书坊往往会毫不迟疑地任意增删文字。余象斗就是一个明显的例子。另一种明代虚构历史小说叫“演义”，一般在正文之前或中间插入整叶或整幅插画，或者什么插画也没有。[②]“演义”本一般制作精良，文本经过仔细编校并加入注释和评语，主要对简本里缺失的文字进行文学评论和鉴赏。“志传”本则比较便宜且用词简约，直接从史书中采用的内容少，诗词也不多，另外也不太注意文字的编辑。所以，像余象斗那样的出版商觉得可以有更大的自由度来修改“原”文，努力增加一部书的销

① 对这些作品的现代学术研究介绍，见浦安迪的《明代小说四大奇书》。

② 根据一些学者的研究，有更多文学润色的版本通常以“演义”为名，而校订简单的版本则命名为“志传”。笔者发现这两个用语在建阳本（几乎皆为较晚版本）书名中都有。关于这两种《三国演义》的文本传统，见马兰安的《明朝的读者和白话诠释：〈三国演义〉的使用》以及《〈三国演义〉的通俗化：关于两个早期版本的研究》。

售潜力。

与其试图分析每一种建阳刻印的小说，笔者更愿意把重点放在《三国演义》的各种版本上。据最近一次统计，《三国演义》现存的版本有 32 种，22 种属于简本，其中 19 种可以确定为建阳本。① 不过，即使在这些带图的简本中，也有一些显著特点，主要是注释的不同。比如，从余象斗一种版本的简单注音、词语释义以及典故运用看，该本是面向那些只受过基础教育的读者。② 至于余象斗在 1592 年刻的另一种《新刻按鉴全像批评三国志传》③，马兰安在其最近的研究中认为，这个版本运用插图、图解以及文内的易记口诀，使关于战术战略的片段更易理解，显然是为吸引对军事有兴趣的读者。这些“实用的”注释与其他《三国》版本中由文人撰写的评注很不一样，后者要求在语句修辞和

---

① 笔者查验过的其他三种版本亦颇似建阳本，但这些刻本并未提供任何确实的证据。关于总计 32 种明版，见马兰安的《〈三国演义〉的通俗化：关于两个早期版本的研究》，第 170 页及注 20。关于 5 部明代《三国》题材（均为建阳版）文本的详细比较，见周兆新：《三国演义考评》，第 200—306 页。

② 这部作品似乎仅有一部残本，即《新刊京本校正演义全像三国志传评林》。此本六卷，藏于日本早稻田大学图书馆。

③ 很明显，该书一部刻本中的八卷散布于 4 家欧洲图书馆里，也许有更多卷被搁置一旁，未曾编目在册。除了此版本以及上文所述确由余象斗刻印的另一上图下文版外，还有第三部插图版，题为《新刻汤学士校正古本按鉴演义全像通俗三国志传》（藏于中国国家图书馆）。其刻印者不明，但或为余象斗刻的第三种印本。其评注署名南京国子监祭酒汤宾尹（万历二十三年［1595］进士），似是伪托。尽管如此，两部由余象斗刻印的文集以及 3 部由余良木自新斋刻印的史学科举文献中的评注亦署名汤宾尹。至少有 12 部带评注的建阳本声称为汤宾尹所作。尽管笔者发现在汤氏的作品集中，没有任何有关这种评注的直接或间接资料，但仍然难以断定署名均是伪托。这是因为明代文人的确出于金钱或其他动机，撰写过此类评注。关于汤氏对坊刻的参与，亦见于金文京的《汤宾尹与明末的商业出版》「湯賓尹と明末の商業出版」。

美感上前后呼应。[①] 同样，当伊维德分析一套元代建阳的“上图下文”版编年史时认为，它面向的是“一些富有但识字不多的人”，包括蒙古人和其他非汉人，还有中国的武官及其家人。[②]

不管怎样，这些书除了读者之外，可能还有很多想翻阅的人或听众。金文京在其最近关于《三国演义》的著作里，引用了陈际泰（1567—1641）讲的关于他自己的一个故事。陈氏是一个江西商人的儿子，以写科举范文为生。陈氏小的时候，家住离建阳不远的福建武平，舅舅给的一部《三国志传》使他废寝忘食。他母亲因此责怪舅舅说，这孩子整天沉迷于这些人马格斗的图画，连饭都不想吃。陈际泰回答说，他并没有看画，而是在读画下面的文字。[③] 他的申辩说明，很多人的确只看图画（图 43a—d）。

到了明代中期，这些带有插画的印本可能成了历史故事中比较低端的那类，而制作精美的文字版则趋于高端。便宜的版本的

---

① 见马兰安的《明朝的读者和白话诠释：〈三国演义〉的使用》。直至今日“三国”题材的版本仍在日益增多。甚至不考虑改编成的其他媒体如戏剧、电影和电子游戏等，只看印刷文本，都能察觉东亚和东南亚各种语言版的《三国》是如此流行。实际上，正如克雷格·雷诺（Craig Reynolds）在《巨头与军阀：现代泰国的社会形态与中国的历史演义》“Tycoons and Warlords: Modern Thai Social Formations and the Chinese Historical Romance”中所描述的那样，泰国现代“版本”《三国》的改写者及注者的文本“无所不包”。正如余象斗版可以被解读成“日常生活的攻略及忠告手册”（马兰安，第 27 页），《三国》的现代版本仍继续为商人、政客以及其他有兴趣的读者提供大量此类信息。雷诺（第 116—117 页）将泰国的各新改写版分为“乞丐版”“资本家版”“私人版”和“医药版”。在这些改写版中，现代作者“先讨论一个似乎很单纯的话题，比如箭头煨毒的弩箭——这是在中国古代三国时期最常用的一种武器——然后开始冷静列举毒素、杀虫剂、污染物、食品添加剂等如今曼谷居民在饮食中常见的东西”。

② 伊维德：《中国白话小说：形成时期》“*Chinese Vernacular Fiction: The Formative Period*”，第 93 页。这些书由建安虞氏务本堂刻印，统称为《新刊全相平话五种》（原版与几卷翻刻本同藏于东京内阁文库）。伊维德提出，之所以认为顾客富有是因为元本实际上比明本制作得要精良。例如，元本插图占了整叶，而明本仅占半叶。见本书第四章关于这些作品的讨论。

③ 金文京：《三国演义的世界》「三國志演義の世界」，第 84—85 页。

确能够占据大部分市场份额，不过其与高价书籍市场也有重叠。[①]于是，明代的“上图下文”式小说的读者遍及武官、孩童、年长的学生，这些人将其当作一种能轻松学历史的途径。[②] 而另外一些人喜欢读或听那些街头说书人说的相同故事。最后，我们不可低估某个故事在各传播渠道上的重叠受众。不管怎么说，重新阅读同一个故事或经过改编的版本会给人以很大的愉悦感。因为在这个过程中，出版商、评论家以及读者共同聚集了他们的想象力，赋予了原先普通的故事以新的涵义和乐趣。像《三国》那样有丰富细节的作品，甚至对单种版本也不可避免地存在多种解读。

清代以后

由于建阳坊刻以其惊人的规模一直持续到明末，所以它那最晚在 18 世纪初开始的快速且未能挽回的衰落，就成了一个巨大的谜团。尽管刻书活动没有骤然停止，但一些证据表明，各书坊再也没能从明清易代中恢复过来。正如本章[③]开头提到的那样，闽北在 1645—1646 年间是南明的根据地，而且曾作为隆武帝的大本营长达九个月。[④] 到 1651 年，由于各路忠于明王朝势力之间的内斗、清军对该地区的攻占以及当地民团和土匪的抢掠，闽北

---

① 建阳人在南京参与刻印精刻本一事说明了很多事情，这不仅是因为富有的买书人集中在大城市，而且在经营上亦更合乎情理，因为这就不必担心书在建阳印好后，要冒着丢失的危险，艰苦地经山区与水路把它们运至江南。

② 总有学者反对这种事实与虚构混合的作品，但反对的是一种他们完全无法控制的情况。例如，关于《三国志》，见胡应麟：《庄岳委谈》，《少室山房笔丛》辛部，第 571 页。

③ 应为第五章。——译者注。

④ 见司徒琳（Lynn A. Struve）：《南明史，1644—1662》“*The Southern Ming, 1644—1662*”，第 673—676 页。

有多个城镇被毁。从已知的几种在这个时期刻印的书来看，至少有数家出版商表现出强烈的亲南明情绪。其中一部是余应虬在1645年刻的《武库》，其另外一个更积极的书名是《镌古今中兴筹略》。余氏抓住了这个政治时机宣称，隆武帝的支持者郑芝龙（一个闽南海盗商人，当时刚被前者封为平虏侯）肯定了这本书（“平虏侯郑鉴定”），并作了序。[①] 很快，随着清廷控制了闽北，这种政治投机成为引火烧身的祸由。

闽北这种持续效忠明朝的情感很可能让该地区新上任的清朝官员担心书坊有印制反清书籍的潜力。比如，有几个熊氏族人明确地表达了自己的想法：熊禾的一个后人重印了他的书，其反清情绪不仅表现在用南明年号标记此书的刻印年份（隆武二年，即1646年），还表现在对刻印作品的挑选上，作者熊禾正是忠于南宋而拒绝仕元。[②] 两年后，明代出版商熊宗立的后人熊志学，刊刻了他两个江西远房侄子的书，而这三个人都以忠明闻名。尽管当地没有任何已知的如顺治十八年（1661）浙江明史案那样的文字狱[③]，但建阳地区新上任的清朝官员很可能密切关注当地刻印了什么。他们的严密提防很可能使此地的出版业再也没能像过去克服天灾人祸那样，再度恢复过来。

总体而言，有迹象表明，闽北的经济从此没能从1640年代的明清易代中彻底恢复。[④] 由于郑氏船队直到1680年代还在袭扰福建沿海，而三藩之乱到1683年才被平定，清代的建阳书坊可

---

① 除了余应虬（因为余氏在1598年刻印过一部书，他在1645年时定当年事已高），至少有另一位余氏男性参与了这次刻印。该书收藏于内阁文库，子18函4号。

② 这部书的其中两叶在《中国版刻图录》中被影印，见图472—473。

③ 见“庄廷鑨”条目，恒慕义（Arthur W. Hummel）：《清代名人传略》“*Eminent Chinese of the Ch'ing Period*”，第205—206页。

④ 此外，根据朱维幹（《福建史稿》卷二，第411页），建宁府的人口在明万历年间至1694年下降了约63%。尽管这些数据（引自康熙《建宁府志》）的可靠性有点疑问，但历史事件导致这种下降合乎情理。

能失去了那一带的重要市场。更严重的可能是山区到江南的贸易中断，这种情况至少在清初持续了几十年。

不管怎么说，建阳的刻书活动某种程度上还在继续。1647—1654 年在福建担任数个要职的周亮工曾到访书坊，后来曾写道各书坊开始重操旧业，出了各种错误百出的经籍。事实上，他们的一个错误居然出现在 1659 年一份考生殿试的考卷中！周氏于是建议应该把建阳的书版付之一炬。① 潘耒是一个比较宽容的客居人士，也是颇具影响的清初著名学者顾炎武的弟子。在顾氏去世后，在重新编校其《日知录》时，潘氏把其师的手稿带到了建阳。在一个熟识的当地县丞的帮助下，找来刻工刊刻了新的三十二卷本，并在 1695 年左右付印。②

不过，有些间接线索表明，幸存的建阳书坊大都是利用以前就有的版片重印，而非刻新版。前述余象斗的一部诗集就是例证，该作品在他过世后很久的 1697 年再次被重印，并加了一篇他作的序。③ 另外约有 7 部书的清初重印本用的也是明代版片。清代新刻的建阳本大概只有 25 种，其中约一半是私刻，而非来自书坊。这些私刻本中最有名的是武夷山的专志，其中一些在版心下方记录了刻工的名字，也因此提供了该地区至少到 17 世纪末仍有刻工聚集的证据。

不过到了 18 世纪上半叶，建阳出版业的确成了过去。除了用旧书版重印之外，当地再也没有坊刻本了，以至于当 1775 年乾隆帝派官员调查宋代余仁仲勤有堂刻印的书籍时，居然有一种

---

① 周亮工：《因树屋书影》卷一，第 8 页；引自李瑞良：《福建出版史话》，第 187—188 页。关于周氏，见《清代名人传略》，第 173—174 页。

② 见潘耒的“原序”，年代注明为 1695 年；载于顾炎武：《日知录之馀》，第 1 页。

③ 见本书第五章。

重新发现建阳曾是出版中心并对此表示惊叹的感觉。[①] 正如清代藏书家黄丕烈（1763—1825）提到一部浦城（位于闽北去江西最重要的商道上）刻印的书时所说："道远不通交易，贾人偶得（闽北本），诧为奇货。"这和常被引用的朱熹所言建阳本"行四方者，无往不至"，实在有天壤之别。[②]

并没有可以令人信服地解释建阳作为全国一大重要出版中心却永久衰亡的单个原因。上述因素都起了某种作用。但无论真正的原因是什么，如果我们从清代或民国时期的角度来看的话，会发现建阳出版业是按这个行业的旧模式运行，仍被少数几个出版中心所支配。尽管闽北本的质量相对低劣，但当建阳和江南的那些出版中心并肩控制全国书籍市场的时候，和那些更小、更没名气的刻印点相比，建阳还是与江南有更多共同点，只不过印数少、流通网络有限。所以，从清代直至民国初年，当出版业分散到全国各地时，过去几个旧的、大多位于大都市的出版中心就失去了其部分重要性。以南京和苏州为例，这种衰落只是局部的，因为这些城市位于经济和文化活跃的江南地区，所以尽管其出版业已经失去了昔日的光芒，但依然充满活力地延续整个清代。相比之下，闽北地处偏远，当地的经济大衰退彻底毁掉了建阳的出版业，它就再也没有机会恢复元气、重整旧业。事实上，相较于后来在全国各地出现的很多位于小地方的刻书点，闽北再也没能力在新的模式下发展出版业了。

---

① 清代官员错将余仁仲与勤有堂而非万卷堂联系在一起。见《大清历朝实录》之《清高宗实录》卷九，第3—5页；以及王先谦：《续东华录》卷八一，第2页。大部分官方记载引自肖东发：《建阳余氏刻书考略（上）》，第230页。

② 黄丕烈：《士礼居藏书题跋记》卷三；方彦寿引用此句于《建阳熊氏刻书述略》，第196页。朱熹：《建宁府建阳县学藏书记》，收录于《朱子大全》第九册，"文"卷七九，第16页。

概括

评价明代建阳出版业，如果同时考虑它没有刻印过哪类书籍，会很有帮助。当时使用新发明的彩印和铜版活字印刷技术的书籍，很少来自建阳。此外，明代中国刻印的书籍种类之多也是史无前例，包括能相当准确地描绘亚洲其他国家的地理书、技术类书籍（如农业、养蚕、兵法、工程、采矿和工匠技艺，比如木工、菜谱）、文选、画册、墨谱和提供娱乐的书（小说、戏剧、歌曲、游戏等），以及与日俱增的医书和日用类书。在已知的多达1600种建阳坊刻本中，只有寥寥几种地理书、两种兵书、一种木工书（可能是重印本）、不到五种文选，没有画册和墨谱。不过，医书、日用类书和娱乐类的书倒是很多。

建阳本的书目明显是由该地区出版业的商业特点决定的。如上所述，以史部为例，建阳各书坊出了大量学术原著的纲要、解读和节选，与之形成对比的是刘弘毅慎独斋的精刻本，后者往往接受了官府赞助。其他题材建阳本的情况几乎也是如此。因为基本上受市场驱动，坊刻业需要印制科举资料、坊间流行的各种参考文牍和娱乐读物，才能得以生存。各书坊通过同时简化书的内容和生产制作过程、聪明地计算每“版”的合理数量以及决定每种书最可能的销售市场，来最大程度地提高他们的利润。这类书形成了建阳出版业的中坚，尤其是科举资料，帮助建阳出版业度过了明初光景不好的那些年。相比之下，因为费用昂贵而需求相对较低，长篇的学术著作就很少被翻刻，如“性理大全”、正史和编年史、政书或文学性的大型类书。这些书的缺乏在明初尤其严重，而官署如国子监、一些明代州府的额外（并且罕见的）努力①，

① 关于这些明代州府刻书活动的介绍，见张秀民：《中国印刷史》，第402—445页。

以及书坊在官府赞助下刻书，只能更加凸显这个问题。由于这些学术书相对昂贵且流传不广，即使到了晚明还是难以获得。所以每当读到明代作者哀叹无法得到很多重要学术书时[①]，我们就必须谨记这些刻本的稀少可能和坊刻业的独断有关，而不是学者们缺乏兴趣或技术上存在不足。

无论如何，总的模式十分清楚：建阳出版业能幸存并重新复活，是因为将重点放在可以廉价生产的书籍上，这样万一在运往江南或福建沿海市场的途中受损，财务风险也最低。同时，建阳出版商们避免昂贵的印刷工序，比如套版（用几套版片来印不同的颜色）和活字（需要相对高的初期费用，尤其是用铜字），所以我们也就不常见到用这些方法制作的建阳本，如多重套色地理书、有彩色插图的墨谱以及正文、注、疏采用不同颜色的套印本。

此外，就大多数建阳本的内容来看，我们很难通过翻阅它们来判断当时哲学和知识界的趋势，以及医学和技术上的新发展。比如，建阳出的一部范文写作指导选集或科举时文集中收录了王阳明的一篇文章，与其说显示了编者对王氏哲学思想的兴趣，还不如说是认可了王氏身为当时最著名、最有影响力的思想家之一的市场价值。对建阳书坊来说最要紧的，是其名气可以多卖书。同样，在晚明泛滥的建阳本医书中，有熊氏家族重刻的熊宗立编写的作品，反映的大多是些陈旧概念，而非医学理论或实践上的最新发展。甚至日用手册之类也是一次又一次地节选翻刻自旧书，有些甚至是宋代和元代的。如果建阳书坊担风险承印重要新书时，如宋应星的综合科技专著《天工开物》[②]，或一些制作精良

---

① 这些例子可见于周绍明的《中华帝国晚期印刷业的崛起》。

② 建阳本《天工开物》在晚明（于1637年之后，此年份为作序年代以及现存最早版本被确定的年代）由杨素卿刻印。中国国家图书馆收藏的一部刻本（第18064号），行款与1637年本相同，其插图亦颇相似，但总的来说，在刊刻精良方面不能与之相比。

的著作如带整叶插画的小说，也往往复制或覆刻自原来在其他地方刻印的版本。

因此我们可以认为，建阳书坊在选择印什么这点上有时相当保守，而且并不代表明代出版业最显著的“新方向”。不过，这种观点会忽略在医书、家礼书、阴阳术数书、类书、小说、故事集和杂剧集方面的重要发展。尽管我们可以为每一类这样的书找到宋末及元代的例子，但其数量却是从早期的潺潺溪水变成了16世纪后期的滔滔洪流。即使是廉价的重印本（或正因如此），人们对它们的需求也一定旺盛，因为书坊在短期内印制了大量同类著作。此外，本章的证据显示，这些书的受众来自广泛的社会阶层，而且文化程度不一。有些书需要被整本阅读，但另一些书，比如与家礼相关或日用类书，则是按需参阅的。一些书是买来收藏、展示的，而另一些则被那些缺乏正规教育的人用来装点风雅。总而言之，即使是重印或用新封面重新包装的旧内容，在出版和阅读史上还是会有新的重大发展。

正如我们看到的那样，宋本被中国社会中的各种不同群体所使用。第四章描述了刻印书籍对受过良好教育的精英人士的影响，另外还提到了纸钞、公告、宗教符箓和经咒、冥币、廉价日历、蒙学读物的广泛使用。不过，16世纪中期或晚期之前，刻印书籍对未受良好教育的人，如大多数妇女、商人和店主是否产生影响，还是缺乏证据。尽管仍无法确认这种影响在明代达到何等程度，但可以指出，与宋元及明初相比，晚明坊刻本在数量上发生了重大变化。要彻底解释这一现象，可能需要仔细研究这一时期识字率的增加、非文人群体对刻印书籍中可用信息的逐步了解，以及这些发展与晚明中国私有经济的总体增长之间的关联。

就本研究而言，问题在于我们是否能用建阳出版业的这些细节推断出明代中国书籍的总体情况，以及一些更广泛的文化、社会和经济问题。笔者认为可以。首先，遍及本章的这些证据清楚地表明建阳出版业涉及地区之广泛。讽刺的是，明代建阳刻印的书籍告诉我们更多的是中国中南部地区的整体情况，而非这些书的刻印地——偏僻落后的闽北。第二，建阳出版业在明代的变迁意义十分重大，其经历元末多年的衰退后，到16世纪才辉煌复兴，这个过程反映整个国家的印刷史。[①] 最后，如果稍稍翻检如北京、南京、苏州和杭州等位于大都市的出版中心刻印的书，可以得到这样的印象：这些地方也刊刻过一些低劣本，其种类与建阳所产大致相同，不同的是现存的建阳本要多得多，而本章则告诉了我们一些从中挖掘信息的方法。

① 关于明代印刷史概况，见张秀民：《中国印刷史》，第334—543页；吴光清的《明代的印刷术与出版商》；以及钱存训：《纸和印刷》，第172—184页。这三位作者皆认同出版业在明初与晚明之间的迥然差异，并赞成在总体上研究印刷史和书籍史时，需将元代与明初放在一起考虑，而与晚明区分开来，大致以1500年为界。总的来说，以我们对明史的了解，这种分法的确比较有效。

第七章　结论

宋初雍熙年间（984—987），唐代数学家、天文学家李淳风所作预言书《推背图》的印本在开封书市上非常畅销。但是，出于政权安全的考虑，天文历法之书必须经朝廷批准才能上市，北宋第二位皇帝宋太宗因此龙颜大怒，下令印制了一百部含有明显错误预言的印本并投入坊间。劣币驱逐良币的格勒善定律在书籍市场中也起了作用，使得买家对包括坊刻本在内的所有刻本都失去了兴趣。[①] 可见，到了公元10世纪末，雕版印刷已经成为众所周知的技术，被用来达到各种目的。中国社会中，不只是出版商和读者，国家的最高统治阶级也深谙如何巧妙应用雕版印刷的力量和影响，有些人更是完全出于私利才从事大规模的编撰和出版活动。

建阳出版业长达六个世纪的历史并非开始于中国雕版印刷发明之初，其在清初的消亡又比雕版印刷的整体衰落提早了至少两个世纪。但建阳本的故事的确与中国雕版印刷的光辉时代（或世纪）相契合。因此，本研究揭示了如何通过聚焦于某个地区所刻印的图书来获得中国书籍社会史方面的信息，以及如何通过多样的渠道提取这些信息。由此，我们能够更准确地界定主导这一研究领域的一系列问题：印刷对于中国社会各个阶层的影响，该影

① 此故事由潘铭燊转述（《宋代的书籍与印刷》，第37—38页），记载于多种文献中，包括郎瑛：《七修类稿》，第171—172页；凌扬藻：《推背图》，《蠡勺编》卷三八，第619—620页。凌氏指出，此著作自撰成以来颇受推崇，曾出现在多部作品集中。宋太宗的这一聪明花招甚至使得许多持有《推背图》早期版本的藏书家丢弃了这些书。

响已在印刷文本和图像的诸多用途中有所体现；商业出版者对读者需求的反应；赢利性的印本在外表和内容上随着时间推移发生的变化；雕版印刷主导的文化与欧洲活字印刷在最初几个世纪里所塑造的文化之间的差异。尽管这些问题让研究中国的学者长久着迷，大家却已有一个共识：仅从文献中找不到可以充分解答以上任一问题所需的信息。本研究的结果显示，这个共识恐怕过于悲观。

当然，如果以建阳这样的历史悠久、范围广阔的出版业为对象，中华帝国书籍文化的诸多方面都没有办法细究。但是，如本研究中各章所示，我们仍可发现很多东西。其一是延续性。比如，从公元8世纪雕版技艺的滥觞到19—20世纪被其他印刷方式取代，雕版技术上大的改进寥寥无几；尽管折叶和装订的方式有所进步，中国雕版印本书叶的格局却几乎一成不变；几类书籍，如“四书五经”、小学书、史书、医方合集及名家诗文集，近千年来一直畅销（直至今日）。评判印本质量的标准仍然是视其与精美写本的相似度，即纸墨精良、书法精妙。不管是私刻还是坊刻，大多数出版商所表达的印书目的，都是将一部作品不加变动地刻印出来，使读者可以读到珍稀或精善的版本。

其二是中国印本在使用上的变化。例如，各个社会群体开始将印刷纳为己用的时间顺序显示，要确定一项技术形成的确切时间以及服务对象是很困难的，除非是事后推算。雕版印刷品起初用于宗教传播，如佛经和道教符箓。到了公元8世纪晚期，有证据显示，四川和长江下游地区刻印了粗糙的日历、蒙学课本和小学书。因为当地用于印书的自然资源充足，加速了出版业的发展。直到宋代，朝廷和文化精英们才开始大规模地采用雕版印刷。

宋代的政治、文化和经济状况，促使中央和地方的官府及知识阶层在全国范围内广泛采用雕版印刷。这也推动了一些地区出版业的发展，如建阳。在第三章和第四章中，我们探讨了建阳为何会成为一个如此重要的出版中心的原因。与四川和长江下游地区一样，闽北拥有雕版印刷所需的丰富资源。宋代商业的整体蓬勃发展也同样重要，致使那些原非显赫的政治文化中心的地区，有可能凭借其适当的自然资源和地理位置，在经济上占据重要地位。闽北诸镇是连接福建和江南地区多条内陆商贸路线的货物集散地。因而通往建阳本的重要市场的商业途径是畅通的。宋代另一个促使出版业扩张的重要原因，是士人精英阶层的发展及与之相应的图书文化的兴起，这种文化也因官府积极地组织编纂、校勘和刊行学术著作而得到推广，也因科举制度而成为必然。当然，也有学者认为，科举制度限制了图书文化的深度和广度。上述因素导致了建阳出版业在宋代的迅速崛起，仅看出版商家族和相关蒙学私塾取得的名望就可得知。自宋以降，对学术的尊崇，加上科举制度，产生出相当一大批深谙儒家士人文化知识并推崇其价值的人[①]，他们中能在政治和文化的影响力上达到较高层次的则寥寥无几。大多数人，尽管身份低微，却成为这种精英文化的传播者和弘扬者。以坊刻商为例，他们累积的影响力与儒家思想、价值体系的代表者们可谓不相上下。

在建阳，这些出版商们刊行了自宋以来现存的儒家经典中一些最好的印本，与早已广为人知的此地盛产低劣印本的名声完全不符。而且，其他证据显示，建阳坊刻业在南宋已经相当发达，那颇招非议的“麻沙本”，不论是儒家经典的节略本，还是科举程文或文集，早已广泛流通于全国的大多数市场。建阳的坊刻商们生产所有可售的内容，他们的书不仅行销中国，还远销日本和

① “一大批”乃相对而言，意为11世纪末期约一千万或更多的人口中很小的一部分。

朝鲜。

建阳出版业显著的商业特点使之到了元代仍然相当活跃。除了学术论著，日常和娱乐所用书籍成为元代建阳本的重要组成部分，这一趋势到了明代更是势不可挡。事实上，诸如医书、日用类书、插图小说之类的书在元代已经存在，并可能在南宋晚期就已出现，从而使人质疑"通俗用书是明代才有的新发展"这一看法。太多不确定因素，以及早期此类作品少有留存至今的情况，使这种看法难以得到证实。

而且，在明前期一个世纪左右的时间内，全国的官刻、私刻和坊刻活动全面衰落，可作为对中国的书籍刻印在数量和种类上随着时间单向持续增长这一假设的质疑。特别是建阳，其明刻本只有10%生产于明代前半期（1500年之前），而闽北图书贸易的全面繁荣更是等到16世纪已过去四分之三时才形成。实际上，因为建阳的图书贸易，尤其是明代的，像镜子般反映出中国印刷史的一些总趋势，我们可以通过1600余种明代刻本所含的信息，推测华南中心地区尤其是江南和福建沿海等文化、经济发达地区的社会与文化状况。具有讽刺意味的是，正如第五章和第六章中所述，明代建阳本更多地揭示了更广大的区域的情况，而不局限于建阳本地。

最后，建阳出版业在17世纪中期的彻底消亡仍然是个没有完全解开的谜。明清易代时闽北地区遭受的混乱和破坏并不能提供充足的解释。更不能令人信服的说法是，非城市地区的出版中心面对来自大城市同行的压倒式竞争只能衰落。对此有大量的证据证明，情况恰恰相反。答案也许在于，至少自明初起一直蔓延于闽北地区的经济停滞，途经闽北的区域间贸易越来越少，使情况雪上加霜。没有了这种贸易，建阳出版业失去了与江南和福建沿海那些大都市的图书中心竞争的优势。

在一些重要层面上，建阳出版业是独特的。首先，尽管普遍认为廉价、中档和低劣的印本多来自中华帝国偏远的图书中心，建阳出版商们的产品却既有刊刻精工的善本，也有廉价低质的劣品，包括了各个层次的书籍。同样独特的是建阳出版商们的巨大产量，在他们最活跃的几个世纪，其产量远远超过其他任何一个偏远的出版中心，从而成功地与属于全国最大城市的出版中心进行竞争。因此，关注建阳出版业长期成功的一些因素，能帮助我们理解中国雕版印刷的总体发展情况。

那么在中华帝国，是什么造就了一个成功的出版中心呢？首先，由于长期以来运输费用较高，出版中心应位于有充足的刻书所需自然资源的地方，这是至关重要的。第二，因为当地缺乏大型图书市场，出版中心的位置必须在重要的商路沿线，以便抵达维持图书贸易所必需的市场。以上两个条件都不需要出版中心在都市中心或位于有重要文化、政治意义的地方。[①] 在早期，建阳出版业无疑受到知识阶层活动的刺激，使闽北在宋代成为科举考试最为成功的地区之一，并成为道学的大本营。但在元代和明代，当该地区的文化衰落后，支撑图书贸易的是上述地理和经济因素。对图书出版中心来说，只需要将图书作为商品，能够生产、销售并获得利润即已成功，并不需要在当地消费掉。这与中华帝国晚期出现的廉价中档刻本的成功有所不同。

对未来研究的一些建议

以下建议无法涵盖中国书籍史研究的所有课题，仅是笔者在

① 与之类似，里昂在15世纪晚期亦是欧洲主要的出版中心之一。虽然这一城市并不是一个著名的思想中心，但在当时是欧洲大陆主要商业路线上最为重要的枢纽之一。见马丁：《书写的历史与力量》“*The History and Power of Writing*”，第236—237页。

做此研究中产生的想法。既是对某些问题的进一步拓延，也是在研究早期中国雕版印刷时，由于有些论题几无相关信息，因而想到的替代方法。

一些论题仅与建阳出版业相关。首先，对于有足够多样本的那类书，个别著作能让我们做详细分析。比如，对于宋元时期在建阳刻印的各种儒家著作，我们能否更精确地了解其刊刻模式呢？宋元时期的建阳地区是朱熹及其追随者提倡的道学的大本营，而明代的建阳没有和任何哲学流派发生过明显的关系。这样一来，这两个时期建阳所刊刻的儒家著作有何不同？第二，另一类不同的书，如以上图下文版式刊刻的小说，也值得更详细地研究。这类书中的历史演义和公案小说，学界已就其文学风格、内容和面向的读者群做了一定程度的研究分析。针对晚明时建阳刊刻的类书，可以做同样的研究。

诸多当地文人、官员参与了建阳的书籍编纂和刊刻，所以我们有可能更深入地理解该地区的文化生活，以及为什么在中央和地方官府对于编修和刊刻大部头作品已经不太积极的明代中期，他们却开始资助建阳的刻书工程。我们可以搜集来自地方志、族谱和印本的信息来完成这项研究。印本中的序言极有可能提供有价值的信息，因为序言通常会谈论该作品的成书历史，包括早期的各个版本。有时序言中还会提到刻印该书的原因、参与编纂和发起刻印的人。

不仅如此，如果能够将现存印本的序跋与那些已亡佚作品的序跋相比较的话，会很有意义。这是可行的，因为现存的序跋远多过书，在个人文集、地方志的艺文部分或同一作品现存的其他版本中都可能找到。考察序跋既能够拓展对于抄本和印本历史的了解，又能验证从现存印本上所得推测的可靠性。比如，我们能更充分地了解不同历史时期的文人在使用印本上的不同态度。一个典型例子是科举制艺集的序。在晚明，编纂和刊行这类书的行业高速发展。这类序跋往往突出所收科举制艺的优美文辞和博学多闻，即使作者自己从未成功通过任何一科科举考试。这类序跋在默默无闻或鲜受推崇的学者文集中也并不少见，说明当时的文人并不像后世学者那样轻视所有这类作品。

关于建阳图书贸易的另一方面，我们也有所了解，即闽北出版商和江南地区的大城市、特别是南京出版商之间的联系。建阳本中有证据证明，闽北人在江南从事编校、雕版和刷印的工作。所以，从江南着手的研究有助于我们了解其整体面貌。例如，目前还没有关于著名的周氏出版家族和同样出名的唐氏出版家族的研究，而两者在南京都拥有多家书坊。我们可能由此更好地了解刘孔敦和周氏出版商的关系。在第五章，我们谈到过刘孔敦及其父刘龙田与周氏合作的事。如果我们能对世德堂的其他印本了解更多的话，也许能揭示唐氏世德堂《西游记》被建阳熊云滨翻刻再版的细节。就当时南京刻坊的数量和晚明印本的数量，可以做一次系统的研究，并包括所有现存印本的书目，这对于研究该时期的书籍史是至关重要的。[1] 还可以就江南其他出版中心，如苏州和杭州，做类似的研究[2]。

另一些问题主要缘于建阳出版业信息的缺失。其中一系列重要问题都关系书籍贸易的经济层面。我们对于一部坊刻本的印数、成本及人工，都知之甚少，尤其是清代以前的。此类信息缺失不仅限建阳出版业，全国出版业也是如此。一些零碎的信息虽然看似有用，在没有背景的情况下难以用来做推论。比如 1611

---

① 关于明代南京的出版业，见张秀民：《中国印刷史》，第 340—353 页；以及贾晋珠的《三山街：明代南京的出版商》。尽管笔者的研究对上述问题有所阐述，但考虑到明代南京的文献资料丰富，应该可以进行更多的相关研究。

② 由魏爱莲《杭州与苏州的还读斋：17 世纪出版业的研究》一文可见，对这一时期江南地区的某些出版商们是可以进行丰富而详尽的研究的。

年刘氏安正堂刻印的一部类书值一两银子，如果不知道当时其他书和货物的价值，这一信息就没有什么用处。在各版《大藏经》中可能找到相关信息，因为其中每卷末会记录捐资者所出的银钱数，有时还会出现生产成本和人工费用。如果将这项信息与相应时期的一般物价数据对应起来，就有可能了解刻印一部大型宗教作品的资金运转情况，从而推演出同时期诸多小规模、赢利性刻坊的经济状况。

对私塾、书院的刊刻活动还可以开展更多研究，目前所做的研究侧重于其印本的文献目录整理。[①] 尽管建阳地区的一些书院在宋代和元代已在刊印经史类书籍，但这些书院的历史及其刊刻活动却从未被深入研究过。而且，其他地区知名书院的历史细节已为人所知，比如元代杭州的西湖书院和明代的崇正书院（一在无锡，一在广东）。将其历史细节与刊刻活动联系起来研究会很有价值。

在中华帝国末期，也曾存在一些地处大城市以外的出版中心。如前所述，就所出印本的数量、书籍贸易持续时间的长度和影响地域的广度而言，它们中没有一个可以与建阳比肩。但安徽徽州的出版开始兴盛，在某些方面与建阳很相似。首先那也是个山区，拥有足够的刻书所需自然资源。自宋以降，该地以出产优质的宣纸、烟墨和砚石而闻名。第二，无论在文化上还是经济上，中华帝国晚期的大部分时间里，徽州都在全国占据重要地位。在明中期，此地的私家和官办书院都因其培养的学者而闻名全国。徽商积极参与其寄居地的乡间事务。同时，这些商人与其故乡家族的紧密联系也反映在徽州严密而悠久的宗族组织上，可参见诸多族谱的记录。在明代，徽州以其优质的印本闻名，其中

---

① 关于宋代至清代书院刊刻活动的调研，见黄晴文《中国古代书院制度及其刻书探究》一文。

包括套色墨谱。徽州还因其刻工的出色技艺和徽派木雕版画而声名远扬。[①] 尤其是黄氏刻工，在晚明非常活跃，我们对于其家族成员和作品都已有一定了解。[②] 有了这些资料，加上大量当地方志，对徽州尤其是明代的刻书历史开展细密的研究，不仅可行，更将成果丰硕。

除了徽州和江南，中华帝国晚期多数处于非城市地区的出版中心在规模上要小得多，往往只生产满足当地和临近市场需求的印刷品。这些当地的出版中心也值得研究，因为它们代表了中华帝国雕版印刷文化的核心部分：通过它们，在乡野中文化水平最低的人群与印刷品发生了最为直接的联系。除了那些简单粗陋的印本，诸如蒙学课本、劝善书、简明指南（用于家族礼仪、风水、契约或尺牍），出版商还生产廉价的日历、冥币、宗教经文和画像，以及其他日用印刷品。事实上，许舒关于香港新界一个现代小镇的发现反映出中华帝国晚期社会的一些状况，上述各种作一时之用的印刷品，对于大多数目不识丁的民众而言，必然比书重要得多。[③] 不幸的是，这意味着此类资料即使出自最晚的清代，现在留存下来的也极少。很难确定究竟曾有多少个这样的出版中心存在过，因为几乎所有的出版中心都已消亡，并且没有留下什么记载或印本。幸运的是，个别出版中心留下了足够的痕迹，使得历史学者可以研究其部分细节。其中之一是位于闽南内陆的长汀四堡。此地曾是这一地区商路上的一处枢纽，当地出产

---

① 实际上，与建阳或江南的大城市相比，徽州的刻书坊要少得多。许多罗列了徽州人士为刊行者、编者或刻工的印本实际是在江南生产的。但一些知名刻工的确曾在徽州工作过。关于徽州刻书业的一般介绍，见蒋元卿的《徽州雕版印刷术的发展》；又见米盖拉的《徽派版画：16 世纪末至 17 世纪中叶中国插图本研究》。

② 见张秀民：《明代徽派版画黄姓刻工考略》，《张秀民印刷史论文集》，第 171—179 页。

③ 见许舒的《乡村世界里的行家和文字材料》。

的一些印本及最重要的两个出版商家族的族谱也留存了下来。包筠雅在这方面的研究有助于我们了解这些小型的出版中心，它们很可能曾遍布整个中国。另一处值得研究的地方是湖南邵阳的周边地带（清代的宝庆府），清代和民国时期那里据说曾有近四十家刻印铺。由于缺乏中国北方的资料，长期以来被认为难以进行研究。但是对山东省的初步调查显示，追溯清代和民国时期小城镇（除了主要城市）的刻书活动是可行的。[①]

研究这些小型又偏远的出版中心的另一更迫切的原因，是它们似乎于晚明或清初开始，数量不断增长并越来越重要，代表了一种与之前完全不同的谋利性刻书模式。之前的模式是由几个相对少数的大型图书中心来掌控的，而后一种模式贯穿整个清代和民国初期，精英文化和通俗文化仍继续通过雕版印刷而传播，然而是以一种更广阔的方式。当然，研究这些出版中心的方法与研究早期出版中心的方法也大不相同。比如，可能有更多的实物证据留存下来，如书版、印本甚至是刻印铺及其经营记录。在那些民国时期仍然参与书籍刻印和销售的地方，甚至有可能采访到知情人。另一方面，这些地方的印本存世比例非常低。由于图书馆和藏书家一直轻视，不会努力去搜集这些“破烂东西”，这些印本对于研究中国书籍史的重要性也没有被认识到。为了更好地了解中国雕版印刷的末期状况，我们仍需尽可能多地研究这些出版中心及其印本。实际上，在今天中国的旧货市场仍可以买到部分19世纪末和20世纪初的印本。即使对于这些地方做不了充分研究，尝试估计它们的数量、位置、活动时期和有时远得惊人的分销网络，也是非常有价值的。

在研究中国印本的历史时，一个更为人忽视的领域是雕版插

---

① 关于湖南邵阳和山东，见包筠雅等编：《绘制书籍贸易的地图：中华帝国晚期印刷文化的拓展》中第一年（1999年）和第二年（2000年）的报告。

画的发展。它们总称为“图”，特别是图像、地图、示意图以及图表、表格，用以体现或补充文字中所要表达的信息。通过细审六百余年间建阳本中的“图”，可以发现插图使用的延续性和逐渐提高的普及性。大致而言，这可以从雕版印刷的本质特点来解释：雕版印刷的方式便于复写式雕刻，或根据与原书、原图几乎一样的临摹本来雕刻。需要进一步探究的是，这些印刷图像有多古老，传播有多广？它们是首先出现在印本中，还是从其他媒介转换而来，比如宗教绘画、雕塑或青铜器皿？这些图像是否也出现在年历或神仙、民间英雄题材的日用年画或其他版画上？如果是的话，我们能否推测出不同表现形式中有系统性的差别？我们能否追溯某一幅图像的刻印历史？

在中华帝国大部分历史时期内，文字和图像始终都是镌刻在木版上的，不像西方书籍那样存在工艺上的差异，精品用蚀刻或雕刻的金属版插画，廉价的通俗读物用木刻插画。[①] 中国的差异，存在于愈加趋同、简化、丧失艺术情趣的“图”与审美上倍受推崇的、相对独立于文字外的“画”之间。换言之，中华帝国的各个阶层在将印刷术纳为己用的过程中，虽然不得不受限于共同的媒介，却各自以不同方法满足了各自不同的需要。长达一千两百多年的雕版印刷史证明，上述策略是可行的，但一些显著的共同特征，如重复出现的图像，也同样贯穿了整个雕版印刷史。随着更多关于中国书籍史的著作出现，我们对一件雕版印刷品所蕴含的内容，将了解得更深刻，更不吝赞叹。

---

① 见马丁：《书写的历史与力量》，第265页。

附　录

附录 A

宋元时期建阳本选录

表格说明

1. 刊刻者：其中“建刻本”指的是该印本的刊刻者无法确定，但有字体、用纸等充分证据表明该印本应是在建阳地区刻印的。

2. 时间：尽可能在有据可查的范围内给出准确时间。

3. 四部分类：见表 C.2，可找到与四部分类法相对应的数字。

4. 尺寸：用厘米表示的版框高度×半叶（即一页）的宽度。

5. 书口：指中间折叶处是否有黑粗线，有即为黑口，无则为白口。

6. 刻工：“有”表示刻工的名字在印本中有记录。

7. 出处：指该印本的来源。

《静嘉堂文库宋元版图录》，东京：汲古书院，1992 年。数字指书目中收录该书所给的编号。

北京图书馆编：《中国版刻图录》，北京：文物出版社，1961 年。数字指书中给该图片的编号。

表 A.1 宋元时期建阳本选录

	刊刻者	书名	时间	四部分类	尺寸（厘米）	书口	刻工	来源
1	建刻本	周易注 魏王弼，晋韩康伯撰	南宋初	1.01	18.1×12.7， 半叶12行21—22字， 注文双行28字	白口		《中国版刻图录》159
2	建宁知府吴革	周易本义	宋咸淳间 （1265—1274）	1.01	24.0×15.5， 半叶6行15字， 注文双行同	白口	有	《中国版刻图录》200
3	刘君佐翠岩精舍	尚书辑录纂注六卷 附书序一卷 元董鼎撰	元至正十四年 （1354）	1.01	19.6×12.6， 半叶11行20字， 注文双行24字	黑口		《静嘉堂文库宋元版图录》129
4	建刻本	毛诗举要图	南宋	1.03	17.7×11.4， 半叶13—14行26字	细黑口		《静嘉堂文库宋元版图录》3
5	建刻本	纂图互注毛诗二十卷 附举要图一卷	宋绍兴间 （1131—1162）	1.03	19.9×12.6， 半叶10行18字， 注文双行24字	细黑口		《中国版刻图录》185
6	建刻本	新刊直音傍训纂集东莱毛诗句解二十卷 宋李公凯撰	宋末元初	1.03	18.4×11.9， 半叶13行23字， 注文双行24字	细黑口		《静嘉堂文库宋元版图录》2

续表

	刊刻者	书名	时间	四部分类	尺寸（厘米）	书口	刻工	来源
7	建刻本	附释音毛诗注疏二十卷 汉毛亨传，郑玄笺 唐孔颖达疏，陆德明音义	元初刊，明正德递修	1.03	18.8×12.5， 半叶10行18字， 注文双行23字	白口	有	《静嘉堂文库宋元版图录》130
8	刘君佐翠岩精舍	韩鲁齐三家诗考六卷 宋王应麟撰	元泰定四年（1327）	1.03	19.2×12.7， 半叶11行22字， 注文双行22字	细黑口		《静嘉堂文库宋元版图录》133
9	刘君佐翠岩精舍	诗集传附录纂疏二十卷，诗序附录纂疏一卷；诗传纲领附录纂疏一卷 元胡一桂撰 语录辑要一卷 元胡一桂辑	元泰定四年（1327）	1.03	19.8×12.7， 半叶11行20字， 注文双行24字	细黑口		《静嘉堂文库宋元版图录》131
10	刘氏日新堂	诗集传通释二十卷 纲领一卷外纲领一卷 宋朱熹集传 元刘瑾通释	元至正十二年（1352）	1.03	19.8×12.8， 半叶12行21字， 注文双行21字	细黑口		《静嘉堂文库宋元版图录》132
11	余仁仲万卷堂	礼记注二十卷 汉郑玄撰 唐陆德明音义	宋绍兴间（1131—1162）	1.04	17.8×12.9， 半叶11行19字， 注文双行27字	细黑口		《中国版刻图录》171—172

续表

刊刻者	书名	时间	四部分类	尺寸（厘米）	书口	刻工	来源
12 建刻本	礼记举要图一卷 汉郑玄注 唐陆德明释文	南宋	1.04	17.8×11.5， 半叶13—16行约25字， 注文双行约25字	细黑口		《静嘉堂文库宋元版图录》8
13 建刻本	周礼（附音重言重意互注本） 汉郑玄注	南宋	1.04	13.9×9.0， 半叶12行23字， 注文双行23字	细黑口		《静嘉堂文库宋元版图录》5
14 建刻本	纂图互注周礼十二卷 汉郑玄注 唐陆德明释文	南宋	1.04	18.4×11.7， 半叶12行21字， 注文双行25字	细黑口	有	《静嘉堂文库宋元版图录》6
15 建刻本	纂图互注礼记二十卷 礼记举要图一卷 汉郑玄注 唐陆德明释文	南宋	1.04	17.8×11.7， 半叶11行21字， 注文双行约25字	细黑口		《静嘉堂文库宋元版图录》7
16 余仁仲万卷堂	春秋公羊经传解诂十二卷 汉何休撰 唐陆德明释文	宋绍熙二年（1191）	1.05	17.8×12.0， 半叶11行19字， 注文双行27字	细黑口		《中国版刻图录》169—170
17 建刻本	音注全文春秋括例始末左传句读直解 宋林尧叟撰	元	1.05	15.5×10.5， 半叶11行21字， 注文双行21字，等	细黑口		《静嘉堂文库宋元版图录》142

续表

	刊刻者	书名	时间	四部分类	尺寸（厘米）	书口	刻工	来源
18	陈氏余庆堂	增修互注礼部韵略五卷 宋毛晃增注，毛居正重增	元至正十五年（1355）	1.10	21.8×13.8，半叶11行14字，注文双行28字	细黑口		《静嘉堂文库宋元版图录》161
19	刘君佐翠岩精舍	广韵五卷 宋陈彭年等辑	元至正十六年（1356）	1.10	19.0×11.7，半叶13行30字，注文双行30字。	黑口		《中国版刻图录》325—326
20	建刻本	增修互注礼部韵略五卷 宋毛晃增注，毛居正重增	元末	1.10	21.8×13.7，半叶11行28字，注文双行28字	细黑口		《静嘉堂文库宋元版图录》160
21	建刻本	史记集解 刘宋裴骃撰	南宋初	2.01	18.6×12.3，半叶13行27字，注文双行	白口		《中国版刻图录》164
22	王叔边	后汉书注 唐李贤撰	南宋初	2.01	18.2×13.1，半叶13行23—24字，注文双行约28字	细黑口		《中国版刻图录》160—161
23	建刻本	晋书 唐房玄龄等撰	南宋初	2.01	18.3×12.5，半叶14行27字	细黑口		《中国版刻图录》165

续表

刊刻者	书名	时间	四部分类	尺寸（厘米）	书口	刻工	来源
24 建刻本	北史（存八十一卷） 唐李延寿撰	南宋中	2.01	20.7×12.7， 半叶10行18字	细黑口		《静嘉堂文库宋元版图录》34
25 建溪三峰蔡蒙弼家塾	史记集解索隐一百三十卷 汉司马迁撰 刘宋裴骃集解 唐司马贞索隐	宋乾道七年（1171）	2.01	19.3×13， 半叶12行22字， 注文双行22字	白口		《中国版刻图录》162—163
26 刘元起（刘之问）家塾	汉书注一百卷 唐颜师古撰	宋庆元元年（1195）	2.01	18.8×12.5， 半叶8行18字， 注文双行24字	细黑口		《中国版刻图录》181—182
27 蔡琪一经堂	后汉书（存七十五卷） 刘宋范晔撰 唐李贤注志 晋司马彪撰 梁刘昭注补	宋嘉定元年（1208）	2.01	21.1×13.1， 半叶8行16字， 注文双行21字	细黑口	有	《静嘉堂文库宋元版图录》23
28 建安黄善夫家塾之敬室	史记集解索隐正义一百三十卷 汉司马迁撰 刘宋裴骃集解 唐司马贞索隐，张守节正义	南宋	2.01	19.9×12.6， 半叶10行18字， 注文双行22—23字	细黑口		《中国版刻图录》175—176

续表

	刊刻者	书名	时间	四部分类	尺寸（厘米）	书口	刻工	来源
29	建刻本	新唐书二百二十五卷 宋欧阳修、宋祁等撰	南宋	2.01	19.3×13.2， 半叶 14 行 24 字， 注文双行 29 字	白口		《中国版刻图录》166
30	建安黄善夫家塾之敬室	后汉书注九十卷 刘宋范晔撰 唐李贤注	宋	2.01	19.5×12.6， 半叶 10 行 18 字， 注文双行 24 字	细黑口		《中国版刻图录》177—178
31	蔡琪一经堂	汉书集注一百卷 汉班固撰 唐颜师古注	宋	2.01	21.1×13.1， 半叶 10 行 16 字， 注文双行 21—22 字	细黑口		《中国版刻图录》183—184
32	建刻本	新唐书（中字本）二百二十五卷首目二卷 宋欧阳修等撰	元天历二年（1329）	2.01	19.0×12.3， 半叶 10 行 19 字， 注文双行 23 字	白口	有	《静嘉堂文库宋元版图录》170
33	蔡氏家塾	增修陆状元集百家注资治通鉴详节 宋司马光撰，陆唐老集注	南宋中	2.02	18.5×12.9， 半叶 13 行 22 字， 注文双行 27 字	白口	有	《静嘉堂文库宋元版图录》38
34	建刻本	资治通鉴释文三十卷 宋史炤撰	南宋	2.02	20.4×12.7， 半叶 12 行 22 字， 注文双行 30 字	细黑口		《静嘉堂文库宋元版图录》39

续表

刊刻者	书名	时间	四部分类	尺寸（厘米）	书口	刻工	来源
35 陈氏余庆堂	宋季三朝正要（通鉴三种之三） 附共六卷 撰者未详 宋陈仲微录	元皇庆元年（1312）	2.02	18.2×12.5， 半叶13行22字	细黑口		《静嘉堂文库宋元版图录》179
36 建安朱氏与耕堂	续资治通鉴十八卷 宋李焘撰	元皇庆间（1312—1313）	2.02	19.2×12.6， 半叶13行22字	细黑口		《静嘉堂文库宋元版图录》180
37 建安陈氏余庆堂	续宋中兴编年资治通鉴十五卷 宋刘时举撰	元皇庆间（1312—1313）	2.02	18.5×12.5， 半叶13行22字， 注文双行28字	细黑口		《静嘉堂文库宋元版图录》177—178
38 张氏	宋季三朝政要附共六卷 撰者未详	元至治三年（1323）	2.02	20.8×13.0， 半叶15行24字	细黑口		《静嘉堂文库宋元版图录》181
39 建刻本	增修陆状元集百家注资治通鉴详节 宋司马光撰 宋陆唐老集注	元末	2.02	17.7×12.6， 半叶13—14行23字， 注文双行27字	细黑口	有	《静嘉堂文库宋元版图录》174
40 建刻本	契丹国志	元	2.04	17.6×11.6， 半叶12行21字	黑口		《中国版刻图录》331

续表

	刊刻者	书名	时间	四部分类	尺寸（厘米）	书口	刻工	来源
41	建宁刻本	育德堂奏议三卷 宋蔡幼学撰	宋	2.06	22.2×14.6， 半叶9行18字	白口	有	《中国版刻图录》197
42	建安余志安勤有书堂	国朝名臣事略十五卷 元苏天爵撰	元元统三年 （1335）	2.07	19.1×12.3（《静嘉堂文库宋元版图录》），19.4×12.1（《中国版刻图录》）， 半叶13行24字， 注文双行	粗黑口		《静嘉堂文库宋元版图录》185， 《中国版刻图录》318—319
43	建刻本	新编排韵增广事类氏族大全十集（甲集—癸集） 编者不详	元	2.07	18.4×12.3， 半叶17行28字	细黑口		《静嘉堂文库宋元版图录》218
44	建刻本	重刊宋朝南渡十将传	元	2.07	16.4×10.7， 半叶11行21字	黑口		《中国版刻图录》330
45	建刻本	东莱先生标注三国志详节二十卷	宋绍熙间 （1190—1194）	2.10	19.5×12.5， 半叶10行18字， 注文双行23字	细黑口		《中国版刻图录》186
46	建安刻本	新编方舆胜览七十卷 宋祝穆撰，祝洙增补	宋咸淳三年 （1267）	2.11	17.2×11.3， 半叶14行约15字， 注文双行23字	细黑口		《静嘉堂文库宋元版图录》54

续表

刊刻者	书名	时间	四部分类	尺寸（厘米）	书口	刻工	来源
47 建安余志安勤有书堂	故唐律疏议三十卷 唐长孙无忌等撰，纂例十二卷	元至顺三年（1332）	2.13	18.8×12.4，半叶12行21字，疏议低一格，行24字	黑口		《中国版刻图录》327—328
48 刘君佐翠岩精舍	注陆宣公议十五卷 唐陆贽撰	元至正十四年（1354）	2.13	18.2×11.8，半叶12行23字，注文双行23字	细黑口		《静嘉堂文库宋元版图录》184
49 福建漕治	张子语录	宋	3.01	20.7×14.7，半叶10行18字	白口	有	《中国版刻图录》198—199
50 建刻本	名公书判清明集 零本不分卷	南宋	3.03	19.0×11.8，半叶9行16字	细黑口		《静嘉堂文库宋元版图录》61
51 郑天泽宗文书堂	经史证类大观本草三十一卷 宋唐慎微撰 本草衍义二十卷 宋寇宗奭撰	元大德六年（1302）	3.05	20.2×13.9，半叶12行20字，注文双行25字	粗黑口		《静嘉堂文库宋元版图录》199
52 书林叶氏广勤堂	新刊王氏脉经十卷 晋王叔和撰	元天历三（？）年（1330?）	3.05	18.7×12.8，半叶12行24字，注文双行24字	黑口		《中国版刻图录》314—315

续表

刊刻者	书名	时间	四部分类	尺寸（厘米）	书口	刻工	来源
53 南溪书院	新刊惠民御药院方二十卷 元御药院编	元	3.05	18.5×11.8， 半叶 12 行 22 字	粗黑口		《静嘉堂文库宋元版图录》204
54 书林叶氏广勤堂	针灸资生经	元	3.05	19.6×12.4， 半叶 12 行 21 字	黑口		《中国版刻图录》329
55 建刻本	太平惠民和剂局方	元	3.05	19.7×12.8， 半叶 14 行 23 字	黑口		《中国版刻图录》332
56 建刻本	孙真人备急千金要方三十卷 唐孙思邈撰 宋林亿等校	元刊后修	3.05	18.1×11.8， 半叶 12 行 22 字， 注文双行 22 字	细黑口		《静嘉堂文库宋元版图录》198
57 叶时，建安君斋	类说六十卷 宋曾慥撰	宋宝庆二年（1226）	3.10	15.2×10.6， 半叶 10 行 16 字	细黑口		《中国版刻图录》188
58 余仁仲万卷堂	重修事物纪原二十卷首目二卷 宋高承撰	宋庆元三年（1197）	3.11	18.0×12.5， 半叶 21 行 14 字	白口		《静嘉堂文库宋元版图录》79

续表

	刊刻者	书名	时间	四部分类	尺寸（厘米）	书口	刻工	来源
59	建刻本	唐宋白孔六帖存四十二卷 唐白居易撰 宋孔传续	宋	3.11	20.1×13.3， 半叶10行16—17字， 注文双行23字	细黑口		《静嘉堂文库宋元版图录》76，《中国版刻图录》187
60	建刻本	新编通用启劄截江纲十集六十八卷 宋熊晦仲编	南宋末元初	3.11	15.3×10.3， 半叶14行24字， 注文双行	细黑口		《静嘉堂文库宋元版图录》82
61	建刻本	东莱先生分门诗律武库前集十五卷后集十五卷 宋吕祖谦撰	南宋末元初	3.11	18.2×12.3， 半叶11行19字	细黑口		《静嘉堂文库宋元版图录》89
62	郑氏积诚堂	纂图增新群书类要事林广记	元至元六年（1340）	3.11	18.6×11.8， 半叶16行25—27字不等	黑口		《中国版刻图录》320—321
63	杨氏（？）清江书堂	新增说文韵府群玉二十卷 元阴时夫编	元	3.11	21.0×12.6， 半叶10行字数不定， 注文双行29字	大黑口		《静嘉堂文库宋元版图录》217

续表

刊刻者	书名	时间	四部分类	尺寸（厘米）	书口	刻工	来源
64 建刻本	夷坚志（甲志—丁志二十卷） 宋洪迈撰	宋淳熙七年（1180）	3.12	20.2×14.6，半叶9行18字	白口	有	《静嘉堂文库宋元版图录》84
65 龙山书堂	挥麈录 宋王明清撰	宋	3.12	19.5×13，半叶11行20字	细黑口		《中国版刻图录》189—190
66 虞氏家塾	老子道德经章句二卷	宋	3.14	19.3×12.5，半叶10行17字，注文双行24字	细黑口		《中国版刻图录》191—192
67 建刻本（吴炎）	新校正老泉先生文集 宋苏洵撰	宋绍熙四年（1193）	4.02	19.5×12.8，半叶14行25字，注文双行22字	黑口		《中国版刻图录》173—174
68 建刻本	杜工部草堂诗笺 宋蔡梦弼撰	宋绍熙间（1190—1194）	4.02	18.9×12.6，半叶11行19字，注文双行25字	细黑口		《中国版刻图录》168
69 建安黄善夫家塾之敬室	王状元集百家注分类东坡先生诗二十五卷 东坡纪年录一卷	南宋	4.02	19.9×13.2，半叶13行22字，注文双行27字	细黑口		《中国版刻图录》179—180

续表

	刊刻者	书名	时间	四部分类	尺寸（厘米）	书口	刻工	来源
70	建刻本	分门集注杜工部诗 残存三卷	南宋	4.02	19.5×12.8， 半叶 11 行 20 字， 注文双行 22 字	细黑口		《中国版刻图录》193
71	建刻巾箱本	笺注陶渊明集十卷 晋陶潜撰 宋李公焕笺注	南宋末	4.02	15.3×11.0， 半叶 9 行 16 字， 注文双行 16 字	细黑口		《静嘉堂文库宋元版图录》223
72	建刻本	新刊五百家注音辨昌黎先生诗集	宋	4.02	20.4×12.6， 半叶 10 行 18 字， 注文双行 23 字	细黑口		《中国版刻图录》194
73	建宁刻本	陶靖节先生诗注	宋	4.02	18.9×13.0， 半叶 7 行 15 字， 注文双行同	白口	有	《中国版刻图录》196
74	建安余志安勤有书堂	分类补注李太白诗二十五卷	元至大四年 （1311）	4.02	19.6×12.7， 半叶 12 行 20 字， 注文双行 26 字	细黑口		《静嘉堂文库宋元版图录》224
75	建安余志安勤有书堂	集千家注分类杜工部诗二十五卷 唐杜甫撰 宋徐居仁编，黄鹤同注	元皇庆元年 （1312）	4.02	19.8×12.7， 半叶 12 行 20 字， 注文双行 26 字	大黑口		《静嘉堂文库宋元版图录》226

续表

	刊刻者	书名	时间	四部分类	尺寸（厘米）	书口	刻工	来源
76	郑天泽宗文书堂	静修先生文集二十二卷 元刘因撰	元至顺元年（1330）	4.02	18.6×11.9，半叶13行21字	黑口		《中国版刻图录》316—317
77	刘氏日新堂	伯生诗续编三卷 元虞集撰 题叶氏四爱堂诗一卷	元后至元六年（1340）	4.02	16.1×10.3，半叶10行15字	黑口		《中国版刻图录》322—323
78	建刻本	圣宋名贤五百家播芳大全粹	宋绍熙间（1190—1194）	4.03	18.8×12.8，半叶14行25字	白口		《中国版刻图录》167
79	建刻本	迂斋先生标注崇古文诀二十卷 宋楼昉辑	宋	4.03	18.7×11.9，半叶12行23字	白口又有细黑口		《静嘉堂文库宋元版图录》121
80	建安虞氏务本书堂	赵子昂诗集七卷 元赵孟頫撰	元至元元年（1335）	4.03	17.0×10.1（《静嘉堂文库宋元版图录》），16.8 × 9.9（《中国版刻图录》），半叶11行20字	细黑口		《静嘉堂文库宋元版图录》233，《中国版刻图录》324
81	余氏勤德堂/虞氏务本堂	新刊类编历举三场文选庚集八卷辛集□卷 元刘贞辑	元至正元年（1341）	4.03	16.0×10.3，半叶14行24字	细黑口		《静嘉堂文库宋元版图录》251

续表

	刊刻者	书名	时间	四部分类	尺寸（厘米）	书口	刻工	来源
82	建刻本	增广音注唐郢州刺史丁卯诗集	元	4.03	19.4×12.0，半叶10行19字	黑口		《中国版刻图录》333
83	建刻本	详注周美成词片玉集宋周邦彦撰	宋	4.05	17.8×11.3，半叶10行17字，注文双行17字	细黑口		《中国版刻图录》195
84	建刻本	朝野新声太平乐府	元	4.05	16.4×10.2，半叶16行28字	黑口		《中国版刻图录》334
85	建刻本	梨园按试乐府新声	元	4.05	19×11.9，半叶17行30字	黑口		《中国版刻图录》336
86	建刻本	乐府新编阳春白雪	元	4.05	16.3×11.3，半叶16行27字	黑口		《中国版刻图录》335

附录 B

建阳出版商列表

表 B.1 宋元时期建阳的私家和书坊刻书

（注：最后一列中的数字表示约多少印本出于该出版商）

	名　称	年 代	种 数
1	建阳报恩万寿堂陈觉琳	元延祐二年（1315）	1
2	蔡梅轩	元后至元六年（1340）	1
3	建宁书铺蔡琪纯父一经堂	南宋（约 1200）	2
4	建安蔡氏	元	1
5	建阳崇化陈八郎书铺/宅	南宋	2
6	陈氏	宋	1
7	建安双璧陈氏留耕堂	元	2
8	陈氏余庆堂	元—明	7（元）
9	德星书堂	元	1
10	建安范刁/生刁①	南宋	1
11	建安傅子安	元后至元二年（1336）	1
12	建安高氏日新堂	元至正二十六年（1366）	1

① 此处所列“范刁/生刁”当属刻工姓名，“刁”为“雕”字的简写，而非出版商或刻书家之名。原表疑误。——译者注。

续表

	名　称	年代	种数
13	建宁府黄三八郎书铺	宋乾道间（1165—1173）	2
14	建安书堂	元	1
15	建安江仲达群玉堂	宋	1
16	建宁李大异	宋嘉定三年（1210）	1
17	李氏建安书堂	元	1
18	刘诚甫	宋淳祐九年（1249）	1
19	建安刘承父	元至元二十年（1283）	1
20	麻沙刘将仕宅	南宋	1
21	书林刘克常	元至正二十七年（1367）	1
22	刘麟	宋宣和六年（1124）	1
23	刘日新宅三桂堂	宋开禧元年（1205）	1
24	刘仕隆宅	宋	1
25	刘叔刚宅一经堂	南宋（约1175）	4
26	刘通判宅仰高堂（刘旦堂名）	南宋	3
27	刘应登	元至元二十四年（1287）	1
28	麻沙刘智明	宋	1
29	麻沙镇水南刘仲吉宅	南宋（约1160—1173）	2
30	刘仲立	宋隆兴二年（1164）	1
31	书坊刘氏	宋淳熙间（1174—1190）	1
32	建安刘氏	元	1
33	刘氏明德堂	元—明	2（元）
34	刘氏南涧书堂	宋/元	1
35	刘氏日新堂（元代：刘京兆，刘锦文，刘叔简等）	元—明	25（元）
36	建阳刘氏书肆	元至正二十三年（1363）	1
37	刘氏学礼堂	元	1

续表

	名　称	年代	种数
38	龙山书堂	宋	1
39	云衢全文堂	元	1
40	建安同文堂	元至正十一年（1351）	1
41	建安王懋甫桂堂	宋	1
42	王朋甫	宋乾道、淳熙间（1165—1189）	1
43	王叔边	南宋初	1+
44	建邑王氏世翰堂	宋嘉祐二年（1057）	1
45	建安魏县尉宅	宋庆元元年（1195）	1
46	魏忠卿	宋	1
47	富沙碧湾吴氏德新书堂	元至元三年（1337）	1
48	麻沙吴氏友于书堂	元（1324—1339）	2
49	熊敬	元大德九年（1305）	1
50	熊克	宋乾道、淳熙间（1165—1189）	3
51	建安熊氏	元	1
52	熊氏博雅堂	元—明	1（元）
53	熊氏万卷书堂	元	1
54	熊氏卫生堂	元	1
55	熊氏种德堂	元—明	1（元）
56	杨氏清江堂	元—明	2（元）
57	叶氏广勤堂	宋—元—明	1（宋），4+（元）
58	益友书堂	元	1
59	余恭礼	宋嘉定九年（1216）	1
60	余仁仲万卷堂	南宋（约1180—1200）	14

续表

	名　称	年代	种数
61	余唐卿明经堂	宋宝祐二年（1254）	1
62	余腾夫	南宋	1
63	余彦国励贤堂	宋/元	2
64	a. 余志安勤有书堂 b. 靖庵余氏勤有堂	元（约 1314—1344） 元	27 2
65	余卓	元	1
66	余氏勤德堂	宋/元—明	1（宋），4（元）
67	崇川余氏	宋/元	1
68	建安余氏	元	1
69	余氏双桂堂	元	4
70	虞平斋务本书堂（虞壄文等）	宋—元	1（宋），4（元）
71	麻沙镇南斋虞千里	宋乾道五年（1169）	1
72	建宁府麻沙镇虞叔异斋	宋	1
73	虞信亨宅	元	1
74	建安虞氏	宋绍熙前后（1190—1194）—元	1（宋），5（元）
75	建安玉融书堂	元至正十七年（1357）	1
76	詹光祖月崖书堂，武夷	宋淳祐间（1241—1252），元大德六年（1302）	1（宋），1（元）
77	建安詹环	元	1
78	詹氏进德书堂	元	1
79	张氏	宋	1
80	云衢张氏集义书堂	元至治三年（1323）	3
81	郑明德宅	元天历二年（1329）	1
82	郑天泽宗文书堂	元（约 1302—1320）	3

续表

	名 称	年代	种数
83	建安郑氏	元	1
84	郑氏积诚堂	元至元六年（1340）	1
85	朱氏碧湾书堂	元至正七年（1336）	1
86	建安朱氏与耕堂	元—明	3（元）
87	建安祝氏	宋嘉熙三年（1239）	1

表B.2 宋元时期的家塾刻书

	名 称	年代	种数
88	建安三峰蔡梦弼傅卿家塾	南宋（约1171—1194）	1+
89	蔡子文东塾之敬堂	宋治平三年（1066）	1
90	蔡氏家塾	南宋中	2
91	陈彦甫家塾	宋庆元二年（1196）	1
92	崇文书塾	元泰定二年（1325）	1
93	黄及甫家塾	宋	1
94	黄善夫家塾之敬室	南宋	4
95	刘元起（刘之问）家塾	宋庆元间 （1195—1200）	2
96	魏仲举、魏仲立家塾	南宋	4
97	虞氏家塾	宋	1
98	曾氏家塾	南宋	2

表B.3 宋元时期的书院、精舍刻书

	名 称	年代	种数
99	建安椿庄书院	元泰定二年（1325），明	1（元）
100	环溪书院	南宋—元	4（宋）， 1（元）

续表

	名　称	年代	种数
101	刘君佐，刘衡甫翠岩精舍	元—明（约 1294—1588）	15（元）
102	刘文化龙书院（刘应李）	元—明	1（元）
103	刘氏屏山书院	元至正间（1341—1367）	2
104	刘氏天香书院	南宋	1
105	刘氏云庄书院	（宋?）—元—明	1（元）
106	同文书院	元末明初	1
107	武夷精舍	南宋	1
108	项氏江阴建安书院	宋宁宗间（1195—1224）	1
109	熊禾武夷书堂/洪源书堂	元至元二十六年（1289）	1+
110	熊氏鳌峰书院	元至正十三年（1353）	1+
111	余氏西园精舍	元	2
112	虞氏明复斋/精舍	元至正间（1341—1367）	2
113	詹氏建阳书院	元大德间（1297—1307）	1
114	建阳张氏梅溪书院	元—明	3（元）
115	宗文精舍/书院	元	2

表 B.4　宋元时期建宁地区的官刻

	名　称	年代	种数
1	福建漕治吴坚	宋（约 1265）	5
2	韩元吉建安郡斋	宋淳熙二年（1175）	1
3	建安漕司惠诏	宋绍兴十七年（1147）	1
4	叶时，建安郡斋	宋宝庆二年（1226）	1
5	建宁府建安书院	宋咸淳元年（1265）	1
6	建宁府府学	宋淳熙七年（1180）	1

续表

	名　称	年代	种数
7	建宁府知府吴革	宋咸淳元年（1265）	1
8	建宁郡斋	宋嘉定、宝庆间（1208—1226）	2
9	建阳县知县赵与迿	宋淳祐十二年（1252）	1
10	建宁路官医提领陈志	元至正五年（1345）	1
11	建宁路建安书院	元至正十一年（1351）	1

表B.5　明代建阳地区的私家与书坊刻书

（注：一些表格中所列的人名是与刊刻家有关的校勘者或编注者）

	名　称	年代	种数
1	安如坤	明万历二十三年（1595）	1
2	四明包氏	明嘉靖三十六年（1557）	1
3	宝善堂	明万历间	3
4	宝颜堂	明	1
5	宝珠堂	明万历间	1
6	建安书林博文堂	明洪武—嘉靖间（1368—1566）	3
7	建宁府蔡当勉	明	1
8	麻沙蔡氏道义堂	明嘉靖三十年（1551）	1
9	蔡益所	明末	2
10	蔡有鹍	明万历间	1
11	建阳书林爱日堂蔡正河	明万历间	1
12	书林长庚馆	明	2
13	陈邦詹	明万历间	1
14	陈邦忠	明万历间	1

续表

	名　称	年 代	种 数
15	书林陈德宗（耀吾）存德书舍	明万历间	5
16	书林陈尔润 陈恭敬（怀轩/以信）——见陈氏存仁堂	明崇祯间	1
17	潭阳陈国晋 陈国旺（玉我）——见陈氏积善堂 陈含初（锡龄）——见陈氏存仁堂	明万历间	1
18	陈华	明正统九年（1444）	1
19	陈璜	明	1
20	陈敬学德星堂 陈昆泉积善堂——见陈氏积善堂 陈烈——见谢廷杰	明嘉靖十九年（1540）	1
21	陈琦	明嘉靖十一年（1532）	1
22	陈乔 陈奇泉（孙贤）积善堂——见陈氏积善堂 陈世璜存德堂——见陈氏存德堂	明	1
23	潭阳书林陈孙安 陈贤（云岫）积善堂——见陈氏积善堂	明天启间	1
24	书林陈应翔	明	2
25	闽沙陈钟秀	明嘉靖十七年（1538）	1
26	——陈氏存德堂 ——陈世璜存德堂	明正德—万历间（1506—1619） 明正统三年（1438）	15 1
27	陈氏存仁堂 ——闽中书林陈恭敬（怀轩/以信）存仁堂 ——书林陈含初（锡龄）存仁堂；詹林我	明末 明万历间	5 2

续表

	名　称	年 代	种 数
28	——陈氏积善堂 ——陈国旺（玉我）积善堂 ——潭阳书林陈昆泉积善堂 ——陈奇泉（孙贤）积善堂，龙溪堂 ——陈贤（云岫）积善堂	明 明崇祯间 明万历间 明万历—天启间(1573—1621) 明万历间	16 4 3 8 7
29	建安陈氏余庆堂	元—明	3（明）
30	陈氏书堂	明洪武六年（1373）	1
31	书林崇文堂	明崇祯间	3
32	建安椿庄书院	元—明	2（明）
33	闽建书林德聚堂	明末（1573—1643）	6
34	建宁董祖和	明崇祯八年（1635）	1
35	闽建方瑞泉	明万历二十八年（1600）	1
36	书林筑居傅继山	明末	1
37	傅若川建溪精舍	明洪武十五年（1382）	1
38	建阳龚承荐等 建邑书林黄灿宇（裔我）——见黄氏存诚堂 黄次白集义书堂——见黄氏集义堂 艺林黄尔昭存诚堂——见黄氏存诚堂	明天启四年（1624）	1
39	建阳黄启胜亦政堂	明万历三十二年（1604）	1
40	闽中潭阳黄仁溥（元叔）	明万历四十年（1612）	1
41	黄师表，黄师正 潭阳黄台甫——见黄正选	明崇祯三年（1630）	1
42	建邑书林黄秀宇兴正堂	明	1
43	书林黄耀宇（正达）	明万历间	3

续表

	名　称	年 代	种 数
44	黄正宾 黄正慈集义书堂——见黄氏集义堂	明崇祯十三年（1640）	1
45	黄正辅文宗堂	明万历—天启间（1573—1627）	4
46	黄正色	明崇祯十七年（1643）	1
47	书林黄正选（台甫/辅）	明	2
48	书林黄正宗兴正堂，秀宇堂	明万历间	1
49	黄直斋	明万历间	1
50	——黄氏存诚堂 ——建邑书林黄灿宇（裔我） ——艺林黄尔昭存诚堂	明末 明末 明末	4 6 2
51	——黄氏集义堂 ——黄氏乐吾书轩集义堂 ——书林黄次白集义书堂 ——黄淮集义堂 ——书林黄正慈集义书堂	明弘治—崇祯间（1488—1644） 明万历二十六年（1598） 明万历三十二年（1604） 明弘治十六年（1503） 明万历间	5 1 1 1 2
52	建宁城衢泉黄店	明嘉靖十一年（1532）	1
53	建安书堂（书肆）	明洪武间	4
54	江沂	明成化间（1465—1487）	1
55	江氏明雅堂 ——书林明雅堂江秀泉 ——江云明明雅堂	 明 明万历间	 1 1
56	书林江氏宗德堂	明弘治、正德间 （1488—1521）	3
57	闽建书林金魁（拱唐）	明万历间	1
58	书林经纶堂	明万历四十三年（1615）	1
59	闽书林芨邮斋（与刘龙田乔山堂合作）	明万历间	1

续表

	名 称	年代	种数
60	蓝仁（蓝山书院） 崇安蓝锄（翻刻）	明建文二年（1400） 明嘉靖五年（1526）	1
61	闽城琅嬛斋	明	1
62	李春熙	明万历间	1
63	建安李氏家	明隆庆六年（1572）	1
64	李氏建安书堂	明洪武间	2
65	建宁亮采堂	明	1
66	林一中 刘朝琯（双松）——见刘氏安正堂	明成化十八年（1482）	1
67	刘朝爵合志斋	明	1
68	刘朝箴（校阅）	明万历三十六年（1608）序	1
69	书林刘次泉（廷礼）	明万历三十八年（1610）	1
70	潭阳书林刘大华（应袭）	明万历元年（1573）	1
71	刘亨屏山堂	明隆庆六年（1572）	1
72	刘弘（洪）毅慎独斋	明弘治—嘉靖间（1488—1566）	45＋
73	书林刘怀川	明天启五年（1625）	1
74	刘怀恕 刘辉——见刘氏明德书堂	明万历间	3
75	书林刘近贤（君丽） 刘孔敦——见刘氏乔（木）山堂 刘孔敬——见刘氏乔（木）山堂 刘孔年（似山）——见刘氏乔（木）山堂	明万历间	1
76	刘宽裕 刘莲台——见刘氏安正堂 刘龙田（大易，少岗）——见刘氏乔（木）山堂	明宣德十年（1435）	1

续表

	名 称	年 代	种 数
77	刘溥卿，书林 刘钦恩（荣吾）——见刘氏藜光堂	明万历七年（1579）	1
78	刘起宗 刘仕中——见刘氏安正堂 刘舜臣（弼虞）——见刘氏乔（木）山堂 刘太华（应袭）——见刘氏明德书堂	明嘉靖三十三年（1554）	1
79	刘廷宾	明成化十四年（1478）	1
80	刘廷吉 刘廷衢——见刘氏明德书堂	明成化十五年（1479）	1
81	刘文化龙书院	元，明初	2（明）
82	刘稳，刘煓（文祥）云庄书院 刘文寿——见刘氏翠岩精舍	明正统—成化间（1436—1465）	3
83	书林富沙刘兴我	明崇祯间	2
84	书林京兆刘禧叔 刘希信（元初）——见刘氏安正堂	明万历三十一年（1603）	1
85	建邑书林刘雅夫	明	1
86	刘剡	明正统五年（1440）	1
87	书林刘元任 刘玉田（大金）——见刘氏乔（木）山堂	明	1
88	刘泽 刘肇麟——见刘氏藜光堂/阁	明正德七年（1512）	1
89	刘肇庆 刘宗器——见刘氏安正堂	明	1
90	刘氏安正堂 ——书户刘仕中，刘朝琯（双松），刘莲台，刘希信（元初），刘宗器	明弘治—万历间（1488—1619）	80＋

续表

	名 称	年代	种数
91	刘氏本诚堂 ——亦见刘氏明德书堂：刘廷衢	明	2
92	——刘氏翠岩精舍 ——刘文寿翠岩精舍	元，明 明宣德—景泰间（1426—1456）	12（明） 3
93	刘氏怀德堂	明—清初	5+
94	刘氏活幼堂	明正德五年（1510）序	1
95	——刘氏藜光堂/阁 ——刘钦恩（荣吾）藜光堂 ——潭阳刘肇麟藜光阁	明末 明末 明崇祯间	2 5 3
96	——刘氏明德书堂 ——刘辉 ——潭阳书林刘太华（应袭） ——刘廷衢闽山堂/本诚堂	元，明弘治—万历间 （1488—1619） 弘治—嘉靖间（1488—1522） 明万历间（1573—1619） 明嘉靖间	18+（明） 5 3 3
97	刘氏溥济药室	明宣德—成化（1426—1487）	2
98	刘氏乔（木）山堂，忠贤堂：刘龙田（大易，少岗）， 刘玉田（大金），刘孔敦，刘孔敬， 刘孔年（似山），刘舜臣（弼虞）	明末（1573—1644）	70+
99	刘氏庆源书堂	明弘治十四年（1501）	1
100	刘氏日新堂	元，明嘉靖间	24（明）
101	刘氏文明书堂	明弘治十四年（1501）	1
102	书林刘氏遗安堂	明	1
103	刘氏永德堂	明嘉靖十四年（1535）	1
104	潭城罗少竹	明	1
105	闽建书林端源罗永正	明万历三十五年（1607）	1
106	罗氏集贤书堂	明末	2

续表

	名　称	年 代	种 数
107	明实书堂	明	2
108	闽建明雅堂	明万历间	3
109	书林清心堂	明万历十五年（1587）	1
110	建安庆有堂	明	1
111	容与堂	明	3
112	麻沙邵氏草玄堂	明万历间	1
113	潭城世庆堂	明天启二年（1622）序	1
114	树德堂	明万历间	1
115	书林四知馆	明末	2
116	书林岁寒友	明	1
117	崇安孙世昌	明万历四十七年（1619）	1
118	书林天德堂 王会云——见王氏三槐堂	明天启、崇祯间（1621—1644）	4
119	潭阳王基（校阅）	明	1
120	王介爵（锡九） 王昆源——见王氏三槐堂	明	1
121	书林王双泉（景仁） 王泰源——见王氏三槐堂	明隆庆三年（1569）	1
122	王仰庭积玉堂	明万历间	2
123	——王氏三槐堂 ——王会云三槐堂 ——书林王昆源三槐堂 ——书林王泰源三槐堂 ——闽书林王祐	明 明万历二十八年（1600） 明末 明 明万历间	5 1 1 1 2
124	王氏（?）善敬堂	明正统—万历间（1436—1619）	11
125	王氏勤有堂	明洪武间	2

续表

	名　称	年 代	种 数
126	书林双溪王氏	明	1
127	潭阳魏斌臣（邦翱）	明	1
128	书林魏岐凤	明	1
129	书林魏家	明初	1
130	书林魏氏仁实书堂	明景泰—天启间（1450—1621）	12
131	建溪魏氏	明万历四十年（1612）	1
132	书林文萃堂	明末	2
133	南城书林翁少麓	明末	8
134	书林建溪翁氏	明万历间	1
135	建阳书户吴世良	明万历间	2
136	建阳书坊吴彦明	明万历间	1
137	吴氏三友堂	明万历十年（1582）序	1
138	建阳三衢里夏相	明嘉靖三十一年至三十五年（1552—1556）	1
139	夏振宇	明	1
140	——萧氏师俭堂： 萧鸣凤； 萧鸣盛（儆韦）； 萧儆韦； 萧少衢/渠（世熙）、萧秉彝； 萧腾鸿（庆云）—主业南京	明末（1573—1644）	4 2 2 1 20 17
141	谢廷杰，陈烈	明隆庆六年（1572）	1
142	建宁谢兆申	明万历四十五年（1617）	1
143	熊安本（咸初）	明万历间	5
144	熊斌	明成化间	3
145	熊秉宸	明万历—崇祯间（1573—1644）	4

续表

	名　称	年代	种数
146	熊秉懋（辑） 熊成建（省南）——见熊氏种德堂 熊成冶（冲宇）——见熊氏种德堂	明万历间	1
147	熊大木（撰，辑）	明嘉靖—万历间（1522—1619）	4
148	熊飞（赤玉）雄飞馆	明天启、崇祯间（1621—1644）	3
149	书林熊辅 熊佛贵——见熊氏忠正堂	明	1
150	熊剑化，熊良彦	明万历三十五年（1607）	1
151	书林熊建山	明末	2
152	熊九香（九敕）	明崇祯九年（1636）	1
153	书林熊梁成 熊龙峰忠正堂——见熊氏忠正堂	明	1
154	熊龙峰，余云坡	明末	1
155	熊清波诚德堂	明万历二十四年（1596）	1
156	书林燕石居熊稔寰 熊荣吾——见熊氏种德堂	明万历间	6
157	书林熊少泉	明万历十一年（1583）	1
158	熊台南	明万历元年（1573）	1
159	熊体道	明	1
160	建邑书林熊心舜	明万历间	1
161	熊心禹	明万历二十四年（1596）	1
162	熊绣	明成化二十三年（1487）	1
163	熊彦明（辑）	明初	1
164	熊瑗	明天顺间	2
165	熊雨钱世家 熊振宇——见熊氏种德堂	明	3
166	熊之璋 熊宗立种德堂——见熊氏种德堂	南明隆武二年（1646）	1

续表

	名　称	年代	种数
167	熊氏鳌峰书院	元，明	3（明）
168	熊氏博雅堂	元，明	2（明）
169	熊氏东轩	明嘉靖二十六年（1547）	1
170	熊氏飞来山人	明	2
171	——熊氏宏远堂 ——熊云滨（体忠）宏远堂	明万历二十三年（1596） 明万历间	1 11
172	熊氏厚德堂	明正德八年（1513）	1
173	熊氏卫生堂	元，明	2（明）
174	熊氏一峰草堂	明嘉靖三十二年（1553）	2
175	——熊氏种德堂 ——熊宗立种德堂（中和堂） ——熊成冶（冲宇）种德堂 ——熊成建（省南）种德堂 ——熊振宇 ——书林熊荣吾	元，明 明正统—成化间（1436—1487） 明万历间 明万历二十九年（1601） 明万历间 明末	8＋（明） 25＋ 45 1 3 1
176	熊氏忠正堂 ——熊龙峰忠正堂 ——熊佛贵忠正堂	 明万历间 明万历三十一年（1603）	2 7 1
177	熊氏□吾书舍	明	1
178	潭阳书林前溪熊氏	明	2
179	秀振堂	明崇祯十六年（1643）序	1
180	建宁徐秋鹗	明万历九年（1581）序	1
181	许应元（仁和）	明嘉靖三十九年（1560）	1
182	闽邑徐钟震	南明隆武间（1645—1646）	1
183	杨秉正	明万历四十六年（1618）	1
184	杨璧卿	明末	2

续表

	名　称	年代	种数
185	杨春荣（泰斋） ——书林焕文堂 ——与三衢书林王应俊合作 ——同仁斋四知馆	 明万历间 明万历四十三年（1615）序 明万历三十二年（1604）	 1 1 1
186	建邑书林杨春元（闽斋，起元）	明万历间	9
187	杨定见	明	1
188	书林杨帝卿	明	1
189	杨发吾守仁斋 ——与余文台合作 杨江——见杨氏清白堂 杨居寀（素卿父）——见杨氏清白堂	明万历间	2 1
190	杨奎先	明万历间	1
191	杨丽泉（金/君临），属清白堂及四知馆	明万历间	3
192	书林杨懋卿	明末	2
193	书林杨美生	明万历间	2
194	书林杨明峰 杨钦斋——见杨氏清白堂	明万历间	2
195	杨素卿（日彩）	明末	2
196	杨太仆，张明欲	明嘉靖间	1
197	书林杨文高	明	1
198	杨先春（新泉）归仁堂，清白堂	明末 （约 1579—约 1631）	10
199	书林杨小闽	明	1
200	书林杨应春	明万历间	2
201	华阳书院杨应诏 杨涌泉——见杨氏清白堂	明嘉靖四十三年（1564）	1

续表

	名 称	年 代	种 数
202	书林杨员寿归仁斋	明隆庆间	1
203	杨彰飞四知馆	明	1
204	杨氏归仁堂	明	10+
205	——杨氏清白堂 ——杨江清白堂 ——书林杨居寀（素卿父） ——杨钦斋清白堂；一部书与艺林积善堂合作刊行 ——杨涌泉清白堂	明 明嘉靖三十二年（1553） 明末（1620—1644） 明万历间 明嘉靖间	5+ 1 5 2 1
206	杨氏清江堂	明	20+
207	杨氏四知堂	明万历三十九年（1611）	1
208	建安杨氏遂初书屋	明隆庆六年（1572）	1
209	杨氏同仁斋	明万历二十八年（1600）	1
210	芝城姚奎 叶材——见叶氏广勤堂	明嘉靖间	2
211	建阳书林叶会廷（天熹）葆和堂	明万历间	2
212	金陵三山街建阳叶近山（贵）——建阳与南京皆有	明嘉靖—万历间（约1553—约1597）	20+
213	建阳书林叶见远 叶景逵——见叶氏广勤堂	明万历三十六年（1608）	1
214	闽建书林叶继轩南松堂	明末	1
215	书林叶清庵	明万历二年（1574）	1
216	书林叶如琳（涧泉）	明万历十年（1582）	1
217	建邑书存轩林叶顺檀香馆	明万历间	2
218	叶晥星泉南书舍	明万历二年（1574）	1
219	叶文桥南阳堂 叶秀（静斋）——见叶氏作德堂	明	1

续表

	名　称	年 代	种 数
220	书林叶应祖/叶均宇聚星堂/叶树廉 叶仪廷（一兰）——见叶氏作德堂	明万历间	1
221	福建书林叶志元	明万历间	1
222	叶氏萃庆堂	明	2
223	——书林叶氏广勤堂 ——书林叶材广勤堂 ——书林叶景逵广勤堂 ——书林叶氏翠轩广勤堂	宋—元—明 明 明正统—成化间 （约 1443—1473） 明嘉靖间	7（明） 1 3 2
224	书林叶氏南山堂	明嘉靖间	1
225	叶氏作德堂 ——书林叶秀（静斋）作德堂 ——叶仪廷（一兰）作德堂	明嘉靖间	 1 8+
226	一经堂	明崇祯间	1
227	书林游敬泉 余碧泉克勤斋——见余氏克勤斋 余苍泉（良进）怡庆堂，新安堂 ——见余氏怡庆堂	明万历间	2
228	余长庚	明末	1
229	余昌宗（撰）	明万历间	1
230	余昌祚（尔锡）直方堂	明万历—天启间（1573—1627）	4
231	余超龙 余成章（仙源）——见余氏怡庆堂	南明隆武二年（1646）	1
232	余东泉（尚勋）	明末	2
233	余公仁（仁公，元长）达然堂	明末—清初	3+
234	书林余光熹	明	1
235	余恒 余洪晨——见余氏正填堂	明万历四十七年（1619）序	1
236	余会泉	明	1

续表

	名　称	年 代	种 数
237	余靖庵	明	1
238	余敬宇 余近泉——见余氏克勤斋	明万历间	1
239	余继泉（应良，真如） ——与余祥我合作	明万历间	2 1
240	余季岳	明	1+
241	余楷 余开明三台馆——见余象斗	明末	1
242	余良才 闽中余良进（苍泉）怡庆堂——见余氏怡庆堂 余良木（绍崖）自新斋——见余氏自新斋 余良史（秀峰）怡庆堂——见余氏怡庆堂	明万历间	1
243	闽南书林余明泉 余明台（成富）克勤斋——见余氏克勤斋 余明吾（良相）自新斋——见余氏自新斋	明万历间	1
244	余南扶	明万历间	2
245	余杞孺	明万历十四年（1586）	1
246	书林余少江 余泗泉（彰德）萃庆堂——见余氏萃庆堂	明末	1
247	余泗崖	明万历间	1
248	余松轩 余泰垣自新斋——见余氏自新斋	明万历间	1
249	余廷甫 余完初——见余氏怡庆堂 余文杰自新斋——见余氏自新斋 余文台——见余象斗	明成化、弘治间（1465—1505）	2

续表

	名　称	年 代	种 数
250	书林余宪成	明	1
251	余象斗（文台）三台馆，双峰堂 ——与余泗泉合作 ——余开明三台馆	 明万历三十四年（1606） 明崇祯间（1628—1644）	70+ 1 4
252	双峰堂余象奎 书林余祥我（应兴）——见余氏克勤斋	明	1
253	——余献可（应孔）居仁堂，三台馆 ——书林余献可静观室，詹圣谟茂斋静观室	明万历四十六年（1618） 明万历二十八年（1600）序	1 1
254	余仙源，余郁生怡庆堂/永庆堂——见余氏怡庆堂		
255	余秀峰怡庆堂——见余氏怡庆堂		
256	闽建书林余熙宇忠庆堂	明万历三十七年、三十九年（1609，1611）	2
257	余寅伯	明	1
258	余应科（夷庚，君翰，谦吉）（辑）	明崇祯六年（1633）序	1
259	——余应虬（犹龙）近圣堂（与余氏萃庆堂相涉） ——与余应科合刊	明末—南明 明崇祯元年（1628）	16 1
260	书林余应阳敬贤堂	明嘉靖、隆庆间（1555—1569）	2
261	余应召三台馆	明末	2
262	余有堂风山书林精舍	明嘉靖三年（1524）	1
263	余元熹（公炤）（编）	明崇祯十七年（1644）	1
264	——余元熹（参） ——余元熙（敦古斋） ——与余运泰合刊	明崇祯九年（1636）序 明末 明末清初	1 2 1

续表

	名　称	年 代	种 数
265	书林余云波 余允锡自新斋——见余氏自新斋 余郁生——见余氏怡庆堂	明末	2
266	——书林余氏 ——闽芝城建邑/建阳书林余氏	明正统六年（1441） 明正德十五年（1520） 明万历间	1 1 9
267	——余氏萃庆堂 ——余泗泉（彰德）萃庆堂	明末	13 57
268	余氏敬贤堂	明嘉靖间	2
269	余氏克勤斋 ——书林余氏克勤书堂 ——余碧泉 ——余成章（仙源） ——书林余近泉 ——余明台（成富） ——余祥我（应兴）浚发堂，衍庆堂	 明正德四年（1509） 明万历间 明万历间 明 明万历间 明万历间	 1 10 10 4+ 4 9
270	余氏勤德堂 余氏三台馆——见余象斗	元，明	2（明）
271	余氏双桂堂	元，明	4（明）
272	余氏书瑞堂	明	1
273	余氏新安堂 ——亦见余苍泉（良进）怡庆堂，新安堂	明成化—嘉靖间（1465—1566）	4
274	余氏兴文堂	明嘉靖—万历间（1522—1619）	2
275	建阳书林余氏西园（书）堂/精舍	元—明	6（明）
276	——余氏怡庆堂 ——余苍泉（良进）怡庆堂，新安堂 ——余成章（余仙源） 及余郁生永庆堂 ——建邑书林余良史（秀峰） ——余完初	明万历间 明万历三十年（1602） 明万历间 明末 明万历四十三年（1615）	5 6 7 5 15 1

续表

	名　称	年 代	种 数
277	余氏跃剑山房	明末	4
278	——余氏正填堂 ——余洪晨	明 明嘉靖七年（1528）序	1 1
279	——余氏自新斋 ——余允锡 ——余良木（绍崖）及余泰垣，余文杰 ——余明吾（良相） ——余明吾，余良木 ——余泰垣 ——余文杰	明 明嘉靖间 明万历间	11 2 14 1 3 3 5 3
280	建安虞氏务本书堂	明洪武二十一年（1388）	1（明）
281	书林爱庆堂	明末	2
282	潭阳书林源泰堂	明万历间	2
283	玉茗堂	明—清	2
284	书林詹伯元（仁廷）	明万历间	1
285	潭阳詹伯祯（怡廷）文树堂	明	1
286	建阳书林詹长卿就正斋 詹承尔——见詹氏西清堂 詹冲泉静观室——见詹氏静观室 詹道坚进贤堂——见詹氏进贤堂	明嘉靖间	5
287	福建书坊詹佛美	明	1
288	詹光陛	明万历四十年（1612）	1
289	书林詹国正	明嘉靖三十二年（1553）	1
290	——詹恒袁储贤馆 ——建阳书林詹恒忠储贤馆	明万历间 明万历三十六年（1608）	1 1
291	闽建书林易斋詹谅 詹林所——见詹氏进贤堂 詹霖宇（圣泽）——见詹氏静观室	明万历间	2

续表

	名称	年代	种数
292	——建阳书林詹圣谟（茂斋） 及詹耀我	明末 明末	2 1
293	建阳书林詹圣学（勉斋）	明万历十六年（1588）	3
294	武夷詹天祥 詹秀闽（张景）——见詹氏西清堂	明	1
295	闽建书林詹彦洪	明万历十六年（1588）	1
296	书林詹易斋	明万历间	2
297	书林詹钟瑞	明末	1
298	詹氏	明	2
299	詹氏进德精舍/书堂	明初	7
300	詹氏静观室 ——詹冲泉静观室 ——詹光岳静观室 ——芝城书林詹霖宇（圣泽）	 明万历间 明万历四十一年（1613） 明末	 3 1 22
301	——詹氏进贤精舍/（书）堂 ——詹道坚 ——书林詹林所	明弘治—万历间（1488—1619） 明万历间 明万历间	14 1 2
302	——书林詹氏就正斋	明	1
303	——詹氏西清堂 ——詹承尔西清堂 ——建阳书林詹秀闽（张景）	明嘉靖—万历间（1522—1619） 明嘉靖间 明万历间	5 1 3
304	书林张道辅	明	1
305	闽书林张大业 张明欲——见杨太仆 书林张闽岳——张氏新贤堂	明万历间	1
306	书林张起鹏	明万历间	4
307	建阳张世用	明成化十八年（1482）	1

续表

	名　称	年代	种数
308	——书林张氏新贤堂 ——书林张闽岳 ——建邑书林张裔贤	明嘉靖—万历间（1522—1619） 明万历间 明万历间	8 2 3
309	建阳书林郑笔山 郑继华宗文堂——见郑氏宗文堂	明万历间	1
310	闽书林郑名世	明万历三十七年（1609）	1
311	闽书林郑名相（任吾）	明万历四十四年（1616）	1
312	闽城郑能琅嬛斋	明万历间（约 1603—1619）	1
313	郑瑞我	明万历四十四年（1616）	1
314	富沙书林郑尚玄人瑞堂	明崇祯间	5
315	书林郑少聪 郑少垣（纯镐）——见书林郑氏联辉堂 郑少斋——见郑氏宗文书堂 郑世魁宗文堂——见郑氏宗文堂 郑世袭（东升）宗文堂——见郑氏宗文堂 郑望云——见郑氏宗文堂 郑希善——见郑氏宗文堂 郑以厚——见郑氏宗文堂	明万历十四年（1586）	1
316	潭阳书林郑以祺	明末	2
317	潭阳书林郑以桢	明万历间	1
318	郑云林（世容）	明万历间	3
319	书林郑云亭（子明） 郑云竹（世豪）——见郑氏宗文堂 郑之侨（子翼）——见郑氏光裕堂	明隆庆间	2
320	郑熜	明嘉靖间	1
321	——郑氏宝善堂 ——郑云斋（世魁）宝善堂	明 明万历间	2 12

续表

	名　称	年 代	种 数
322	——郑氏光裕堂 ——郑以厚（宗文堂） ——郑之侨（子翼）	明万历间 明万历间 明万历三十八年（1610）	3 7 1
323	郑氏家塾	明嘉靖十四年（1535）	1
324	郑氏聚垣书舍	明万历间	1
325	——书林郑氏联辉堂 ——郑少垣（纯镐）联辉堂/三垣堂	明万历三十年（1602） 明万历间	1 2
326	——郑氏宗文堂 ——郑继华 ——郑少斋宗文书院 ——郑世袠（东升） ——郑望云 ——书林郑氏望云楼 ——郑希善 ——郑云竹（世豪）	明正统—万历间（1436—1619） 明万历间 明万历间 明嘉靖三十八年（1559） 明万历间 明万历六年（1578） 明嘉靖二十四年（1545） 明万历间	32 1 2 1 2 1 1 23
327	周文仪，刘氏日新书堂	明正德十五年（1520）	1
328	芝潭朱苍岭	明	1
329	建阳书林朱美初	明崇祯六年（1633）	1
330	福建朱仁儆 朱仁斋——见朱氏与耕堂	明万历四年（1576）	1
331	朱世泽	明万历间	2
332	书林朱桃源，朱明吾	明万历间	1
333	朱询	明	1
334	朱莹	明泰昌元年（1620）	
335	——朱氏与耕书堂 ——书林朱仁斋	元—明 明万历间	2（明） 2
336	朱氏尊德书堂	明宣德九年（1434）	1

附录 C

《建阳本书目》编纂说明

编纂方法

本书目现包括 2190 种建阳本。它们有的出自坊刻或私刻，有的是在宋、元、明及清初的各级官署（如建阳县、建宁府、福建路/省等）的主持下刊刻的（如表 C.1 所示）。

因为坊刻本和“私”刻本很难区分，尤其是建阳本，不仅种类繁多，而且编辑、校勘及刻印的质量、水平差异很大，故在此将出自坊铺和私家的刻本合编在一起。出自家塾、书院和精舍的宋元本也包括在内，只是它们仅占各个时期所有刻本的 10%左右。明代的许多建阳刊刻者仅有寥寥无几的印本存世，所以到底算坊刻还是私刻，很成问题。一般来说，检视印本就能解决这个问题，大多数明显是坊刻本。最后，官刻本既包括书中写明是某官署刊行的，也包括注明某官员（如建阳知县、福建路总管）为刊刻人的书。由于很难确定一种书是官方要求刻印的，还是相关官员出于私人目的而刻印的，因而将其都归在官刻类。事实上，即便某官员因私人需要而刻书，由于利用了其所控制的官方资源，所刻之书在质量和外观上与该官署监刻的书旗鼓相当。

本书目既包括现存印本，也包括在著名的中国古籍善本解题书目和书志中有详细著录的印本。编写时使用了多家图书馆的纸本和卡片式目录，其中 17 家图书馆在中国大陆，3 家在中国台湾，11 家在日本，5 家在美国，3 家在英国；查阅了 100 多部解题书目和书志，一种中国善本网上检索系统①，以及欧洲图书馆的少量藏书。1992 年开始，笔者在中国大陆、中国台湾，以及日本、美国、英国，花费了 36 个月的时间翻阅了 47 部宋刻本、86 部元刻本和 735 部明刻本。笔者还翻阅了 200 多部建阳刻本的影印本（有的仅几叶，有的是整部）。这些影印本对研究宋元本最为有用，因为想见到宋元本原书是非常困难的。②

如第一章所述，本书目并不完备。但笔者认为它包括了几乎所有（约 95%）宋本和大多数（超过 90%）元明本。笔者意识到，本书目最严重的缺失是欧洲图书馆所藏但未编目的建阳本。其次是中国一些藏有大量古籍的图书馆，不是因出版的书目有些过时，就是因目录卡片不让外人查阅，从而导致少量建阳本没有著录在本书目中。③ 本书目可能失收某些建阳本的另一个原因是，长期以来，在图书馆和私人收藏的书目中，许多刻本仅简单地著录为“建刊本”，没有对外观和内容（前言、牌记等）更细致的

---

① 自 1993 年开始，美国研究图书馆信息网络的“中文善本书国际联合目录项目”对收藏于北美、中国大陆和英国各类图书馆的，在 1796 年之前刊刻的中文刻本进行在线编目。尽管这一编目的用途不容置疑，但即使要将目前参与项目的图书馆的中文藏本全部编完仍尚待时日。许多中国图书馆（如辽宁省图书馆、山东省图书馆以及南京图书馆）已经将其善本书目编入数据库中，使资料库检索变得更加容易。然而，如何根据书目分类系统（如果采用了四部系统该如何进一步细分，使甚至是如何著录书名）来使这些电子书目标准化，仍缺乏协同一致的努力。在这种基本的书目标准完全建立之前，在线书目的用途仍然是有限的。

② 在本书参考文献的 A 部分列出了图书馆目录、解题书目以及影印本。

③ 这种情况正在改善。对使用世界各地许多图书馆所藏中文善本的读者来说，即使传统编目卡片中存在着遗漏、错误，以及与同类著作颇为矛盾的编目内容，他们依然愿意有幸一睹。有时，编目卡片被视为“内部”信息，仅图书馆工作人员有权使用。在某些图书馆，印好的书目已多年未更新，而且提供的信息总是极为有限，仅涉及作品的书名、作者及刊刻朝代。至于刊刻的信息，如出版商的名字与刊刻地，总是缺失的。

描述。还有一些刻本更是被模糊地著录为“黑口本”[1]。除非笔者亲自目验了原书，或者在书目对该书的描述中找到证据证明是建阳本，否则就不会将其收入本书目。确定某书是否为建阳本，最终取决于笔者在尽可能咨询过中国古籍版本学家之后做出的合理推测。

推测许多作品的刊行年代，或者更准确地说，书版刊刻年代的不确定性也会导致一些问题。内容上的证据，包括刊行者牌记的时间、最晚的序跋之时间，以及外观特征（字体风格、装订方式、所用纸张、版面形式等）都可以作为判断的最佳依据。但在找不到上述线索时，笔者不得不依靠自己的合理推测。由此导致的不确定性可能意味着某刻本的断代不够精确，如“南宋晚期或元”，或者“元末/明初”。当然，这种不确定性也反映出仅凭朝代更替而强调刻本的差异有多不可信。为得出附录各表中呈现的数字，笔者只得做出决定将某些刻本归入某个历史年代。这意味着表中的数字更能体现刊刻的趋势，而非某时期某类刻本的实际数目。

最后一个麻烦的问题是，一部书的正文往往由同一套书版刷成，但却附有不同地方的出版商的牌记，自然包括建阳。第二章中《鲁班经》的版片分别被苏州、建阳或许还有更多别的地方的出版商所使用，就是一个例子。基于这个例子，笔者将该印本列入了本书目，因为它反映出建阳出版商认为值得刊行的一类作品，且苏州的同行也这么认为，显示了华中和华南图书贸易同质化与泛化的倾向。

该书目同时用 FoxPro 编程语言[2]制作成关系数据库，可以用

---

① 黑口本是指每叶版心之上和（或）之下带有粗黑线的书籍，这是建阳本的一个特色（见图 6）。对中国雕版书籍外观更为详细的描述，见本书第二章。

② 目前，笔者在使用 Microsoft Visual FoxPro。不过，如果有人对这种编目数据库开始感兴趣，笔者会推荐其（个人电脑）采用 Microsoft Access，虽然此软件在分类和查询功能方面有点复杂，但在打印报告时有更多选项。

刊刻者名字、书名、著者、类别（目前是用四部分类）、年代和馆藏地来检索。每一条记录还包括一个存有备注的备忘项（见以下例子）。通过数据库，笔者能够很快地提取信息，比如某家出版商所生产印本的数目，某家出版商或某历史时期所生产印本的类别分布。事实上，如果没有这份书目，也就没有本书的研究。[①]

四部分类法的使用

自公元3世纪起，几乎所有的中国传统书目都延用四部分类法的某种形式，将书分为经、史、子、集四大类。因此，尽管四部分类法有一些缺陷（如表C.2），笔者仍然决定使用它以便于表述参考来源，因为大量书目文献（传统的各类文献的解题目录和书志，许多图书馆的卡片式古籍目录系统，及研究图书馆信息网［RLIN］的中国善本网上搜索系统）都使用四部分类法。和其他一些知识分类系统比起来，四部下的一些类目似乎不太符合规则，比如“子部”中同时包括了科学（医学）和宗教（道教和佛教）类书。但是，结合《四库全书》纂修者们制定的类目，加上现代编目者更细的分类[②]，四部分类法足以用于书目数据库的分类和搜索。这些详细分类的优越之处在于它有很大的灵活性，便于将书籍重新分组，以满足某种特殊目的。此外，数据库的一个附加“项”可用来表述刻本的某项特点（比如科举应试用书）并能检索出来。所以，与西方现代目录学的方法大相径庭的四部分类法并不会给建阳本数据库检索造成任何障碍。

---

① 因为这份书目是一个关联式资料库，所以最好采用合适的软件并放置在计算机磁盘中使用，而不是在纸上将其按照某种方式排列（例如，按出版商或四部分类排列），因为只是几种排列就能将这本书变得臃肿不堪，这是不切实际的。

② 例如由辽宁省图书馆修改的系统或是由南京图书馆正在设计的系统。

四部分类法中的类目没有统一的英文翻译。对于大多数类目，笔者沿用了在著名文献（如《宋代书录》）中可找到的名称。在个别情况下，笔者的分类与《四库全书》纂修者们的分类不同，比如，在“子部”下的“小说”类，笔者只归入了包含许多传闻轶事的笔记和随笔。小说作品作为一个不同的类别，被归入“集部”下的“小说长篇”类。所以在这一类中，除了长篇小说作品，笔者还归入了其他形式的虚构故事，比如公案小说。

表 C.1　《建阳本书目》统计一览

刊刻者类别	宋	元	明	清	总数
坊刻与私刻	192	220	1,664	约 30	2,106
官　刻	14	2	58	约 10	84
总计					2,190

表 C.2　建阳坊刻本的朝代分布

按四部分类法排序

	宋		元		明	
类　目	#	%	#	%	#	%
1—1 易	7	3.6	8	3.6	24	1.4
1—2 书	9	4.7	6	2.7	22	1.3
1—3 诗	6	3.1	12	5.5	21	1.3
1—4 礼	10	5.2	3	1.4	28	1.7
1—5 春秋	9	4.7	10	4.5	34	2.0
1—6 孝	0	0.0	2	0.9	0	0.0
1—7 五经总义	1	0.5	3	1.4	8	0.5
1—8 四书	3	1.6	13	5.9	39	2.3
1—9 乐	0	0.0	0	0.0	0	0.0

续表

类　目	宋		元		明	
1—10 小学	2	1.0	19	8.6	44	2.6
1 经部	47	24.5	76	34.5	220	13.2
2—1 正史	20	10.4	3	1.4	10	0.6
2—2 编年	7	3.6	12	5.5	87	5.2
2—3 纪事本末	0	0.0	0	0.0	0	0.0
2—4 别史	0	0.0	0	0.0	0	0.0
2—5 杂史	1	0.5	1	0.5	12	0.7
2—6 诏令奏议	1	0.5	2	0.9	2	0.1
2—7 传记	2	1.0	4	1.8	21	1.3
2—8 史钞	5	2.6	1	0.5	35	2.1
2—9 载记	0	0.0	0	0.0	0	0.0
2—10 时令	0	0.0	0	0.0	0	0.0
2—11 地理	3	1.6	3	1.4	14	0.8
2—12 职官	0	0.0	1	0.5	4	0.2
2—13 政书	1	0.5	2	0.9	14	0.8
2—14 目录	0	0.0	0	0.0	1	0.1
2—15 史评	2	1.0	0	0.0	23	1.4
2 史部	42	21.9	29	13.2	223	13.4
3—1 儒家	9	4.7	6	2.7	67	4.0
3—2 兵家	0	0.0	0	0.0	15	0.9
3—3 法家	2	1.0	0	0.0	4	0.2

续表

类　目	宋		元		明	
3—4 农家	1	0.5	0	0.0	0	0.0
3—5 医家	9	4.7	19	8.6	244	14.7
3—6 天文算法	0	0.0	0	0.0	13	0.8
3—7 术数	0	0.0	1	0.5	92	5.5
3—8 艺术	0	0.0	0	0.0	10	0.6
3—9 谱录	1	0.5	0	0.0	2	0.1
3—10 杂家	4	2.1	1	0.5	35	2.1
3—11 类书	9	4.7	28	12.7	232	13.9
3—12 小说	4	2.1	1	0.5	17	1.0
3—13 释家	2	1.0	1	0.5	2	0.1
3—14 道家	5	2.6	3	1.4	27	1.6
3—15 丛书	0	0.0	0	0.0	6	0.4
3 子部	46	24.0	60	27.3	760	45.7
4—1 楚辞	0	0.0	2	0.9	1	0.1
4—2 别集	39	20.3	30	13.6	144	8.7
4—3 总集	14	7.3	11	5.0	138	8.3
4—4 诗文评	0	0.0	1	0.5	12	0.7
4—5 词曲	2	1.0	5	2.3	55	3.3
4—6 小说长篇	2	1.0	6	2.7	110	6.6
4—7 丛书	1	0.5	0	0.0	1	0.1
4 集部	57	29.7	55	25.0	461	27.7
总计	192		220		1664	100.0

表C.3　明代建阳本医书

注：以下医学分类基于中国中医研究院图书馆编：《全国中医图书联合目录》，北京：中医古籍出版社，1989年版。

	分类	数目
1	医经	19
2	基本理论	10
3	伤寒金匮	30
4	诊法（包括脉诊）	16
5	针灸推拿	
	——针灸通论	13
	——推拿按摩	2
6	本草	
	——本草注释	1
	——通论	1
	——五代以前本草	3
	——宋金元本草	2
	——明本草	5
	——歌括便读	8
	——食疗本草	1
7	方书	
	——通论	9
	——晋唐方书	1
	——宋元方书	9
	——明代方书	16
8	监证各科	
	——监证综合	26
8.3	内科	7
8.4	妇产科	8
8.42	产科	5
8.5	儿科	16
8.52	痘疹	12
8.6	外科	5
8.8	眼科	5
10	医案医话医论	
	——笔记杂录	1
11	医史	3
12	综合性著作	13
13	兽医	2
	总计	244

表 C.4　宋、元、明代建阳本类书[①]

	种　类	宋	%	元	%	明	%
1	通论	4	44.4	2	7.1	26	11.2
2	科业	2	22.2	3	10.7	21	9.1
3	启箚	2	22.2	6	21.4	33	14.2
4	诗赋词藻			11	39.3	39	16.8
5	文学用语参考			1	3.6	22	9.5
6	姓氏			2	7.1	4	1.7
7	故事				0.0	54	23.3
8	日用			3	10.7	31	13.4
9	启蒙	1	11.1		0.0	2	0.9
	总计	9		28		232	

表 C.5　明代建阳本术数类作品

注：术数类作品的类目基于《四库全书总目》的分类，并做了一定修改。

	类别	数目
1	数学	1
2	占候	3
3	相宅相墓	36
4	占卜	8
5	命书相书	30
6	阴阳五行	9
7	杂术	5
总计		92

①　见第六章对类书种类的解释。

表 C.6 《建阳本书目》中的书影示例

展示所有时期的陈姓刊刻者，按姓氏和四部分类法顺序排列

刊刻者	书名	时间	四部分类	馆藏地	参考来源
陈昆泉积善堂	新刊京本伊洛渊源录十四卷 朱熹撰	明万历四年（1576）	2—7	C541	《中国古籍善本书目》史部＃4600
陈德宗/耀吾存德书舍	六订历朝捷录百家评林五卷 明顾充撰，赵秉忠辑评	明万历二十九年（1601）	2—15	C140，C301	山东省特藏＃3762；《中国古籍善本书目》史部＃15550；美国国会图书馆 2000.25—36
陈国旺	新刻陈徐二先生评选史记则八卷 明陈继儒、徐肃颖撰	明崇祯间	2—15	C002	《中国古籍善本书目》史部＃15604
陈氏存德堂	新锓历朝评林捷录四卷 明顾充撰	明万历间	2—15	C721	《中国古籍善本书目》史部＃15535
建宁府陈八郎书铺	贾谊新书十卷	宋	3—1		《书林清话》卷三，第 25 页 a；见台北“国家图书馆”目录中的陈八郎宅印本；《仪顾堂题跋》卷六，第 2 页 a—b
陈氏积善堂	新刊校正京本孙武子本义三卷	明嘉靖间	3—2	J002	内阁文库 p.178b，子 10 函 8 号；美国国会图书馆 23.14—18
陈氏积善堂	无冤录三卷 元王与撰	明万历三年（1575）	3—3	C193	《中国古籍善本书目》子部＃1524 存二卷（中，下）
陈德宗/耀吾存德堂	锓图注八十一难经四卷 明熊宗立撰，张世贤补正 镌图注王叔和脉诀琮璜五卷 明张世贤图解	明万历三十四年（1606）	3—5	C590	《中国古籍善本书目》子部＃1775；参见怀德堂（1621—1644）本；《中医目录》00224?

表 C.7 《建阳本书目》中的书影示例

展示明代的小学著作，按刊刻者姓氏排序

刊刻者	书名	时间	四部分类	馆藏地	参考来源
书林陈奇泉	洪武正韵十二卷 洪武正韵玉键一卷	明万历间	1—10	C2009，C2381	《中国古籍善本书目》经部＃5030
潭阳书林陈孙安	刻太古遗踪海篇集韵大全三十一卷 明邹德溥辑	明天启间	1—10	C1642，…	杜信孚：《明代版刻综录》卷四，第 76 页 a；《中国古籍善本书目》经部＃4645
书林黄正慈集义书堂	大广益会玉篇三十卷玉篇广韵指南 梁顾野王撰 唐孙强增字 宋陈彭年重修	明弘治十七年（1504）	1—10	C001，U017	《明代版刻综录》卷五，第 27 页 b；北图 p. 171，＃7968；艾思仁藏书
建阳县知县周士显	古今韵会举要小补三十卷 明方日升撰	明万历三十四年（1606）	1—10	T001，U001，U004	台北“国家图书馆”p. 86，＃01120M3；《明代版刻综录》卷三，第 18 页 a；美国国会图书馆 20.62——与“余彰德余象斗同刻”本同；葛思德东亚图书馆＃TA166/696，Ch’ü78；美国研究图书馆信息网 NJP×89—B3806；方彦寿定为 1606 年，但与美国国会图书馆 7.20—23 不同；王重民：《中国善本书提要》，第 661 页 b；福建师范大学图书馆 885. CW61；亦见郑氏宗文堂（嘉靖）

续表

刊刻者	书名	时间	四部分类	馆藏地	参考来源
刘辉明德书堂	广韵五卷	明	1—10		方彦寿：《建阳刘氏刻书考》，《文献》1998年第2期，第222页
刘辉明德书堂	大广益会玉篇三十卷 梁顾野王撰 唐孙强增字 宋陈彭年重修	明弘治间 (1488—1505)	1—10		《明代版刻综录》卷三，第11页a；《建阳刘氏刻书考》，第221页
刘龙田乔山堂	鼎刻台阁考正遵古韵律海篇大成二十卷 明曾六德	明万历三十二年 (1604)	1—10		《建阳刘氏刻书考》，第223页；《明代版刻综录》卷五，第26页a；内阁文库p.48b，278函207号；《中国古籍善本书目》经部＃4672

参考书目

参考书目

A. 中国古籍书目

注：选表内为编写建阳刻本目录时用到的文献。体例上，馆藏文献以图书馆名冠之。

赵万里等编：《北京大学图书馆藏李氏书目》，北京：北京大学图书馆，1956年。

北京大学图书馆编：《北京大学图书馆藏古籍善本书目》，北京：北京大学出版社，1999年。

北京图书馆编：《北京图书馆古籍善本书目》五册，北京：书目文献出版社，1989年。

——《北京图书馆普通古籍总目》，北京：书目文献出版社，1990年。

——《西谛书目》五卷，《题跋》一卷，北京：文物出版社，1963年。

——《1911—1984影印善本书目录》，北京：中华书局，1992年。

——《中国版刻图录》八册，北京：文物出版社，1961年。

赵万里编：《国立北平图书馆善本书目》，北平：国立北平图书馆，1933年。

赵录绰编：《国立北平图书馆善本书目乙编》《乙编续目》二辑，北平：国立北平图书馆，1935年。

江苏省立国学图书馆编：《盋山书影》二辑，《书目四编》丛书影印本，台北：广文书局，1970 年。

昌彼得编：《台湾公藏宋元本联合书目》，台北：“中央图书馆”，1955 年。

晁公武撰，孙猛校证：《郡斋读书志校证》，上海：上海古籍出版社，1990 年。

晁瑮：《晁氏宝文堂书目》，北平：北平图书馆，1929 年。

陈振孙：《直斋书录解题》，《丛书集成初编》第 0044—0048 册，北京：中华书局，1985 年。

屈万里：《普林斯顿大学葛思德东方图书馆中文善本书志》，台北：艺文印书馆，1975 年。

丁丙：《善本书室藏书志》，光绪三十四年（1908）刻本，《清人书目题跋丛刊》影印，北京：中华书局，1990 年。

地平线出版社编：《史记书录》，台北：地平线出版社，1972 年。

杜信孚：《明代版刻综录》线装本八册，扬州：江苏广陵古籍刻印社，1983 年。

方品光：《福建版本资料汇编》，福州：福建师范大学图书馆，1979 年。

冯惠民、李万健编：《明代书目题跋丛刊》，北京：书目文献出版社，1994 年。

傅增湘：《藏园群书经眼录》五册，北京：中华书局，1983 年。

高儒：《百川书志》，影印本，上海：古典文学出版社，1957 年。

耿文光：《万卷精华楼藏书记》四册，哈尔滨：黑龙江人民出版社，1992 年。

顾广圻：《顾广圻书目题跋》，《清人书目题跋丛刊》影印本，北京：中华书局，1993 年。

台北“故宫博物院”编：《“故宫博物院”善本旧籍总目》二

册，台北："故宫博物院"，1983年。

——《"故宫博物院"善本书目》，台北："故宫博物院"，1968年。

——《宋版书特展目录》，台北："故宫博物院"，1986年。

——《宋本图录》，台北："故宫博物院"，1977年。

韩锡铎，王清原：《小说书坊录》，沈阳：春风文艺出版社，1987年。

《杭州大学图书馆善本目录》，杭州：杭州大学图书馆，1965年。

黄丕烈：《黄丕烈书目题跋》，《清人书目题跋丛刊》影印本，北京：中华书局，1993年。

——《士礼居藏书题跋记》，光绪八年（1882）刻本。

黄虞稷：《千顷堂书目》，上海：上海古籍出版社，1990年。

湖南省古籍善本书目编纂委员会编：《湖南省古籍善本书目》，长沙：岳麓书社，1998年。

「京都大學人文科學研究所漢籍分類目録」.京都:京都大学，1963.

国立国会図書館編.「国立国会図書館漢籍目録」.東京:国立国会図書館,1987.

来新夏主编：《清代目录提要》，济南：齐鲁书社，1997年。

雷梦辰：《清代各省禁书汇考》，北京：书目文献出版社，1989年。

李慈铭：《越缦堂读书记》，修订版，上海：上海书店出版社，2000年。

李盛铎著，张玉范整理：《木犀轩藏书题记及书录》，北京：北京大学出版社，1985年。

梁子涵：《中国历代书目总录》，台北："中华文化出版事业委员会”，1953 年。

柳存仁：《伦敦所见中国小说书目提要》，香港：龙门书局，1967 年。

龙伯坚：《现存本草书录》，北京：人民卫生出版社，1957 年。

陆心源：《皕宋楼藏书志》《皕宋楼藏书续志》二辑，《清人书目题跋丛刊》影印本，北京：中华书局，1990 年。

——《仪顾堂题跋》《续跋》，《清人书目题跋丛刊》影印本，北京：中华书局，1990 年。

罗伟国，胡平编：《古籍版本题记索引》，上海：上海书店出版社，1991 年。

马继兴，［日］真柳诚，郑金生，王铁策：《日本现存中国散逸古医籍的传承史研究利用和发表》第 1 报，北京：日本国际交流基金亚洲中心，1997 年。

缪荃孙：《艺风藏书记》《续记》《再续记》，《清人书目题跋丛刊》影印本，北京：中华书局，1993 年。

缪荃孙，吴昌绶，董康撰：《嘉业堂藏书志》，吴格整理点校，上海：复旦大学出版社，1997 年。

長澤規矩也編.「足利学校善本図録」.足利学校，1973.

——《中国版本目录学书籍解题》，梅宪华、郭宝林译，北京：书目文献出版社，1990 年。

内閣文庫編.「改訂内閣文庫漢籍分類目録」.東京：内閣文庫，1971.

冈西为人：《宋以前医籍考》四册，台北：古亭书屋，1970 年。

大塚秀高編著.「增補中國通俗小說書目」.東京：汲古書院，1987.

潘承弼，顾廷龙编：《明代版本图录初编》，上海：开明书店，1941 年。

钱谦益：《绛云楼题跋》，《清人书目题跋丛刊》影印本，北京：中华书局，1995年。

瞿镛：《铁琴铜剑楼藏书目录》，《清人书目题跋丛刊》影印本，北京：中华书局，1990年。

静嘉堂文庫編.「静嘉堂文庫漢籍分類目録」.東京:静嘉堂文庫,1930.

——「静嘉堂文庫宋元版図録」.2冊,東京:汲古書院,1992.

山东省图书馆编：《山东省图书馆馆藏海源阁书目》，济南：齐鲁书社，1999年。

上海图书馆编：《上海图书馆善本书目》，上海，1957年。

——《中国丛书综录》三册，上海：中华书局上海编辑所，1959—1962年。

沈德寿：《抱经楼藏书志》，《清人书目题跋丛刊》影印本，北京：中华书局，1990年。

沈津：《美国哈佛大学哈佛燕京图书馆中文善本书志》，上海：上海辞书出版社，1999年。

岛田翰：《古文旧书考》五卷，北京：北京藻玉堂，1927年。

纪昀总纂：《四库全书总目》十册，影印本，上海：大东书局，1930年。

孙殿起编：《贩书偶记》，上海：中华书局上海编辑所，1959年。

——《清代禁书知见录》，上海：商务印书馆，1957年。

孙楷第：《日本东京所见小说书目》，北京：人民文学出版社，1981年。

——《中国通俗小说书目》，北京：人民文学出版社，1991年。

丹波元胤：《中国医籍考》，北京：人民卫生出版社，1956年。

王文进：《文禄堂访书记》，影印版，扬州：江苏广陵古籍刻印社，1985年。

天理図書館編.「天理図書館稀書目録」.和漢書之部第3.天理：

天理大学出版部，1960.

于敏中等编：《天禄琳琅书目》，乾隆九年（1744）编，乾隆四十年（1775）校订，北京：故宫博物院图书馆，1932年。

彭元瑞等编：《天禄琳琅书目后编》，嘉庆三年（1798）编定，台北：广文书局，1968年。

阮元编：《天一阁书目》十卷，嘉庆十三年（1808）扬州阮元文选楼刻本。

《鄞范氏天一阁书目内编》，修订版，宁波：重修天一阁委员会，1940年。

《天一阁见存书目》四卷，光绪十五年（1889）无锡薛氏刻本。

铁琴铜剑楼编：《宋金元本书影》四卷，台北：广文书局，1970年。

「東京大学文学部中国哲学中国文学研究室蔵書目録」.東京：東京大学，1965.

王重民：《中国善本书提要》，上海：上海古籍出版社，1983年。

——《中国善本书提要补编》，北京：书目文献出版社，1991年。

王重民辑录，袁同礼重校：《美国国会图书馆藏中国善本书录》二册，桂林：广西师范大学出版社，2014年。

吴寿旸：《拜经楼藏书题跋记》，《清人书目题跋丛刊》影印本，北京：中华书局，1995年。

吴焯：《绣谷亭薰习录》，《清人书目题跋丛刊》影印本，北京：中华书局，1995年。

萧璋编：《国立北平图书馆书目·目录类》二册，北平：国立北平图书馆，1934年。

杨绍和：《楹书隅录》，《清人书目题跋丛刊》影印本，北京：中华书局，1990年。

杨绳信编：《中国版刻综录》，西安：陕西人民出版社，1989年。

杨守敬：《日本访书志》，影印本，扬州：江苏广陵古籍刻印社，1991年。

叶昌炽：《滂喜斋藏书记》，影印本，扬州：江苏广陵古籍刻印社，1985年。

叶德辉：《观古堂书目丛刻》，《书目五编》丛书影印本，台北：广文书局，1972年。

张金吾：《爱日精庐藏书志》，光绪十三年（1887）江苏刻本。

张心澂：《伪书通考》二册，修订版，上海：商务印书馆，1957年。

郭霭春等编：《中国分省医籍考》二册，天津：天津科学技术出版社，1987年。

中国古籍善本书目编辑委员会编：《中国古籍善本书目》九册，上海：上海古籍出版社，1985—1986年。

中国科学院图书馆编：《中国科学院图书馆藏中文古籍善本书目》，北京：科学出版社，1994年。

中国人民大学图书馆古籍整理研究所编：《中国人民大学图书馆古籍善本书目》，北京：中国人民大学出版社，1991年。

《全国中医图书联合目录》，北京：中医古籍出版社，1991年。

台北“中央图书馆”编：《国立北平图书馆善本书目》，台北：“中央图书馆”，1969年。

——《“中央图书馆”金元本图录》，1958年。

——《“中央图书馆”善本书目》四册，第二次增订版，1986年。

——《“中央图书馆”宋本图录》，1958年。

——《“中央图书馆”特藏选录》，1987年。

——《满目琳琅：“中央图书馆”善本特藏》，1993年。

——《台湾公藏善本书目人名索引》，1972 年。

——《台湾公藏善本书目书名索引》二册，1971 年。

——《现存宋人著述目略》，台北：“中华丛书编审委员会”，1971 年。

《“中央研究院”历史语言研究所善本书目》，台北：“中央研究院”历史语言研究所，1968 年。

周弘祖：《古今书刻》，上海：古典文学出版社，1957 年。

周中孚：《郑堂读书记》，《清人书目题跋丛刊》影印本，北京：中华书局，1993 年。

朱绪曾：《开有益斋读书志》，《清人书目题跋丛刊》影印本，北京：中华书局，1993 年。

B. 族谱

蔡

——《庐峰蔡氏族谱》，年代不明，建阳区图书馆。

陈

——《陈氏宗谱》九册，有缺损，最晚序于同治十三年(1874)，建阳区图书馆。

傅

——《傅氏宗谱》，年代不明，建阳区图书馆。

黄

——《敕建环峰潭溪书院重修黄氏宗谱》（即《江夏黄氏宗谱》），光绪三十一年（1905），建阳区图书馆。

廖

——《廖氏族谱》，年代不明，现为建阳麻沙江坊村家族所有。

刘

——《京兆刘氏贞房宗谱》，1920 年。现为书坊乡刘兴荣所有。

——《刘氏族谱》十二册，麻沙元、利二房合修，光绪六年(1880)。前十册含系谱表，后二册题为“建州刘氏忠贤传”。福建师范大学。

王

——《琅琊王氏宗谱》，年代不明，建阳区图书馆。

魏

——《巨鹿魏氏宗谱》，清光绪间（1875—1907）重修，建阳区图书馆。

萧

——《萧氏族谱》，光绪元年（1875）重修，福建省图书馆。

熊

——《潭阳熊氏宗谱》七册，光绪元年（1875）重修，福建省图书馆。

杨（1）

——《建瓯新村杨氏族谱》，1962 年以后，建阳区图书馆。

杨（2）

——《杨氏族谱》，年代不明，建阳区图书馆。

叶

——《重修溪山叶氏宗谱》十九册，光绪九年（1883），建阳区图书馆。

游

——《广平游氏宗谱》十二册，同治七年（1868），建阳区图书馆。

余

——《书林余氏宗谱》。一部分为同治间（1862—1874）余咸清新安堂刊刻；另二部分为余振豪传抄、修订自光绪二十二年（1896）版。福建师范大学。

——《潭西书林余氏族谱》七册，同治十年（1871），现为书坊乡余世泰所有（此版上述版本几同）。

詹

——《建峰詹氏宗谱》，乾隆三十七年（1772）重修，建阳区图书馆。

周

——《周氏宗谱》，年代不明，建阳区图书馆。

朱

——《紫阳堂朱氏宗谱》，光绪二十一年（1895），建阳区图书馆。

——《紫阳朱氏建安谱》（建安派始自朱熹长子朱塾），年代不明，建阳区图书馆。

C. 其他著作

阿部隆一.「阿部隆一遺稿集」.第1卷.東京:汲古書院,1993.

——「中国訪書志」.東京:汲古書院,1983.

蘆田孝昭.「明刊本における閩本の位置」.ヒ"フ"リア天理図書館報(95),p91—117,1990—11.

黄仲昭等修：《八闽通志》二册八十七卷，福州：福建人民出版社，1990年。

Barrett, Timothy H. "The *Feng-tao k'o* and Printing on Paper in 7th-century China." *Bulletin of the School of Oriental and African Studies* 60(1997):538-40.

——"The Rise and Spread of Printing: A New Account of Religious Factors." *SOAS Working Papers in the Study of Reli-*

gions.London:School of Oriental and African Studies,2001.

Bauer,Wolfgang."The Tradition of the 'Criminal Cases of Master Pao' *Pao-Kung-An* (*Lung-t'u kung-an*)." *Oriens* 23-24 (1970-1971):433-49.

Beard,Willard L."The Foochow-Kienning Twentieth Century Limited."*Foochow Messenger* 9,no.1(Feb.1930):14-20.

北京工业志编委会编:《北京工业志·印刷志》,北京:中国科学技术出版社,2001年。

毕沅等:《续资治通鉴》,北京:中华书局,1957年。

Bielenstein,Hans."The Chinese Colonization of Fukien until the End of the T'ang."In *Studia Serica Bernhard Karlgren Dedicata*, ed. Sören Egerod and Elsa Glahn, pp. 98-122. Copenhagen: Ejnaar Munksgaard,1959.

Bland,David.*The Illustration of Books*.London:Faber & Faber,1962.

Bliss,Edward,Jr. *Beyond the Stone Arches; An American Missionary Doctor in China, 1892-1932*.New York:John Wiley & Sons,2001.

Brokaw,Cynthia J."Commercial Publishing in Late Imperial China:The Zou and Ma Family Businesses."*Late Imperial China* 17,no.1(June 1996):49-92.

——*The Ledgers of Merit and Demerit: Social Change and Moral Order in Late Imperial China*. Princeton: Princeton University Press,1991.

——"On the History of the Book in China."In *Printing and Book Culture in Late Imperial China*. ed. idem and Kai-wing Chow.Berkeley:University of California Press.Forthcoming.

——"Reading the Bestsellers of the Nineteenth Century: Commercial Publishing in Sibao, Fujian." In *Printing and Book Culture in Late Imperial China*, ed. idem and Kai-wing Chow. Berkeley: University of California Press. Forthcomming.

Brokaw, Cynthia J., Lucille Chia, and Hou Zhenping. "Mapping the Book Trade: The Expansion of Print Culture in Late Imperial China." Reports for Year 1(1999) and Year 2(1999-2000). Unpublished.

Brook, Timothy, "Censorship in Eighteenth-Century China: A View from the Book Trade." *Canadian Journal of History* 22 (Aug.1988): 1977-96.

——*The Confusions of Pleasure; Commerce and Culture in Ming China*. Berkeley: University of California Press, 1998.

——"Edifying Knowledge: The Building of School Libraries in Ming China." *Late Imperial China* 17, no. 1 (June 1996): 93-119.

Bussotti, Michela. *Gravures de Hui: Étude du livre illustré chinois du XVIe siècle à la première moitié du XVIIe siècle*. Paris: École française d'Extrême-Orient, 2001.

蔡襄:《蔡襄集》,上海:上海古籍出版社,1996 年。

Camille, Michael. "Reading the Printed Image: Illuminations and Woodcuts of the *Pèlerinage de la vie humaine* in the Fifteenth Century." In *Printing the Written Word*, ed. Sandra L. Hindman, pp.259—91. Ithaca: Cornell University Press, 1991.

曹之:《中国古籍版本学》,武汉:武汉大学出版社,1992 年。

Carlitz, Katherine. "The Social Uses of Female Virtue in Late Ming Editions of *Lienü Zhuan*." *Late Imperial China* 12. no. 2

(Dec.1991):117-48.

Garter, T. F. *The Invention of Printing in China and Its Spread Westward*. 2d ed., rev. L. C. Goodrich. New York: Ronald Press, 1955.

Gavallo, Guglielmo, and Roger Chartier, eds, *A History of Reading in the West*. Trans. Lydia G. Cochrane. Amherst: University of Massachusetts Press, 1999.

Cedzich, Ursula-Angelika. "The Cult of the Wu-t'ung/Wu-hsien in History and Fiction: The Religious Roots of the *Journey to the south*." In *Ritual and Scripture in Chinese popular Religion: Five Studies*, ed. David Johnson, pp. 137-218. Berkeley: Chinese Popular Culture Project, 1995.

Chaffee, John W. *The Thorny Gates of Learning in Sung China: A Social History of Examinations*. 2d ed. Albany: State University of New York Press, 1995.

Chan Hok-lam. "Sung Laws and Regulations on Publications and Circulation." Unpublished paper from ACLS/Rockefeller Research Conference on "The Transformation of Chinese Law, T'ang through Ming." Bellagio, 1981.

Chan Wing-Tsit. *Chu-Hsi: New Studies*. Honolulu: University of Hawai'i Press, 1989.

昌彼德，王德毅，程元敏，侯俊德编：《宋人传记资料索引》六册，台北：鼎文书局，1974—1976 年。

Chang Pin-tsun. "Chinese Maritime Trade: The Case of 16th Century Fu-chien." Ph.D. dissertation, Princeton University, 1983.

Chang, Shelley Hsueh-lun. *History and Legend: Ideas and Images in the Ming Historical Novels*. Ann Arbor: University of

Michigan Press,1990.

Chartier, Roger. ed. *The Culture of Print: Power and the Uses of Print in Early Modern Europe*. Trans. Lydia G. Cochrane. Princeton: Princeton University Press, 1989.

陈擎光：《元代福建北部及其邻近地区所输出的陶瓷器》，《故宫学术季刊》六卷第三期，1989年春季号，第1—38页附图。

陈元靓：《事林广记》，建安椿庄书院（1330—1332），东京：中文出版社影印本，1988年。

陈昭珍：《明代书坊之研究》，台湾大学硕士学位论文，1984年。

Cherniack, Susan. "Book Culture and Textual Transmission in Sung China." *Harvard Journal of Asiatic Studies* 54, no. 1 (1994): 5-125.

Chia, Lucille. "Commercial Publishing in Jianyang from the Late Song to the Late Ming." In Paul Jakov Smith and Richard von Glahn, eds., *The Song-Yuan-Ming Transition in Chinese History*. Cambridge, Mass.: Harvard University Asia Center, in press.

——"Debatable Land: The Fujian-Jiangxi-Zhejiang Border Region during the Song." *Studies in Chinese History* 8 (Dec. 1998): 1-28.

——"The Development of the Jianyang Book Trade, Song-Yuan." *Late Imperial China* 17, no. 1 (June 1996): 10-48.

——"Of Three Mountains Street: The Commercial Publishers of Ming Nanjing." In *Printing and Book Culture in Late Imperial China*, ed. Cynthia J. Brokaw and Kai-wing Chow. Berkeley: University of California Press. Forthcoming.

——"Printing for Profit: The Commercial Printers of Jianyang, Fujian (Song-Ming)." Ph.D. diss., Columbia University, 1996.

《崇安县志》

——管声骏等修，康熙九年（1670），八卷。

——刘埥等修，雍正十一年（1733），八卷。

——魏大名等修，嘉庆十三年（1808），十卷。

——洪简等修，1924年，三十八卷。

Chrisman, Miriam U. *Lay Culture, Learned, Culture, Books and Social Change in Strasbourg, 1480—1599*. New Haven: Yale University Press, 1982.

Clark, Hugh R. *Community, Trade, and Networks: Southern Fujian Province from the Third to the Thirteenth Century*. Cambridge, Eng.: Cambridge University Press, 1991.

——"The Consolidation of the South China Frontier: The Development of Ch'üan-Chou, 699-1126." Ph.D. diss., University of Pennsylvania, 1981.

Clunas, Craig. "The Book Trade, Book Collection and the Dissemination of Knowledge in Late Imperial China." Paper presented at the Annual Meeting of the Association for Asian Studies, Boston, Mar. 24-27, 1994.

——*Pictures and Visuality in Early Modern China*. Princeton: Princeton University Press, 1997.

——*Superfluous Things: Material Culture and Social Status in Early Modern China*. London: Polity Press, 1991.

——"The West Chamber: A Literary Theme in Chinese Porcelain Decoration." *Transactions of the Oriental Ceramic Society* 46 (1981-82): 69-86.

Corsi, Elisabetta. "Scholars and Paper-Makers: Paper and Paper-Manufacture According to Tu Long's Notes on Paper." *Revista degli studi Orientali* 65(1991):69-107.

戴克瑜，唐建华主编：《类书的沿革》，成都：四川省图书馆学会，1981年。

Daniels Christian.「16—17世紀福建の竹紙製造技術:『天工開物』に詳述された一製紙技術の時代考証」.アジア・アフリカ言語文化研究 48-49,243-294,1995.

Darnton,Robert."The Printed Word."In idem,*The Kiss of Lamourette*,pp.107-87.New York:Norton,1990.

de Pee,Christian."Negotiating Marriage:Weddings,Text,and Ritual in Song-Yuan China(10th Through 14th Centuries)."Ph.D. diss.,Columbia University,1997.

de Weerdt,Hilde."Aspects of Song Intellectual Life:A Preliminary Inquiry into Some Southern Song Encyclopedias."*Papers on Chinese History* 3(Spring 1994):1-27.

——"The Composition of Examination Standards: *Daoxue* and Southern Song Dynasty Examination Culture." Ph. D. diss., Harvard University,1998.

Dolby,William."Chung-yüan yin-yün"In *The Indiana Companion to Traditional Chinese Literature*,vol.1,ed.and comp.William Nienhauser. Jr., pp. 370-71. Bloomington: Indiana University Press,1986.

Drège,Jean-Pierre.*Les Bibliothèques en Chine au temps des manuscrits*.Paris:Ecole Française d'Extrême-Orient,1991.

——"Des effets de l'imprimérie en Chine sous la dynastie des Song."*Journal Asiatique* 282,no.2(1994):409-42.

du Halde, Jean Baptiste. *The General History of China*. 4

vols. Trans. R. Brookes. London: John Watts, 1736.

段炫武：《宋代版刻法制研究》，台北：石室出版公司，1975 年。

Edgren, Sören, "The Chinese Book as a Source for the History of the Book in China." Paper presented at the conference Printing and Book Culture in Late Imperial China, Timberline Lodge, Ore., June 1998.

——"Southern Song Printing at Hangzhou." *Bulletin of the Museum of Far Eastern Antiquities* 62(1989): 1-212.

Edgren, Sören, Tsien Tsuen-hsuin, Wang Fang-Yu, and Wan-go H.C. Weng. *Chinese Rare Books in American Collections*. New York: China Institute in America. 1984.

Eisenstein, Elizabeth L. *The Printing Press as An Agent of Change*. 2 vols. Cambridge. Eng.: Cambridge University Press, 1979.

——*The Printing Revolution in Early Modern Europe*. Cambridge, Eng.: Cambridge University Press, 1983.

Elman, Benjamin A. *A Cultural History of Civil Examinations in Late Imperial China*. Berkeley: University of California Press, 2000.

Fang, Achilles. "Bookman's Manual." *Harvard Journal of Asiatic, Studies* 14(1951): 215-60.

方彦寿：《建阳刘氏刻书考》，《文献》36（1988 年第 2 期），第 196—228 页；37（1988 年第 3 期），第 217—229 页。

——《建阳县志刻书述略》，《福建图书馆学刊》34（1988 年 02 期），第 40—42 页。

——《建阳熊氏刻书述略》，《古籍整理与研究》1991 年第 6 期，第 193—208 页。

——《闽北刘氏等十四位刻书家生平考略》，《文献》47

(1991 年第 1 期)，第 222—230 页。

——《闽北十八位刻书家生平考略》，《文献》59（1994 年第 1 期)，第 224—233 页。

——《闽北十八位刻书家生平考略》，《出版史研究》第四辑（1996 年)，第 200—216 页。

——《闽北十四位刻书家生平考略》，《文献》1993 年第 1 期，第 210—219 页。

——《闽北詹余熊蔡黄五姓十三位刻书家生平考略》，《文献》41（1989 年第 3 期)，第 233—242 页。

——《明代刻书家熊宗立述考》，《文献》31（1987 年第 1 期)，第 228—243 页。

——《明代小说家熊大木及其〈北宋志传〉》，《福建史志》1988 年第 2 期，第 54—56 页。

——《萧腾鸿师俭堂的刻书地点》，《文献》1989 年第 1 期，第 210 页。

——《熊云滨与世德堂本〈西游记〉》，《文献》1988 年第 4 期，第 285—288 页。

Farrer, Anne S. "The *Shui-hu Chuan*: A Study in the Development of Late Ming Woodblock Illustration." Ph.D. diss., School of Oriental and African Studies, University of London, 1984.

Febvre, Lucien and Henri-Jean Martin. *L'Apparition du Livre*. Paris: Editions Albin Michel, 1958. Trans. David Gerard as *The Coming of the Book: The Impact of Printing 1450-1800*. London: NLB, 1976.

冯梦龙：《新列国志》二册，台北：联经出版事业公司，1981 年。

Fortune, Robert. *Two Visits to the Tea Countries of China*. 2

vols. London: John Murray, 1853.

Fosdick, Sydney O. "Chinese Book Publishing during the Sung Dynasty (A. D. 960-1279); a Partial Translation of *Istoriia Kitaiskoi Pechatnoi Knigi Sunskoi Epokhi* by Konstantine Konstantinovich Flug with Added Notes and an Introduction." M. A. thesis, University of Chicago, 1968.

Franck, Harry A. *Roving Through Southern China*. New York & London: Century, 1925.

傅衣凌：《明清农村社会经济》，北京：生活·读书·新知三联书店，1961 年。

福建通志局编：《福建通纪》，1922 年，影印本，台北：大通书局，1968 年。

Furth, Charlotte. *A Flourishing Yin: Gender in China's Medical History, 960-1665*. Berkeley: University of California Press, 1999.

Gardella, Robert P. "Fukien's Tea Industry and Trade in Ch'ing and Republican China: The Developmental Consequences of A Traditional Commodity Export." Ph. D. diss., University of Washington, 1976.

——*Harvesting Mountains: Fujian and the China Tea Trade, 1757-1937*. Berkeley: University of California Press, 1994.

——"The Min-Pei Tea Trade During the Late Ch'ien-Lung and Chia-Ch'ing Eras: Foreign Commerce and the Mid-Ch'ing Fu-chien Highlands." In *Development and Decline of Fukien Province in the 17th and 18th Centuries*, ed. E. B. Vermeer, pp. 317-47. Sinica Leidensia, vol. 22. Leiden: E. J. Brill, 1990.

Genette, Gerard. *Paratexts: Thresholds of Interpretation.*

Trans. Jane E. Lewin. Cambridge, Eng.: Cambridge University Press, 1997.

Goodrich, L. Carrington, and Chaoying Fang, eds. *Dictionary of Ming Biography 1368-1644*. 2 vols. New York: Columbia University Press, 1976.

Griffin, Clive. *The Crombergers of Seville: The History of a Printing and Merchant Dynasty*. Oxford: Oxford University Press, 1988.

顾炎武：《顾亭林诗文集》，北京：中华书局，1983 年。

——《日知录集释》，黄汝成集释，长沙：岳麓书社，1994 年。

顾志兴：《浙江藏书家藏书楼》，杭州：浙江人民出版社，1987 年。

——《浙江出版史研究——元明清时期》，杭州：浙江古籍出版社，1993 年。

——《浙江出版史研究——中唐五代两宋时期》，杭州：浙江人民出版社，1991 年。

官桂铨：《明小说家余象斗及余氏刻小说戏曲》，《文学遗产增刊》15（1983 年），第 125—130 页。

《古本小说丛刊》，北京：中华书局，1987—1991 年。

郭柏苍：《闽产录异》，光绪十二年（1886）刻本。

郭泰运口述，邓岭、任鹤林整理：《朱仙镇年画与民俗》，《中州民俗》1989 年 12 月总第 10 期，第 3—12 页。

韩元吉：《南涧甲乙稿》，《丛书集成初编》本。

Hanan, Patrick. "*Judge Bao's Hundred Cases* Reconstructed." *Harvard Journal of Asiatic Studies* 40, no.2(1980): 301-23.

Hansen, Valerie. *Changing Gods in Medieval China, 1127-1276*. Princeton: Princeton University Press, 1990.

Hartmann, Alfred and Beat Rudolf Jenny, eds. *Die Amerbach-*

korrespondenz. 8 vols. Basle: Verlag der Universitätsbibliothek, 1942-74.

Hayden, George A. "The Courtroom Plays of the Yüan and Early Ming Periods." *Harvard Journal of Asiatic Studies* 34 (1974): 192-220.

Hayes, James. "Specialists and Written Materials in the Village World." In *Popular Culture in Late Imperial China*, ed. David Johnson, Andrew J. Nathan, and Evelyn S. Rawski, pp. 75-111. Berkeley: University of California Press, 1985.

何长江：《〈燕居笔记〉编者余公仁小考》，《明清小说研究》，1993 年 03 期，第 105—108 页。

何孟春：《余冬序录》，嘉靖七年（1528）刻本。

Hegel, Robert E. *Reading Illustrated Fiction in Late Imperial China*. Stanford: Stanford University Press, 1998.

Heijdra, Martin. Review of *Geographical Sources of Ming-Qing History* By Timothy Brook. *Ming Studies* 29 (Spring 1990): 66-68.

——"Technology, Culture and Economics: Movable Type versus Woodblock Printing in East Asia." Paper presented at the First International Scientific Conference on Publishing Culture in East Asia, Tokyo, December 8-10, 2001.

Hennessey, William O. "The Song Emperor Huizong in Popular History and Romance: The Early Chinese Vernacular Novel *Xuanhe yishi*." Ph.D. diss., University of Michigan, 1980.

Hennessey, William O., trans. *Proclaiming Harmony*. Ann Arbor: University of Michigan, Center for Chinese Studies, 1981.

Hervouet, Yves, ed. *A Sung Bibliography*. Hong Kong:

Chinese University Press, 1978.

Hindman, Sandra L., ed. *Printing the Written Word: The Social History of Books, circa 1450-1520*. Ithaca: Cornell University Press, 1991.

Hirsch, Rudolf. *Printing, Selling and Reading 1450-1550*. Rev. ed. Wiesbaden: Otto Harrossowitz, 1974.

Ho Ping-ti. "Early Ripening Rice in Chinese History." *Journal of Economic History*, 2d ser., 9, no. 2(1956): 200-18.

洪迈：《容斋随笔》，上海：上海古籍出版社，1992 年。

——《夷坚志》，涵芬楼影印本，东京：中文出版社，1980 年。

胡道静：《中国古代的类书》，北京：中华书局，1982 年。

胡寅：《斐然集》，《四库全书》本，台北："商务印书馆"，1986 年。

胡应麟：《少室山房笔丛》，上海：中华书局上海编辑所，1958 年。

——《少室山房集》，《四库全书珍本》十二集。

黄霖，韩同文：《中国历代小说论著选》，南昌：江西人民出版社，1982 年。

黄晴文：《中国古代书院制度及其刻书探研》，台北："中国文化大学"硕士论文，1984 年。

Hummel, Arthur W. "Division of Orientalia." In *Annual Report of the Librarian of Congress, 1940*, pp. 165-67. Washington, D.C.: United States Government Printing Office, 1941.

Hummel, Arthur W., ed. *Eminent Chinese of the Ch'ing Period*. Washington, D.C.: U.S. Government Printing Office, 1943.

Hunter, Dard. *Old Papermaking in China and Japan*. Chillicothe, Ohio: Mountain House Press, 1932.

——*Papermaking: The History and Technique of An*

Ancient Craft. 2d ed. New York: Knopf, 1947. Reprinted-New York:Dover Press,1978.

Hurlbut,Floy."*The Fukienese:A Study of Human Geography*." Ph. D. diss., University of Nebraska. Published by the author,1930.

Hymes,Robert P."Not Quite Gentlemen? Doctors in Sung and Yuan."*Chinese Science* 8(1987):9-76.

——*Statesmen and Gentlemen:the Elite in Fu-chou,Chiang-hsi in the Northern and Southern Sung*.Cambridge, Eng.: Cambridge University Press,1986.

一ノ瀨雄一.「南宋臨安の書鋪に関すゐ一考察」.史泉(63), p1-22,1986-02.

Idema, Wilt L.*Chinese Vernacular Fiction: The Formative Period*.Sinica Leidensia,vol.13.Leiden:E.J.Brill,1974.

——"Novels about the Founding of the Sung Dynasty."*Sung Studies Newsletter* 9(June 1974):2-9.

——"Ping-hua."In *The Indiana Companion to Traditional Chinese Literature*, vol. 1, ed. and comp. William Nienhauser, Jr., pp.660-62.Bloomington:Indiana University Press,1986.

——"Some Remarks and Speculations Concerning *P'ing-Hua*."*T'oung Pao* 60(1974):121-72.

井上進.「書と読書」.東方学報(62),p409-445,1990-03.

——「書肆・書賈・文人」.荒井健編.「中華文人の生活」.pp. 304-338,東京:平凡社,1994.

——「出版文化と學術」.森正夫編.「明清時代史の基本問題」. pp.531-537,東京:汲古書院,1997.

Ivins, William, Jr. *Prints and Visual Communication*. Cambridge, Mass.: Harvard University Press, 1953. Reprinted—Cambridge, Mass.: MIT Press, 1992.

冀淑英：《谈谈明刻本及刻工——附明代中期苏州地区刻工表》，《文献》7（1981年3月），第211—231页。

江少虞：《宋朝事实类苑》二册，上海：上海古籍出版社，1981年。

蒋元卿：《徽州雕版印刷术的发展》，重印于上海新四军历史研究会印刷印钞分会编：《历代刻书概况》，第363—375页，北京：印刷工业出版社，1991年。

《建宁府志》

——刘玙等修，弘治六年（1493），六十卷。

——汪佃等修，嘉靖二十年（1541），二十二卷，《天一阁藏明代方志选刊本》影印本，卷二十七至卷二十八，上海：上海古籍书店，1964年。

——陈儒等修，万历间（1572—1620），五十二卷。

——张琦等修，康熙三十三年（1694），四十八卷。

《建阳县志》

——赵文等修，景泰四年（1453）编，弘治十七年（1504）增补，四卷。

——冯继科等修，嘉靖三十二年（1553），十六卷，《天一阁藏明代方志选刊本》影印本，卷三十一，上海：上海古籍书店，1964年。

——阳德政等修，万历二十九年（1601），十卷，《日本藏中国罕见地方志丛刊》影印本，北京：书目文献出版社，1991年。

——刘正芳等修，康熙四十二年（1703），九卷。

——江远青等修，道光十二年（1832），二十一卷，福建省建阳县地方志编纂委员会影印本，1986年。

——1929 年，1931 年，十三卷，《中国方志丛书》影印本，台北：成文出版社，1967 年。

——李家钦等修，1994 年，三十二卷增补版，建阳：建阳县地方志编纂委员会，1994 年。

金简：《武英殿聚珍版程式》，《丛书集成新编》第 48 册，台北：新文丰出版公司。Trans. Richard C. Rudolph as *A Chinese Printing Manual*. Los Angeles: Ward Ritchie Press: 1954.

Johnson, David, Andrew J. Nathan, and Evelyn S. Rawski, eds. *Popular Culture in Late Imperial China*. Berkeley: University of California Press, 1985.

金文京.「『三國演義』版本試探—建安諸本を中心に」.集刊東洋學 6, p43-64, 1989-05-30.

——「三國志演義の世界」.東京:東方書店, 1993.

——「湯賓尹と明末の商業出版」.荒井健編.「中華文人の生活」.pp.339-383, 東京:平凡社, 1994.

Ko, Dorothy. *Teachers of the Inner Chambers: Women and Culture in Seventeenth-Century China*. Stanford: Stanford University Press, 1994.

Kornicki, Peter F. *The Book in Japan: A Cultural History from the Beginning to the Nineteenth Century*. Leiden: E. J. Brill, 1997.

施宿修：《会稽志》，嘉泰元年（1201）成，正德五年（1510）重刊本。

郎瑛：《七修类稿》二册，北京：文化艺术出版社，1998 年。

Lao Yan-shuan. "Southern Chinese Scholars and Educational Institutions in Early Yüan: Some Preliminary Remarks." In *China under Mongol Rule*, ed. John Langlois, Jr., pp. 107-33. Princeton:

Princeton University Press,1981.

Laufer, R. "Les Espaces du Livre." In *Histoire de l'Edition française*, ed. R. Chartier and H.-J. Martin, 2:128-39. Paris: Promodis, 1984.

——"L'Espace Visuel du Livre Ancien." In *Histoire de l'Edition française*, ed. R. Chartier and H.-J. Martin, 1:579-601. Paris: Promodis, 1984.

Lee, Thomas H. C. "Books and Bookworms in Song China: Book Collection and the Appreciation of Books." *Journal of Sung-Yuan Studies* 25(1995):193-218.

——*Government Education and Examinations in Sung China*. Hong Kong: Chinese University Press, 1985.

——李弘祺：《精舍与书院》，《汉学研究》第 10 卷第 2 期（1992 年 12 月），第 307—332 页。

——"Life in the Schools of Sung China." *Journal of Asian Studies* 37, no.1(Nov.1977):45-60.

——"Neo-Confucian Education in Chien-yang, Fu-chien, 1000-1400: Academies, Society and the Development of Local Culture."《国际朱子学会议论文集》，第 945—996 页，台北："中央研究院"文哲研究所筹备处，1993 年。

Leung, Angela Ki Che. "Transmission of Medical Knowledge from the Sung to the Ming." Paper presented at the conference The Sung-Yuan-Ming Transition: A Turning Point in Chinese History, Lake Arrowhead, Calif., June 5-11, 1997.

李福清（Boris Riftin），李平编：《海外孤本晚明戏剧选集三种》，上海：上海古籍出版社，1993 年。

李国庆编：《明代刊工姓名索引》，上海：上海古籍出版社，

1998 年。

Li Han and Hsü Tzu-kuang. *Meng ch'iu; Famous Episodes from Chinese History and Legend*. Trans. Burton Watson. Tokyo: Kodansha International, 1979.

李龙潜:《明正统年间叶宗留邓茂七起义的经过及特点》,《中国农民起义论集》,第 227—251 页,北京:生活·读书·新知三联书店,1958 年。

李清志:《古书版本鉴定研究》,台北:文史哲出版社,1986 年。

李瑞良:《福建出版史话》,厦门:鹭江出版社,1997 年。

——《中国古代图书流通史》,上海:上海人民出版社,2000 年。

李焘:《续资治通鉴长编》,台北:世界书局,1964 年。

李心传:《建炎以来朝野杂记》,《丛书集成初编》第 0836—0841 册。

——《建炎以来系年要录》,《丛书集成初编》第 3861—3878 册。

李诩:《戒庵老人漫笔》,北京:中华书局,1982 年。

李之檀:《福建建安派木刻版画》,《中国历史博物馆馆刊》1986 年 08 期,第 97—110 页。

梁方仲:《中国历代户口、田地、田赋统计》,上海:上海人民出版社,1980 年。

山东省聊城地区地方史志编纂委员会编:《聊城地区志》,济南:齐鲁书社,1997 年。

凌扬藻:《蠡勺编》,《丛书集成初编》第 0225—0230 册。

Liu Hsiang-kwang. "Education and Society: The Development of Public and Private Institutions in Hui-chou, 960-1800." Ph. D. diss., Columbia University, 1996.

Liu, James J. Y. "The *Fêng-Yüeh Chin-Nang*: A Ming collection of Yüan and Ming plays and lyrics preserved in the Royal Library of San Lorenzo, Escorial, Spain." *Journal of Oriental Studies* 4, nos.1-2(1957—8):79-107.

刘仁庆编:《宣纸与书画》, 北京: 轻工业出版社, 1989 年。

刘叶秋:《中国字典史略》, 北京: 中华书局, 1992 年。

Loewe, M. A. N. "Some Recent Editions of the Ch'ien-Han-shu." *Asia Major*, n.s., 10, no.2(1964):162-72.

楼钥:《攻媿集》,《丛书集成初编》第 2003—2022 册。

Lowry, Martin. *The World of Aldus Manutius*. Ithaca: Cornell University Press, 1979.

卢前:《书林别话》,《民国丛书》影印本, 第二编第 50 册, 上海: 上海书店, 1990 年。

陆容:《菽园杂记》,《丛书集成初编》第 0329—0330 册。

陆深:《俨山外集》, 明嘉靖刻本。

陆游:《老学庵笔记》,《丛书集成初编》第 2766 册。

陆羽:《茶经》,《四库全书》本。

马端临:《文献通考》, 台北: 新兴书局, 1963 年。

Ma, Y.W. "The Pao-kung Tradition in Chinese Popular Literature." Ph.D. diss., Yale University, 1971.

——"The Textual Tradition of Ming *Kung-an* Fiction: A Study of the *Lung-t'u Kung-an*." *Harvard Journal of Asiatic Studies* 35(1975):190-220.

——"Themes and Characterization in the *Lung-t'u kung-an*." *T'oung Pao* 59(1973):179-202.

Mair, Victor H. *T'ang Transformation Texts: A Study of the Buddhist Contribution to the Rise of Vernacular Fiction and*

Drama in China. Cambridge, Mass.: Harvard University, Council on East Asian Studies, 1989.

Martin, Henri-Jean. *The History and Power of Writing*. Trans. Lydia G. Cochrane. Chicago: University of Chicago Press, 1994.

——*Print, Power, and People in 17th-Century France*. Trans. David Gerard. Metuchen. N.J.: Scarecrow Press, 1993.

Martinique, Edward. *Chinese Traditional Bookbinding: A Study of Its Evolution and Techniques*. Asian Library Series no. 19. San Francisco: Chinese Materials Center, 1983.

丸山浩明.「余象斗本考略」.二松学舎大学人文論叢(50), p121—144, 1993.

McClure, Floyd A. *Chinese Handmade Paper*. Newtown, Penn.: Bird and Bull Press, 1986.

McDermott, Joseph. "The Ascendance of the Imprint in Late Imperial Chinese Culture." In *Printing and Book Culture in Late Imperial China*, ed. Cynthia J. Brokaw and Kai-wing Chow. Berkeley: University of California Press. Forthcoming.

`McKenzie, D. F. "Bibliography and the Sociology of Texts." The Panizzi Lectures, 1985. London: The British Library, 1986.

——"Typography and Meaning: The Case of William Congreve." In *Buch und Buchhandel in Europa im achtzehnten Jahrhundert*, ed. Giles Barber and Bernhard Fabian, pp. 81-125. Hamburg: Hauswedell, 1981.

McLaren, Anne E. "Chantefables and the Textual Evolution of the *San-kuo-chih yen-i*." *T'oung Pao* 71(1985): 159-227.

——*Chinese Popular Culture and Ming Chantefables*.

Leiden:E.J.Brill,1998.

——"Constructing New Reading Publics in Late Ming China."In *Printing and Book Culture in Late Imperial China* ,ed. Cynthia. J. Brokaw and Kai-wing Chow. Berkeley: University of California Press.Forthcoming.

——"The Discovery of Chinese Chantefable Narratives from the Fifteenth Century: A Reassessment of Their Likely Audience."*Ming Studies* 29(Spring 1990):1-29.

——"Ming Audiences and Vernacular Hermeneutics: The Uses of *The Romance of the Three Kingdoms*."*T'oung Pao* 61 (1995):51-80.

——"Paratextual Discourse in Chinese Texts from the Twelfth to the Sixteenth Centuries—the Emergence of the Common Reader."Paper presented at The First Scientific Conference on Publishing Culture in East Asia,Tokyo,December 8-10,2001.

——"Popularizing *The Romance of the Three Kingdoms*:A Study of Two Early Editions."*Journal of Oriental Studies* 33, no. 2(1995):165-85.

McLuhan,Marshall.*The Gutenberg Galaxy*.Toronto:University of Toronto Press,1962.

米芾:《书史》,《丛书集成初编》第1593册。

《明史》28册,北京:中华书局,1974年。

《明太祖高皇帝实录》,台北:"中央研究院",1962年。

Mino Yutaka.*Freedom of Clay and Brush through Seven Centuries in North China:Tz'u-chou type ware,960—1600*.Exhibition catalogue.Indianapolis:Indianapolis Museum of Art,1980.

何乔远等编:《闽书》五册一百五十四卷,崇祯三年(1630)

初刻，影印本，福州：福建人民出版社，1994年。

森田宪司：《关于在日本的〈事林广记〉诸本》，邓广铭、漆侠编：《国际宋史研讨会论文选集》，第266—280页，保定：河北大学出版社，1992年。

Mote, Frederick W. and Hung-lam Chu. *Calligraphy and the East Asian Book*. *Gest Library Journal* 2, no.2 (Spring 1988).

Moxon, Joseph. *Mechanick Exercises on the Whole Art of Printing*. London: printed for J. Moxon, 1683-84. Facsimile reprint, ed. Herbert Davis and Harry Carter, 2nd ed.—London: Oxford University Press, 1962.

長澤規矩也.「長澤規矩也著作集」. 11冊. 東京：汲古書院，1982-1987.

Nienhauser, William, Jr., ed. *The Indiana Companion to Traditional Chinese Literature*. Vol. 1. Bloomington: Indiana University Press, 1986.

仁井田陞.「中國法制史研究」, 2：土地法・取引法；4：法と慣習・法と道徳，東京：東京大学出版会，1980.

Norman, Jerry. *Chinese*. Cambridge, Eng.: Cambridge University Press, 1988.

——"The Kienyang Dialect of Fukien." Ph.D. diss., University of California, Berkeley, 1969.

小川陽一.「日用類書による明清小説の研究」. 東京：研文出版，1995.

大木康.「明末江南における出版文化の研究」. 広島大学文学部紀要 50, p1-176, 1991.

Ong, Walter J. *Orality and Literacy*: *The Technologizing of the World*. Reprinted—London and New York: Routledge, 1982.

欧阳修：《欧阳修全集》二册，台北：世界书局，1971 年。

尾崎康.「正史宋元版の研究」.東京:汲古書院,1989.

潘吉星：《中国造纸技术史稿》，北京：文物出版社，1979 年。

Parker, E.H. "A Journey from Foochow to Wenchow through Central Fukien." *Journal of the North China Branch, Royal Asiatic Society* 19(1883):1-19.

彭百川：《太平治迹统类》，台北：成文出版社，1966 年。

彭龟年：《止堂集》，《丛书集成初编》第 2035—2025 册。

Plaks, Andrew H. *The Four Masterworks of the Ming Nover*: Ssu ta ch'i-shu. Princeton: Princeton University Press, 1987.

Poon Ming-sun. "Books and Printing in Sung China (960-1279)." Ph.D. diss., University of Chicago, 1979.

——"The Printer's Colophon in Sung China, 960-1279." *Library Quarterly* 43(1973):39-52.

——潘铭燊：《宋代私家藏书考》，《华冈学报》6（1971 年 7 月），第 201—262 页。

《大清历朝实录》，台北：华联出版社，1964 年。

谢深甫等编：《庆元条法事类》，燕京大学图书馆影印，北京：中国书店，1986 年。

瞿冕良：《中国古籍版刻辞典》，济南：齐鲁书社，1999 年。

Rawski, Evelyn S. *Agricultural Change and the Peasant Economy of South China*. Cambridge, Mass.: Harvard University Press, 1972.

——"Economic and Social Foundations of Late Imperial Culture." In *Popular Culture in Late Imperial China*, ed. David Johnson, Andrew J. Nathan, and Evelyn S. Rawski, pp. 3—33. Berkeley: University of California Press, 1985.

——*Education and Popular Literacy in Ch'ing China*. Ann Arbor: University of Michigan Press, 1979.

Reed, Christopher A. "Gutenberg in Shanghai: Mechanzied Printing, Modern Publishing, and Their Effects on the City, 1876-1937." Ph.D. diss., University of California, Berkeley, 1996.

Reynolds, Craig. "Tycoons and Warlords: Modern Thai Social Formations and Chinese Historical Romance." In *Sojourners and Settlers: History of Southeast Asia and the Chinese: In Honour of Jennifer Cushman*, ed. Anthony Reid, pp. 115-47. St Leonards, NSW: Allen & Unwin, 1996.

Richardson, S. D. *Forestry in Communist China*. Baltimore: Johns Hopkins University Press, 1966.

Robbins, Michael. "The Inland Fukien Tea Industry: Five Dynasties to the Opium War." *Transactions of the International Conference of Orientalists in Japan*, no. 19 (1974): 121-42.

Rolston, David. *Traditional Chinese Fiction and Fiction Commentary*. Stanford: Stanford University Press, 1997.

Rolston, David, ed. *How to Read the Chinese Novel*. Princeton: Princeton University Press, 1990.

Rose, Jonathan. "The History of Books: Revised and Enlarged." In *The Darnton Debate: Books and Revolution in the Eighteenth Century*, ed. Haydn T. Mason, pp. 83-104. Oxford: The Voltaire Foundation, 1998.

——"Rereading the *English Common Reader*: A Preface to the History of Audiences." *Journal of the History of Ideas* 53 (1992): 47-70.

Ruitenbeek, Klaas. "The *Lu Ban jing*: A Fifteenth-Century

Chinese Carpenter's Manual."Ph.D.diss.,Leiden University,1989.

Saenger, Paul and Michael Heinlein. "Incunable Description and Its Implication for the Analysis of Fifteenth-Century Reading Habits."In *Printing the Written Word*, ed.Sandra L.Hindman, pp. 225-58.Ithaca:Cornell University Press, 1991.

酒井忠夫.「中国史上の庶民教育と善書運動」.多賀秋五郎編.「中世アジア教育史研究」,p294—323.東京:国書刊行会,1980.

——"Confucianism and Popular Educational Works."In *Self and Society in Ming Thought*, ed. William T. deBary, pp. 331-66. New York:Columbia University Press,1970.

——「明代の日用類書と庶民教育」.林友春編.「近世中國教育史研究:その文教政策と庶民教育」,p25-154,東京:国土社,1958.

——「明末の新文化と読書人層」.立正大学史学会創立五十周年記念事業実行委員会編.「宗教社会史研究」,p631-656,東京:雄山閣出版,1977.

——「明末清初の社會における大衆的読書人と善書・清言」.「道教の總合的研究」,p370-393. 東京:国書刊行会,1977.

酒井忠夫等編.「中國日用類書集成」.東京:汲古書院,1999-2004.

梁克家等编:《三山志》四十二卷,《宋元地方志丛书》十二册,台北:大化书局,1978年。

Schafer, Edward H. *The Empire of Min*. Rutland: Charles E. Tuttle, 1954.

Schlieder, Wolfgang, Pan Jixing, and Sybille Girmond, comms.; Maria Scholz, org. *Chinesische Bambuspapier Herstellung: Ein Bilderalbum aus dem 18. Jahrhundert*. Berlin: Akademie Verlag, 1993.

《山东省志·出版志》，济南：山东人民出版社，1993年。

《邵武府志》

——陈让等修，嘉靖二十二年（1543），十五卷，《天一阁藏明代方志选刊》第10册影印本，台北：新文丰出版公司，1985年。

——徐兆丰等修，光绪二十四年（1898），三十一卷。

沈德符：《敝帚轩剩语·补遗》，《丛书集成初编》第2943册。

——《万历野获编》三册，北京：中华书局，1959年。

沈津：《明代坊刻图书之流通与价格》，台北《"国家图书馆"馆刊》1996年6月第1期，第101—118页。

沈括著，胡道静校注：《新校正梦溪笔谈》，香港：中华书局，1975年。

荘司格一.「中国の公案小说」.東京:研文出版,1988.

司马光：《资治通鉴》，胡三省注，《四部备要》本。

So, Billy Kee-long. "Economic Developments in South Fukien, 946-1276." Ph.D. diss., Australian National University, 1982.

——苏基朗：《宋代泉州及其内陆交通之研究》，香港中文大学硕士学位论文，1978年。

宋慈：《洗冤录》，Trans. Brian McKnight. Ann Arbor: Center for Chinese Studies, University of Michigan, 1981.

徐松辑：《宋会要辑稿》八册，北京：中华书局，1957年。

《宋史》四十册，北京：中华书局，1985年。

宋应星：《天工开物》，崇祯十年（1637）刊本，郑振铎编：《中国古代版画丛刊》第3册影印本，上海：上海古籍出版社，1988年。Trans. E-Tu Zen Sun and Shiou-Chuan Sun as *T'ien-kung k'ai-wu: Chinese Technology in the Seventeenth Century*. University Park: Pennsylvania State University Press, 1966.

Spufford, Margaret. *Small Books and Pleasant Histories; Popular Fiction and Its Readership in Seventeenth-Century England*. Athens: University of Georgia Press, 1981.

Strickmann, Michel. "The Seal of the Law: A Ritual Implement and The Origins of Printing." *Asia Major* 3d ser., 6, no. 2(1993): 1-81.

Struve, Lynn A. "The Southern Ming, 1644-1662." In *The Cambridge History of China, vol. 7, The Ming Dynasty, 1368-1644*, pt. 1, ed. Frederick W. Mote and Denis Twitchett, chap. 11. Cambridge, Eng.: Cambridge University Press, 1988.

苏轼：《东坡志林》，《丛书集成初编》第 2850 册。

苏易简：《文房四谱》，《四库全书》本。

孙从添：《藏书记要》，石印本，上海：扫叶山房，1914 年。

谭正璧：《中国文学家大辞典》，香港：天地图书，1980 年。

田中整治.「吳越と〔ビン〕との關系—〔ビン〕国の内乱を中心として」.東洋史研究 28(1), p28-51, 1969.

唐锦：《龙江集》，隆庆三年（1569）刻本。

陶承庆编：《新刻京本华夷风物商程一览》，明万历间刘龙田乔山精舍刻本。

Teng Ssu-yü and Knight Biggerstaff, eds. *An Annotated Bibliography of Selected Chinese Reference Works*. 3d ed. Cambridge, Mass.: Harvard Unversity Press, 1971.

Tillman, Hoyt C. "Encyclopedias, Polymaths, and Tao-hsüeh Confucians: Preliminary Reflections With Special Reference to Chang Ju-yü." *Journal of Song-Yuan Studies* 22 (1990-92): 89-108.

Tisen Tsuen-hsuin(钱存训). *Paper and Printing*. Vol. 5, pt.1

of *Science and Civilisation in China*, ed. Joseph Needham. Cambridge, Eng.: Cambridge University Press, 1985.

——《中国印刷史简目》，台北《"中央图书馆"馆刊》新二十三卷第一期（1990 年 6 月），第 179—199 页。

Twitchett, Denis C. *Printing and Publishing in Medieval China*. New York: Frederic C. Beil, 1983.

Unschuld, Paul U. *Medicine in China: A History of Pharmaceutics*. Berkeley: University of California Press, 1986.

Valenstein, Suzanne G. *A Handbook of Chinese Ceramics*. 2d ed., rev. and enl. New York: Metropolitan Museum of Art, 1989.

van der Loon, Piet. *The Classical Theatre and Art Song of South Fukien: A Study of Three Ming Anthologies*. Taipei: SMC, 1992.

van Selm, Bert, "Cornelis Claesz's 1605 Stock Catalogue of Chinese Books." *Quaerendo* 13(1983): 247-59.

Vöet, Leon. *The Golden Compasses: A History and Evaluation of the Printing and Publishing Activities of the Officina Plantiniana at Antwerp*. 2 vols. Amsterdam: Van Gend, 1969, 1972.

von Glahn, Richard. "Community and Welfare: Chu Hsi's Community Granary in Theory and Practice." In *Ordering the World: Approaches to State and Society in Sung Dynasty China*, ed. Robert Hymes and Conrad Schirokauer, pp. 221—54. Berkeley: University of California Press, 1993.

——"Towns and Temples: Market Town Growth and Decline in the Yangzi Delta, 1200-1500." In *The Song-Yuan-Ming Transition in Chinese History*, ed. Paul Jakov Smith and Richard von

Glahn. Cambridge, Mass: Harvard University Asia Center, in press.

Walravens, Hartmut, ed. *Two Recently Discovered Fragments of the Chinese Novels* San-kuo-chih yen-i *and* shui-hu chuan. With an Introduction by Y.W.Ma. Facsimile reprint of Ming editions. Hamburg: C.Bell Verlag, 1982.

Walton, Linda, *Academies and Society in Southern Sung China*. Honolulu: University of Hawai'i Press, 1999.

王国维：《两浙古刊本考》，《王国维遗书》第7册，上海：上海书店，1983年。

Wang Hsiu-huei（王秀惠）. "Un outil informatique sur le *Yijian zhi* de Hong Mai et ses applications *à* l'étude de la société des Song." Thesis, University of Paris VII, Etudes de l'Extrême-Orient, 1989.

王利器编：《元明清三代禁毁小说戏曲史料》，增订本，上海：上海古籍出版社，1981年。

王钦若等编：《册府元龟》，崇祯十五年（1642）刻本，北京：中华书局，1960年。

Wang, Richard G. "Creating Artifacts: The Ming Erotic Novella in Cultural Practice." Ph. D. diss., University of Chicago, 1999.

王世懋：《闽部疏》，《丛书集成新编》第95册。

Wang Yeh-chien. "Food Supply in Eighteenth-Century Fukien." *Late Imperial China* 7, no. 2 (Dec. 1986): 80-117.

王恽：《玉堂嘉话》，《丛书集成初编》第0326册。

Wang Yuquan（王毓铨）. "Some Salient Features of the Ming Labor Service System." *Ming Studies* (Spring 1986): 1-44.

王肇文：《古籍宋元刊工姓名索引》，上海，上海古籍出版社，1990 年。

王仲荦：《从茶业经济发展历史看中国封建社会的一个特征》，《文史哲》1953 年 5 月第 2 期，第 33—42 页。

——《金泥玉屑丛考》，北京：中华书局，1998 年。

危素：《危太朴集》，影印本，台北：新文丰出版公司，1985 年。

魏隐儒，王金雨：《古籍版本鉴定丛谈》，北京：印刷工业出版社，1984 年。

Whitfield, Roderick. "Tz'u-chou Pillows with Painted Decoration." In *Chinese Painting and the Decorative Style*, ed. Margaret Medley, pp.74-94. A colloquy held June 23-25, 1975. Colloquies on art & archaeology in Asia 5. London: University of London School of Oriental and African Studies, Percival David Foundation of Chinese Art, 1976.

Widmer, Ellen. "The Huanduzhai of Hangzhou and Suzhou: A Study in Seventeenth-Century Publishing." *Harvard Journal of Asiatic Studies* 56, 1(June 1996): 77-122.

Wilkinson, Endymion. *Chinese History: A Manual*. Rev. ed. Cambridge, Mass.: Harvard University Asia Center, 2000.

Winkelman, John. "The Imperial Library in Southern Sung China, 1127-1279: A Study of the Organization and Operation of the Scholarly Agencies of the Central Government." *Transactions of the American Philosophical Society*, n.s.64. no. 8(1974).

Wu Cheng'en. *The Jorney to the West*. Trans. Anthony C. Yu. 4 vols. Chicago: University of Chicago Press, 1983.

Wu, K. T. "Chinese Printing Under Four Alien Dynasties." *Harvard Journal of Asiatic Studies* 13(1950): 447-523.

——"Ming Printing and Printers."*Harvard Journal of Asiatic Studies* 7(1942):203-60.

肖东发：《建阳余氏刻书考略》（上中下），《文献》1984年第3期，第230—247页；1984年第4期，第195—219页；1985年第1期，第236—250页。

——《明代小说家、刻书家余象斗》，《明清小说论丛》第四辑，第195—212页，沈阳：春风文艺出版社，1986年。

——《小议闽刻"京本"》，《图书馆杂志》1984年03期，第67—68页。

谢水顺，李珽：《福建古代刻书》，福州：福建人民出版社，1997年。

谢兆申：《谢耳伯先生初集》，序于崇祯十三年（1640），影印自内阁文库本。

謝肇淛.「五雜組」.「和刻本漢籍随筆集」,1.東京:汲古書院,1982.

熊禾：《熊勿轩先生文集附录》，《丛书集成初编》第2407册。

熊克：《中兴小纪》，福州：福建人民出版社，1985年。

熊仁霖：《鹤台先生熊山文选》，清刻本。

徐𤊹：《鳌峰集》，天启五年（1625）刻本。

——《徐氏笔精》，台北：学生书局，1970年。

徐康：《前尘梦影录》，《百部丛书集成》第六函之七十九，第54册，台北：艺文印书馆。

山根幸夫.「明代史研究文獻目録」.東京:東洋文庫明代史研究室,1960.

Yang Lien-sheng."The Form of the Paper Note *Hui-tzu* of the Southern Sung Dynasty."*Harvard Journal of Asiatic Studies* 16(1953):365-73.

杨绳信：《从〈碛砂藏〉刻印看宋元印刷工人的几个问题》，《中华文史论丛》1984年第1辑，第41—58页。

杨水心，黄寿恩：《建阳造纸古今谈》，《福建造纸》10（1986年第3期），第13—17页。

杨钟羲：《雪桥诗话续集》，北京：北京古籍出版社，1991年。

杨家埠村志编纂委员会编：《杨家埠村志》，济南：齐鲁书社，1993年。

叶昌炽：《藏书纪事诗（附补正）》，上海：上海古籍出版社，1999年。

叶德辉：《书林清话》，台北：文史哲出版社，1988年。

叶梦得：《石林燕语》，《四库全书》本。

Yu Feiyin（于非闇）. *Chinese Painting Colors: Studies of Their Preparation and Application in Traditional and Modern Times*. Trans. Jerome Silbergeld and Amy McNair. Seattle: University of Washington Press, 1988.

Yuan Cai. *Family and Property in Sung China: Yüan Ts'ai's* Precepts for Social Life. Trans. and annot. Patricia B. Ebrey. Princeton: Princeton University Press, 1984.

岳珂：《愧郯录》，《丛书集成初编》第0841—0842册。

——《桯史》，《丛书集成初编》第2869—2870册。

戴埴：《鼠璞》，《丛书集成初编》第0319册。

张涤华：《类书流别》，修订版，北京：商务印书馆，1985年。

张秀民：《张秀民印刷史论文集》，北京：印刷工业出版社，1988年。

——《中国印刷史》，上海：上海人民出版社，1989年。

张应俞：《杜骗新书》，晚明陈怀轩存仁堂刻本，《古本小说集成》影印本，上海：上海古籍出版社，1990年；今人校注版，郑州：中州古籍出版社，1994 年。

赵诚：《中国古代韵书》，北京：中华书局，1979 年。

真德秀：《西山先生真文忠公文集》，《四部丛刊》本。

郑伟章，李万健：《中国著名藏书家传略》，北京：书目文献出版社，1986 年。

郑振铎编：《中国古代版画丛刊》第 4 册，上海：上海古籍出版社，1988 年。

周亮工：《闽小记》，《丛书集成新编》第 95 册。

——《书影》，上海：中华书局上海编辑所，1958 年。

周密：《齐东野语》，《丛书集成初编》第 2779—2782 册。

周芜：《中国版画史图录》二册，上海：上海人民美术出版社，1988 年。

周心慧编：《明代版刻图释》四册，北京：学苑出版社，1998 年。

周兆新：《三国演义考评》，北京：北京大学出版社，1990 年。

朱传誉：《宋代新闻史》，1934 年上海初版，1978 年台北重印版。

朱国祯：《涌幢小品》，上海：中华书局上海编辑所，1959 年。

朱维幹：《福建史稿》二册，福州：福建教育出版社，1985 年。

朱熹：《晦庵先生文公文集》，台北：商务印书馆，1980 年。

——《朱子大全》，《四部备要》本，台北：中华书局，1964 年。

——《朱子语类》八册，黎靖德编，北京：中华书局，1994 年。

朱彧：《萍洲可谈》，《丛书集成初编》第 2754 册。

庄一拂：《古典戏曲存目汇考》三册，上海：上海古籍出版社，1982 年。

索　引

著作多以标准书名列出，以方便检索不同版本，如“新刻按鉴全像批评三国志传”及其他版本均列入“三国志传”条。本表仅收录正文、注释提及的出版商、刻书家；宋、元、明三朝建阳地区刻坊的综合列表参见附录B。表格按英文字母顺序排列，同姓氏人名则按名字首字母顺序排列。

针灸，289

刘世忠爱日堂，272

通书，295

艾默尔巴赫，11

刘氏安正堂，205，209，244，324

鳌峰书院，98，118

约斯特·巴德，11

白口本，67

白文，66

白先生杂著指玄编，113

竹子，24，30，38

版本学，5，32，54

半页/半叶，58

新刊京本通俗演义全像包龙图判百家公案全传，303

北京的刻印和出版，140，193，241，245，268，305

北苑，29，88，115

集部，宋元建阳本，175—177；明本，277，297—309

本草，167，209，289

托马斯·比威克，70

宾退录，177

刻工，47—53，225—226；印本中的姓名，47—53，100；建阳地区数量，50，239—240；与出版商的亲属关系，52—53，100，102；女性，52，100；外游，50，53；技能等级，70—71；能识文断字，53；身处苏州，240。

雕版，46—53；插图，14—15；阳刻与阴刻，43，63；记录字数，62，67；木面木刻、木口木刻，70。

刻字铺/店，241

木制版片的印刷，41—42；数量与质量的影响，42—43；刻印商之间的共享与转让，44—46，241，272；运输，44—46，209—210，228，243；损毁情况，46，233；书坊大火的毁坏，192，200—201，225，233；准备与处理，41。
青檀：造纸用，34
白居易，171
礼部（明代），223
书籍装帧，68
耳子，书耳，68
易经/周易，118，278，297
尚书，278
诗经，251，278，280—281
雕版书的价格与生产成本，13，155，243—246；现存本，228—233（明代），115，230（与西方对比）；建阳本书目，18—19，374—378；断代，47，376；版式与外观，53—81（宋元），247—277（明代）；副文本，54；易读性，59；留白，60；扉页与附录，62；文本的规范化，62；标点，63—66（每处）；文本的再整理，64；封面，69，244；印本中的多个栏目，72，101，257—261，278—282（每处），287，300；人物像，78—80；低廉劣质的福建（建阳）本，95；现存本，122，181—183；易读性，127；建阳本的“外观”，124—127；建阳本的销售，242—243；建阳本的统计数字，122。
黄杨：制版用，42
牙人，242
佛教：印刷与印刷品，56，85，92，139，174—175，318
闽北佛寺，92
大藏经，3；宋本，92；价格信息，324。

闽北蔡氏：族谱，20—21
蔡氏出版商，51
蔡襄，36，37
蔡元定，20，115
印刷日历，9，15，38，72，94，241，256
樟：制版用，42
藏版，241
书目，18—19，231，374—375
梓：制版用，42
策，155—156
册府元龟，94，169；建阳本，43—44，229，292。
书籍审查与禁毁，147，148
版心，47，67—68
茶经，29
茶酒争奇，299

查脉，169
常山（浙江），27，219
常州（江苏），219
产科，289
说唱（词话），260，268，301，303—305
晁公武，142
陈氏出版商，216—217，288，297
陈邦泰继志斋，303
陈含初，217
陈怀轩存仁堂，242，305
陈建，283
陈樫，283
陈敬学，217，298
陈继儒，11，220—222
陈际泰，308
陈均，177
陈奇泉/孙安：通晓医学、星占、阴阳风水，217，288
陈我含，217
陈友谅：围攻建宁府治，188
陈元靓，173
陈元善，172
陈玉我，216—217
陈振孙，142，143
陈志，136
陈自明，290
程颐：画像，80，118
成都府路（四川），87
诚斋先生四六发遗膏馥，176
批点分类诚斋先生文脍，176
程朱二先生周易传义，108
车淑珊，164
杉，29
枣：制版用，42
皂荚：制版用，42
美国研究图书馆信息网络“中文善本书国际联合目录项目”，375
崇安县（今武夷山市），24，26，95
崇川，101
崇化里（建阳），22，101；每月书市，192，200，242。
崇宁大藏，92
崇泰里（建阳），115
重梓，281
楚辞集解，276
传奇，203，300
春秋公羊经传解诂，110
春秋縠梁经传，110，131
春秋经传集解，63，110，127，131
处州（浙江），26
磁州陶瓷，139—140
儒学经籍印本，94，144，146；宋元，159—162；建宁府，207，255—226；明初的短缺，223；明代建阳，226，238，276，278—282。
“清流”船，24
纸质衣服，34
牌记框，68—69；荷叶设计，273。

刻印者牌记，18—19，68—69，131—132，241，273
批点/评点：夹注，55；圈点，66，280；内容与用法，66；在医籍中，289。
大成，108，278
儒医，288—289
儒家士人文化，319
儒家著作：宋元，159—162（每处）；明代，238，287；对印本的进一步研究，322。
版片与印本中的勘误，47，207
劳役，204—205
假钞印版，47
封面页，62，69，272
克伦伯格：在塞维利亚的印刷活动，11
萃庆堂，202—203，228，239，240，251，261，273，293，297，299
刘氏翠岩精舍：元代的刻印活动，98，107—108，206，223
萃英堂，302

大宝积经，175
大成，108，278
大方纲鉴（大方通鉴），284
大观，283
大广益会玉篇，162，276
大明一统志，206，244，285；坊刻翻印本的价格，244。
唐立，39
道学与印刷术的发展，9，319
道学经典，4
道学：在闽北的影响，108；对印刷、教育及儒学的影响，108，112，117，119，144，159，165，170—177（每处）。
大全，280
大宋中兴通俗演义，213
大宋中兴岳王传，199
相关数据库，377
大唐三藏取经诗话，139
达恩顿：“交流环”，13
大业堂，209
大字本，58—59，127
邓茂七起义，190
邓志谟，203，216，240，293，299
方言：闽南，泉州，潮州，300
地理，284
地理统一全书，199—201
国子监（明代），224，278，313
国子监（宋代），7；印本，60，110，131，141，145—146，164，179，180；科考资料，149。
术数类印本，238，297，382（表C.5）
东莱先生分门诗律武库，171
东莱先生音注唐鉴，165
双行，55
痘疹（治疗），289

戏曲杂集，明代印本，300
杜甫，113
敦煌，56，63，68

耳子/书耳，68
伊丽莎白·爱森斯坦，7
象鼻，67
欧洲：印刷术的影响，7，8，12；与中国的对比，7—15，56—58，318；中国印本的买家，229；印刷中心里昂，321。
科举考试，99；资料，145—157（每处），155，164，176，284，292，298；作弊小册子，145，147；时文，145；考生人数（宋代），144。
论，156

翻刻效果，58，136
范汝为起义（1130—1132），30
范祖禹，165
房（分支），19
方书，167
凡例/凡言，62，64，298
册，272
命书，297
冯继科，227
冯梦龙，11，202
冯氏《诗记》，236
风月争奇，299
分水关（武夷山至江西），27
小说印本，139，177（宋元），237—238，260—261，277（明代）
鱼尾，67
叶码，67
四书，64；印本，144，158—161（每处）（宋元），277，278，282（明代）。
FoxPro，376
赋，154，155
福建：历史，4，87，89—91，188，190；沿海地区，26，28；早期定居与迁移地，28，89，103，110；纸与造纸，33—39；印刷与出版，87，95，127，149（表5），161。
福建漕治，127
妇人大全良方，212，289，290
妇人脉法，290
富沙，101
福州（福建），24—25，28，91—92，95，191；印刷与出版地，87，92，226，236，243；纸产地，37。
抚州（江西），27；119，121

纲目，282—283
赣江，27
告白，69，219，272
宋高宗（在位1127—1162），草书，136
族谱：建阳出版家族，4，19—21；

祖籍陕西、河南，93；销毁，20；先祖画像，80；伪造品，103。
风水，213，217，288，294，297；书坊余氏家族的说明，199—201。
公案，198，216，302—305
闽北的社区义庄，92
顾炎武，223，311
古列女传，112，136，138
叶氏广勤堂，114，136，217—218
广韵，136，162—163
光泽县，27
轨范，298
会稽（浙江）：竹纸，36—37
杨氏归仁斋，244
龟山先生语录，161
贵溪（江西），27
古今事文类聚，169，170，244，292
古今书刻，232
古今文苑举业精华，297
古今源流至论，169，170，292
古今韵会举要，281
古今韵会举要小补，203，227
国朝名臣事略，113
国朝文类，113
国色天香，305
国学进士，110，131
国子监，110
故事白眉，216，293
故事黄眉，215，293
孤树裒谈，216
古文，175
妇科：印本，289—290

海篇，282
海篇心镜，218
海篇正宗，219
半页/叶，58
韩愈，著作，印本，124，175
韩元吉，90
韩南，303
手抄本：摹写文字，234
手写素材：写本与印本的关系，13—14，55—56，58；夹带入科举考试，145；摹写文字，234；写本的传播，58。
杭州：从闽北启程，26—27；宋代的印刷，87，139，236；出版商数量，96（宋代），193（明代）；府学，141；与明代建阳的印刷、出版联系，213；印刷质量（明代），323；中瓦子地区，139。
翰林重考字义韵律海篇心镜，282
翰墨启劄，172
翰墨全书，172
汉书，132，144，146，164，165，283
新刊汉诸葛武侯秘演禽书，219
许舒，246，325

黑口本，67，376
河口（今铅山），27，242
大麻：造纸用，34
平话，138
史部：宋代官修与出版，10，144；建阳出版的史书资源 21—23（每处），142—143，204；评注，66；宋元印本，94，99—101（每处），132，133，144，146，150（表5），163—166，178；明代印本，206—207，209，213，215，222—227（每处），248，257，277，282—285。
中国书籍史，3，5，8—23，32，80，230，239，316；西方书籍史，8，11，12，17。
洪迈：《夷坚志》，47，51，85；版本，85，127，129。
福州洪塘海堤，24
洪武正韵，281
洪源书院，108，117—118，159，160
后汉书，100，106，132，144，164
后山报恩万寿堂，175
胡氏，昆陵出版商，219
胡炳文，112
胡方平，160
胡广，278
胡继宗，293
胡三省，24
胡一桂（胡廷芳），108
胡应麟，234，238，245
化龙书院，98
花鸟争奇，299
黄氏刻工家族（徽州新安），210—211，270，325
黄榦，115，117
黄国奇，228
黄丕烈，312
黄善夫，100，146，164
黄淑安，138
黄庭坚：著作，印本，107，175
黄正辅，293—294
皇朝编年纲目备要，177
皇朝大事讲义，177
皇朝文鉴（宋文鉴），106，176，298
黄帝内经，288
黄帝内经素问，167
皇明诸司廉明奇判公案，302
皇明资治通纪，283
皇宋事宝类苑，170
皇元风雅，177
晦庵先生语录，162，170
汇编，283
徽州：印刷与出版，270，324—325；新安，236。
宋徽宗（在位 1101—1125）：“瘦金体”，123
新编婚礼备用月老新书，129，173

插图：见中国和早期欧洲印本，13；图，53—54，70—80；文本与图的关系，70；木刻对图的外观与制作的影响，70—78；画，与图对比，72—80，272；对图的蔑视，71，78；图像的复制品，71，78；明本中的图，260，267—272（每处）；插图，299；进一步研究，326—327；木刻插图的重复使用，78。
印刷用墨，9，40；印刷及绘画用墨的制作，40—41。
阴刻，43，63

日本汉籍，319
季本，227
吉澄，226
夹袋册，145
建安县（今建瓯），21，26；北苑茶，29。
建安书堂，139
建本，3，19，142，375
建昌（江西），27
剪灯新话，223—224，251
剪灯余话，223—225
建溪，24
江贽，283
江湖奇闻杜骗新书，242，305
江南地区：路线及对闽北的影响，25—28（每处），89，178，311，319；印刷与出版，与建阳的联系，44，87，95，187—192（每处），197，210—215（每处），218，232，235，239，240，272，277，300，312，314，320，323；官府征用纸来源，36—37。
江南西路，87
江山（浙江），26
江苏广陵古籍刻印社，41，42，47，50
建宁：农业，28—29；宋代府学，93；举子人数，98—99；官医提领，136；孔庙和学堂大火，222；名称沿革，87；人口，89（唐宋），310（明清之际），193（清初）。
建阳，3
建炎以来系年要录，143
校订社友，240
焦氏《类林》，236
校正，52
家塾，7；刻印活动，95—101（每处），127，158，163。
吉澄（海澄），217
节要，165，283
集解，164
金简，42
金履祥，283
金璧故事，293

詹氏进德堂，276
京板，281
京本，281
精抄，283
金陵刻经处，41，42，47，50
精舍，刻印活动，97，118—119
金瓶梅，58
近圣堂，203
近思后录，162
近思录，160，161，174
詹氏进贤堂，248
集千家注分类杜工部诗，114
陈氏积善堂，217
北游记，198
南游记，198，202
西游记，306
卷：总数，67
卷端，69
镌古今中兴筹略，197，310
包拯，302
决科机要，149
居家必用，173
枣：制版用，42
郡斋读书志，142
举人，204
居仁堂，245
黄麻：造纸用，34

开封：宋代印刷出版中心，87
开心，280—281
考亭书院，201
克勤斋，272
巾箱本/袖珍本，60，146
刻书匠户，226
金文京，308
孔传，171
孔子家语，162，287
朝鲜汉籍，319
昆仑奴，222

页/叶，58—59，60
类篇，282
类书，145；印本，168—174（宋元），291—297（明代）；原始资料，181—182；类目，168，291，382（表 C.4），故事集，292—293；日用类书，294—295；通俗类书，305。
类说，170，171
李瀚，293
李刘：四六文，印本，176
李默，216
李频，226
李淳风，317
李焘，133，166
李廷机，284
李心传，145
李诩，234
李渔，11
李元阳，226

李祯（字昌祺），223—224
李贽，202
两汉隽言，273
两汉文鉴，298
廖莹中（？—1275），21
图书馆：中国善本藏书，229，231；高校，226；天一阁，235；目录，375。
礼部韵略，136，162，281
历朝纪要纲鉴，284
历代编年释氏通鉴，174
列国志传，199
礼记集说，207
重刊五色潮泉插科增入诗词北曲勾栏荔镜记戏文全集，300
麟溪集，113
历史纲鉴补，297
中国石印，8
闽北刘氏，101—108（每处）；西族南派在科举上的成功，102，103，106，204。
刘氏出版商，3；宋代，99—100，101—108；明代，102，204—211。
刘翱，102—103，104（表 2a，2b）
刘炳，105（表 2c），204
刘诚甫，102
刘崇之，104（表 2b），106
刘纯，104（表 2b），173
刘次泉，211，220
刘旦，104（表 2b），107，
刘凤洲，211
刘复言，106，107
刘衡甫（钧），20，102，104（表 2b）
刘弘（洪）毅，12，104（表 2b）；免除劳役，205；慎独斋，205—207（每处），227，248，283—284，313。
刘瑾，105（表 2d），132
刘泾，105（表 2c），118
刘敬（字子钦），224
刘君佐，102，104（表 2b），106，107—108，117，204
刘孔当，218
刘孔敦，104（表 2b），209
刘孔敬，104（表 2b），205，240，296
刘立之，104，106（表 2b）
刘龙田（大易），22，104（表 2b），198，205—206，209，272
刘勉之，103，105（表 2c）
刘聘洲，211
刘时举，166
刘世忠，272
刘仕中，104（表 2b），205
安正堂刘双松，105（表 2c），244
刘叔简，105，161
柳公权，123
刘素明，105（表 2c），210—211，

220，240
刘素文，211
刘通判，102，104（表 2b）
刘文寿，104（表 2b），206
刘学箕，105（表 2d），176
刘　剡，104（表 2b），204，206，212，283
刘应李，103，105（表 2c），108，120—122，172，245
刘元起，100，146
刘爚，103，105（表 2c），176
刘玉明，211
刘云龙，222
刘玉田（大金），105（表 2c），209
刘仲吉，104（表 2b），106
刘仲立，104（表 2b），106
刘中正，104（表 2b），107
刘子翚，103，105（表 2d），132
刘子羽，103，105（表 2d）
柳宗元：著作，印本，124，175
新刻增补全像乡谈荔枝记，218，300
地方志：建阳出版资源，21—22
龙图公案，302
隆武帝，192，214，309—310
金刚经，9
陆德明，132，146，164
陆九渊，161
陆容，233
鲁班经，44
论，156
吕坤，287，301
吕中，177
吕祖谦，161，165，171，175
律诗，171
传奇，203
散曲，300

马端临，207
马幼垣，303
麦肯锡，54
马兰安，307
脉经，136，289
正文，53
阿尔杜斯·马努提乌斯：威尼斯出版商，11
毛晋汲古阁，239
毛扆，239
毛诗举要图，71
眉批、顶批，64
麻沙，25，87
麻沙本，3，5，11，141—157，170，173，179，180—181，229；外观，129。
麻阳溪，25
世医，288
医家：宋元本，166—168；明本，237，277，287，381（表 C.3）。
梅雪争奇，299
蒙求，160

蒙求（李翰），293
蒙筌，281
行商/客商，242
米芾，37
闽国（941—945），89
闽北，3；造纸，4；方言，4，30；农业经济，4；茶业贸易，4；道学，4；地理，23—31；林区，24，29—30；水路，24—27；银矿，30；起义，30，189—190；明代经济，190—191。
闽产录异（郭柏苍），33
刘氏明德堂，205，288
明代：印本的增多，182—183；传播通俗与朴实的艺术，202；印本，明初与晚明的对比，231—233，237，320；活字印刷，234，256，313；不同种类出版商的出版活动，287；印刷史概况，316。
明太祖（在位 1368—1398），189；（即朱元璋），188。
明珠记，220
闽建，101
闽江，24，92
闽沙，101
闽中，101
拼版，54
梢篷船，24
造纸模具，35
墨谱，236
墨苑，236
桑：造纸用，34

南北两宋志传，213
南昌（江西），27
南京（金陵）：建阳刻印商，44；与建阳的刻印、出版联系，213—214，216，218—219，291；刻印质量（明代），236；清代与民国时期书籍贸易的衰落，312；对出版业的进一步研究，323；书坊数量（明代），193。
难经，288
南平地区，23
南阳堂，218
内府（明代宫廷刻印机构），244
年画，241，242
宁波（浙江），27
宁化（福建），37

产科，289
官户，205
官刻，6
区玉，207
瓯宁县（福建），21
欧阳修，147，148（表 5）
欧阳询，123，124

页面设计，39
派，16

潘耒，311
旁训四六故事苑，293
拚山，190
纸：各种原料，34；闽北竹纸，95；玉扣纸、书（籍）纸，35，94；印本，35，127；书法、绘画用纸，38—39；产品，制造与销售，94—95；宋代官府的征用，95。
造纸，33—40
楮：造纸用，34
副文本，18，54
梨：制版用，42
儿科，289
小学：印本，162—163（宋元），281—282（明代）
子部：印本，166—175（宋元），287—297（明代）
相书，297
篇海类编，282
毗卢大藏，92
平钩，124
平话，56，138—140（每处），177
刘氏屏山书院，98
琵琶记，236
克里斯托弗·普朗坦：创立安特卫普印刷厂，11
戏剧：印本，277
策，156
潘铭燊，124，146，155，158
跋，后题，后序，62，69
鄱阳湖，27
中国古籍的序/叙，题，引，说等，62，69
商业刻印者、出版商：动机，81；题材广泛，价格低廉，85；宋代建阳的数量，96—97（表B.1—B.4）；区分私刻与学院刻印，96—99，374；可供选择的职业，119—121；刻印科考资料的惩罚，147，149；在江南工作的建阳人，192；肖像画，272；刻印者与出版商的区别，6；肖像画，272，276。
套版，314
刻印的影响：对士人，9；对平民，9—10，16—17；文本的转变，181。
中国活字印刷，8，256，314（明代）；与雕版印刷对比，179。
中国雕版印刷：早期发展，8—9；原料，9；研究资料来源，18—23；校勘，207。
中国印刷中心：长汀四堡，5，325；徽州，5，324—325；扬子江流域，9，318，319；四川，9，318，319；乡村，324—325；邵阳（宝庆），326；山东，326；朱仙镇（河南），242。
堂名，7，193
私刻，6，98

校正，207
出版业：建阳，4，141，319—321；官刻，6，81；私刻，6，51，127；坊刻，6—7，10—12；宗教刻印，6，81；闽北，51—52，87，127，表 B.4（宋元），222—228（明代），374—376；南宋至元的变化，131—141（每处）；建阳书业与书市，143—144，157，163，177—183（每处）；明代，187—188，228—246；建阳与华中华南的联系，187—188，191，236，300—301；明代建阳出版商的数量，193，表 B.5；建阳印铺的规模，239；明代书业的复兴，247；作为出版业旧模式例证的建阳，312；反射出全国总趋势，320；刻印中心成长的条件，321；士人，322。
浦城，21，26
浦城溪，26
刘氏溥济药堂，288
查脉，167
圈点：双色，55；印本，62—67（每处）；明本，257，280；敦煌抄本，63；宋本，63。

千金要方，132—133
乾隆帝（在位 1736—1795），311
刘氏乔山堂，209，239，285
启蒙，118，160，281
余氏勤德堂，114
杨氏清白堂，272，273
清代：闽北条件，309—312
杨氏清江书堂，248—251
清流船，24
庆元条法事类，147
勤有堂，110—112，133，136
曲，163
瞿祐，223
全汉志传，272
全相/全像，72—78，138
新编全相说唱足本花关索传，260，268
全相平话三国志，138
新刊全相秦并六国平话，138
新一刊全相平话五种，308
群书考索，78，205，206—207，227
衢州（浙江），26

苎麻：造纸用，34
藤：造纸用，34
读者：非精英，9—10，17，292，295—296；“潜在的读者”，17，300，301；不同文化程度，56，140；非汉族人群，140—141；扩大的读者群，141；医籍，167；通俗文本，182；儿童，294；喜好多样化与新奇，288；插图小说，308。
阳刻，43
仁寿堂，209
闽北稻米，28—29，91—92
日记故事，212，213，289，293，301
刘氏日新堂，100，132—133，161，206
日知录：建阳本，311
荣宝斋，43
商路指南，285
芮麟，223

酒井忠夫，292，296
三场文选，114
三峰书堂，114
三分事略，139
三国志（正史），165
三国志（平话），138，139
三国志传，198，213，215，216，267，306—308
新刻汤学士校正古本按鉴演义全像通俗三国志传，307
三经新义，148
三明（福建），37
散曲，300
三衢（浙江），218
三台馆，199，228，296—297
字体：123，匠体/宋体，14，53，68，251，256；楷体，68，123；瘦金体，123；颜体，123；欧体，124；平钩，124；简化字，129，140—141，256；赵体，131；建阳刻本中的书体，133（元代），248，261（明代）；251，254，256；硬体与软件，251；写刻，251；刻本中书法的质量，251。
沙县（延平），190
棚民，28，191
中国杉，29
山东出版业，326
商程一览，26，285
伤寒论，167，288—289
上饶（江西），27
尚书，110
尚书图，71
余氏上庠房，196
王氏善敬堂，248
山水争奇，299
上图下文，56，72，136—141（每处），224；明本，260，278，287，305；插图版框的尺寸，301。
杉关（武夷山），27，188
邵豳（字宗周），207
梢篷船，24—25
少微先生，283
邵武府，23
邵阳（清代湖南宝庆府），326
沈德符，234—235
生员，196

诗，155
唐氏世德堂，273，323
诗歌，300
史记，99，144，163—164，248，283
萧氏师俭堂，220
史记大全，207
新刻金陵原板诗经开心正解，281
诗经三注粹抄，251
新锓朱状元芸窗汇辑百大家评注史记品粹，198
史记评林，245
史记索隐，122，164
诗集传，108
诗集传通释，132
增广事联诗学大成，173
事林广记，173，181
诗林正宗，197
十七史详节，165，206
十七史纂古今通要，248
新编事文类聚翰墨大全，245
新编事文类要启札青钱，172
重修事物纪原，170
世系，19
世医，288
世医得效方，36，136
首卷，305
寿宁县，21
要海，300
双峰堂，302
双桂堂，133
书坊，193，222
书坊/书林（建阳），22，25，101；1500年大火，46，192，225，233。
蔬果争奇，261，299
书户，205
水浒传，198，306
书集传附音释，71
书林余氏宗谱，195
书堂，术语含义，98
书言故事，293
书院，21；刻印活动，97—98（每处），118，158；进一步研究，324。
四堡长汀，闽西，5，325
四川的早期印刷业，9，94，318，319；作为刻印中心的成都府路，87。
四部分类法，158，237，377—378
四库全书，56
闽北的银，30，191；矿工，189。
司马贞，164
四民，17
四声篇海，282
重订四书辑释，161
四书千百年眼，240
四书通，112
四书问目，204
四书训儿俗说，296
杨氏四知馆，209
纸张中的胶质物，39

瘦金体，123
痘疹治疗，289
宋慈，112
宋濂，282
宋祁，146
宋代：坊刻，86—87，164；刻印中心，86；全国与闽北的关联，86—87，89—95；闽北官刻，97；控制科举的尝试，146—157，180；书籍与印刷史，86。
宋会要辑稿，143
宋季三朝政要，133，166
宋刊本，47
松萝法（炒茶方法），189
宋史全文续资治通鉴，166
松溪，26
松溪县，21
煤烟：制墨用，41
南明：闽北对其效忠，192，309—310
南唐，89
纸上的泼墨效果，41
春秋，278
故事集，260，261，292，302，315
苏辙：著作，印本，175，298
苏峤，143
苏轼，36；著作，印本，16，175，298。
苏天爵，113
苏洵：著作，印本，175，298
苏易简，36
岁贡生，204
岁时广记，173
孙从添，235
孙觌，176
苏州：与建阳的印刷、出版联系，209，213；清代与民国时期书业的衰落，312；对出版业的进一步研究，323；刻书家数量（明代），193。

目录，62，67
总目，62
太平惠民和剂局方，113，167，212
太平御览，169
太学总新文体，148
宋太宗（在位976—997），317
潭城，101
唐氏出版商，219
汤宾尹，307
唐富春，291
唐鲤跃文林阁，219
唐少村/少桥，216
唐顺之，219
唐代：印刷，8，55；造纸，33—34；闽北，89，93。
唐国志传，199
唐荆川先生文集，219

唐律疏议，112
唐诗训解，245
唐书志传义通俗演义，213
唐宋白孔六帖，171
唐会元精选批点唐宋名贤策论文粹，219
痰火回春，228
痰火颛门，228
潭西书林余氏宗谱，110
潭阳，101
潭邑，101
套版，314
陶靖节先生诗注，51，127
茶：贡品，政府专卖，北苑，29，90—91；《茶经》（陆羽著），29；闽北茶业在明代的衰落，189；清代与民国的茶叶出口，193。
闽北的采茶者与茶叶走私犯：社会动乱，91
考证，165
《天工开物》（宋应星著），24，38—39，40；建阳本，314
天下之人，17
天一阁藏书，235
通鉴纂要抄狐白，273
通俗演义，17
同文书院，98，201
同文堂，98
新编通用启劄截江网，171
仝在辑稿，240
童子问，160
变文，55—56
屠隆，282
推背图，317
图像本草蒙筌，209
排版，54

万宝诗山，176，218
王安石：著作、印本，148，175
汪佃，225
王肯堂，290
王世懋，27，38
王十朋，143
王叔和，132，136
王阳明，227，314
新刊王氏脉经，136
王叔和脉诀图要俗解，289
王状元集百家注分类东坡先生诗，143
万卷楼，211，303
万卷（书）堂，110，146
新调万曲长春，245
万首唐人绝句，298
新刻天下四民便览三台万用正宗，199，295
鼎锓崇文阅汇纂士民万用正宗不求人全编，199，242，295
危亦林，136
魏仲举，124
卫生堂，100，114，167，288

《文房四谱》（苏易简著），36
闻过斋录，223
唐氏文林阁，219
文献通考，172，207，285，292
文选，176，298
文渊阁（南京），火灾，225
文章轨范，续文章轨范，298
文中子，161
温州（浙江），来自闽北的贸易，26
吴革，建宁知府，51
吴海，223
吴坚，127
吴世良，205
虞氏务本（书）堂/斋，114，138，143，177
新编五代史平话，177
五经大全，228
五刻理气纂要详辩三台便览通书正宗，197
武库，310
武溪集，197
无锡的印刷与出版，211，232
勿轩易学启蒙图传通义，118
武英殿聚珍版程式：对木活字的处理，42
武夷山，23，117；地名索引，285。
武夷书院，98
武夷志略，211
详解/详节，164
象山先生语录，161
相宅相墓，297
重订相宅造福全书，209
仙霞岭，23，26（仙霞关），189
萧氏出版商，188，220—222
萧鸣盛（号儆韦），220—222
萧世熙（少衢/渠），220
萧腾鸿（号庆云）220—222
萧徵韦，220
小本/册，145
小曲，300
萧氏族谱，220
小学（朱熹），287
小字本，59
宋孝宗（在位1163—1189），155
谢肇淛，236—238
西湖书院（杭州），324
余氏新安堂，300
性理大全，287
新编音点性理群书句解，117，162
性理字训，160
辛弃疾，155
信江，27
新唐书，106，144，164，165
闽北熊氏家族，114—118
熊氏出版商，3；西族让房，115；明代，211—214，288，289，297；忠于南明，214。

熊成冶（字冲宇），116（表），213，281
熊成应，116（表4），214
熊大木，116（表4），199，212—213，272，293
熊刚大，115，117，162
熊海，214
熊禾（号勿轩），98，102，103，106，108，115，117—118，159，160，174
熊晦仲，172
熊见龙，116（表4），214
熊节，115，117，162
熊敬，159
熊克，115
熊仁霖，202，216
熊世焙，116（表4），214
熊一清（字天玄），116（表4），212
熊瑗，116（表4），212
熊云滨（体忠），116（表4），323
熊志学，116（表4），214，310
熊之璋，214
熊宗立，21，116（表4），206，211，212，217，276，288—290，314
熊屯，115
休宁（徽州），160
绣襦记，220
西厢记，140，236，260
洗冤录，112
西园书堂（余氏），288
宣城，34
宣和北苑贡茶录，115
新编宣和遗事，129，130，177
薛己，291
荀子，71，107，144，161
续（宋编年）资治通鉴，165
续宋中兴编年资治通鉴，166
续文章轨范，298
续资治通鉴长编（李焘），133，143，166

严少萱，209
颜真卿，123
杨氏出版商，100
杨闽斋，272
杨时，161
杨万里：著作，印本，175—176
杨文高，303
杨一鹗，226
杨涌泉，213
杨家埠（山东），242
扬子法言，107，144，161，248
扬子江流域：早期印刷发展，9，318，319
燕居笔记，251
延平府，23，190
铅山（江西），27
严氏诗缉，99

演义，267，306
页/叶，58
叶氏出版商，217—219；与江南的联系，218—219。
浙江叶宝山堂，219
叶大受，228
叶德辉，235
叶贵（近山），218
叶会廷，218
叶景达，176
叶锦泉，219
叶梦得，22，94，99
叶浓，91
叶日增，114
叶如琳，218，282
叶文桥，218
叶向高，284
叶宗留起义，30，189
易经，141
易经勺解，220
仪礼经传通解，117
胤产全书，290
伊川击壤集，122
印（刷），47
易学启蒙通释，160
勿轩易学启蒙图传通义，118
詹氏易斋，273
永乐大典，56
永顺堂，268
尤溪县（延平），190
余氏出版商，3；宋元，100，110—114；明代，195—203；上庠房，196；起源，200—201。
余成章，109（表3），196
余靖，197
余继泉，109（表3），202
余君召，197
余良木，307
余仁仲，110，131—132，146，311
余邵鱼，199
余世腾，197，272
余思敬（字元翼），109（表3），195
余思齐（字元叔），109（表3），195
余思雅，109（表3），195
余同祖，109（表3），200
余文龙，197
余文台，197，272
余文熙，222
余文熹，216
余象斗，12，109（表3），197—203，228，239，268，277，284，295—297；三国志传，267—268，307；肖像画，276—277；身后名，311。
余象乌，197
余仰止，197
余应鳌，199

余应科（字夷庚），109（表 3），195，199，240，245，297
余应奎，217，218
余应虬（字犹龙），109（表 3），195，197，199，202，203，293，297—299
余应申，109（表 3），195
余应腾（字天羽），109（表 3），195
余应学，296，297
余元长（字公仁、仁公），196
余元素，197
余彰德（字泗泉），109（表 3），202，203，228，299
余志安（余安定），99，109（表 3），110—112，133，195
余资，109（表 3），112，114
虞氏出版商，138
虞楙文，114
袁采：《袁氏世范》，120
袁颢，297
袁黄，284，296
袁仁，297
袁祥，297
袁俨，297
元典章，23，143
元代：科举，99，159—162（每处），178；闽北印刷，97，178—179；闽北的元明变迁，188；书籍与印刷史，90。
袁氏痘疹丛书，297
育德堂奏议，51
岳珂，156，180
乐府新编阳春白雪，163
愚夫愚妇，17
与耕堂，166，217，300
运甓，254
云衢，101
云庄书院，98
玉篇，282
陈氏余庆堂，133，136，216
玉山（江西），27

曾氏出版商，161
宅，98
斋，98
詹光祖，165
詹林我，217
张恭礼，240
张光启，206，223，224，284
张耒：著作印本，175
章如愚：画像，78
张子语录（张载），51，127，161
赵孟頫，131
赵与旹，177
浙江：造纸，34，35，96；印刷出版中心，87。
真德秀，115
郑氏出版商，214—216，302
郑清之，215

郑少聪，216
郑少垣，216
郑世魁，214，215
郑世容，215
郑以祺，215
郑以伟，293
郑以祯，215，216
郑芝龙（平虏侯），310
郑仲佾，215
政和县（福建），21，26
正文，55
针灸次生经，133
宋真宗（在位998—1022），148
直斋书录解题，142
志传，306
种德堂，100，114，167，212，213，245，288
中兴小历，115
中原音韵，163
中字本，58，127
南京周氏出版商，209
周必大，107
周德清，163
周弘祖，232，233
周亮工，189，311
周如泉，209
郑少斋，216
周士显，203，227
周曰校，216，303
纂图互注重言重意周礼，146
周易本义，51，127
周易传义，276
周易经传，259
朱氏出版商，218
朱秉铁，217
朱鉴，173
祝穆，169，170
朱仁斋，303
朱熹，312；刻印活动，11；族谱，20；画像，80；在闽北的影响，93，98，115，117，119，201；同文书院，98，201；刘氏门徒，103，106；著作、注疏、印本，107，113，132，144，161，165，280；抱怨读书不精，234。
朱幸，226
朱仙镇（河南），242
朱子成书，162
朱子语录，161
子部，166
资治通鉴纲目，165，282
增修附注资治通鉴节要续编，248
资治通鉴，144，165；节要，223。
宗文书舍，216
郑氏宗文堂，215，216，253，302
族，21
纂要，283
叶氏作德堂，218

译后记

日月如梭。犹忆2016年6月10日，接福建人民出版社编辑宋一明先生函札，以迻译《谋利而印：11至17世纪福建建阳的商业出版者》[Printing for Profit：The Commercial Publishers of Jianyang，Fujian（11th-17th Centuries）]一书相托。一明是复旦大学吴格先生弟子。吴君是当今为数不多的不计名利、埋头做事之文献学者，是年春，已就此事商诸我。秉见贤思齐之义，遂不惮繁难，慨然允诺。惟俗务实多，独力难成，故求助于北美图书馆界同仁。幸得美国加州大学河滨分校邱葵先生、克莱蒙特·麦肯纳学院邹秀英女士、亚利桑那州立大学刘倩女士和加拿大维多利亚大学柳颖女士襄助，阅十八月，2017年岁杪译成。

此译之竟，端赖众力。具体而言，邹秀英译第一、三、四章，邱葵译第五、六章，柳颖译第二、七章及附录、鸣谢和第七章注释，刘倩译除第七章之外的全部注释，笔者最后校订统稿。诸同仁均学有所长，术有专攻，奇文共赏，疑义相析，拾遗补缺，互为奥援，合作无间，译学相长，洵为乐事。译校期间，屡以疑难叩求作者。蒙贾教授不厌其烦，悉心解答，曷胜感激。然此书所涉颇广，或仍有疏漏讹误，责任自然在我，尚祈方家教正。

美国俄亥俄州立大学　　李国庆

2019年4月25日识于哥伦布市小叶巷